2

Inhalt

Sternchen Nr. 6

Die Freundin und die verschmähte Liebe

AF641251

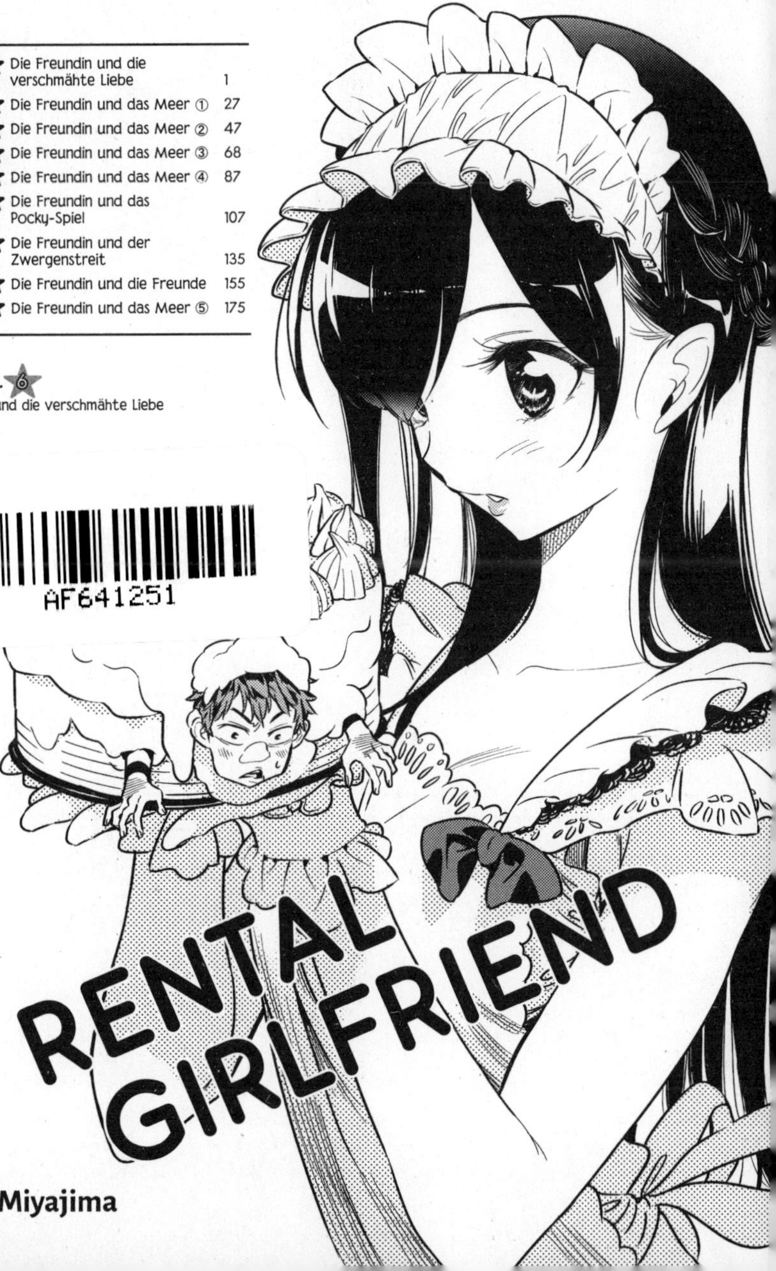

RENTAL GIRLFRIEND

Reiji Miyajima

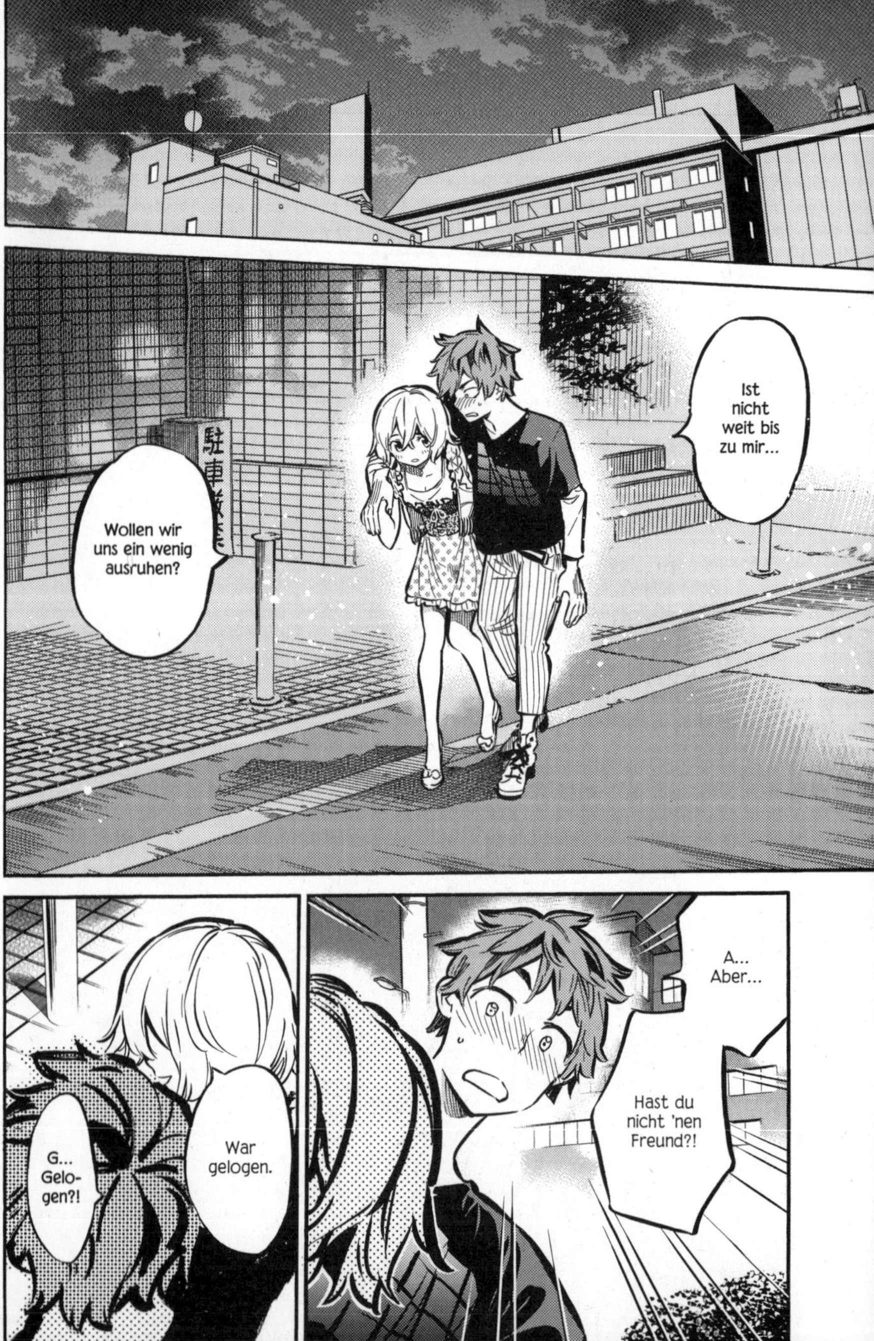
Ist nicht weit bis zu mir...
駐車
Wollen wir uns ein wenig ausruhen?
A... Aber...
Hast du nicht 'nen Freund?!
War gelogen.
G... Gelo-gen?!

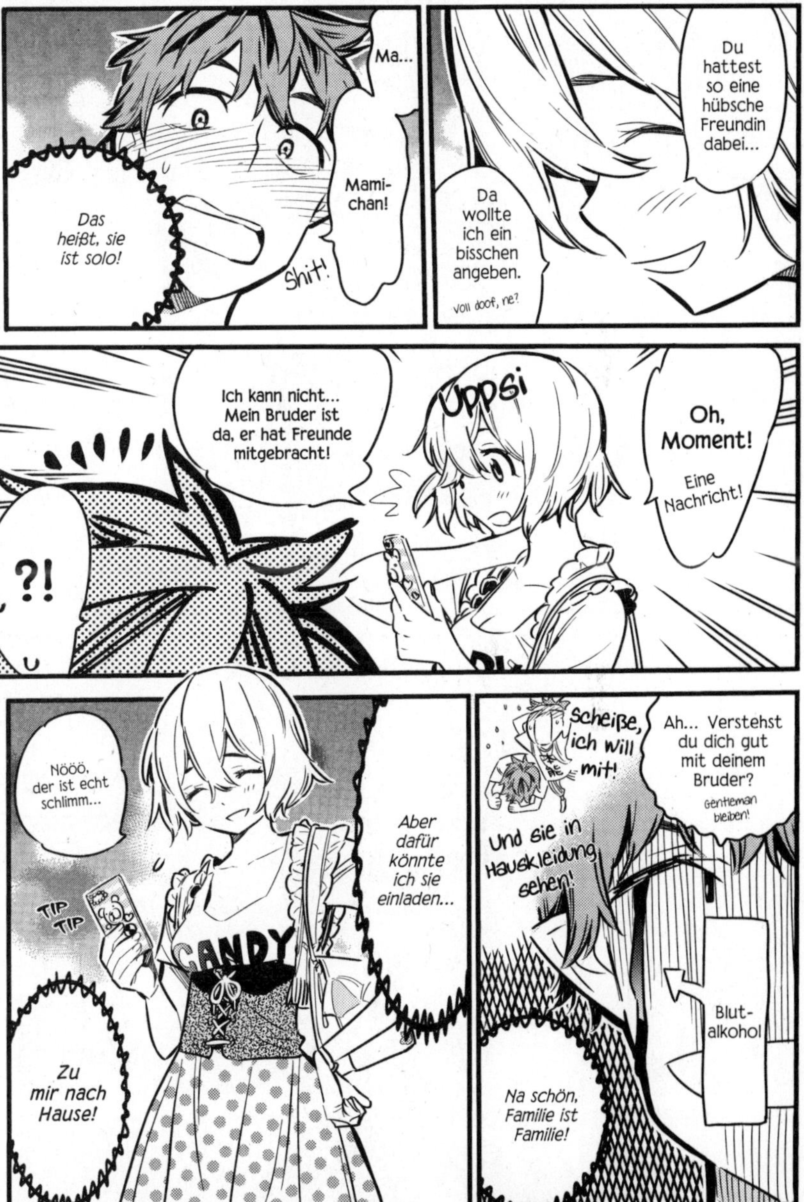
Du hattest so eine hübsche Freundin dabei...
Da wollte ich ein bisschen angeben.
Voll doof, ne?
Ma... Mami-chan!
Shit!
Das heißt, sie ist solo!
Oh, Moment! Eine Nachricht!
Uppsi
Ich kann nicht... Mein Bruder ist da, er hat Freunde mitgebracht!
?!
Ah... Verstehst du dich gut mit deinem Bruder?
Gentleman bleiben!
Scheiße, ich will mit!
Und sie in Hauskleidung sehen!
Blut-alkohol
Na schön, Familie ist Familie!
Aber dafür könnte ich sie einladen...
Nööö, der ist echt schlimm...
TIP TIP
Zu mir nach Hause!

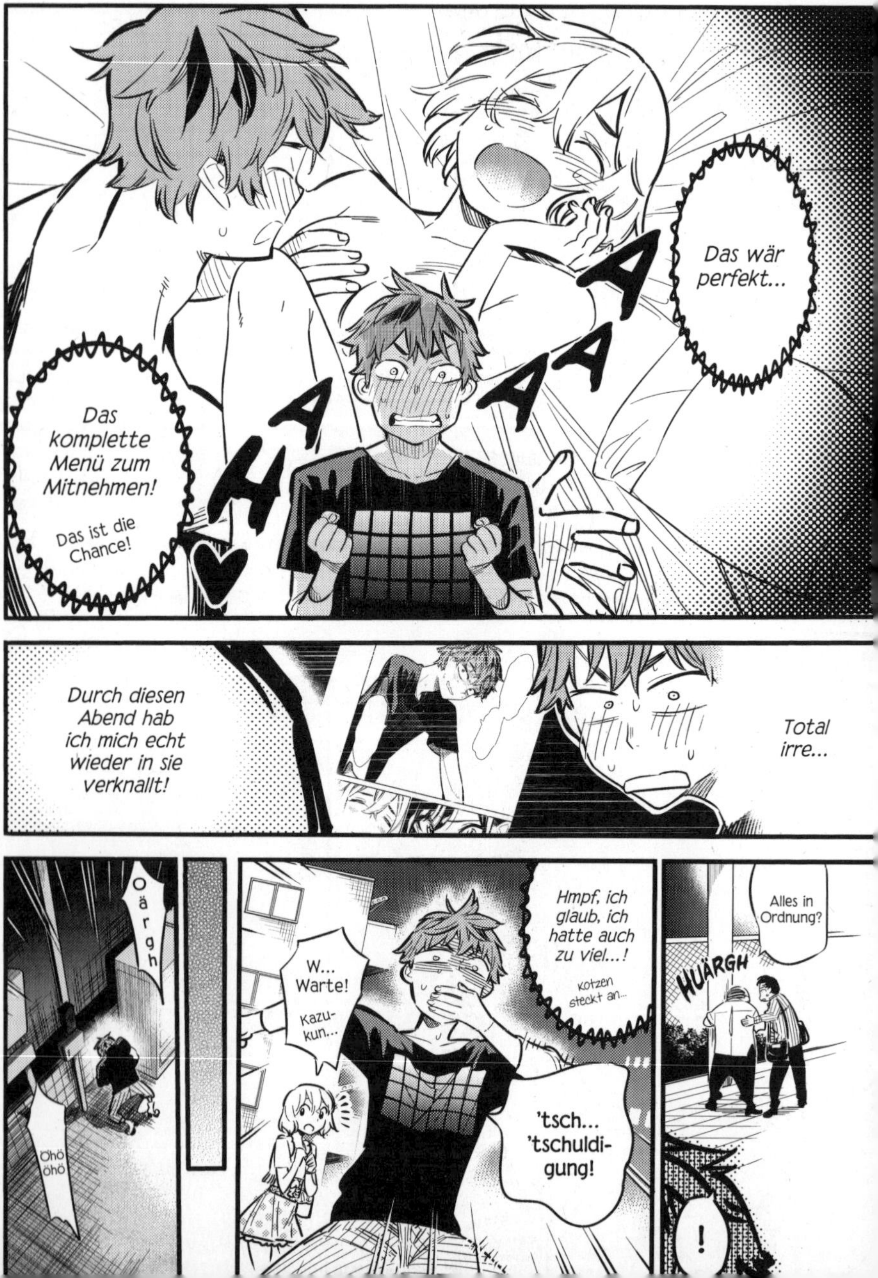
Das wär perfekt...
HAAAA
Das komplette Menü zum Mitnehmen!
Das ist die Chance!
Total irre...
Durch diesen Abend hab ich mich echt wieder in sie verknallt!
Alles in Ordnung?
HUÄRGH
Hmpf, ich glaub, ich hatte auch zu viel...!
Kotzen steckt an...
W... Warte!
Kazu-kun...
'tsch... 'tschuldi-gung!
!
Oärgh
Öhö öhö

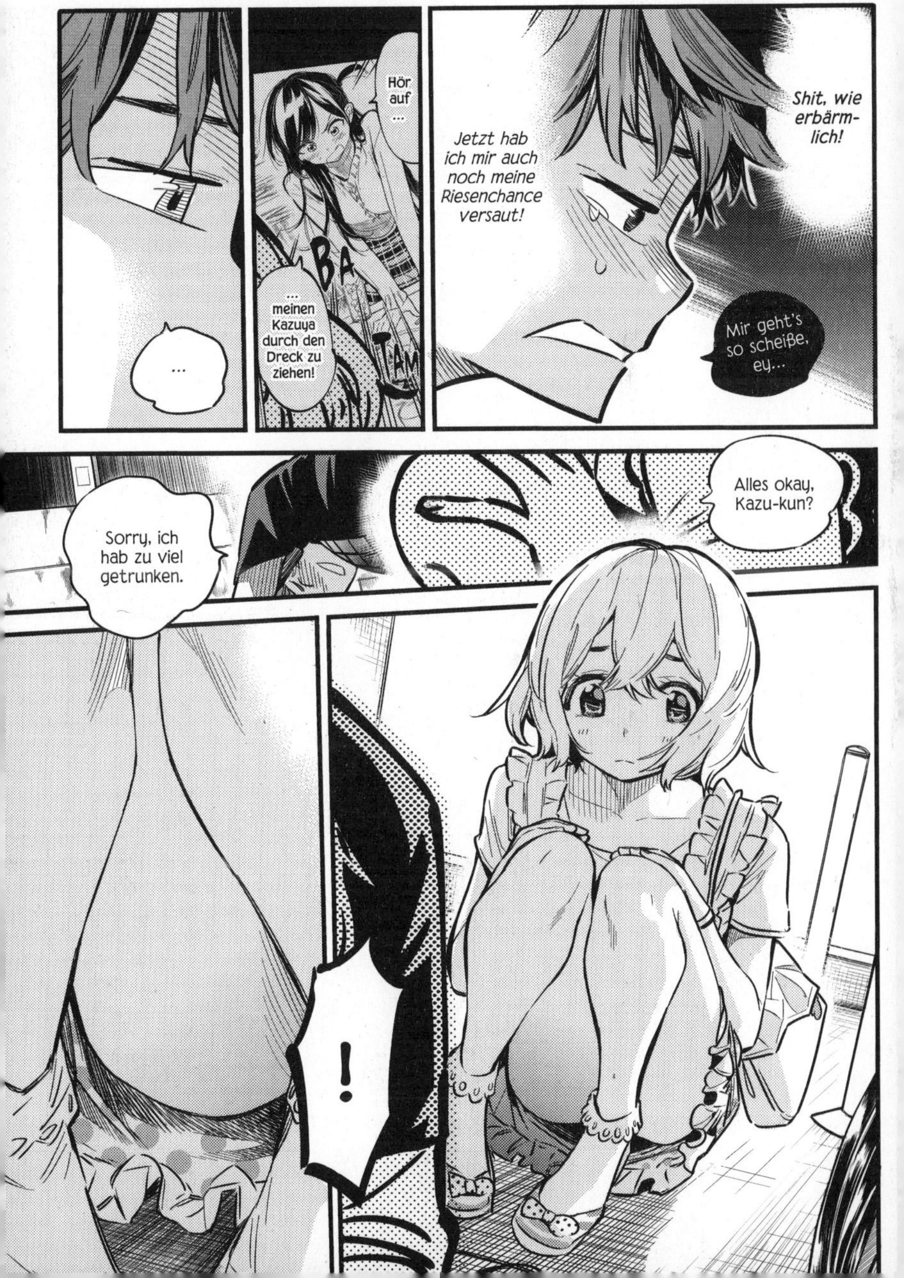
Shit, wie erbärmlich!
Jetzt hab ich mir auch noch meine Riesenchance versaut!
Mir geht's so scheiße, ey...
Hör auf ...
... meinen Kazuya durch den Dreck zu ziehen!
BA
TAM
...
Alles okay, Kazu-kun?
Sorry, ich hab zu viel getrunken.
!

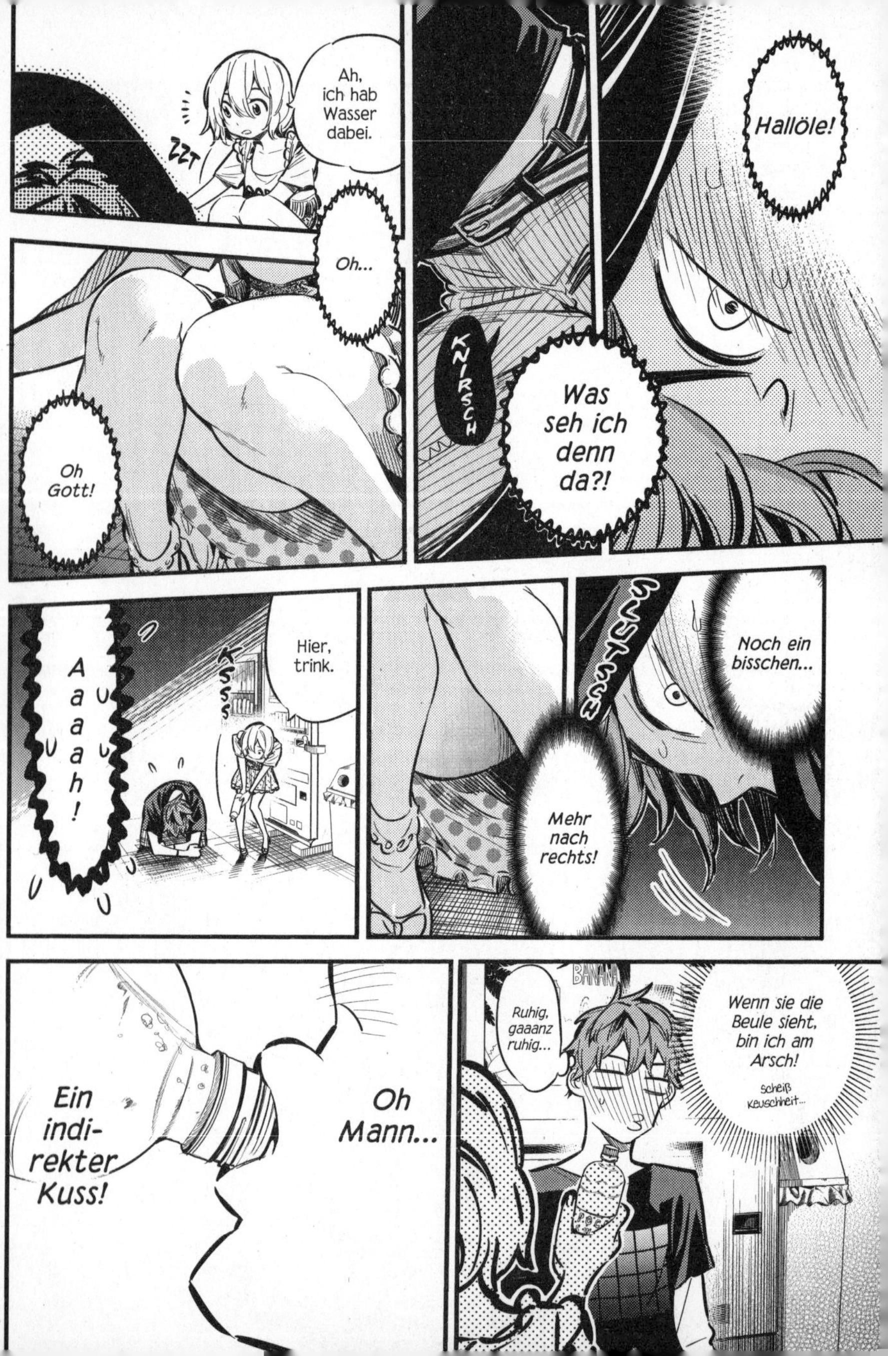

Hallöle!
KNIRSCH
Was seh ich denn da?!
Ah, ich hab Wasser dabei.
ZZT
Oh...
Oh Gott!
Noch ein bisschen...
Mehr nach rechts!
Hier, trink.
KSSS
Aaaaah!
Ruhig, gaaanz ruhig...
Wenn sie die Beule sieht, bin ich am Arsch!
scheiß Keuschheit...
Oh Mann...
Ein indi-rekter Kuss!

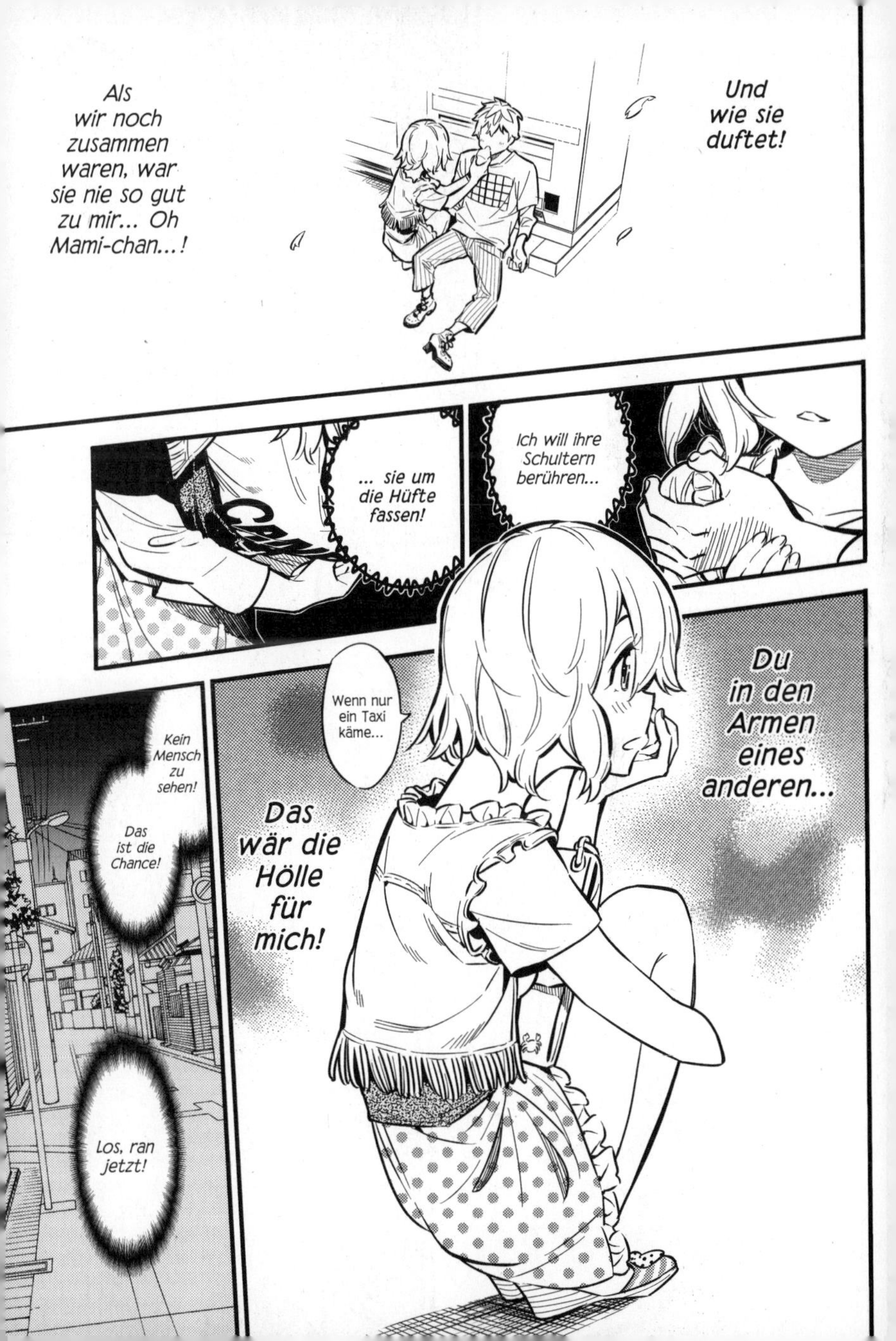
Und wie sie duftet!
Als wir noch zusammen waren, war sie nie so gut zu mir... Oh Mami-chan...!
Ich will ihre Schultern berühren...
... sie um die Hüfte fassen!
Du in den Armen eines anderen...
Wenn nur ein Taxi käme...
Das wär die Hölle für mich!
Kein Mensch zu sehen!
Das ist die Chance!
Los, ran jetzt!

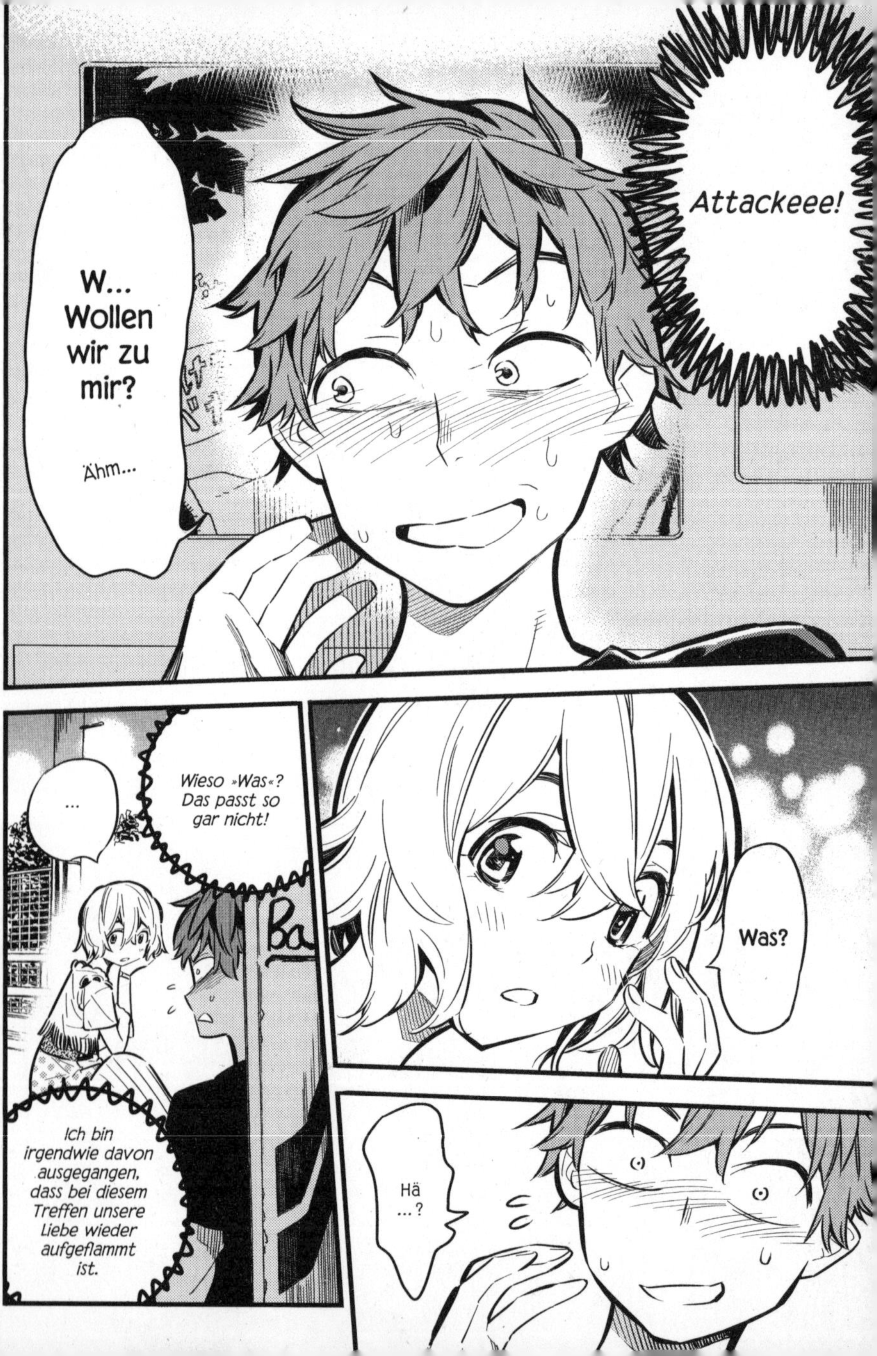
Attackeee!
W... Wollen wir zu mir?
Ähm...
Was?
Wieso »Was«? Das passt so gar nicht!
...
Hä ...?
Ich bin irgendwie davon ausgegangen, dass bei diesem Treffen unsere Liebe wieder aufgeflammt ist.

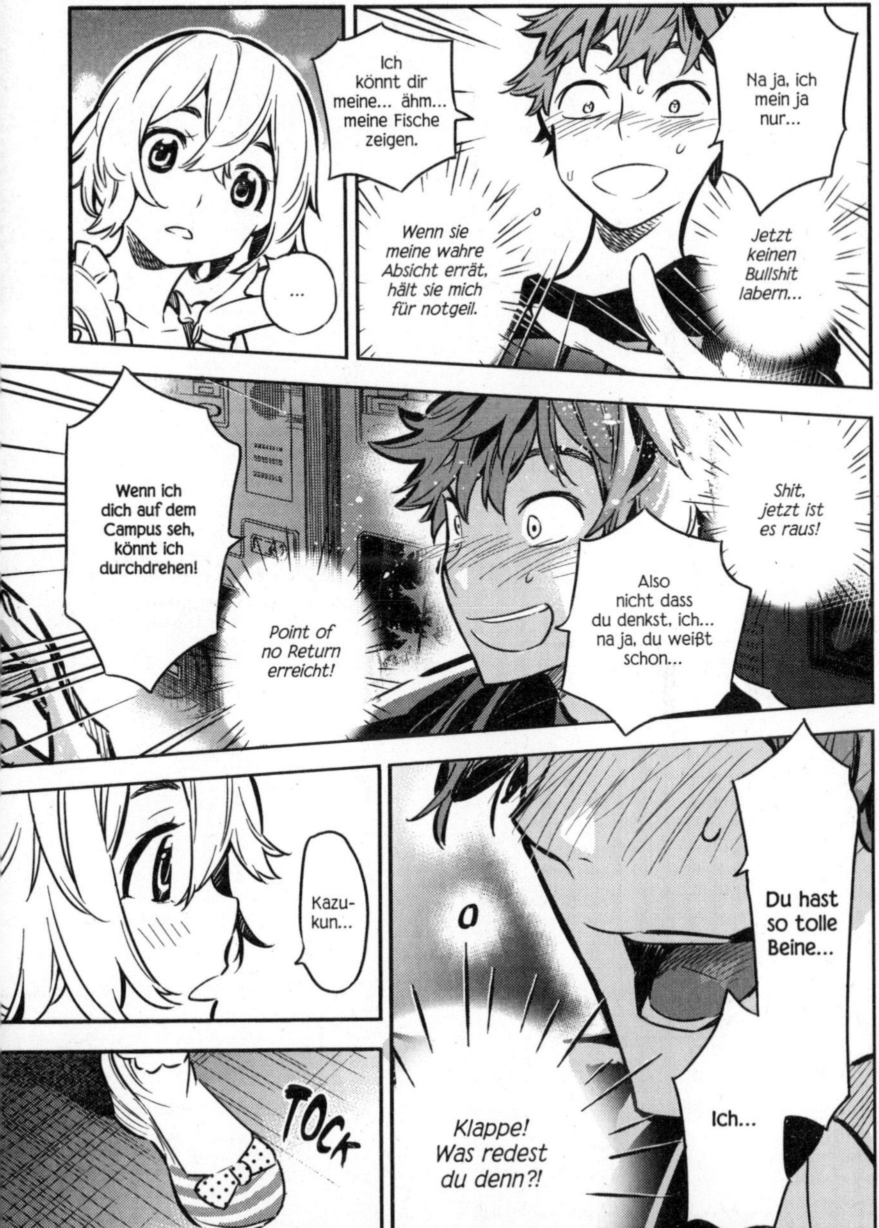

Na ja, ich mein ja nur...
Jetzt keinen Bullshit labern...
Wenn sie meine wahre Absicht errät, hält sie mich für notgeil.
Ich könnt dir meine... ähm... meine Fische zeigen.
...
Shit, jetzt ist es raus!
Also nicht dass du denkst, ich... na ja, du weißt schon...
Point of no Return erreicht!
Wenn ich dich auf dem Campus seh, könnt ich durchdrehen!
Du hast so tolle Beine...
Ich...
Klappe! Was redest du denn?!
O
Kazu-kun...
TOCK

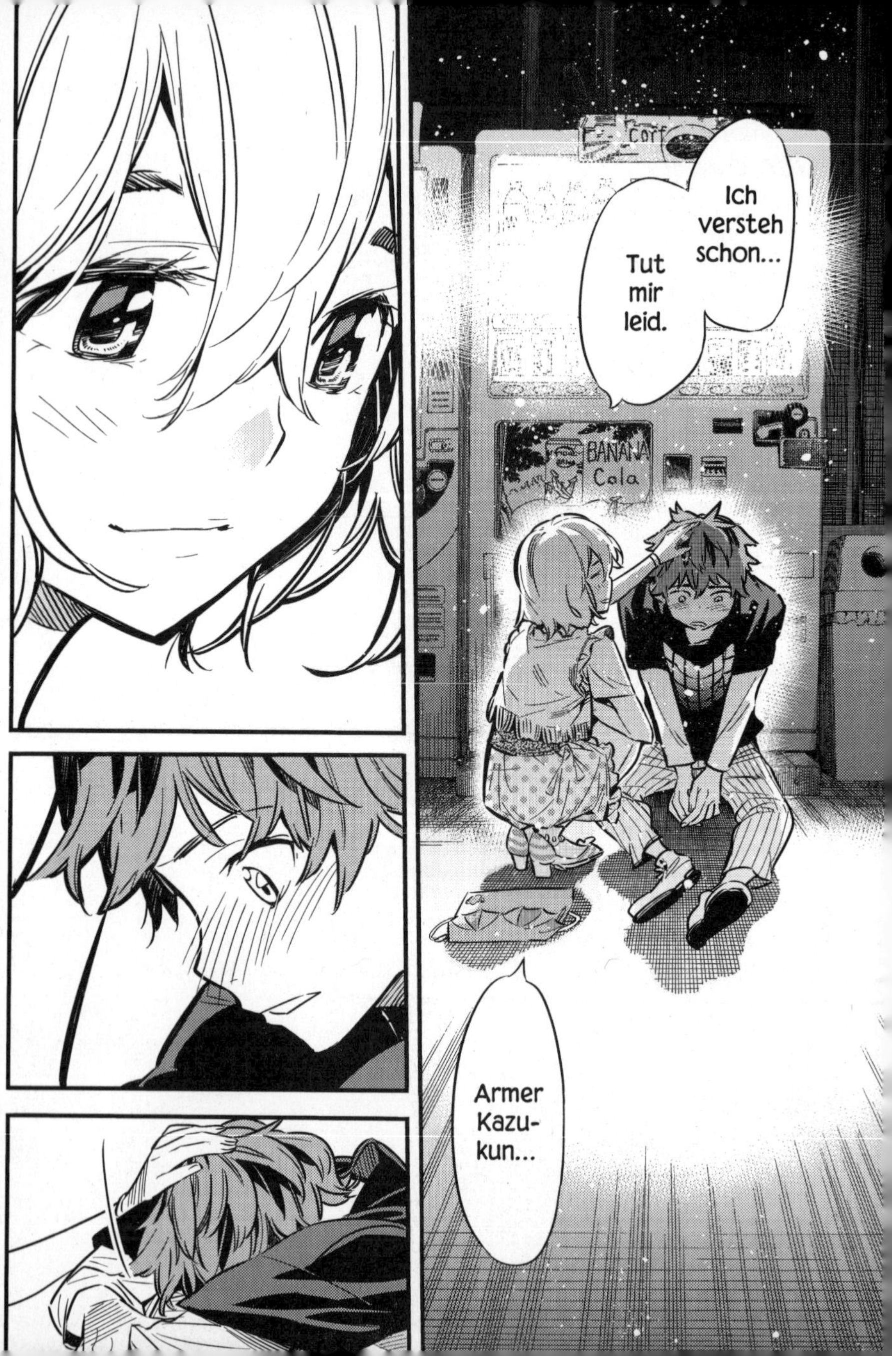
Ich versteh schon...
Tut mir leid.
BANANA Cola
Armer Kazu-kun...

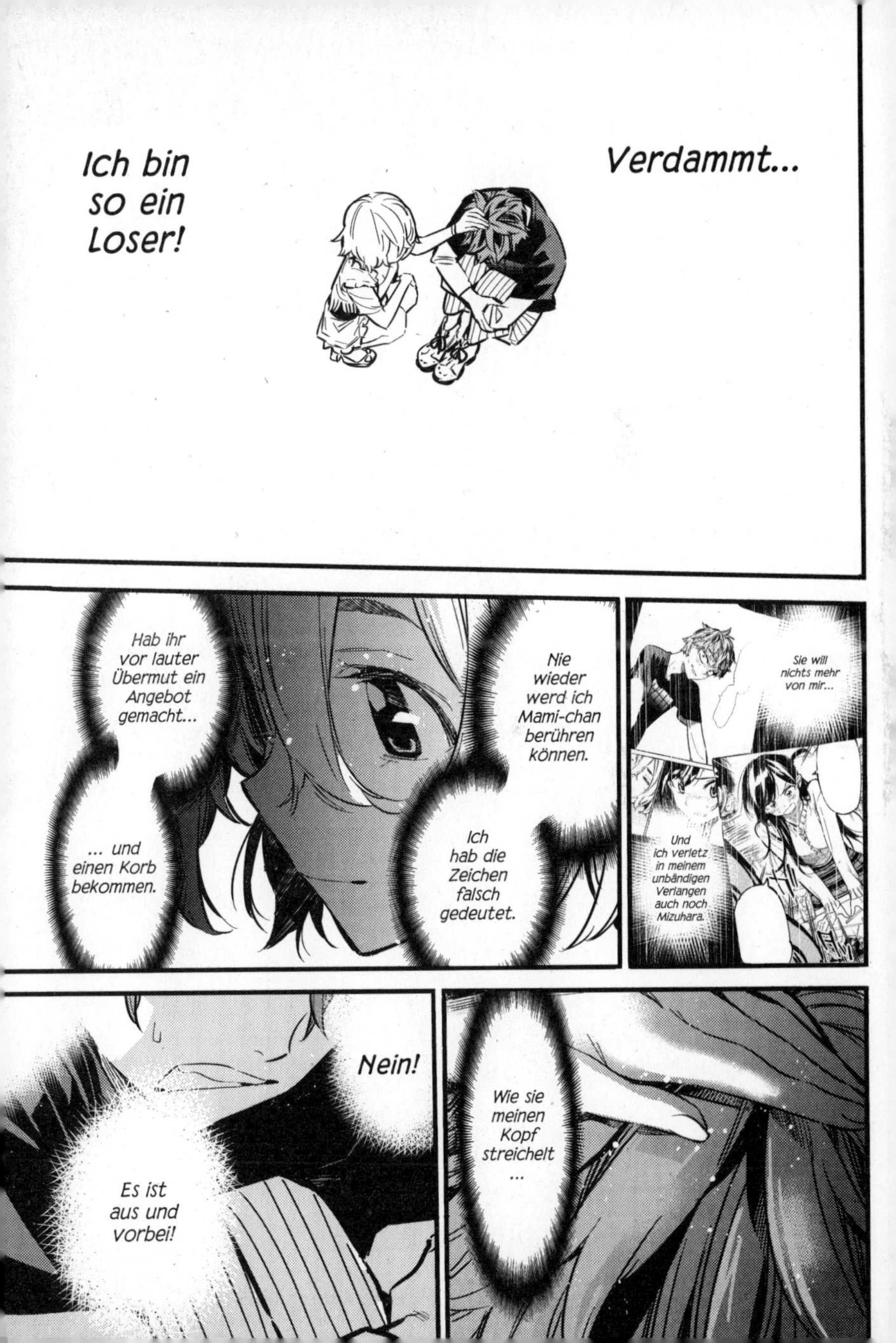

Verdammt...
Ich bin so ein Loser!
Sie will nichts mehr von mir...
Und ich verletz in meinem unbändigen Verlangen auch noch Mizuhara.
Nie wieder werd ich Mami-chan berühren können.
Ich hab die Zeichen falsch gedeutet.
Hab ihr vor lauter Übermut ein Angebot gemacht...
... und einen Korb bekommen.
Wie sie meinen Kopf streichelt ...
Nein!
Es ist aus und vorbei!

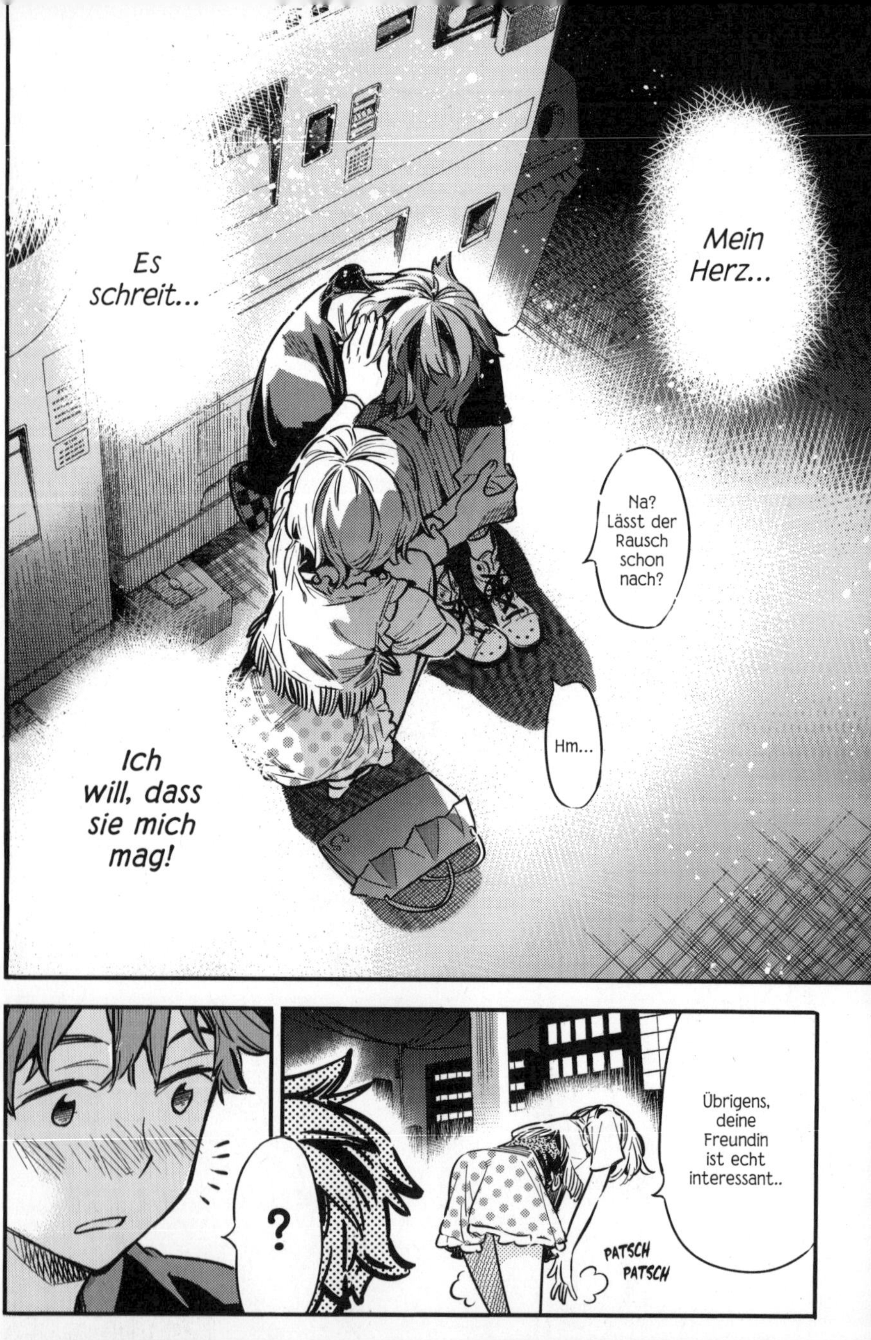
Mein Herz...
Es schreit...
Na? Lässt der Rausch schon nach?
Hm...
Ich will, dass sie mich mag!
Übrigens, deine Freundin ist echt interessant..
PATSCH PATSCH
?

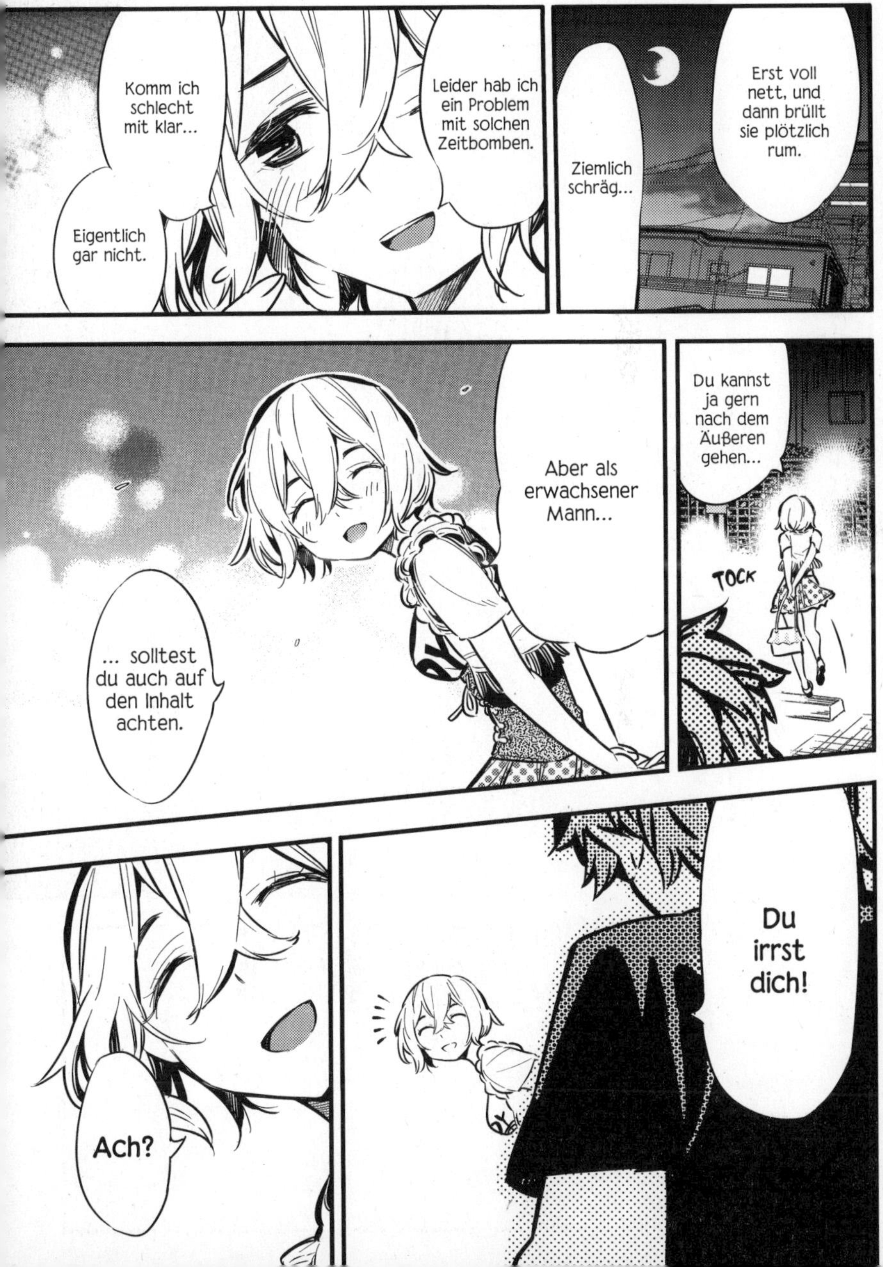
Erst voll nett, und dann brüllt sie plötzlich rum.
Ziemlich schräg...
Leider hab ich ein Problem mit solchen Zeitbomben.
Komm ich schlecht mit klar...
Eigentlich gar nicht.
Du kannst ja gern nach dem Äußeren gehen...
TOCK
Aber als erwachsener Mann...
... solltest du auch auf den Inhalt achten.
Du irrst dich!
Ach?

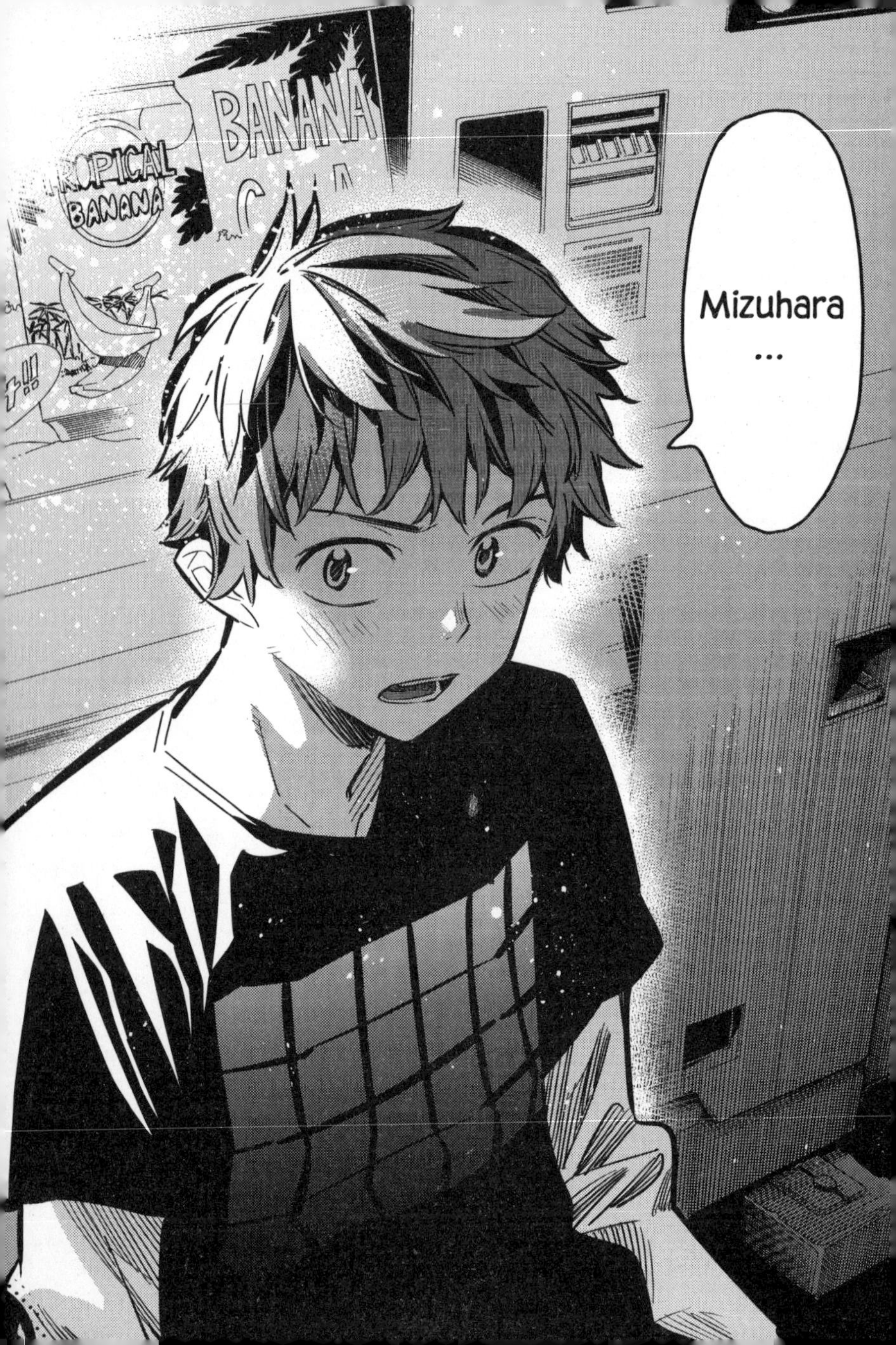
Mizuhara
...
BANANA
BANANA

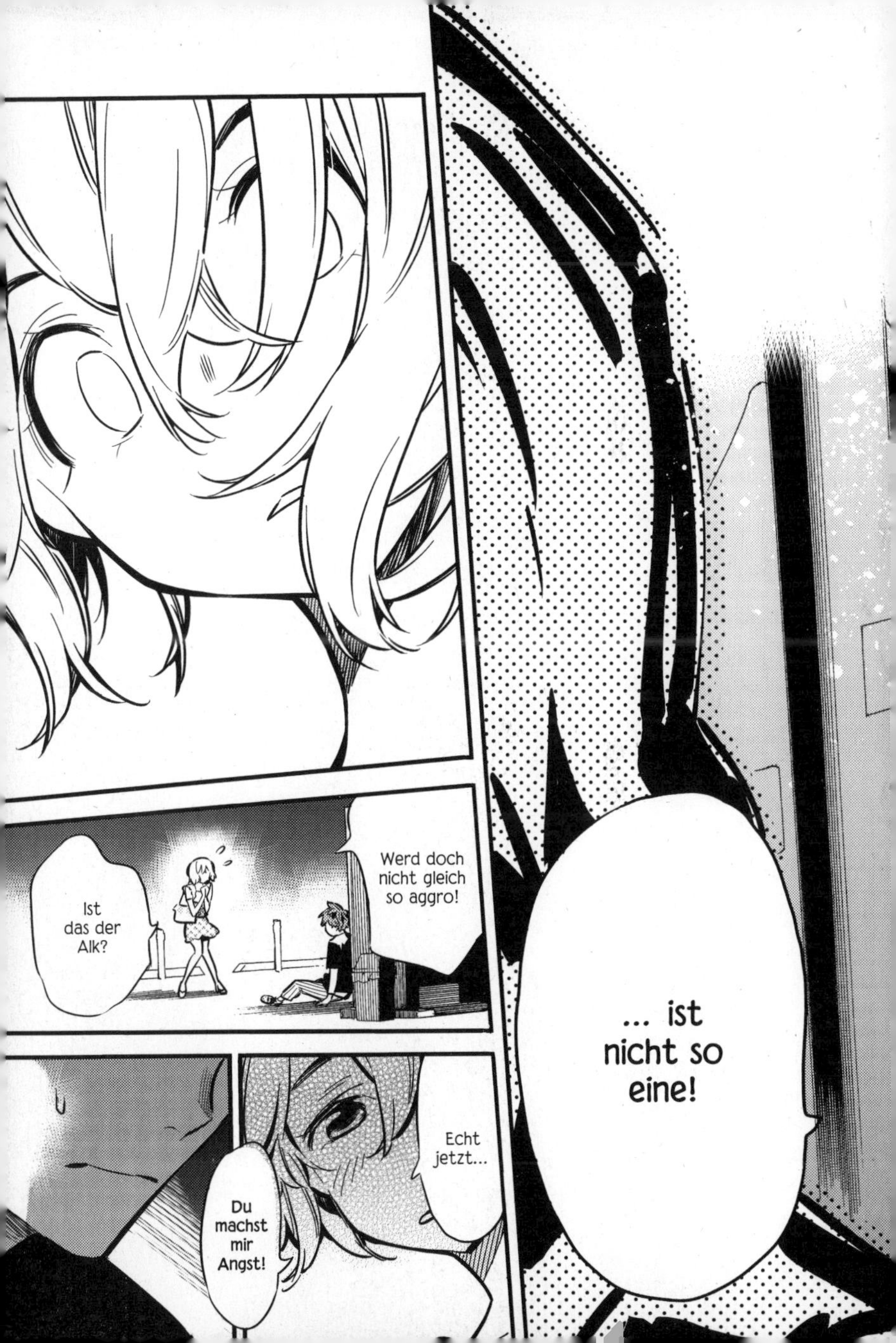

... ist nicht so eine!
Werd doch nicht gleich so aggro!
Ist das der Alk?
Echt jetzt...
Du machst mir Angst!

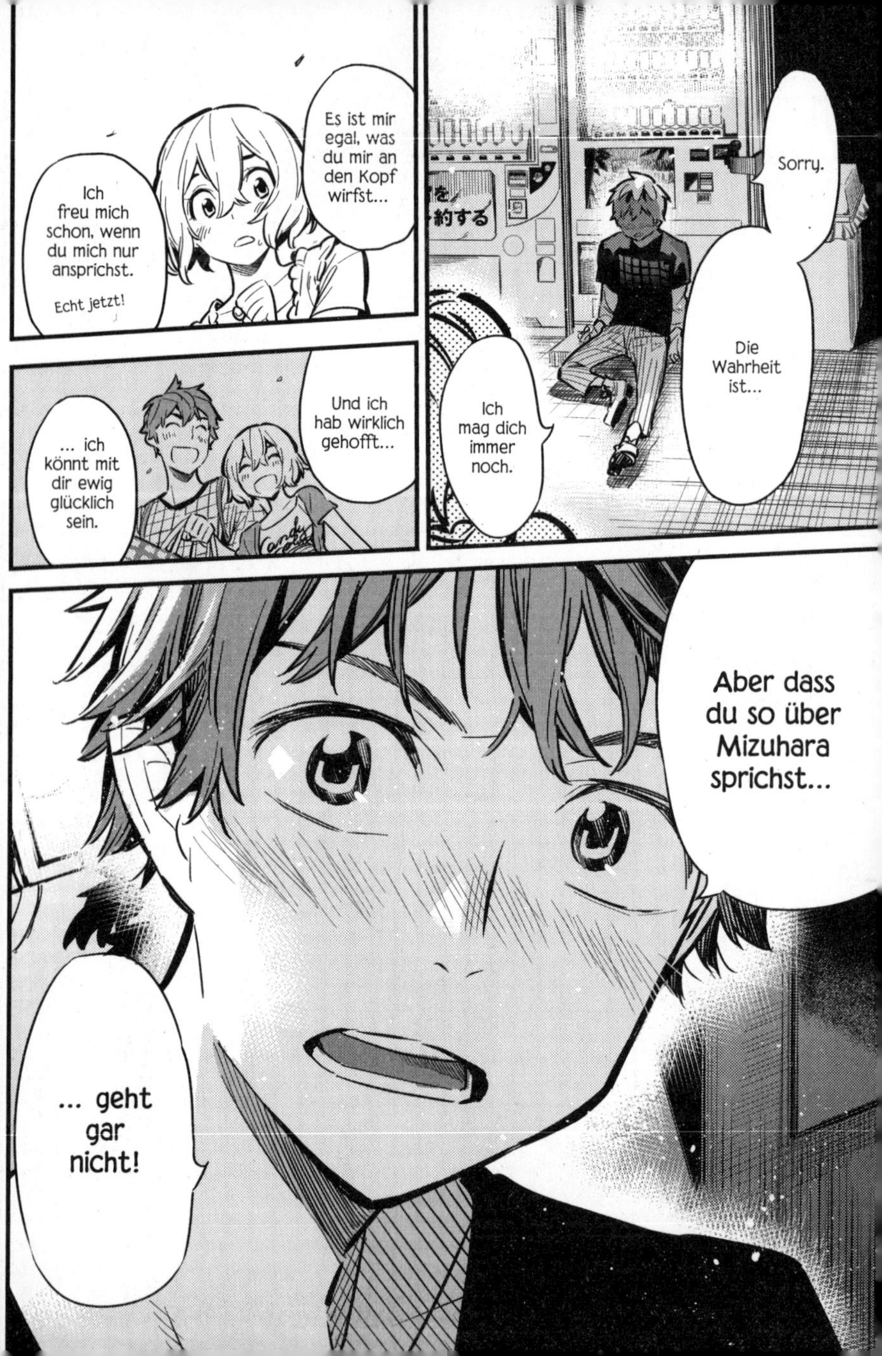
Sorry.
Die Wahrheit ist...
Ich mag dich immer noch.
Es ist mir egal, was du mir an den Kopf wirfst...
Ich freu mich schon, wenn du mich nur ansprichst.
Echt jetzt!
Und ich hab wirklich gehofft...
... ich könnt mit dir ewig glücklich sein.
Aber dass du so über Mizuhara sprichst...
... geht gar nicht!

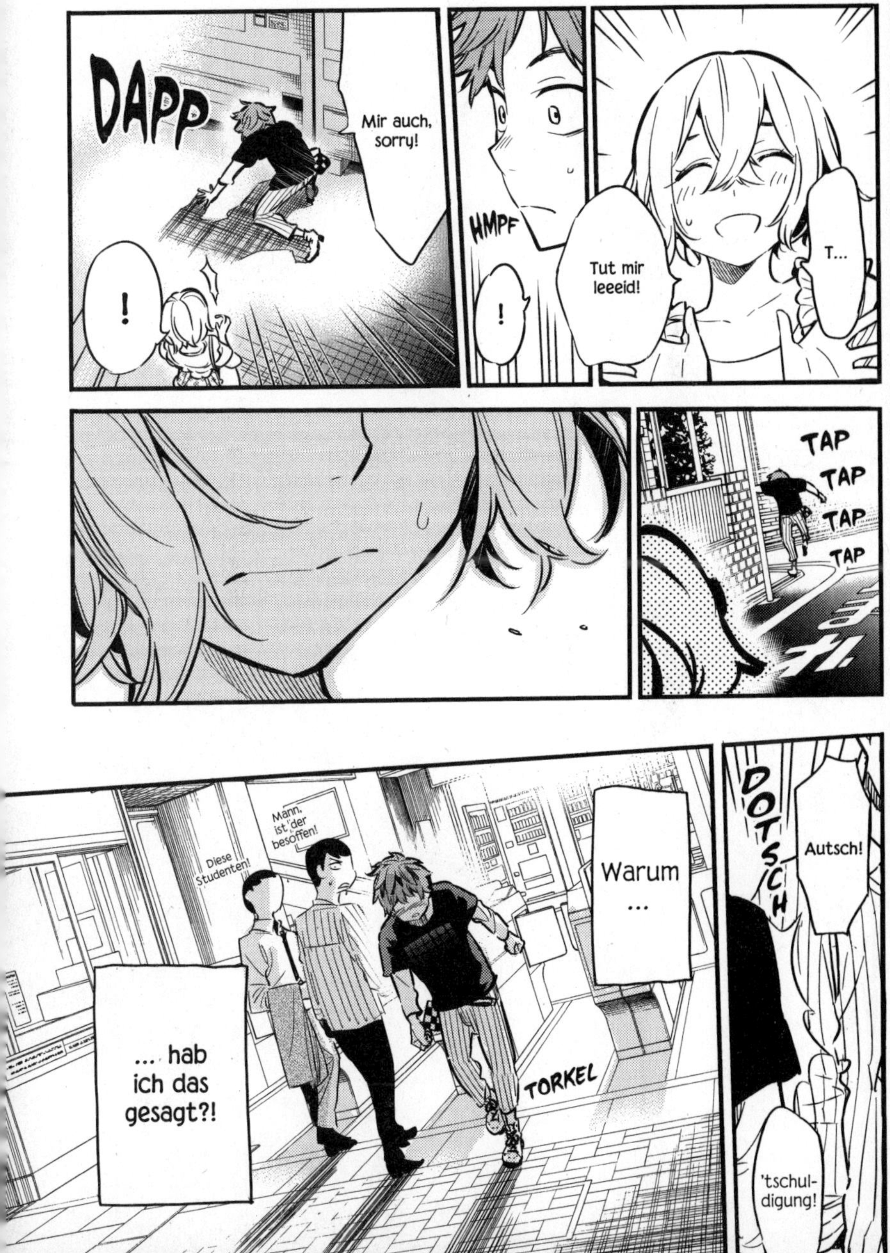
T...
Tut mir leeeid!
!
HMPF
Mir auch, sorry!
DAPP
!
TAP
TAP
TAP
TAP
Autsch!
DOTSCH
'tschul-digung!
Warum ...
Mann, ist der besoffen!
Diese Studenten!
TORKEL
... hab ich das gesagt?!

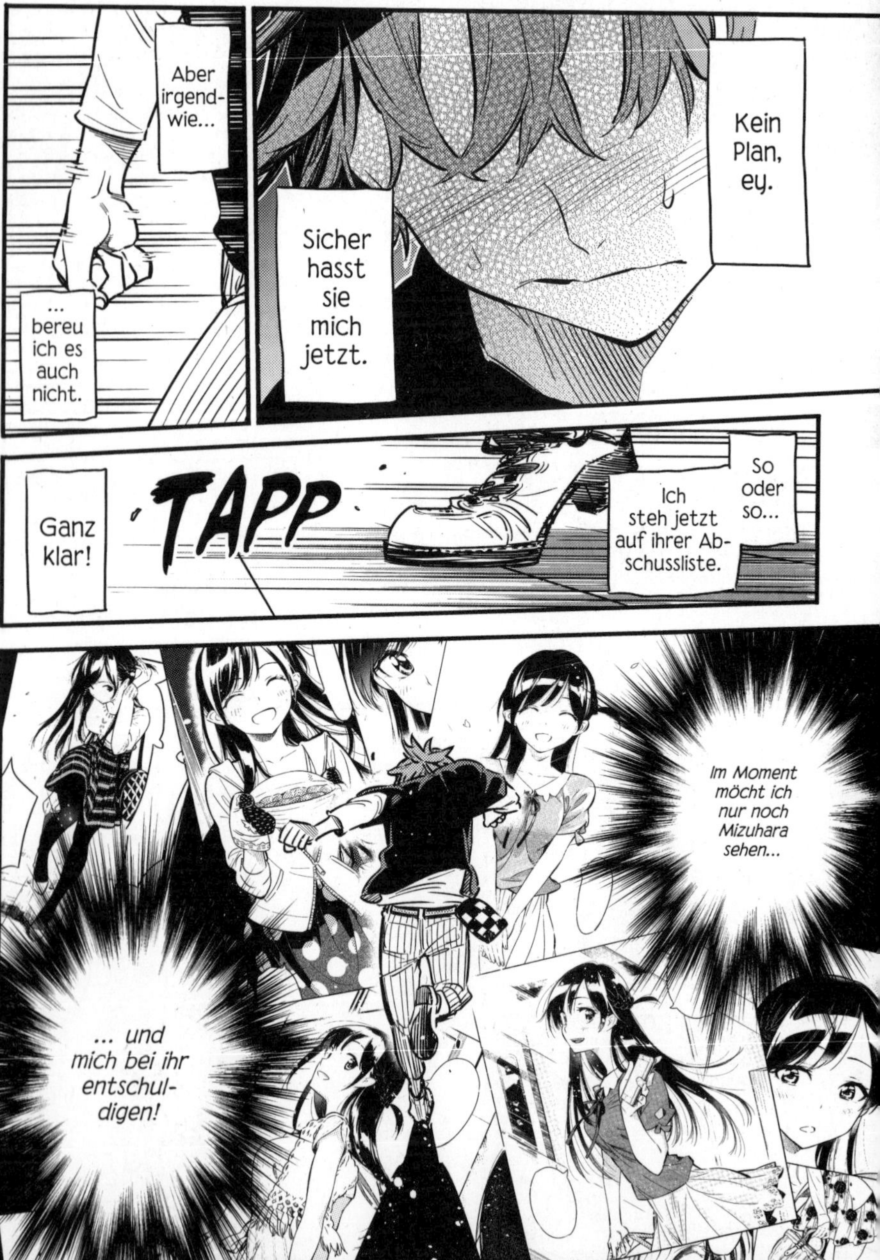
Kein Plan, ey.
Sicher hasst sie mich jetzt.
Aber irgend-wie...
... bereu ich es auch nicht.
So oder so...
Ich steh jetzt auf ihrer Ab-schussliste.
TAPP
Ganz klar!
Im Moment möcht ich nur noch Mizuhara sehen...
... und mich bei ihr entschul-digen!

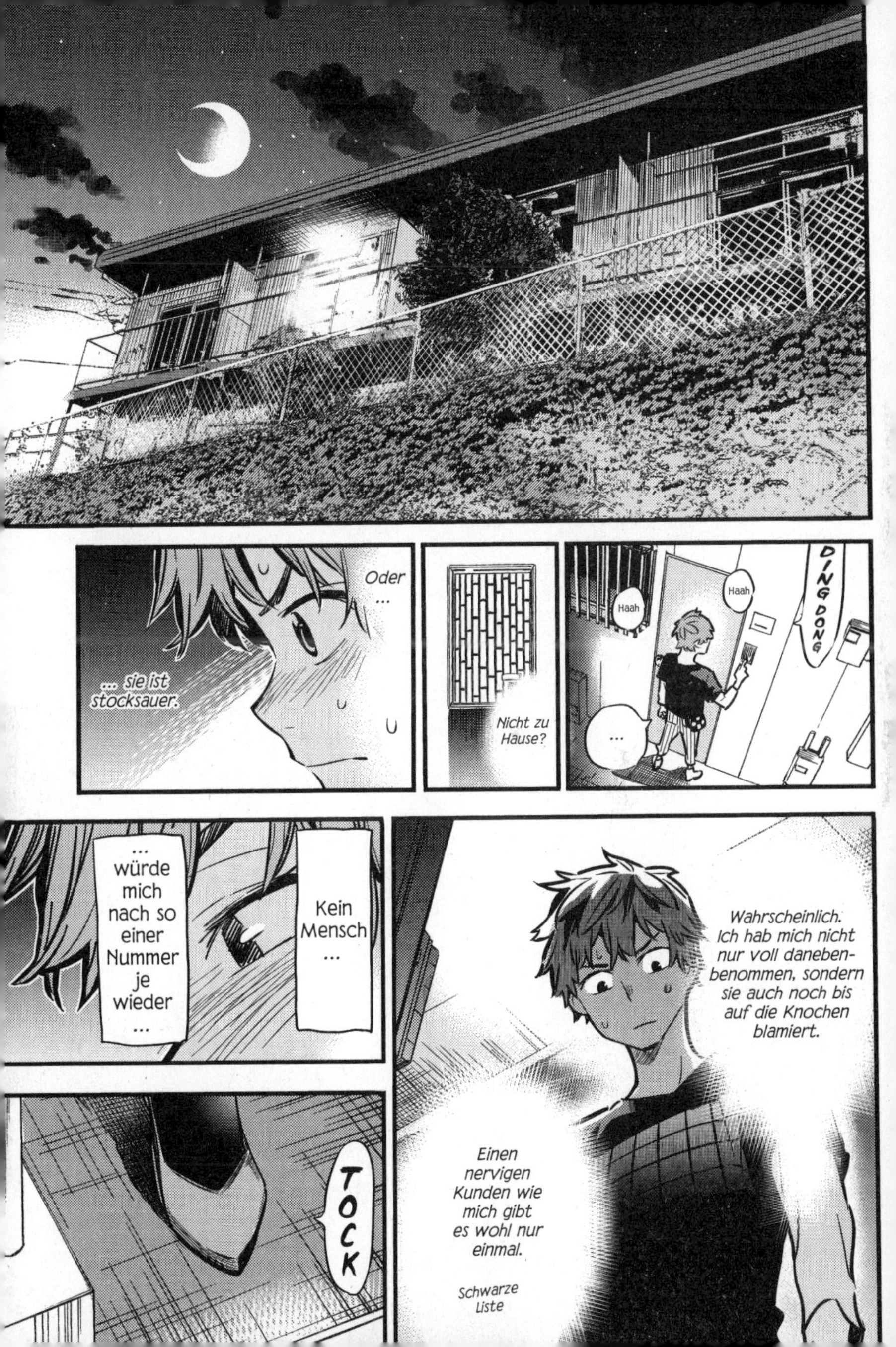

DING DONG
Haah
Haah
...
Nicht zu Hause?
Oder ...
... sie ist stocksauer.
Wahrscheinlich. Ich hab mich nicht nur voll danebenbenommen, sondern sie auch noch bis auf die Knochen blamiert.
Kein Mensch ...
... würde mich nach so einer Nummer je wieder ...
Einen nervigen Kunden wie mich gibt es wohl nur einmal.
Schwarze Liste
TOCK

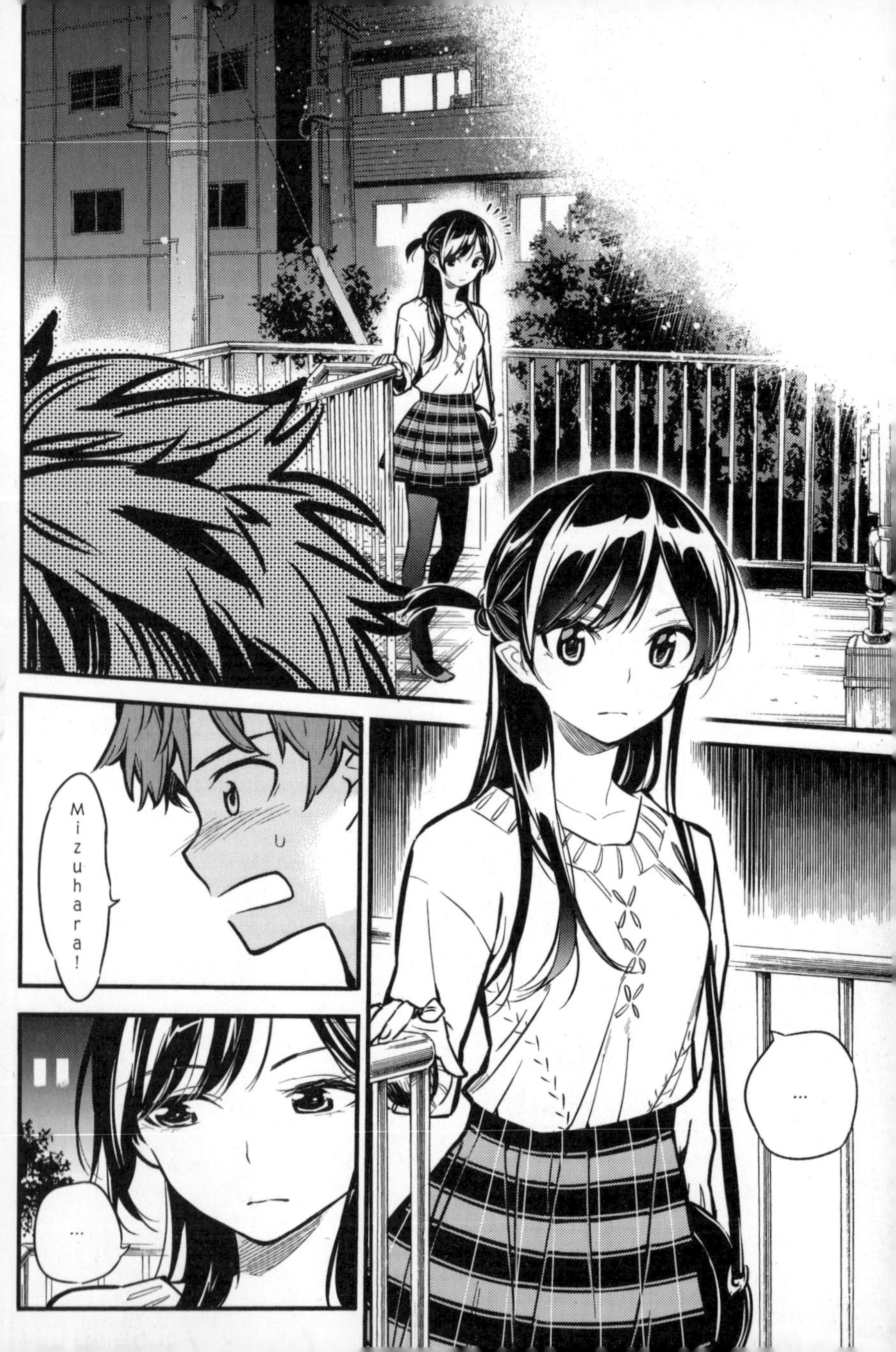
Mizuhara!
...
...

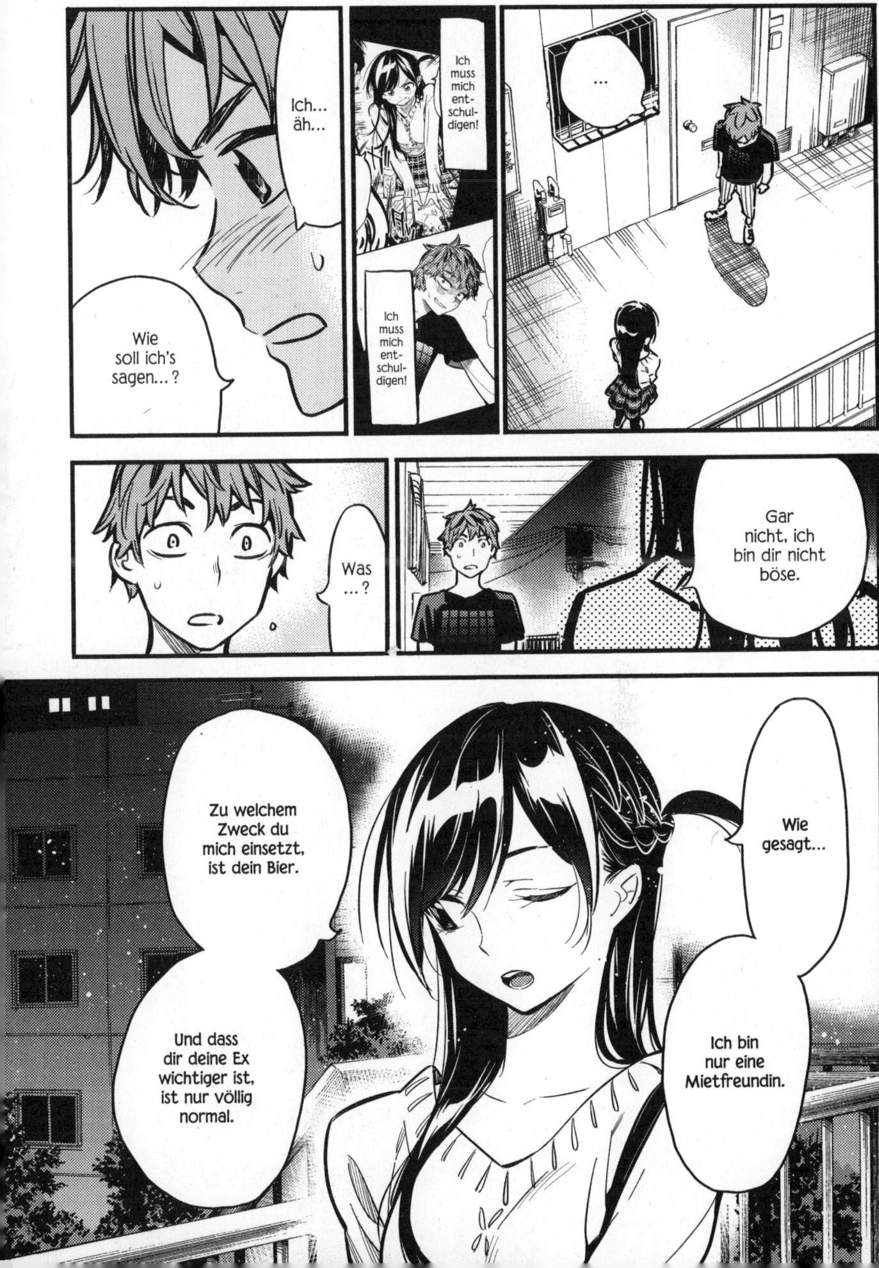
...
Ich muss mich entschuldigen!
Ich muss mich entschuldigen!
Ich... äh...
Wie soll ich's sagen...?
Gar nicht, ich bin dir nicht böse.
Was ...?
Wie gesagt...
Ich bin nur eine Mietfreundin.
Zu welchem Zweck du mich einsetzt, ist dein Bier.
Und dass dir deine Ex wichtiger ist, ist nur völlig normal.

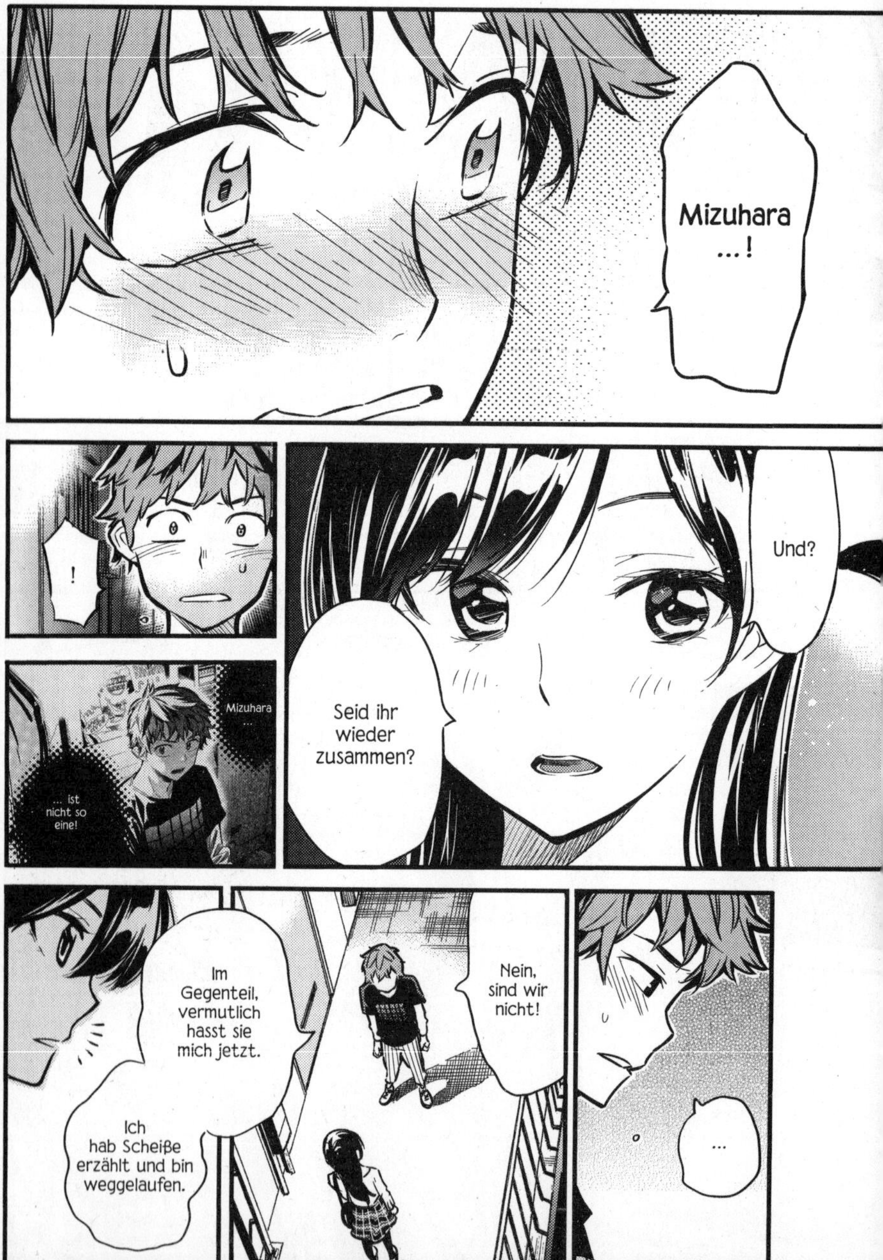
Mizuhara ...!
Und?
Seid ihr wieder zusammen?
!
Mizuhara ...
... ist nicht so eine!
...
Nein, sind wir nicht!
Im Gegenteil, vermutlich hasst sie mich jetzt.
Ich hab Scheiße erzählt und bin weggelaufen.

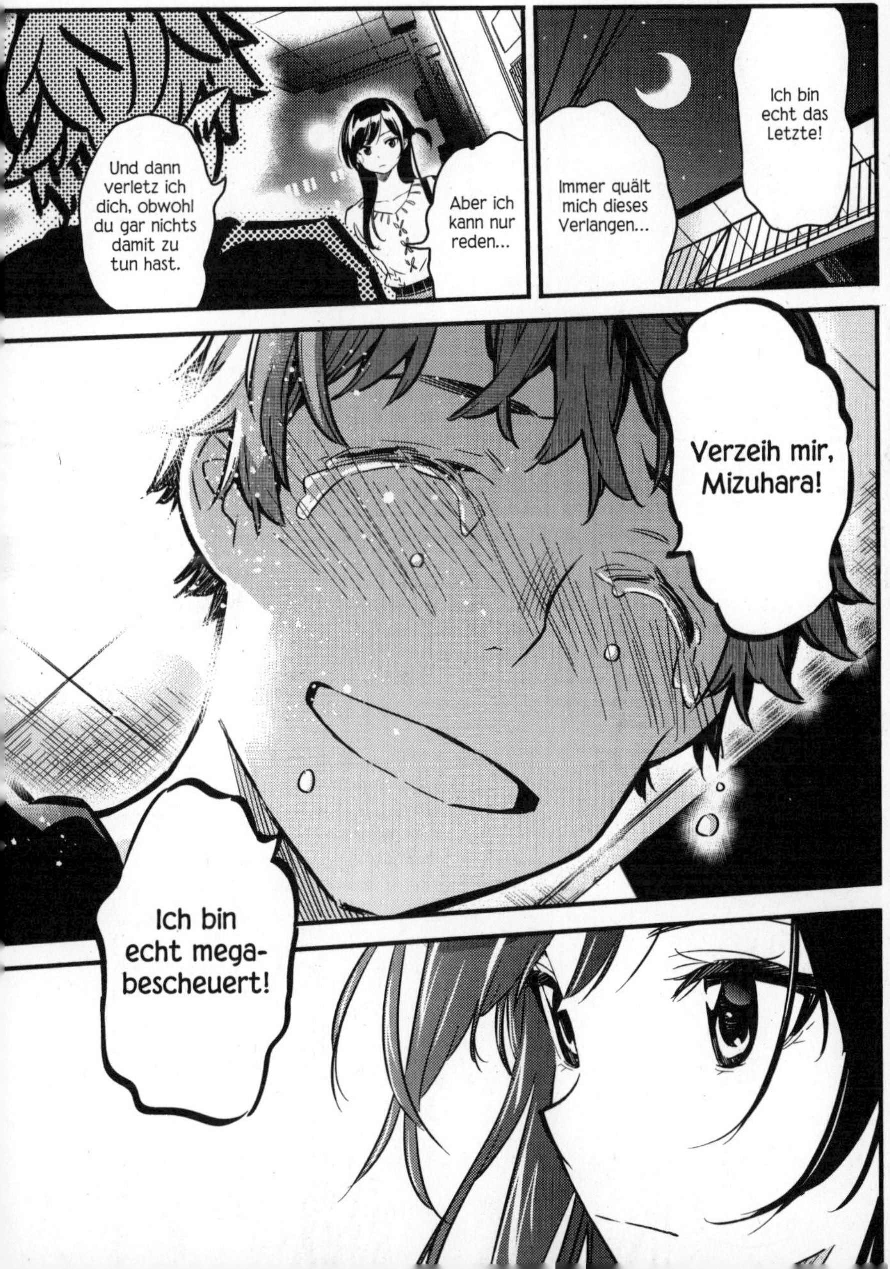
Ich bin echt das Letzte!
Immer quält mich dieses Verlangen...
Aber ich kann nur reden...
Und dann verletz ich dich, obwohl du gar nichts damit zu tun hast.
Verzeih mir, Mizuhara!
Ich bin echt mega-bescheuert!

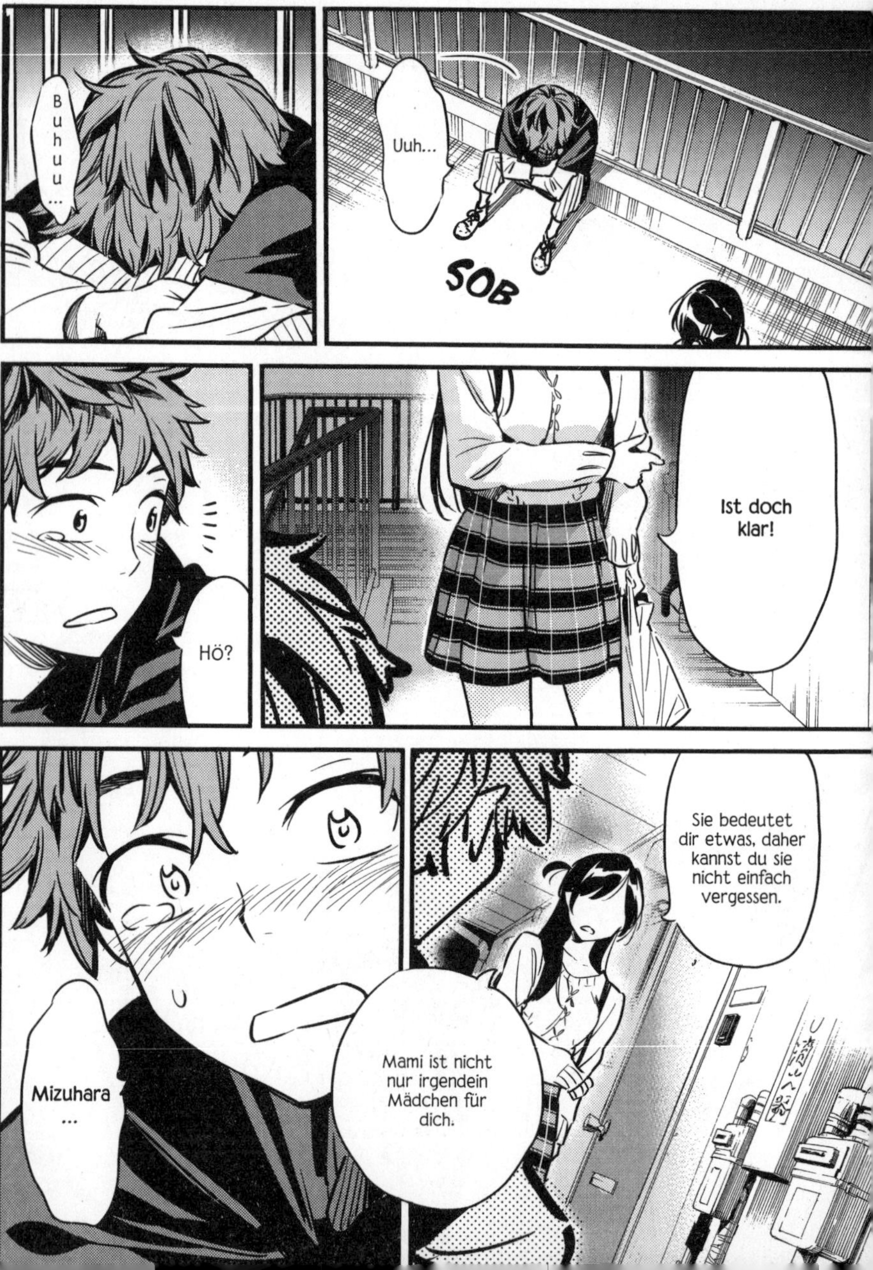

Uuh...
SOB
Buhuu...
Ist doch klar!
Hö?
Sie bedeutet dir etwas, daher kannst du sie nicht einfach vergessen.
Mami ist nicht nur irgendein Mädchen für dich.
Mizuhara ...

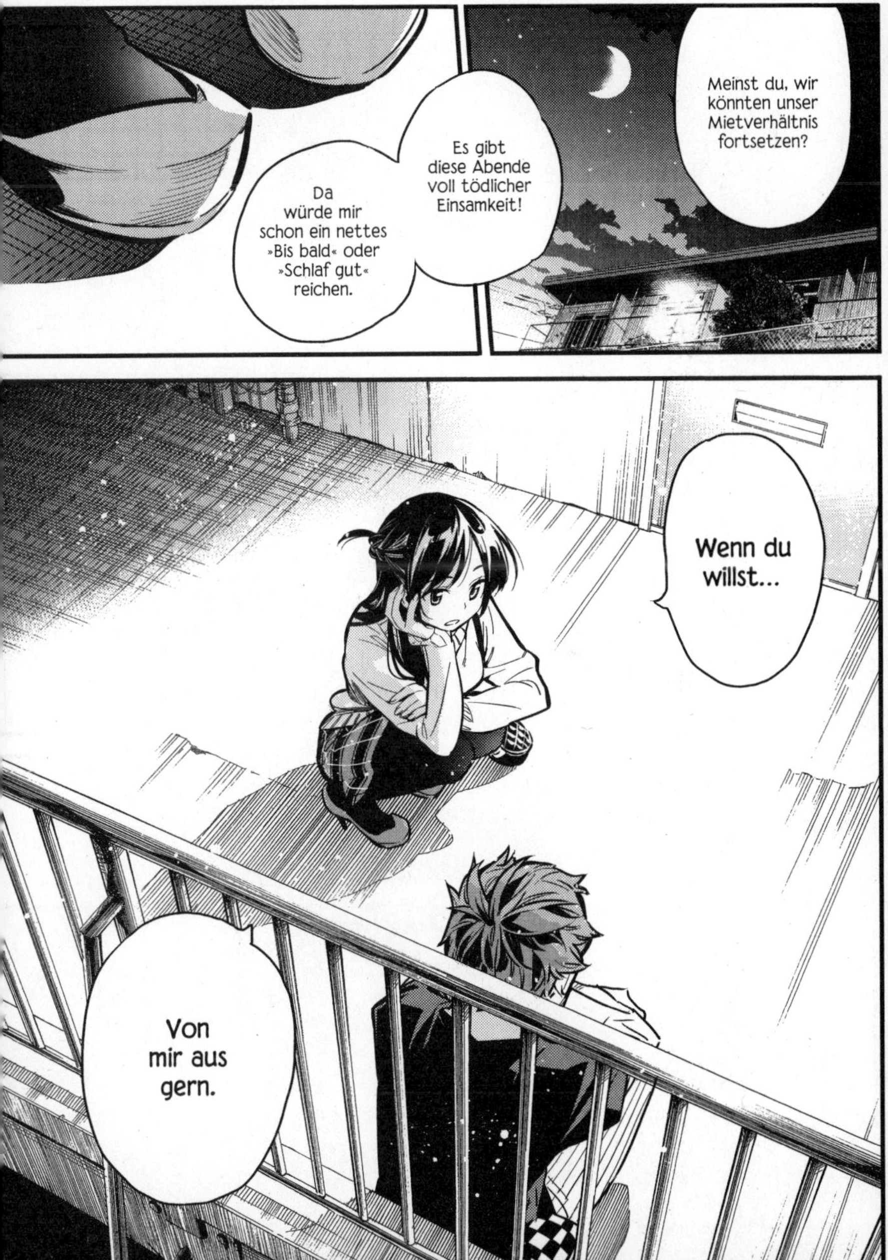
Meinst du, wir könnten unser Mietverhältnis fortsetzen?
Es gibt diese Abende voll tödlicher Einsamkeit!
Da würde mir schon ein nettes »Bis bald« oder »Schlaf gut« reichen.
Wenn du willst...
Von mir aus gern.

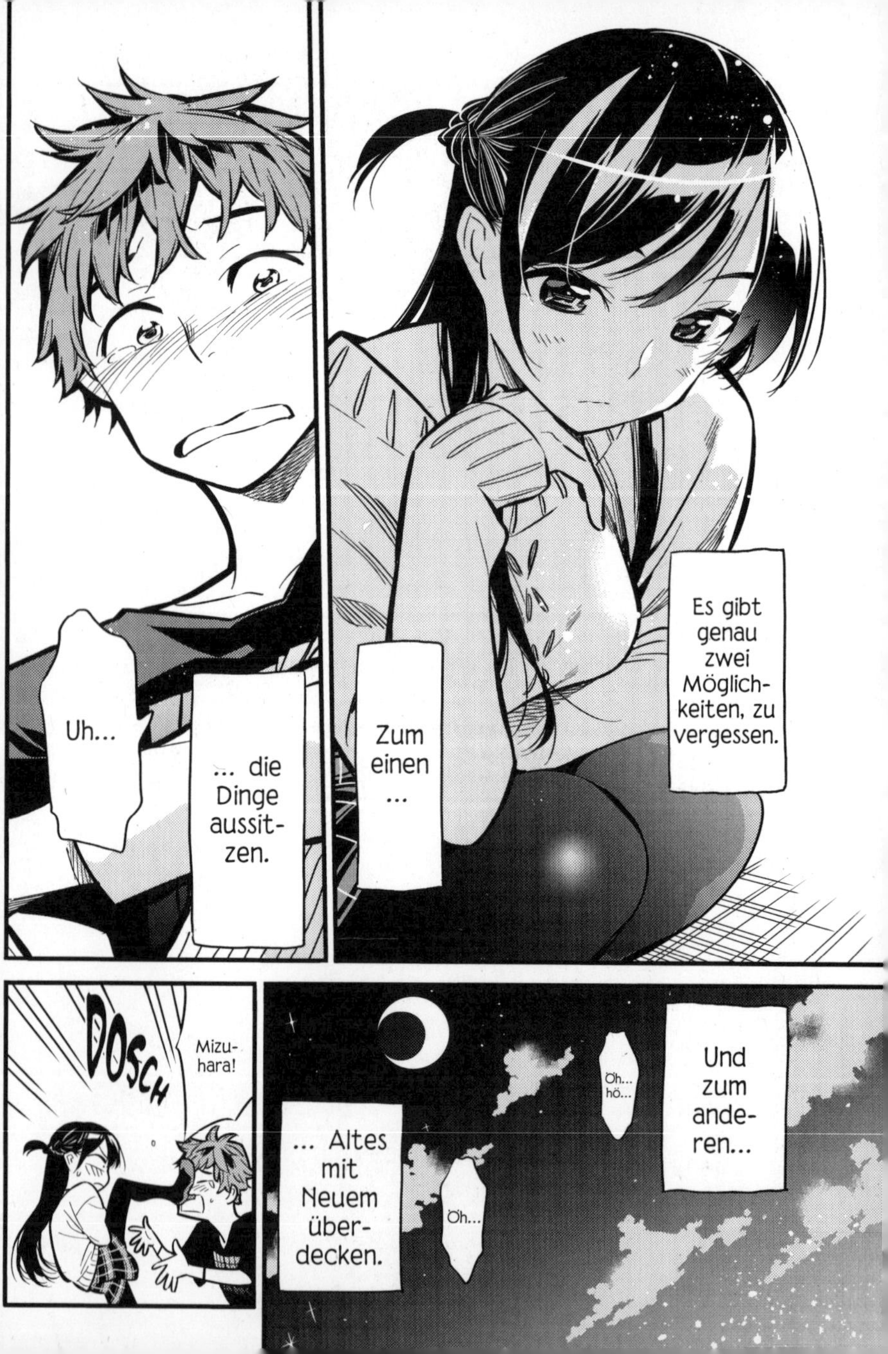

Es gibt genau zwei Möglichkeiten, zu vergessen.
Zum einen ...
... die Dinge aussitzen.
Uh...
Und zum anderen...
Öh... hö...
... Altes mit Neuem überdecken.
Öh...
DOSCH
Mizuhara!

Sternchen Nr. 7 Die Freundin und das Meer ①

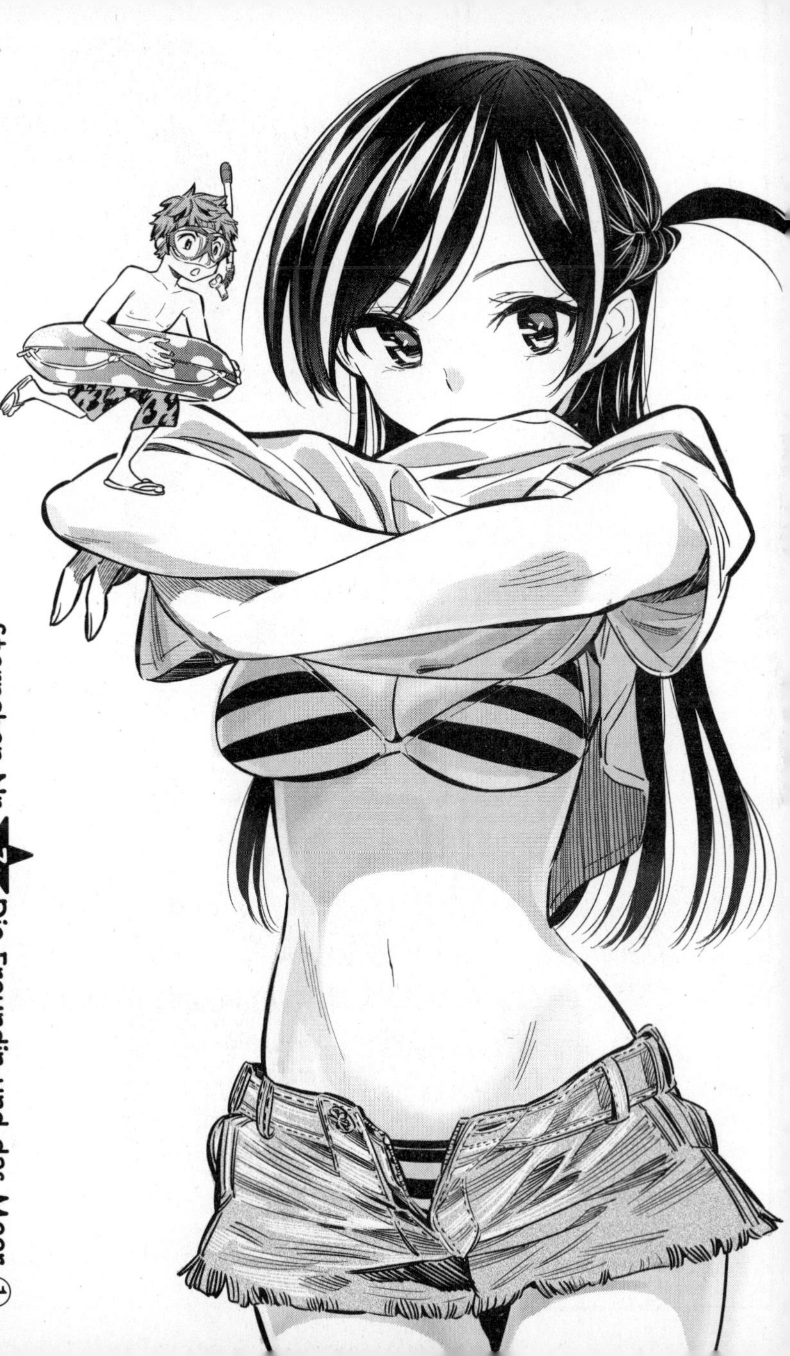

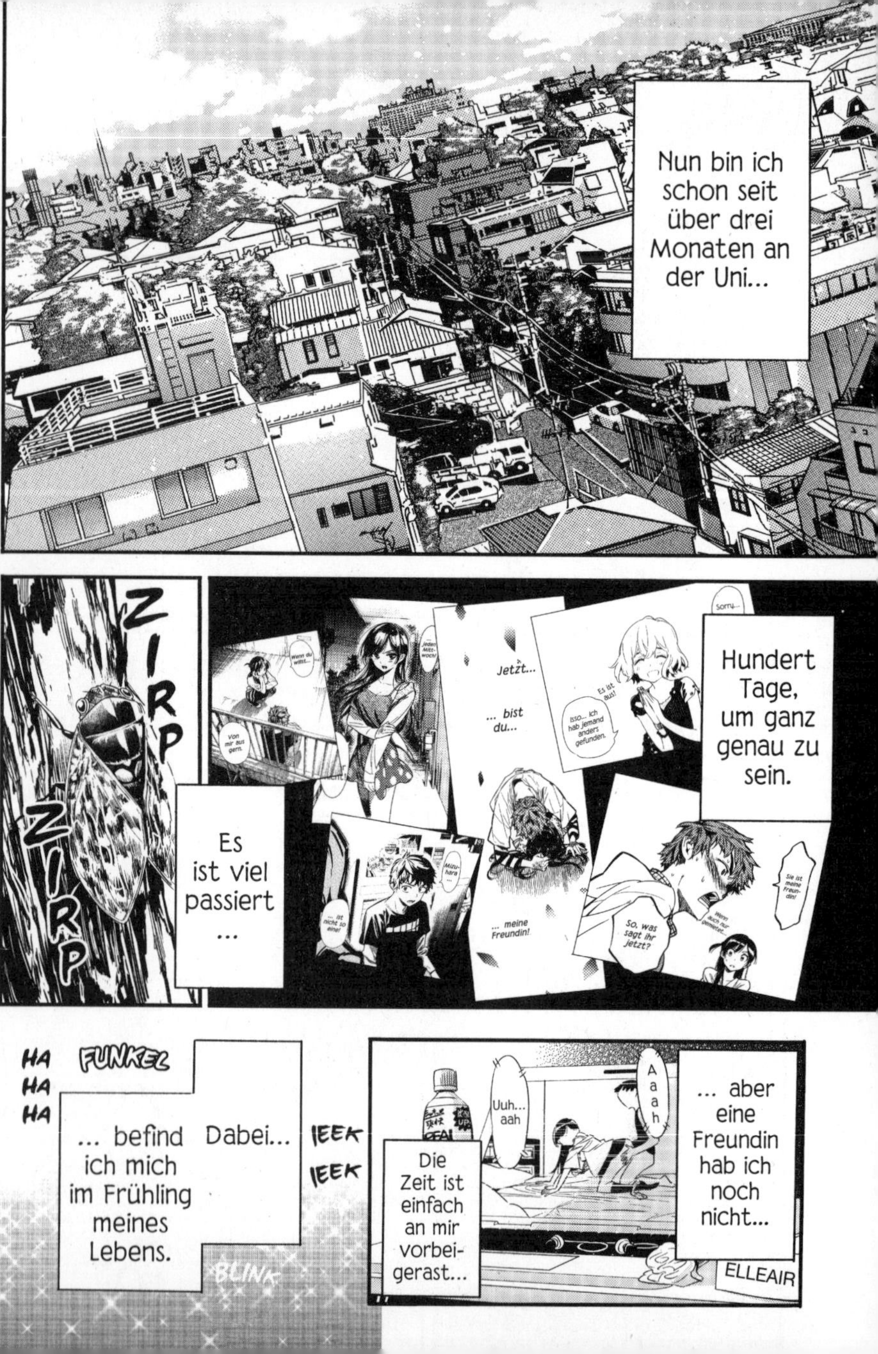
Nun bin ich schon seit über drei Monaten an der Uni...
Hundert Tage, um ganz genau zu sein.
Sorry...
Es ist aus!
Isso... Ich hab jemand anders gefunden.
Jetzt...
... bist du...
... meine Freundin!
... jeden Mitt-woch!
Wenn du willst...
Von mir aus gern.
Sie ist meine Freun-din!
Wenn auch nur gemietet...
So, was sagt ihr jetzt?
Mizu-hara ...
... ist nicht so eine!
Es ist viel passiert ...
ZIRP
ZIRP
... aber eine Freundin hab ich noch nicht...
Aaah
Uuh... aah
Die Zeit ist einfach an mir vorbei-gerast...
ELLEAIR
IEEK
IEEK
Dabei...
... befind ich mich im Frühling meines Lebens.
FUNKEL
HA HA HA
BLINK

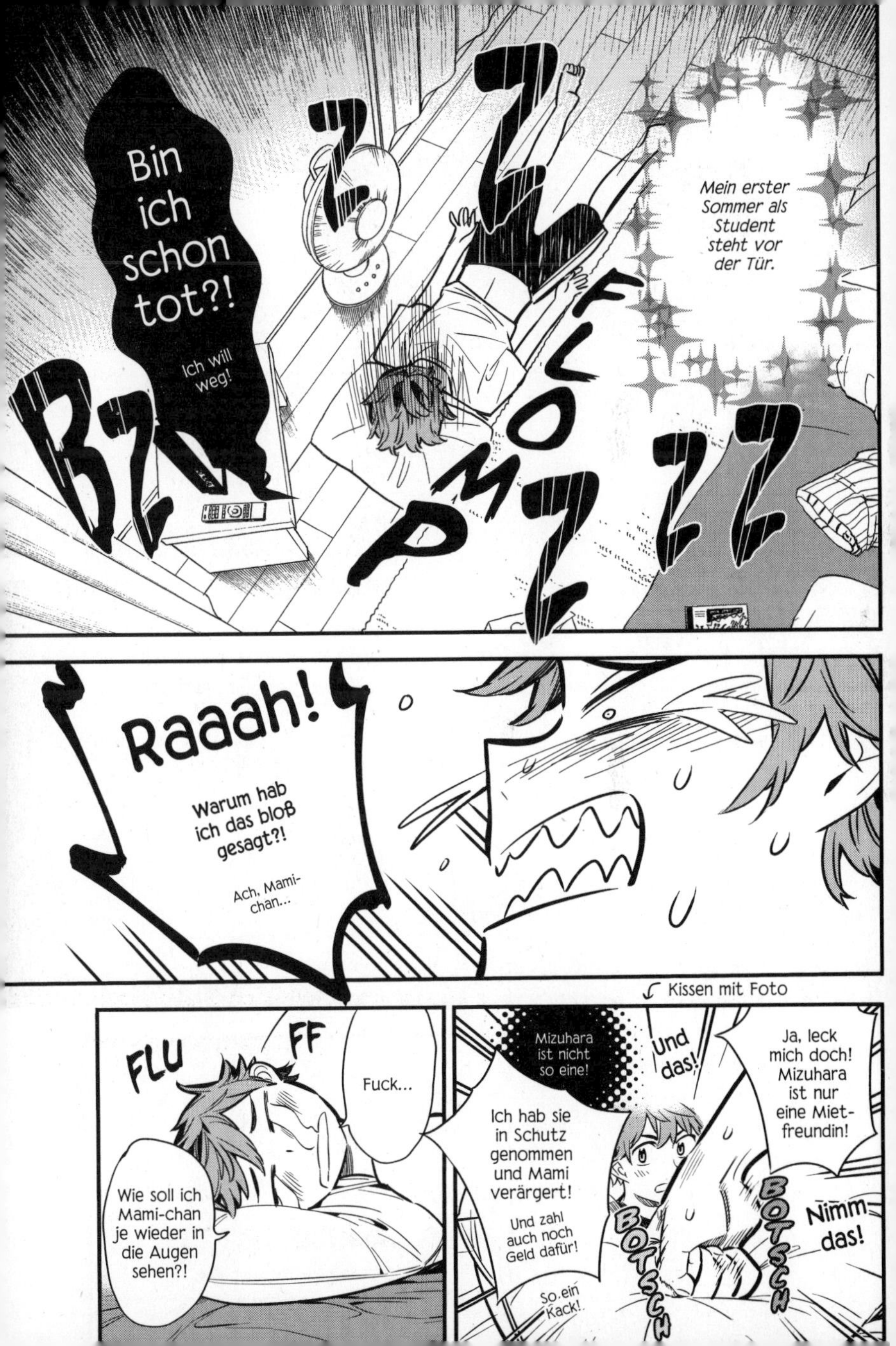

Mein erster Sommer als Student steht vor der Tür.
ZZZ
Bin ich schon tot?!
Ich will weg!
BZ
FLOMP
ZZZ
Raaah!
Warum hab ich das bloß gesagt?!
Ach, Mami-chan...
Kissen mit Foto
Ja, leck mich doch! Mizuhara ist nur eine Miet-freundin!
Und das!
Mizuhara ist nicht so eine!
Ich hab sie in Schutz genommen und Mami verärgert!
Und zahl auch noch Geld dafür!
So ein Kack!
BOTSCH
BOTSCH
Nimm das!
Fuck...
FLUFF
Wie soll ich Mami-chan je wieder in die Augen sehen?!

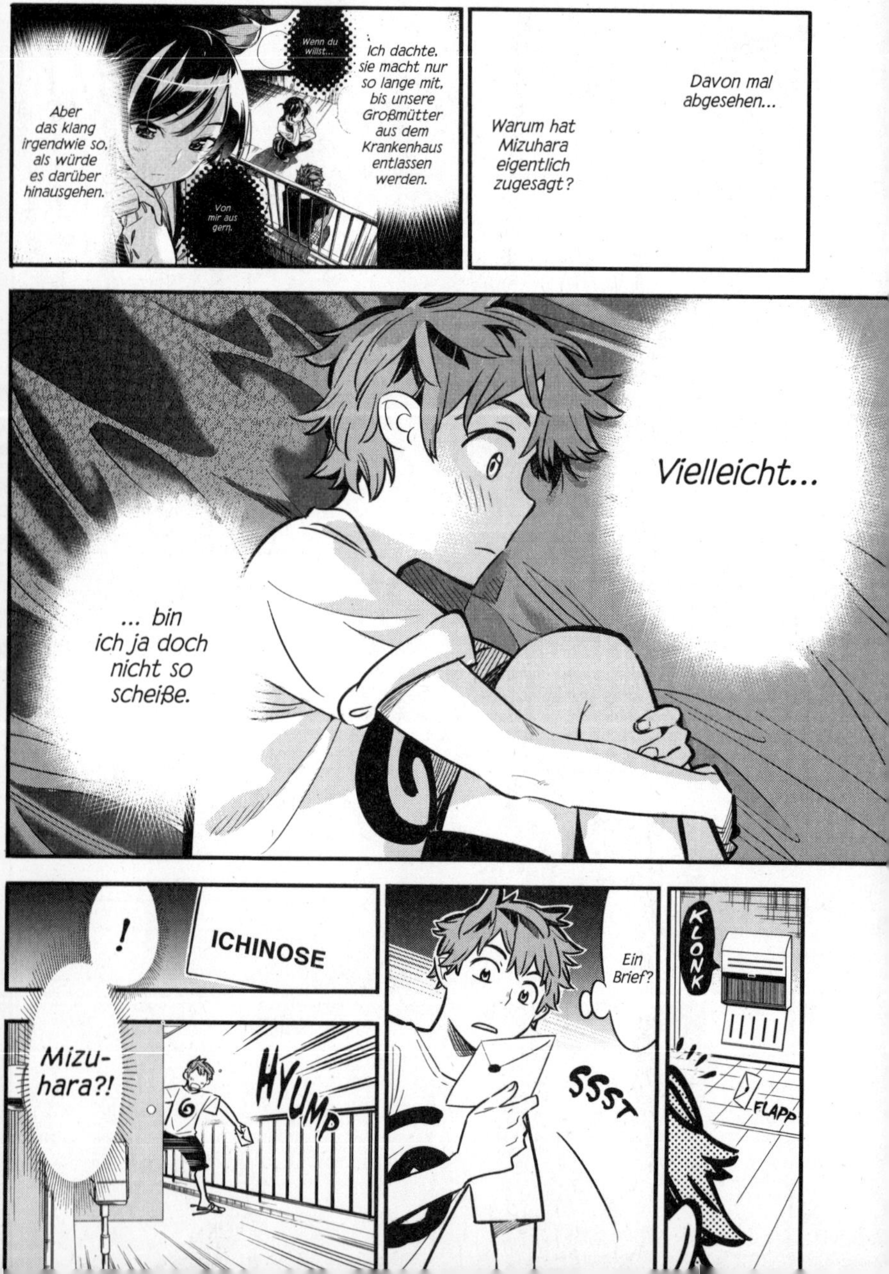
Davon mal abgesehen...
Warum hat Mizuhara eigentlich zugesagt?
Ich dachte, sie macht nur so lange mit, bis unsere Großmütter aus dem Krankenhaus entlassen werden.
Wenn du willst...
Von mir aus gern.
Aber das klang irgendwie so, als würde es darüber hinausgehen.
Vielleicht...
... bin ich ja doch nicht so scheiße.
KLONK
FLAPP
Ein Brief?
SSST
ICHINOSE
!
HYUMP
Mizu-hara?!

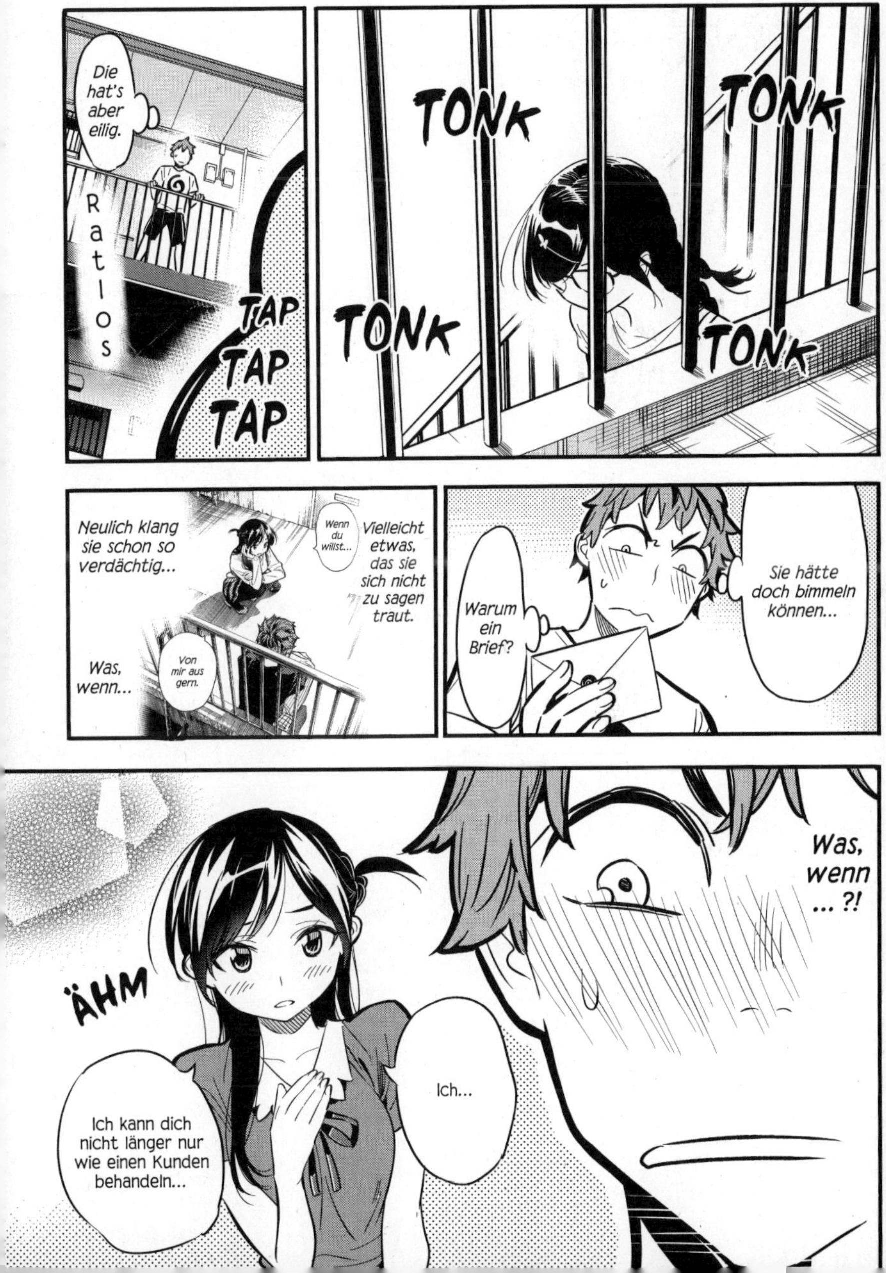
TONK
TONK
TONK
TONK
TAP
TAP
TAP
Die hat's aber eilig.
Ratlos
Sie hätte doch bimmeln können...
Warum ein Brief?
Vielleicht etwas, das sie sich nicht zu sagen traut.
Wenn du willst...
Neulich klang sie schon so verdächtig...
Von mir aus gern.
Was, wenn...
Was, wenn ... ?!
ÄHM
Ich...
Ich kann dich nicht länger nur wie einen Kunden behandeln...

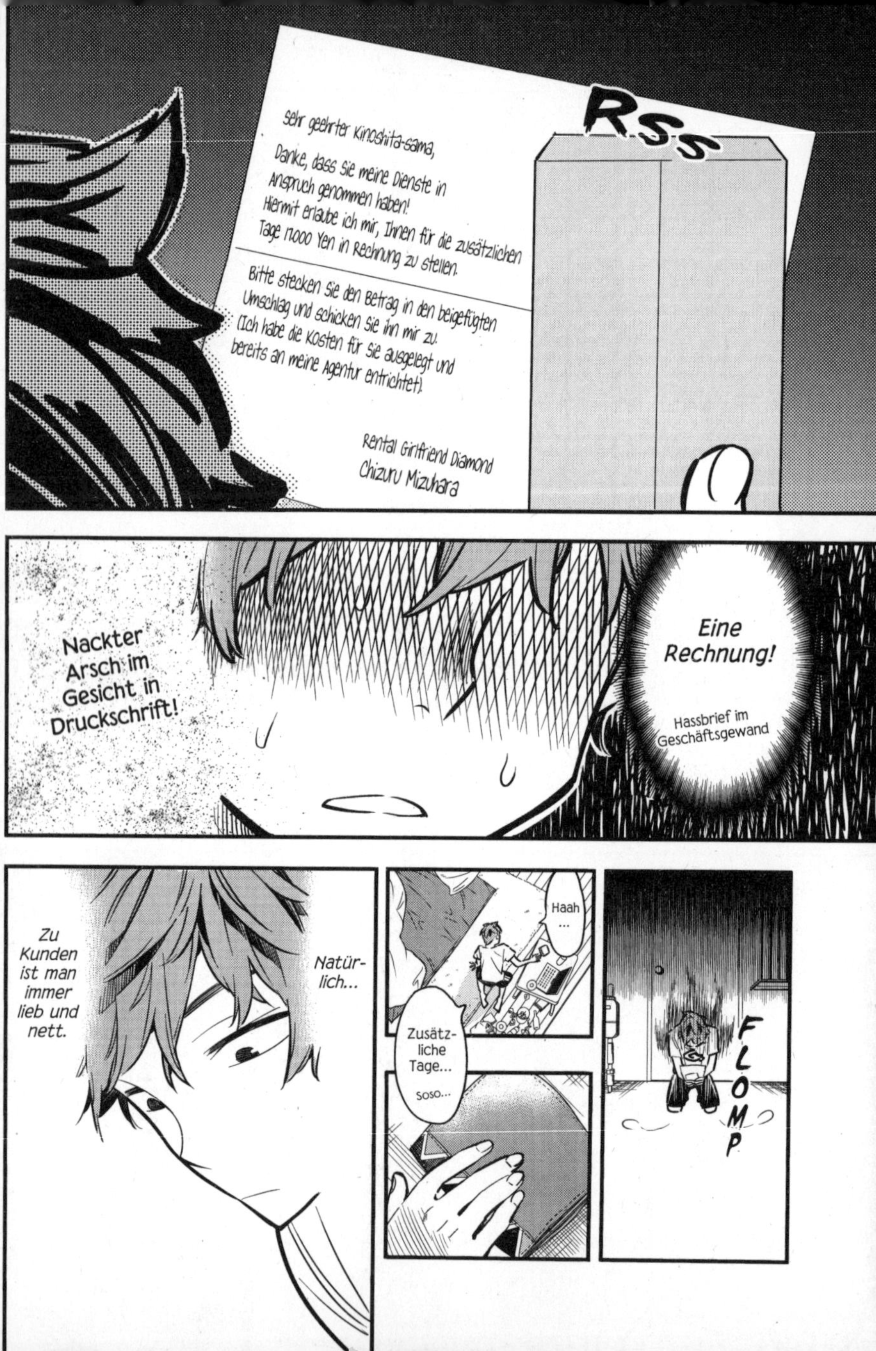
RSS
Sehr geehrter Kinoshita-sama,
Danke, dass Sie meine Dienste in Anspruch genommen haben!
Hiermit erlaube ich mir, Ihnen für die zusätzlichen Tage 17.000 Yen in Rechnung zu stellen.
Bitte stecken Sie den Betrag in den beigefügten Umschlag und schicken Sie ihn mir zu.
(Ich habe die Kosten für Sie ausgelegt und bereits an meine Agentur entrichtet).
Rental Girlfriend Diamond
Chizuru Mizuhara
Eine Rechnung!
Hassbrief im Geschäftsgewand
Nackter Arsch im Gesicht in Druckschrift!
Haah ...
Zusätzliche Tage...
Soso...
Natürlich...
Zu Kunden ist man immer lieb und nett.
FLOMP

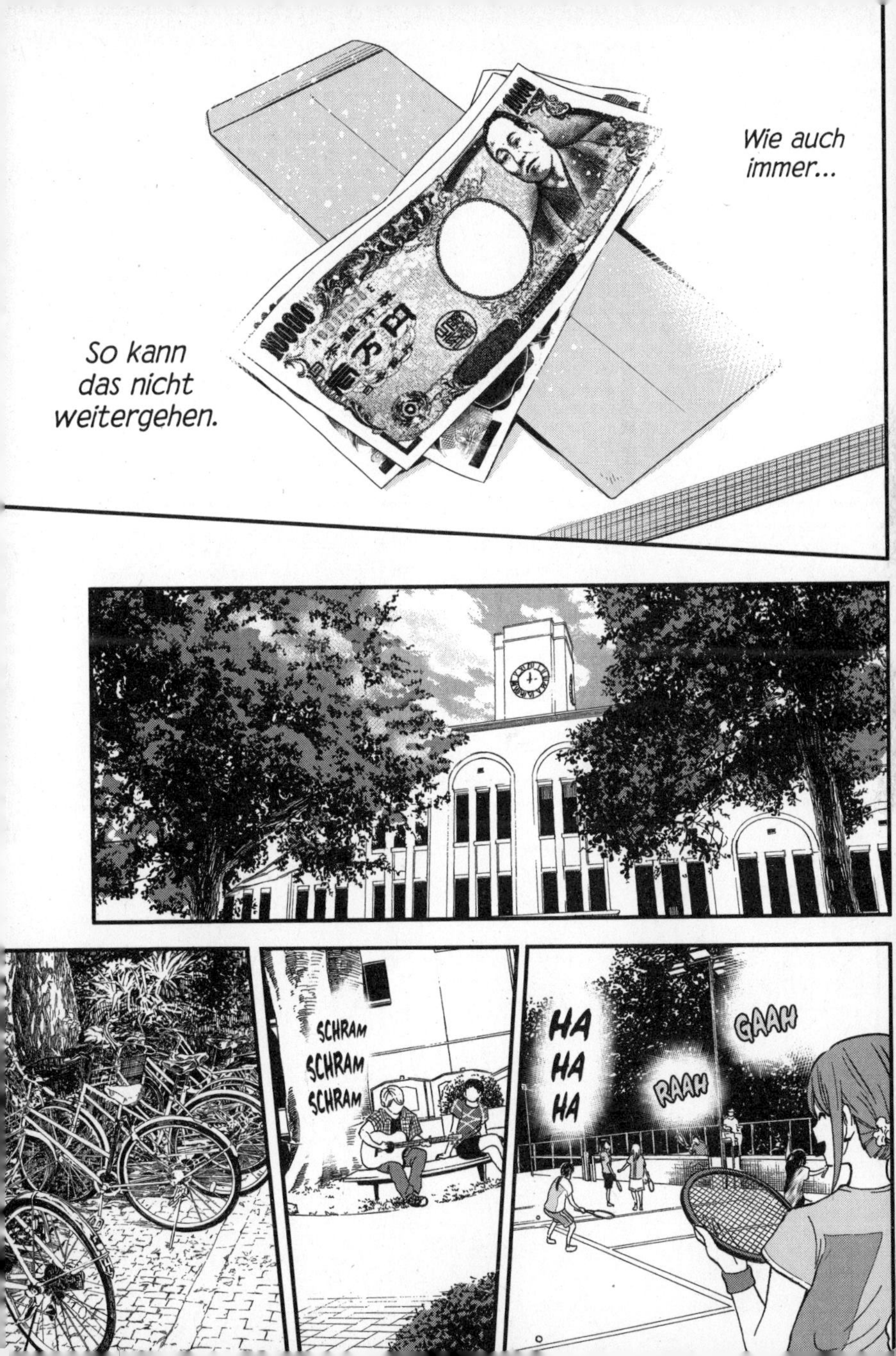
Wie auch immer...
So kann das nicht weitergehen.
GAAH
RAAH
HA HA HA
SCHRAM SCHRAM SCHRAM

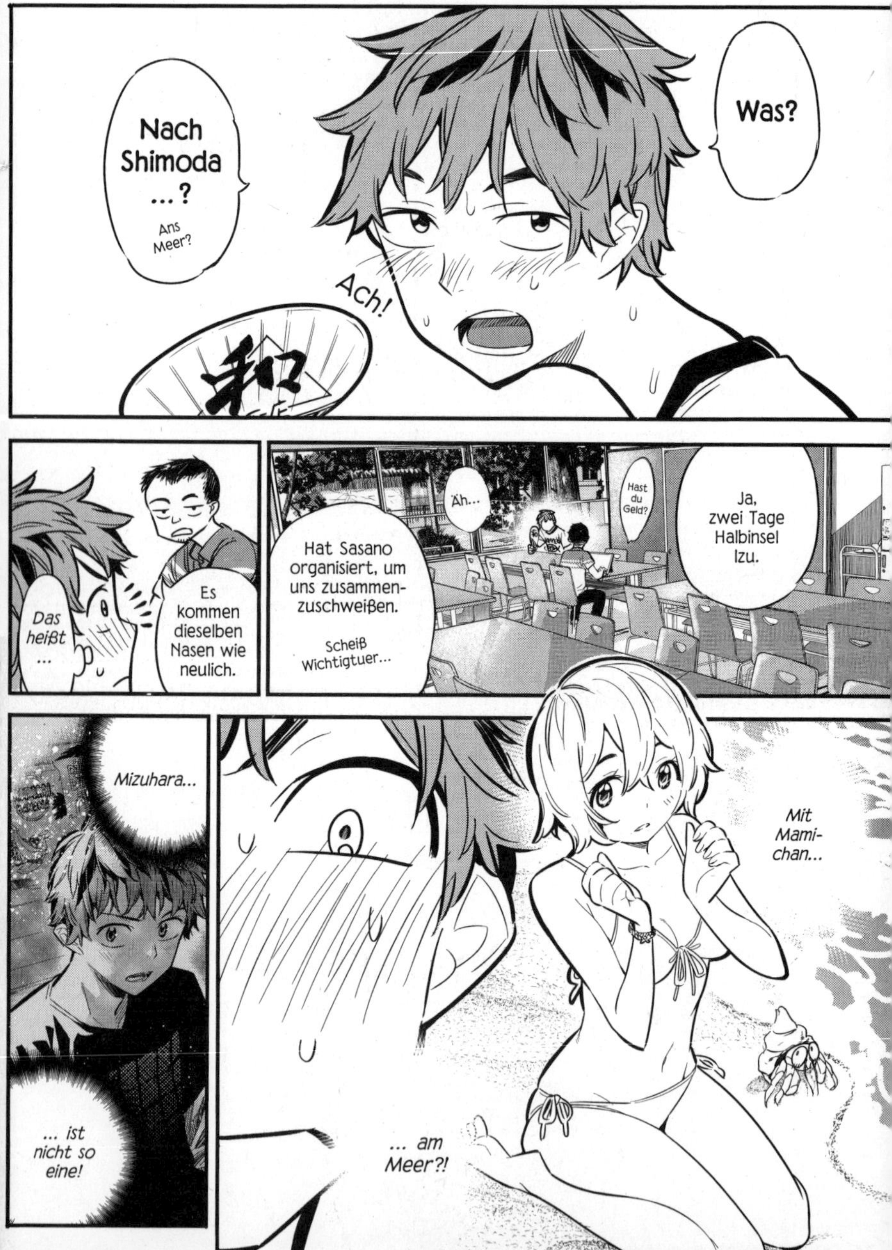
Was?
Nach Shimoda ...?
Ans Meer?
Ach!
Ja, zwei Tage Halbinsel Izu.
Hast du Geld?
Äh...
Hat Sasano organisiert, um uns zusammenzuschweißen.
Scheiß Wichtigtuer...
Es kommen dieselben Nasen wie neulich.
Das heißt ...
Mit Mami-chan...
... am Meer?!
Mizuhara...
... ist nicht so eine!

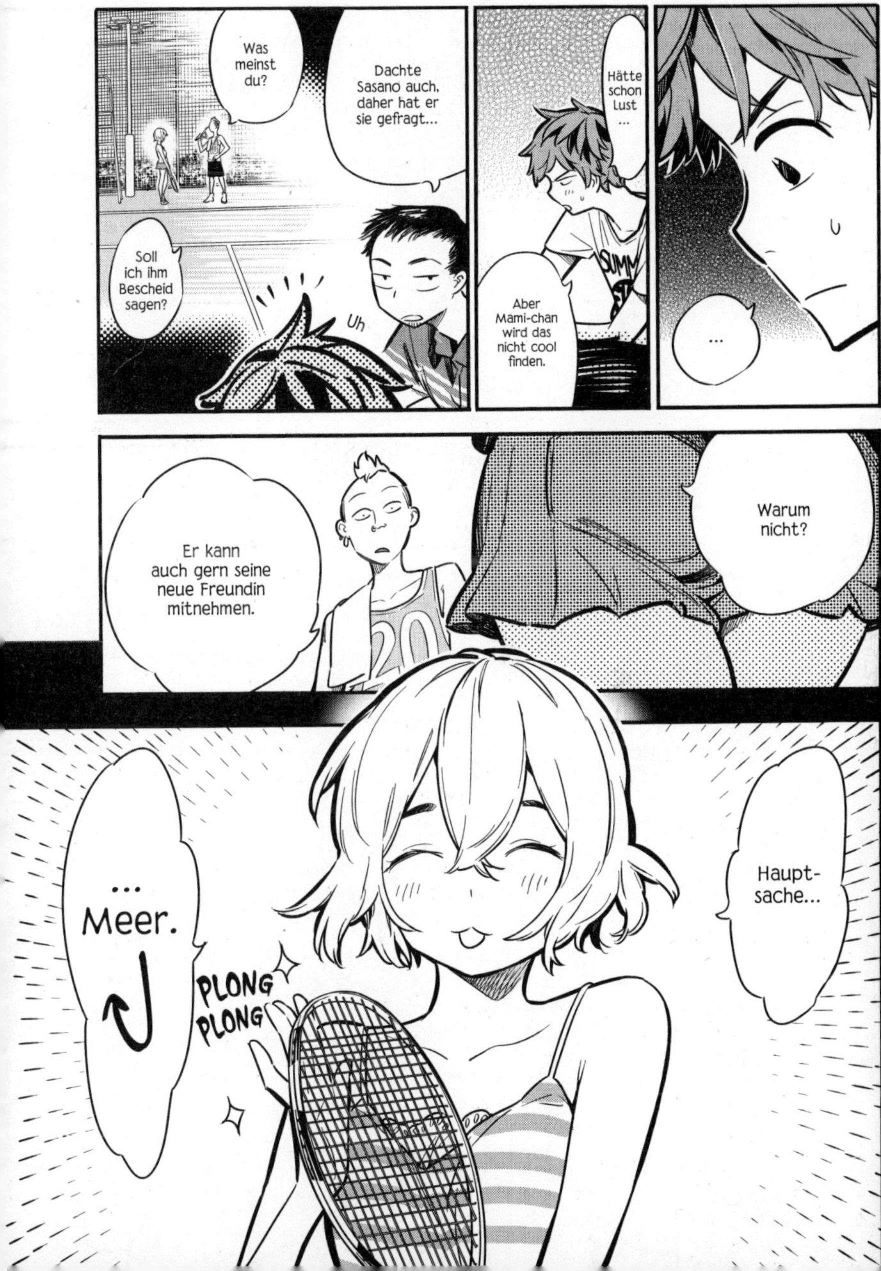
...
Hätte schon Lust ...
Aber Mami-chan wird das nicht cool finden.
Dachte Sasano auch, daher hat er sie gefragt...
Was meinst du?
Uh
Soll ich ihm Bescheid sagen?
Warum nicht?
Er kann auch gern seine neue Freundin mitnehmen.
Haupt-sache...
... Meer.
PLONG PLONG

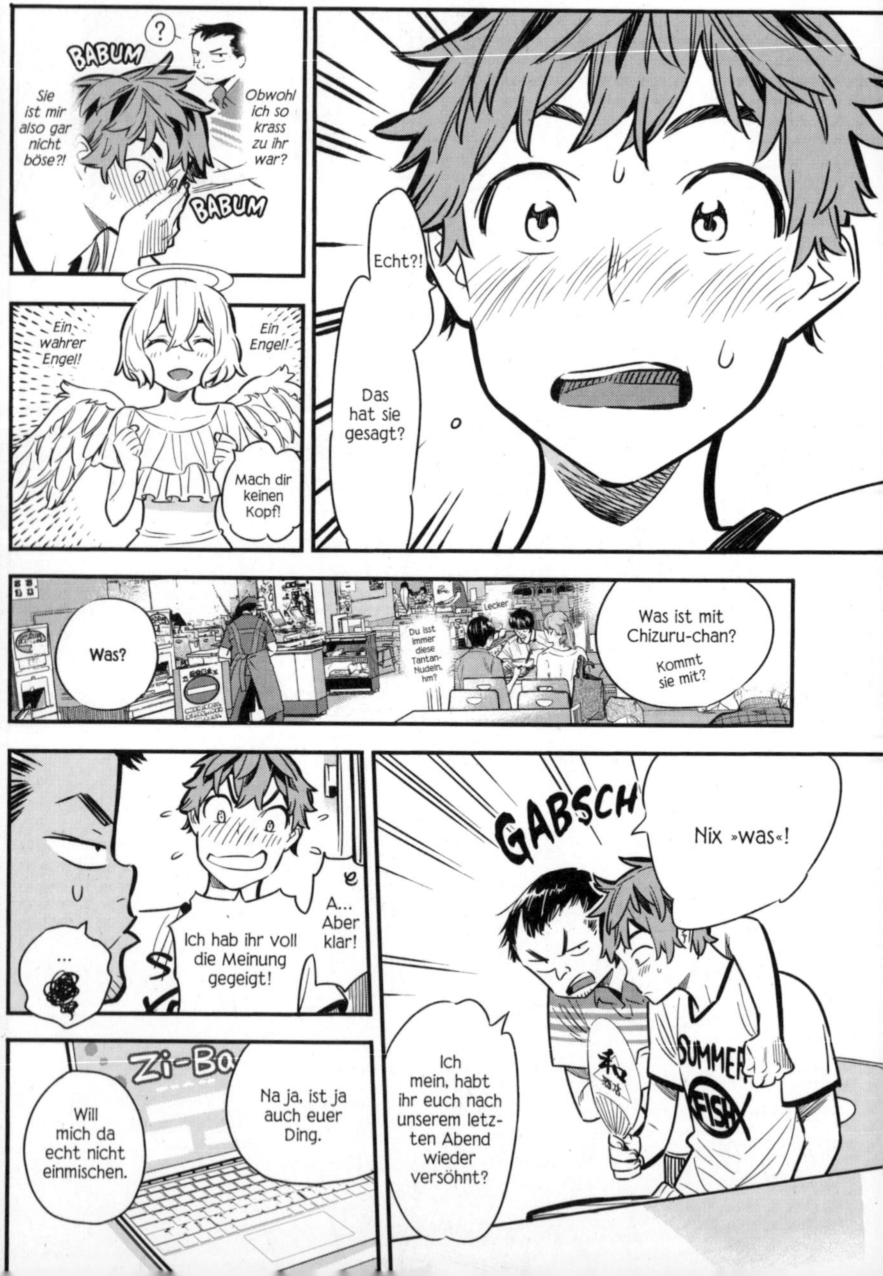
Echt?!
Das hat sie gesagt?
BABUM
Obwohl ich so krass zu ihr war?
Sie ist mir also gar nicht böse?!
BABUM
Ein Engel!
Ein wahrer Engel!
Mach dir keinen Kopf!
Was ist mit Chizuru-chan?
Kommt sie mit?
Lecker
Du isst immer diese Tantan-Nudeln, hm?
Was?
Nix »was«!
GABSCH
Ich mein, habt ihr euch nach unserem letz-ten Abend wieder versöhnt?
A... Aber klar!
Ich hab ihr voll die Meinung gegeigt!
...
Na ja, ist ja auch euer Ding.
Will mich da echt nicht einmischen.

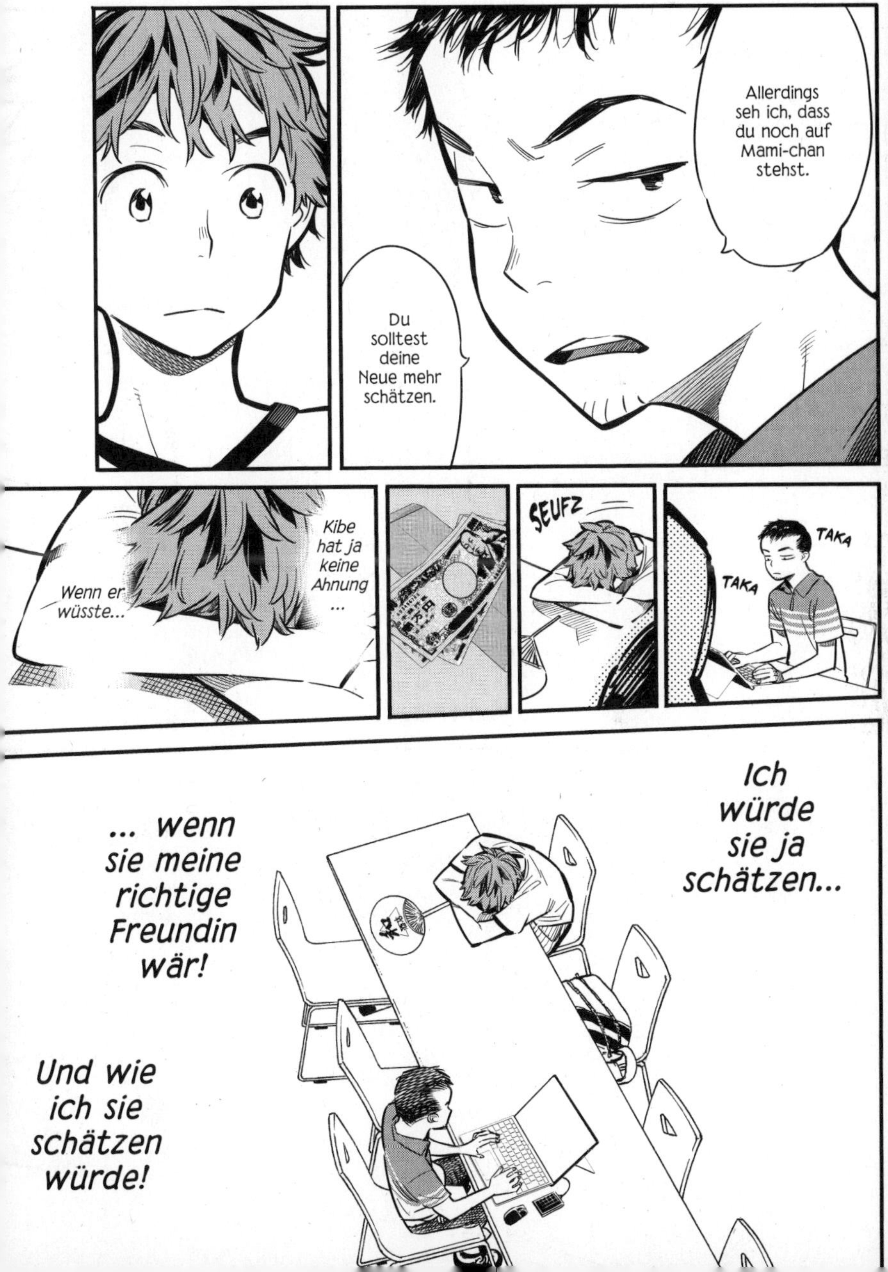
Allerdings seh ich, dass du noch auf Mami-chan stehst.
Du solltest deine Neue mehr schätzen.
TAKA
TAKA
SEUFZ
Kibe hat ja keine Ahnung ...
Wenn er wüsste...
Ich würde sie ja schätzen...
... wenn sie meine richtige Freundin wär!
Und wie ich sie schätzen würde!

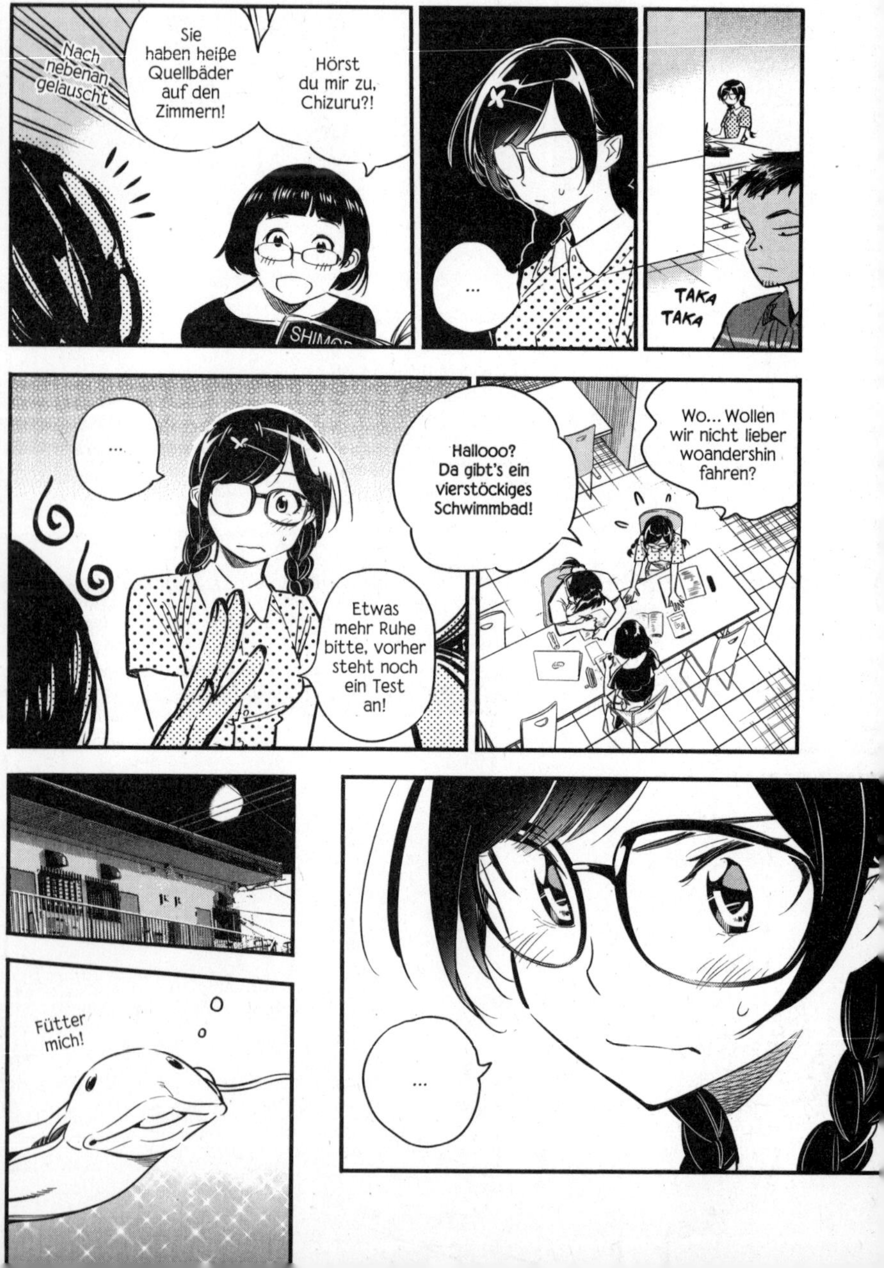
TAKA
TAKA
…
Hörst du mir zu, Chizuru?!
Sie haben heiße Quellbäder auf den Zimmern!
Nach nebenan gelauscht
Wo… Wollen wir nicht lieber woandershin fahren?
Hallooo? Da gibt's ein vierstöckiges Schwimmbad!
Etwas mehr Ruhe bitte, vorher steht noch ein Test an!
…
…
Fütter mich!

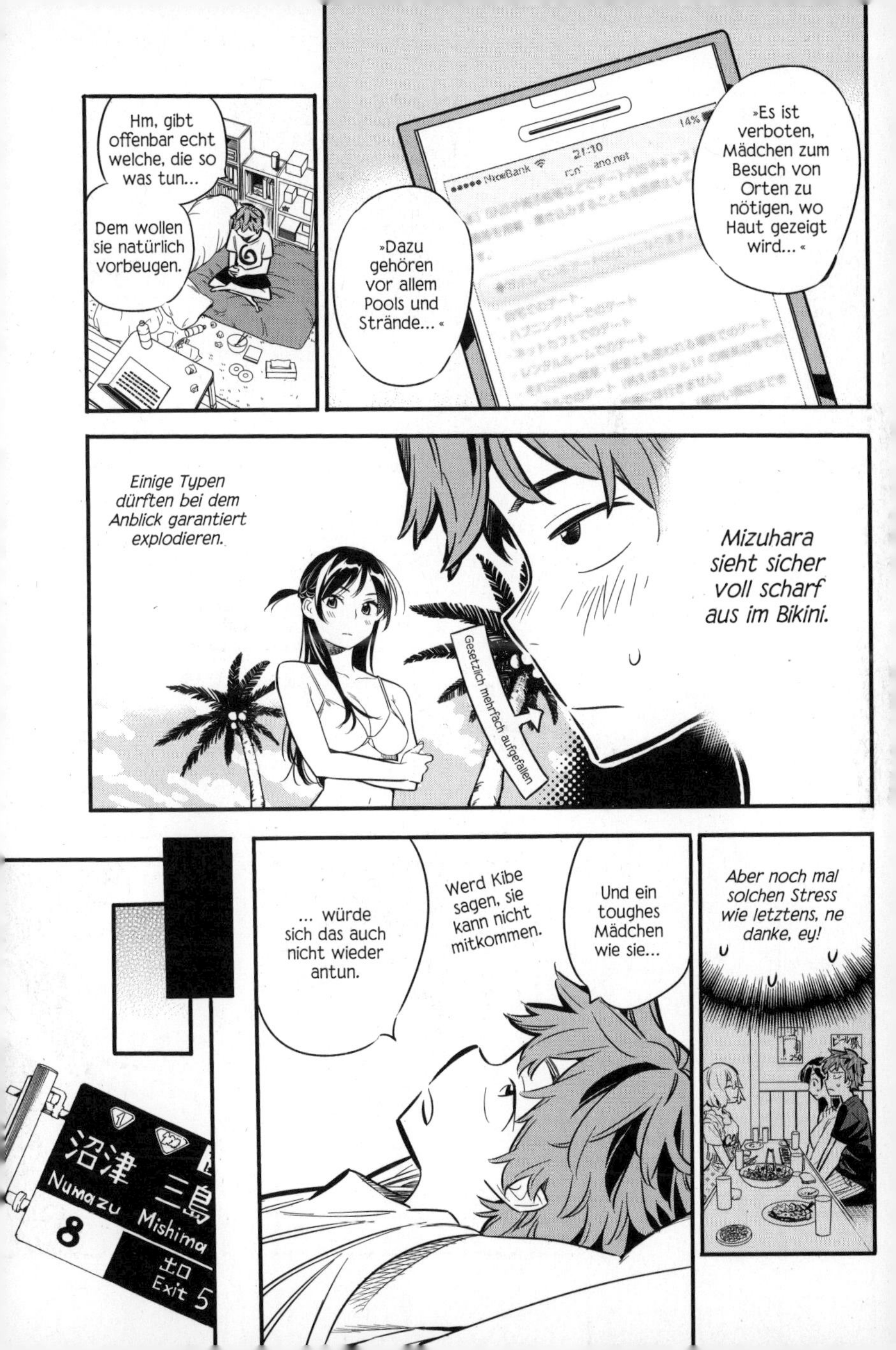
»Es ist verboten, Mädchen zum Besuch von Orten zu nötigen, wo Haut gezeigt wird…«
»Dazu gehören vor allem Pools und Strände…«
Hm, gibt offenbar echt welche, die so was tun…
Dem wollen sie natürlich vorbeugen.
Mizuhara sieht sicher voll scharf aus im Bikini.
Einige Typen dürften bei dem Anblick garantiert explodieren.
Gesetzlich mehrfach aufgefallen
Aber noch mal solchen Stress wie letztens, ne danke, ey!
Und ein toughes Mädchen wie sie…
Werd Kibe sagen, sie kann nicht mitkommen.
… würde sich das auch nicht wieder antun.
沼津 三島
Numazu Mishima
8
出口
Exit 5

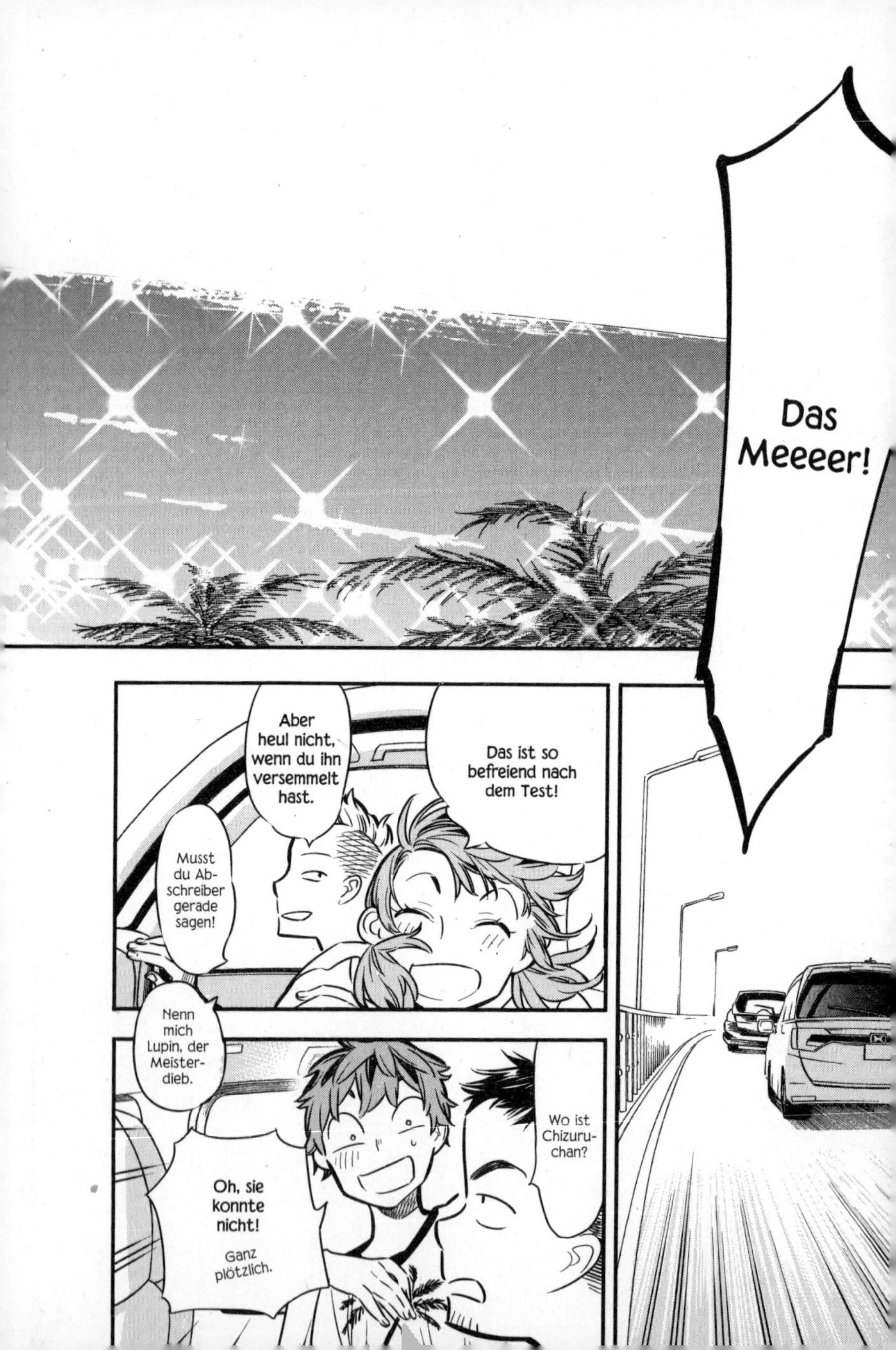
Das Meeeer!
Das ist so befreiend nach dem Test!
Aber heul nicht, wenn du ihn versemmelt hast.
Musst du Abschreiber gerade sagen!
Nenn mich Lupin, der Meisterdieb.
Wo ist Chizuru-chan?
Oh, sie konnte nicht!
Ganz plötzlich.

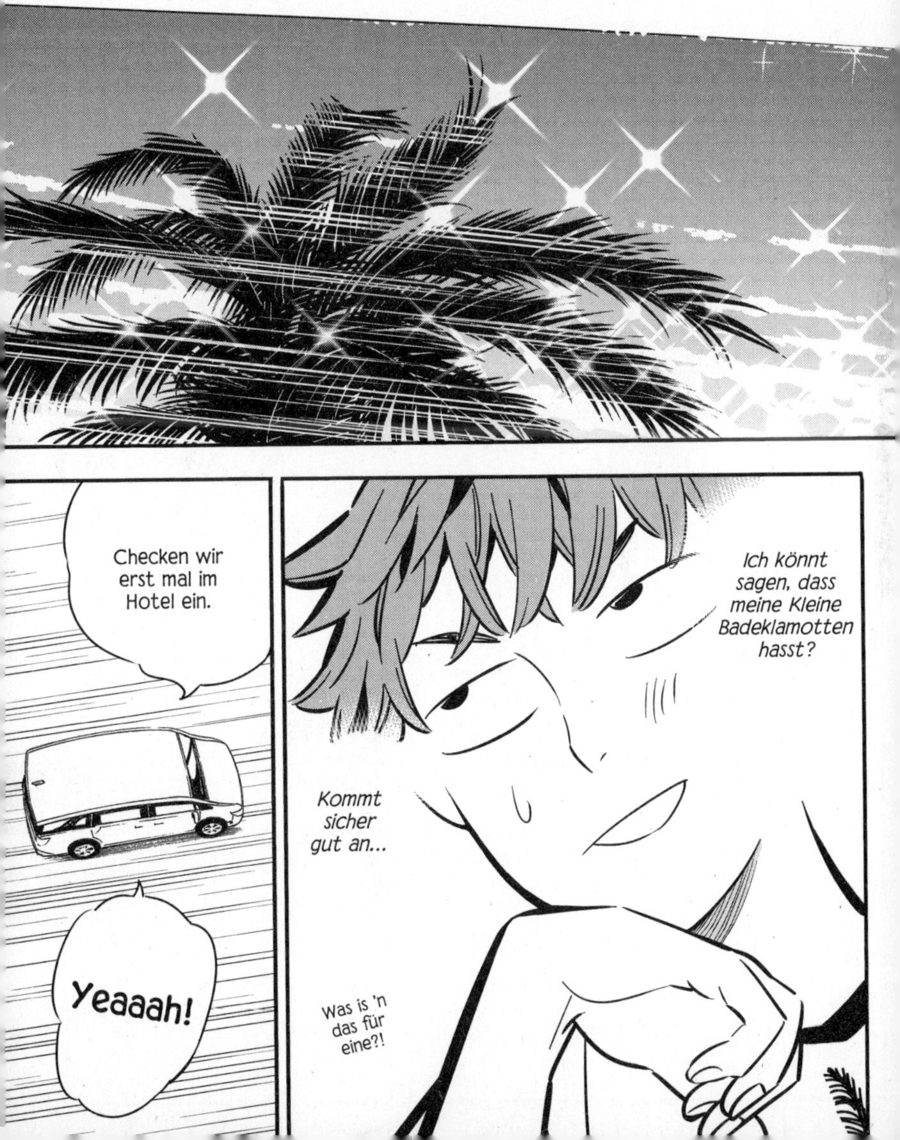
Ich könnt sagen, dass meine Kleine Badeklamotten hasst?
Kommt sicher gut an...
Was is 'n das für eine?!
Checken wir erst mal im Hotel ein.
Yeaaaah!

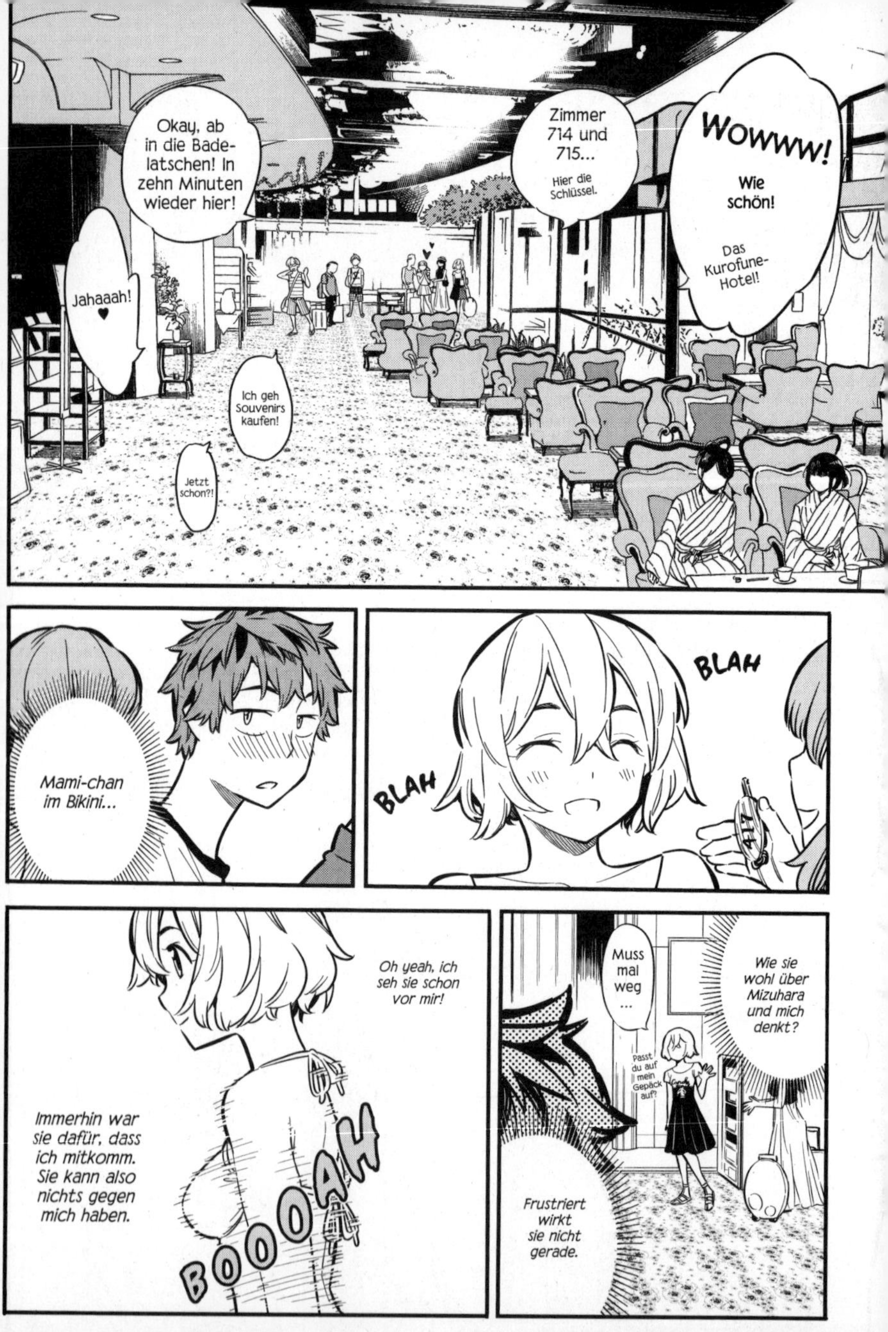
WOWWW!
Wie schön!
Das Kurofune-Hotel!
Zimmer 714 und 715...
Hier die Schlüssel.
Okay, ab in die Badelatschen! In zehn Minuten wieder hier!
Jahaaah! ♥
Ich geh Souvenirs kaufen!
Jetzt schon?!
BLAH
BLAH
Mami-chan im Bikini...
Wie sie wohl über Mizuhara und mich denkt?
Muss mal weg ...
Passt du auf mein Gepäck auf?
Frustriert wirkt sie nicht gerade.
Oh yeah, ich seh sie schon vor mir!
Immerhin war sie dafür, dass ich mitkomm. Sie kann also nichts gegen mich haben.
BOOOAH

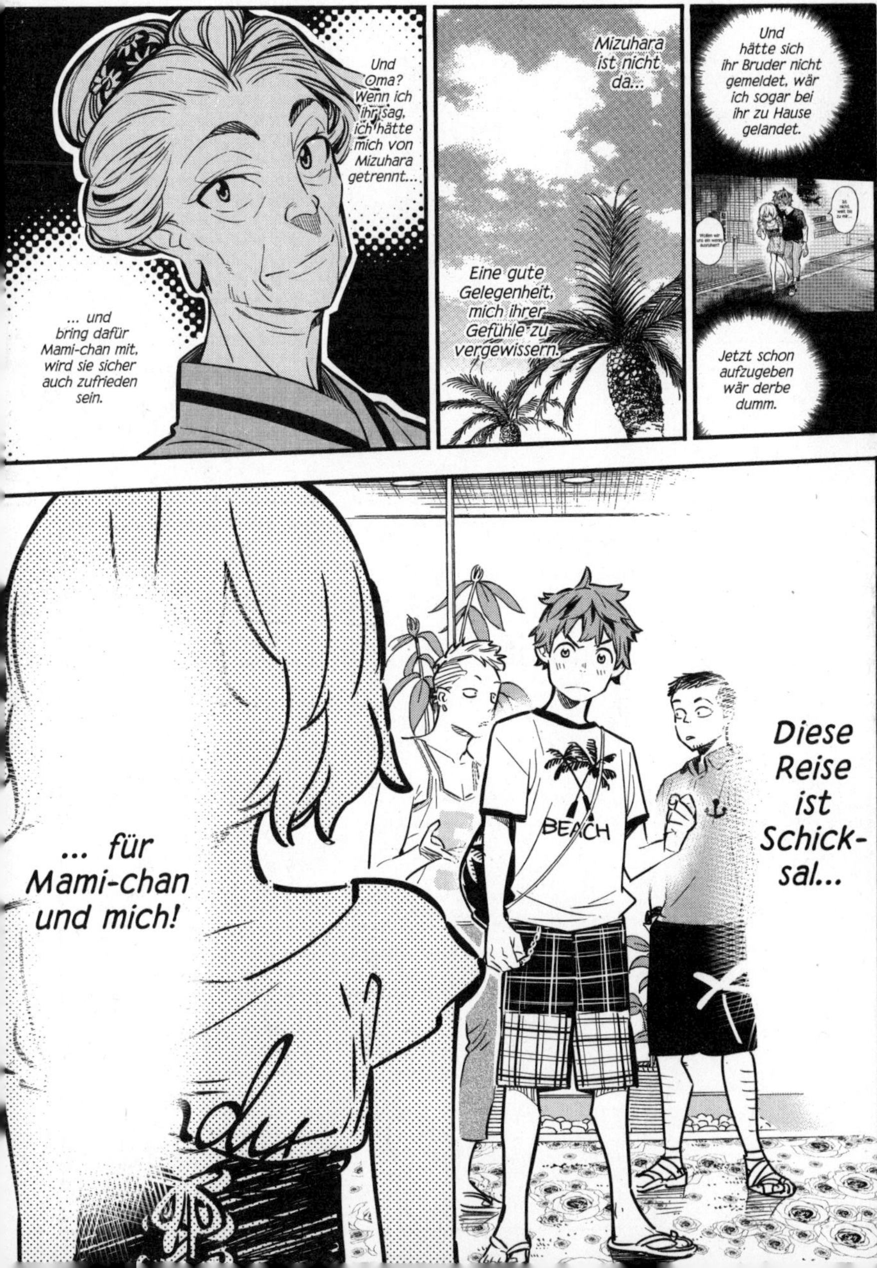
Und hätte sich ihr Bruder nicht gemeldet, wär ich sogar bei ihr zu Hause gelandet.
Jetzt schon aufzugeben wär derbe dumm.
Mizuhara ist nicht da...
Eine gute Gelegenheit, mich ihrer Gefühle zu vergewissern.
Und Oma? Wenn ich ihr sag, ich hätte mich von Mizuhara getrennt...
... und bring dafür Mami-chan mit, wird sie sicher auch zufrieden sein.
Diese Reise ist Schick-sal...
... für Mami-chan und mich!
BEACH

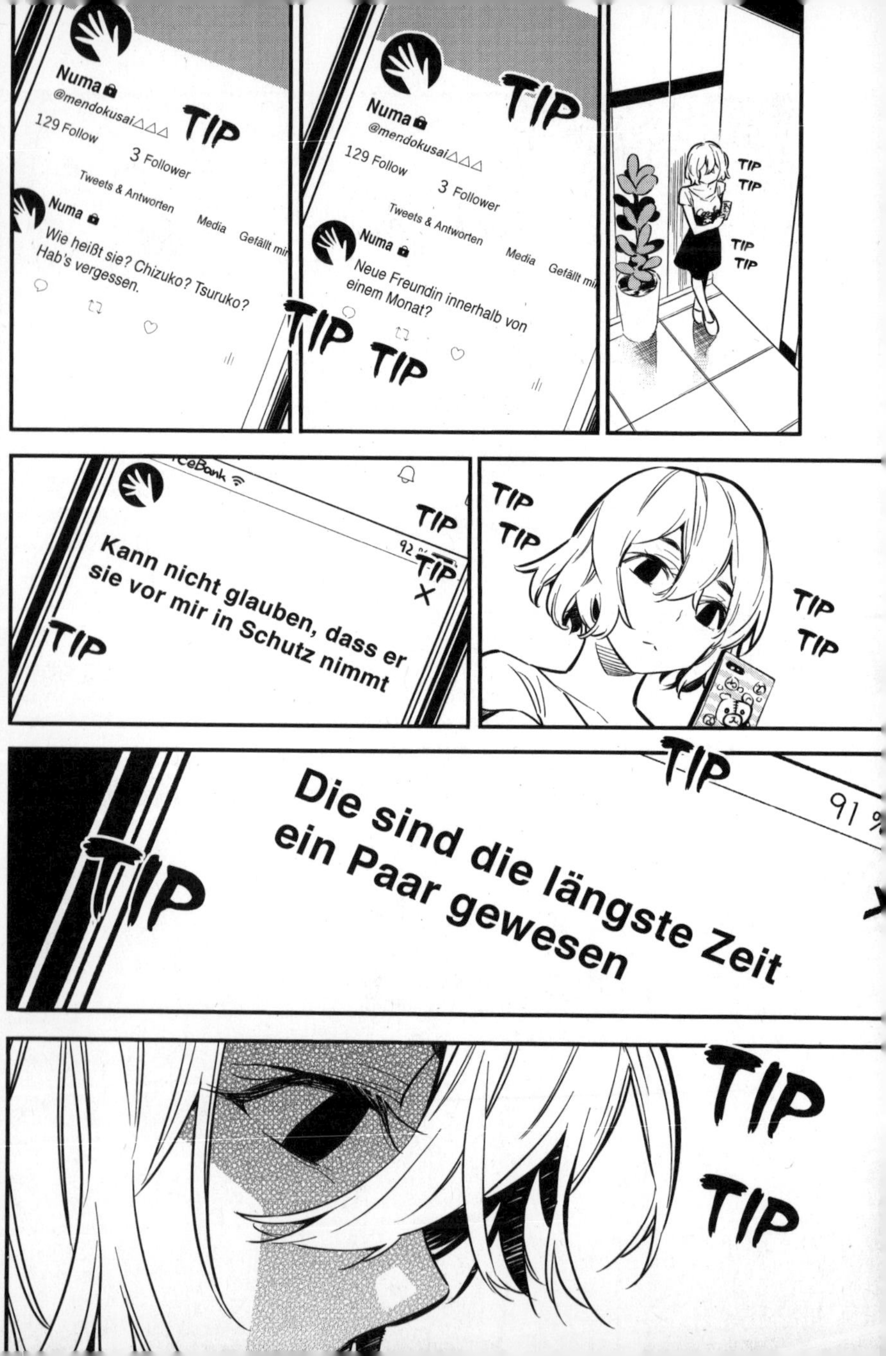
TIP
TIP
TIP
TIP
TIP
Numa
@mendokusai△△△
129 Follow
3 Follower
Tweets & Antworten
Media
Gefällt mi
Numa
Neue Freundin innerhalb von einem Monat?
TIP
TIP
Numa
@mendokusai△△△
129 Follow
3 Follower
Tweets & Antworten
Media
Gefällt mir
Numa
Wie heißt sie? Chizuko? Tsuruko? Hab's vergessen.
TIP
TIP
TIP
TIP
TIP
TIP
TIP
Kann nicht glauben, dass er sie vor mir in Schutz nimmt
TIP
TIP
91 %
Die sind die längste Zeit ein Paar gewesen
TIP
TIP
TIP

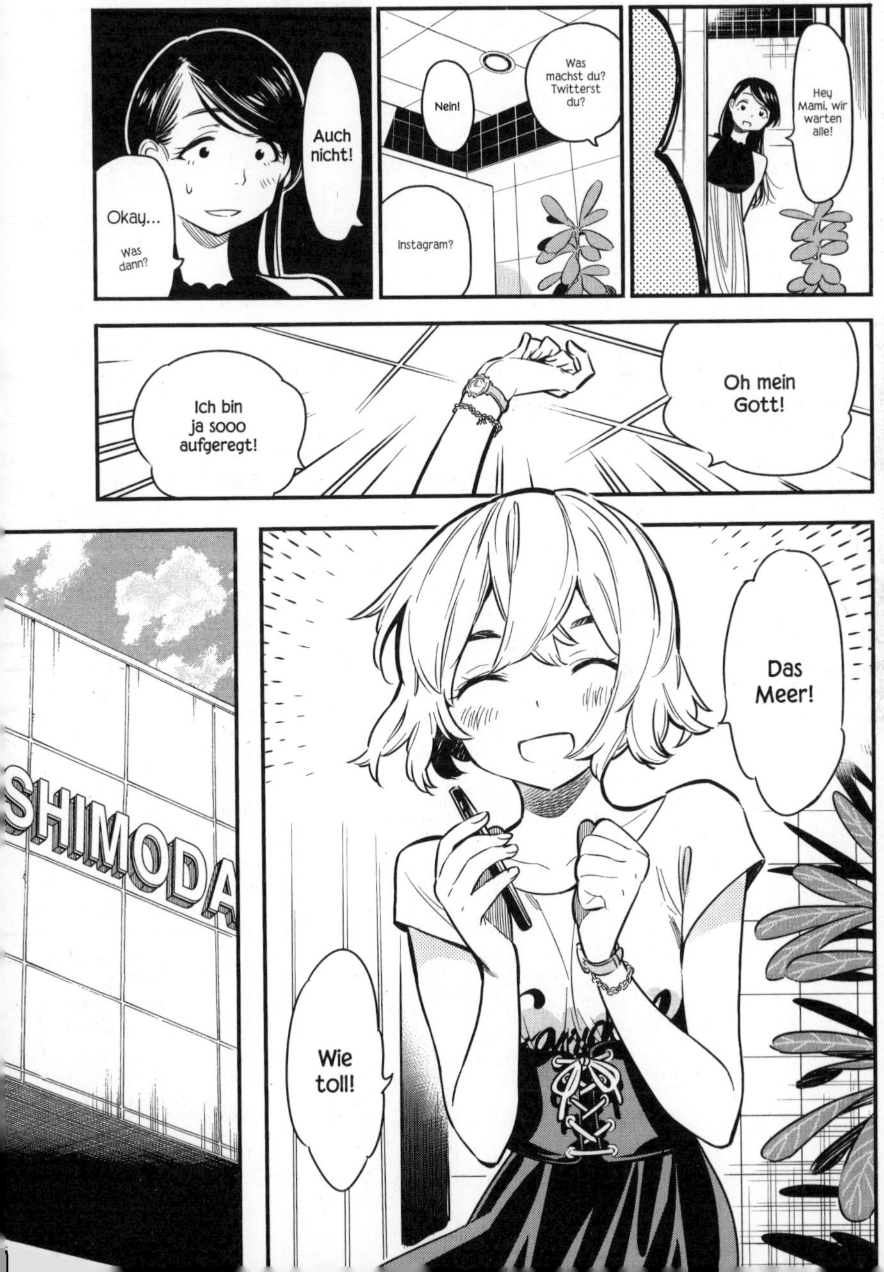
Hey Mami, wir warten alle!
Was machst du? Twitterst du?
Nein!
Instagram?
Auch nicht!
Okay...
Was dann?
Oh mein Gott!
Ich bin ja sooo aufgeregt!
Das Meer!
Wie toll!
SHIMODA

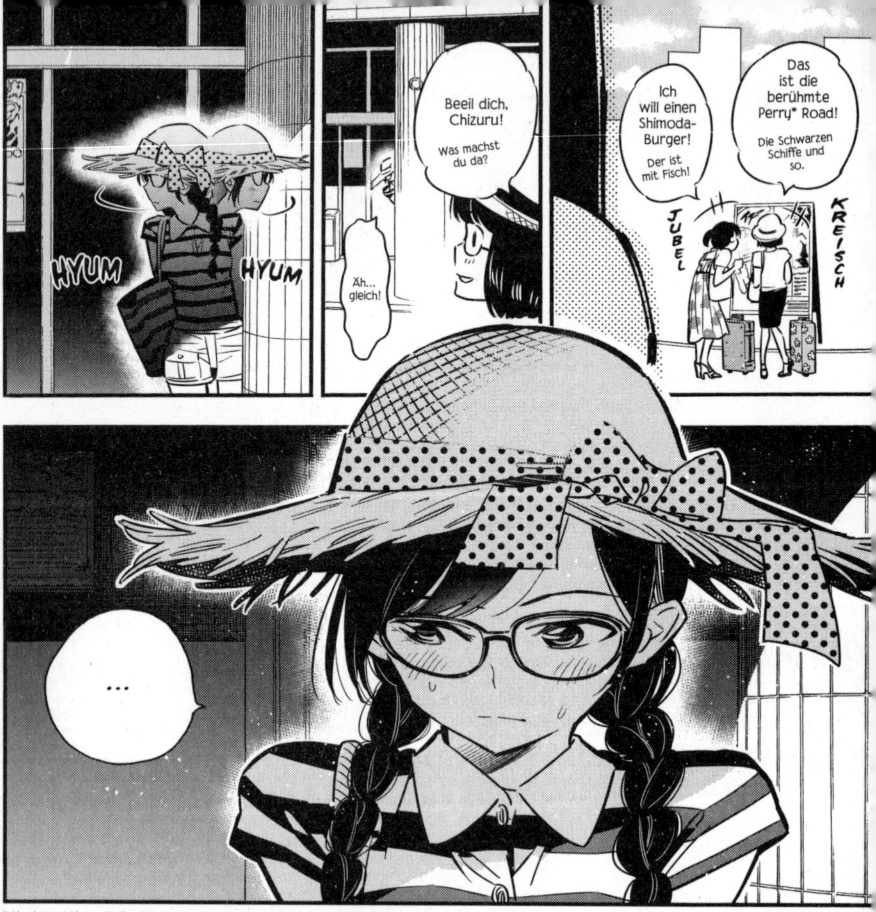

* Nach Matthew Calbraith Perry, amerikanischer Marinekommandeur.
Perry zwang 1853/54 mit seinen Schwarzen Schiffen Japan zur Öffnung gegenüber dem Westen.

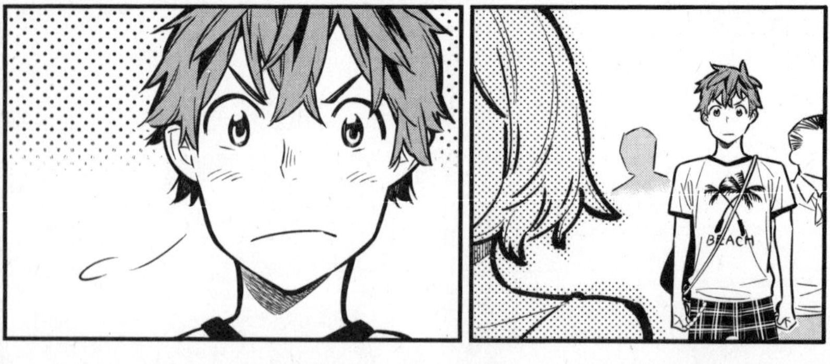

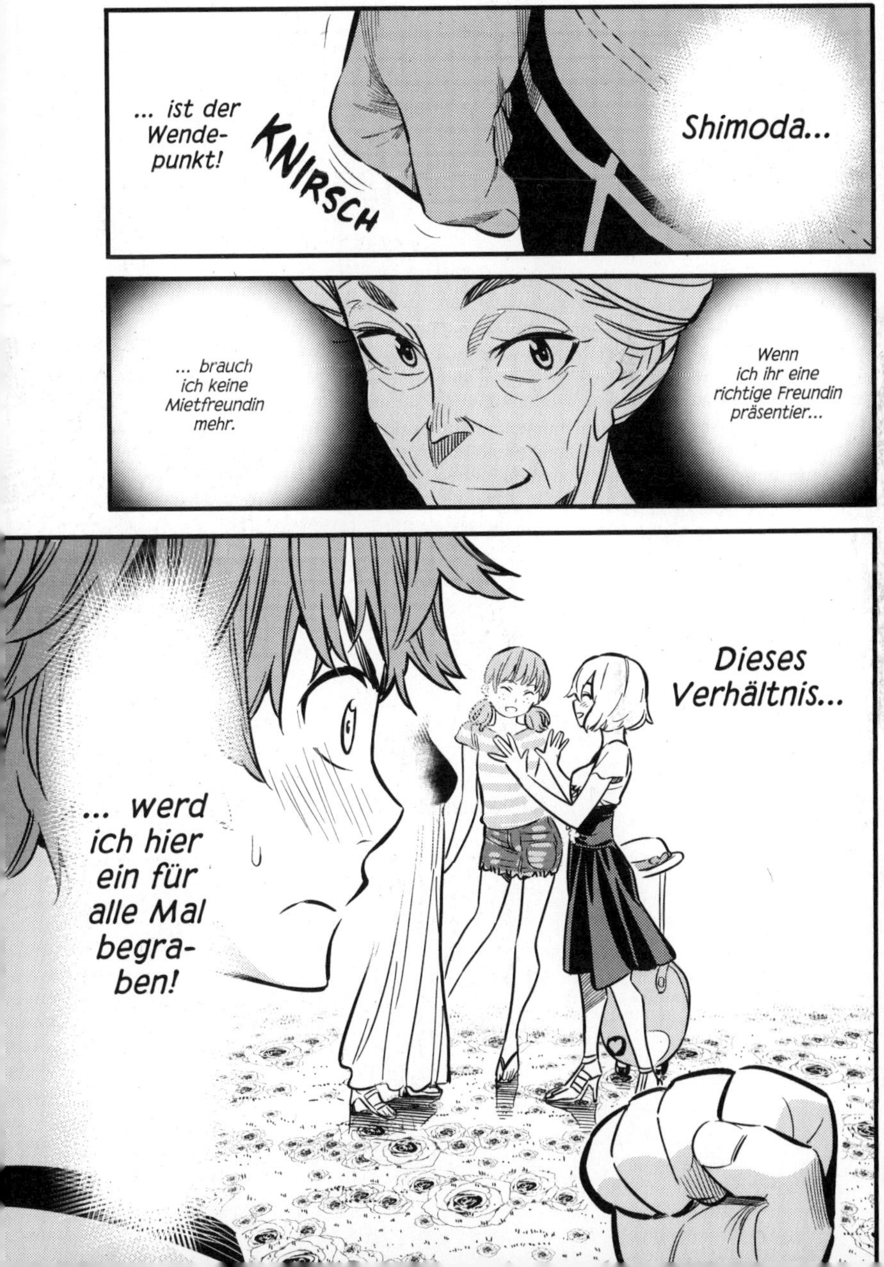
Shimoda...
KNIRSCH
... ist der Wende-punkt!
Wenn ich ihr eine richtige Freundin präsentier...
... brauch ich keine Mietfreundin mehr.
Dieses Verhältnis...
... werd ich hier ein für alle Mal begra-ben!

Sternchen Nr. 8 Die Freundin und das Meer ②

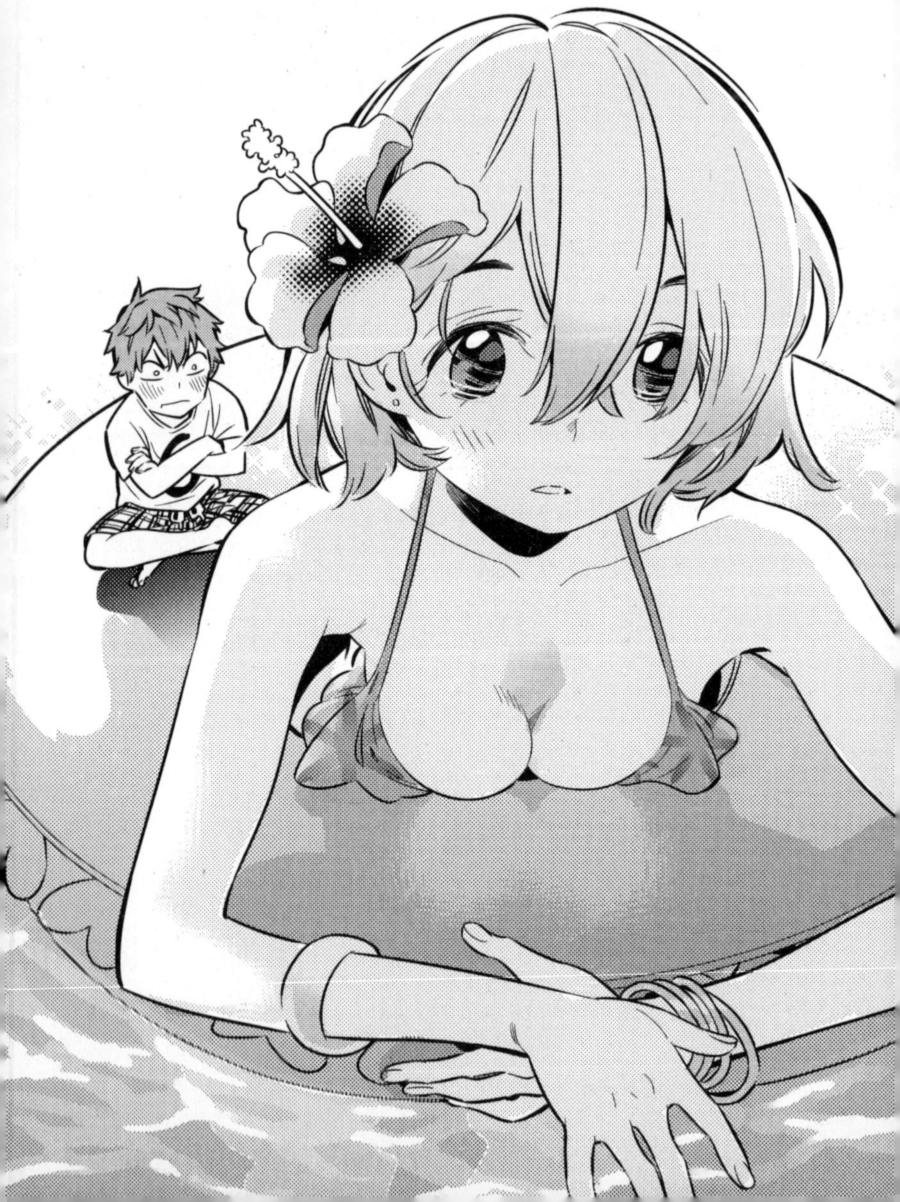

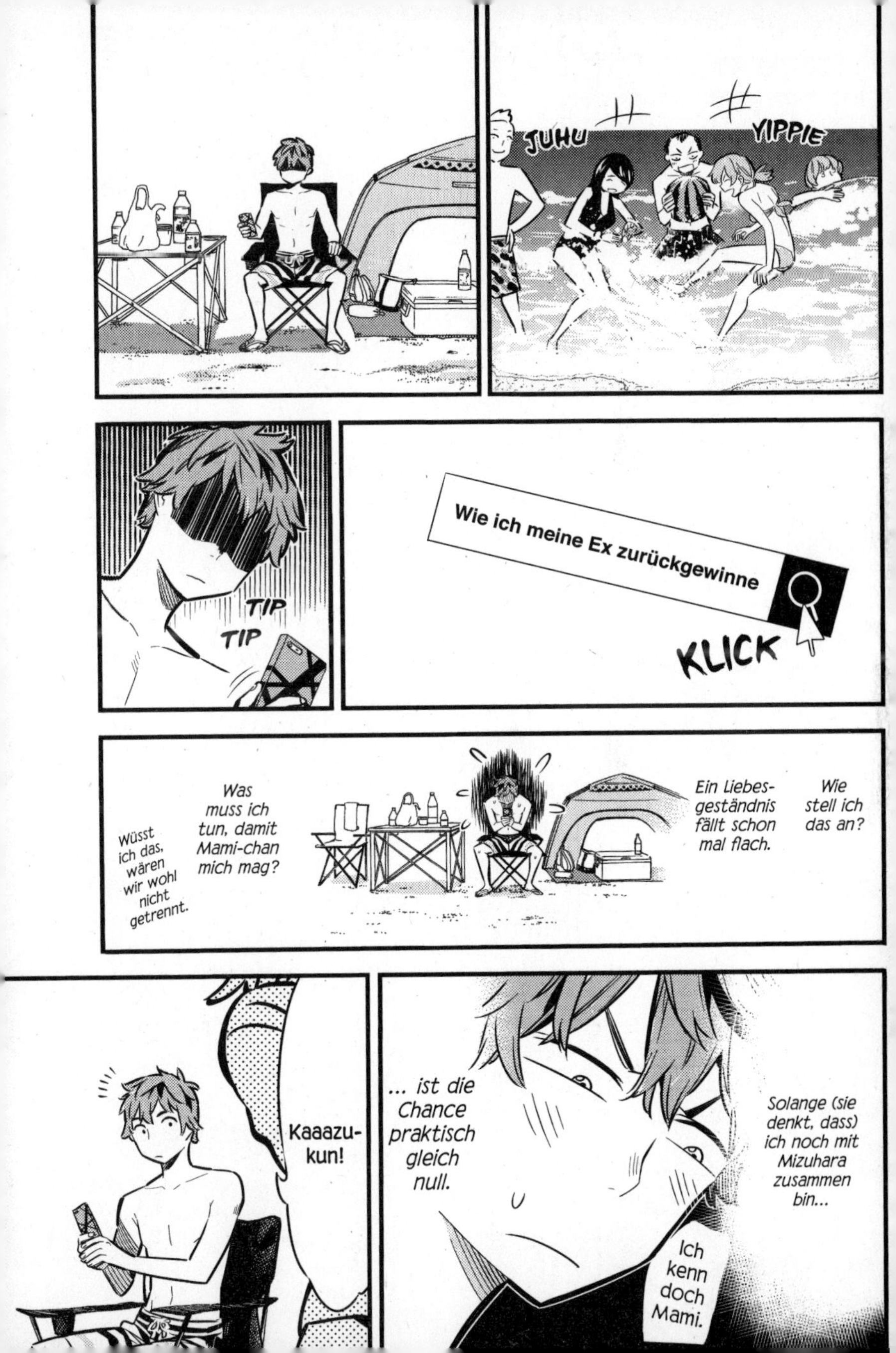
JUHU
YIPPIE
Wie ich meine Ex zurückgewinne
KLICK
TIP
TIP
Wie stell ich das an?
Ein Liebesgeständnis fällt schon mal flach.
Was muss ich tun, damit Mami-chan mich mag?
Wüsst ich das, wären wir wohl nicht getrennt.
Solange (sie denkt, dass) ich noch mit Mizuhara zusammen bin...
Ich kenn doch Mami.
... ist die Chance praktisch gleich null.
Kaaazu-kun!

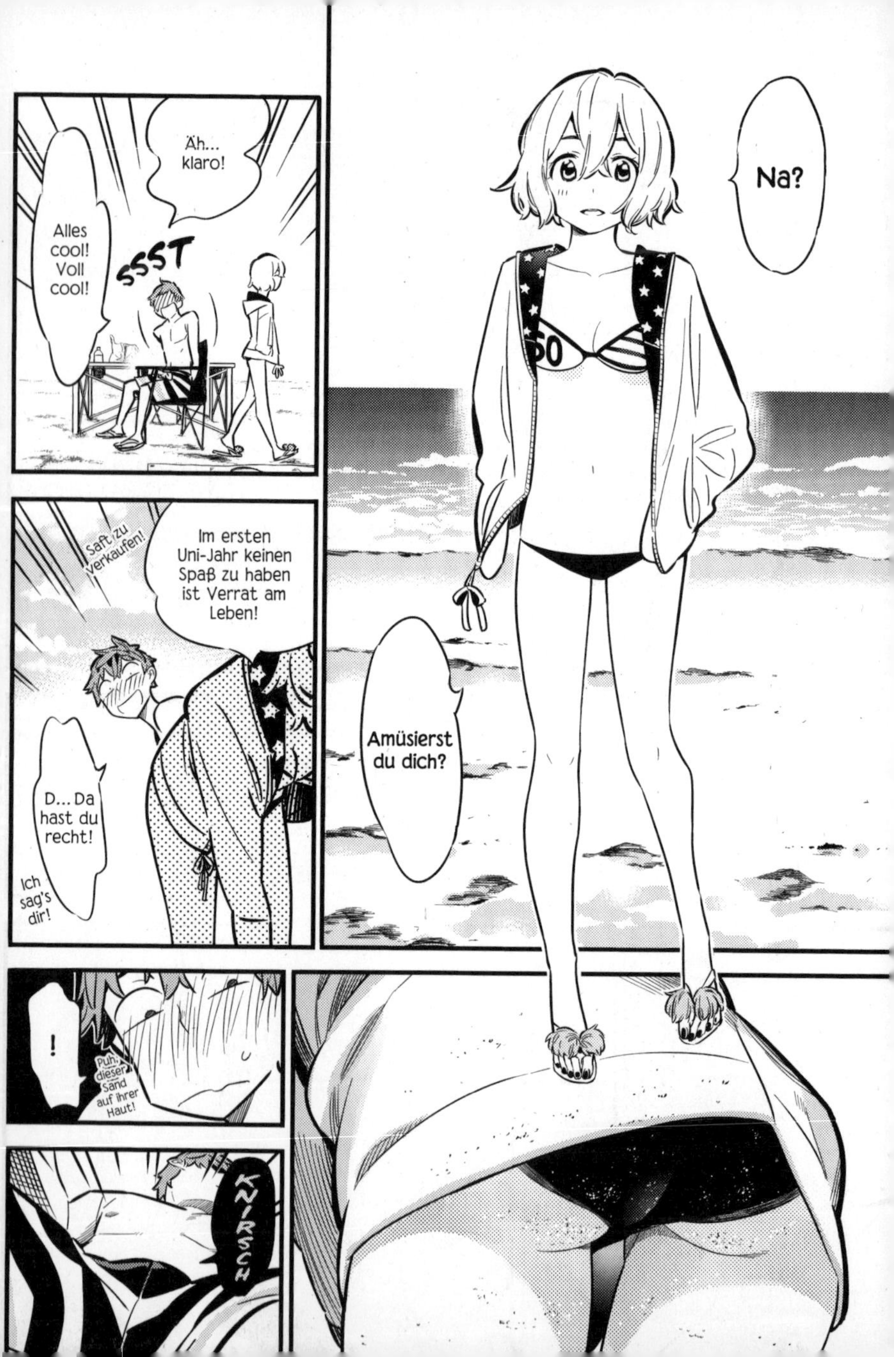
Na?
Amüsierst du dich?
Äh... klaro!
Alles cool! Voll cool!
SSST
Saft zu verkaufen!
Im ersten Uni-Jahr keinen Spaß zu haben ist Verrat am Leben!
D... Da hast du recht!
Ich sag's dir!
!
Puh, dieser Sand auf ihrer Haut!
KNIRSCH

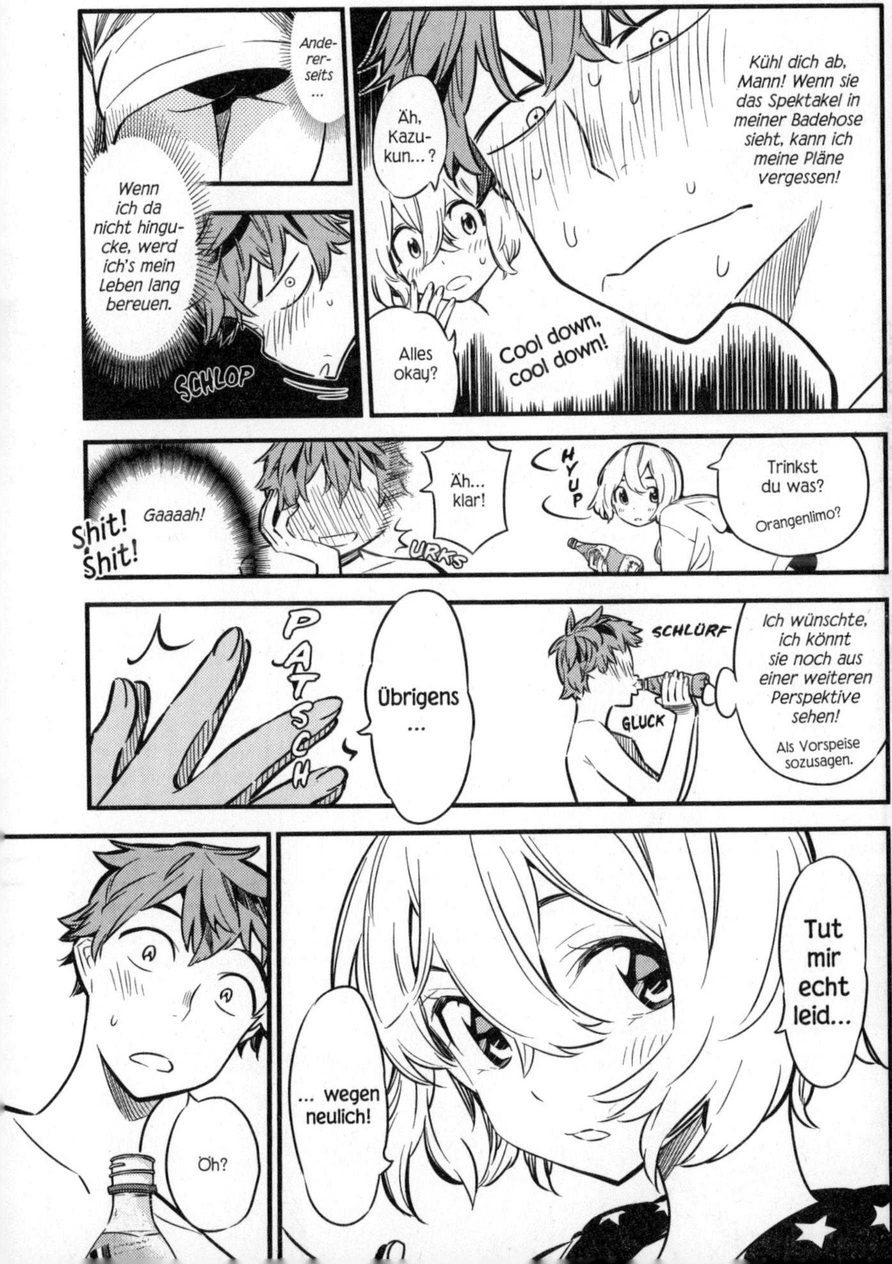

Kühl dich ab, Mann! Wenn sie das Spektakel in meiner Badehose sieht, kann ich meine Pläne vergessen!
Cool down, cool down!
Äh, Kazu-kun...?
Alles okay?
Andererseits ...
Wenn ich da nicht hingucke, werd ich's mein Leben lang bereuen.
SCHLOP
Trinkst du was?
Orangenlimo?
HYUP
Äh... klar!
URKS
Gaaaah!
Shit! Shit!
Ich wünschte, ich könnt sie noch aus einer weiteren Perspektive sehen!
Als Vorspeise sozusagen.
SCHLÜRF
GLUCK
Übrigens ...
PATSCH
Tut mir echt leid...
... wegen neulich!
Öh?

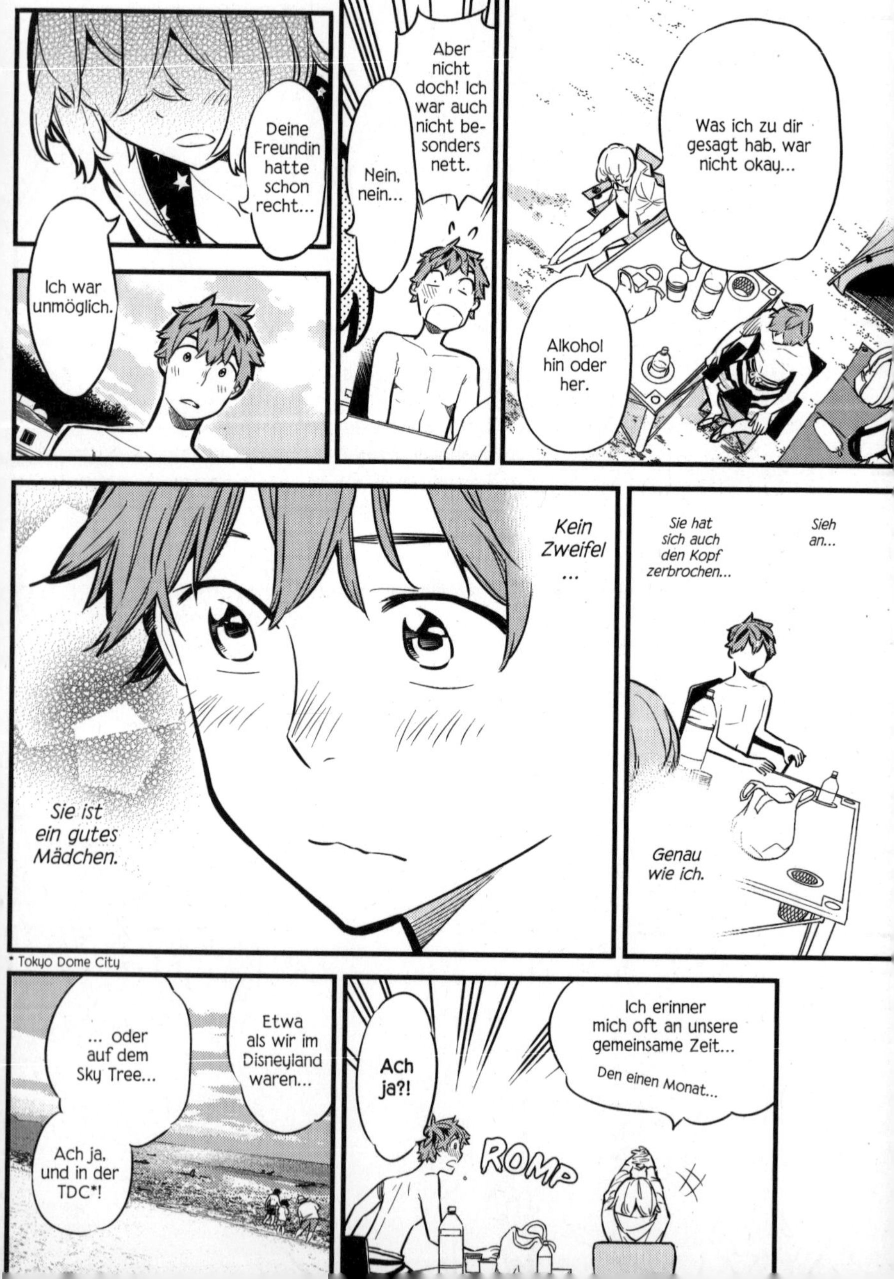

* Tokyo Dome City

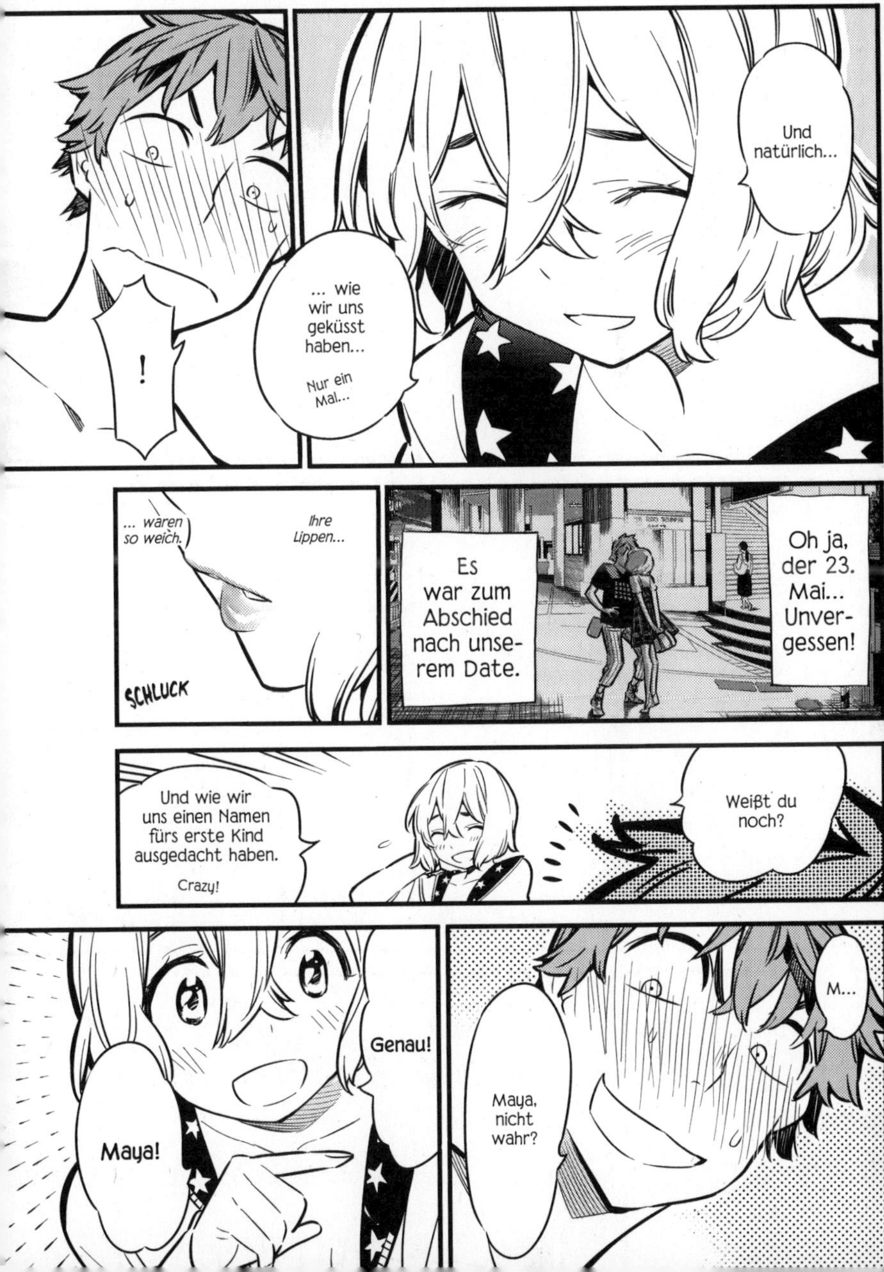
Und natürlich...
... wie wir uns geküsst haben...
Nur ein Mal...
!
Oh ja, der 23. Mai... Unver-gessen!
Es war zum Abschied nach unse-rem Date.
Ihre Lippen...
... wären so weich.
SCHLUCK
Weißt du noch?
Und wie wir uns einen Namen fürs erste Kind ausgedacht haben.
Crazy!
M...
Maya, nicht wahr?
Genau!
Maya!

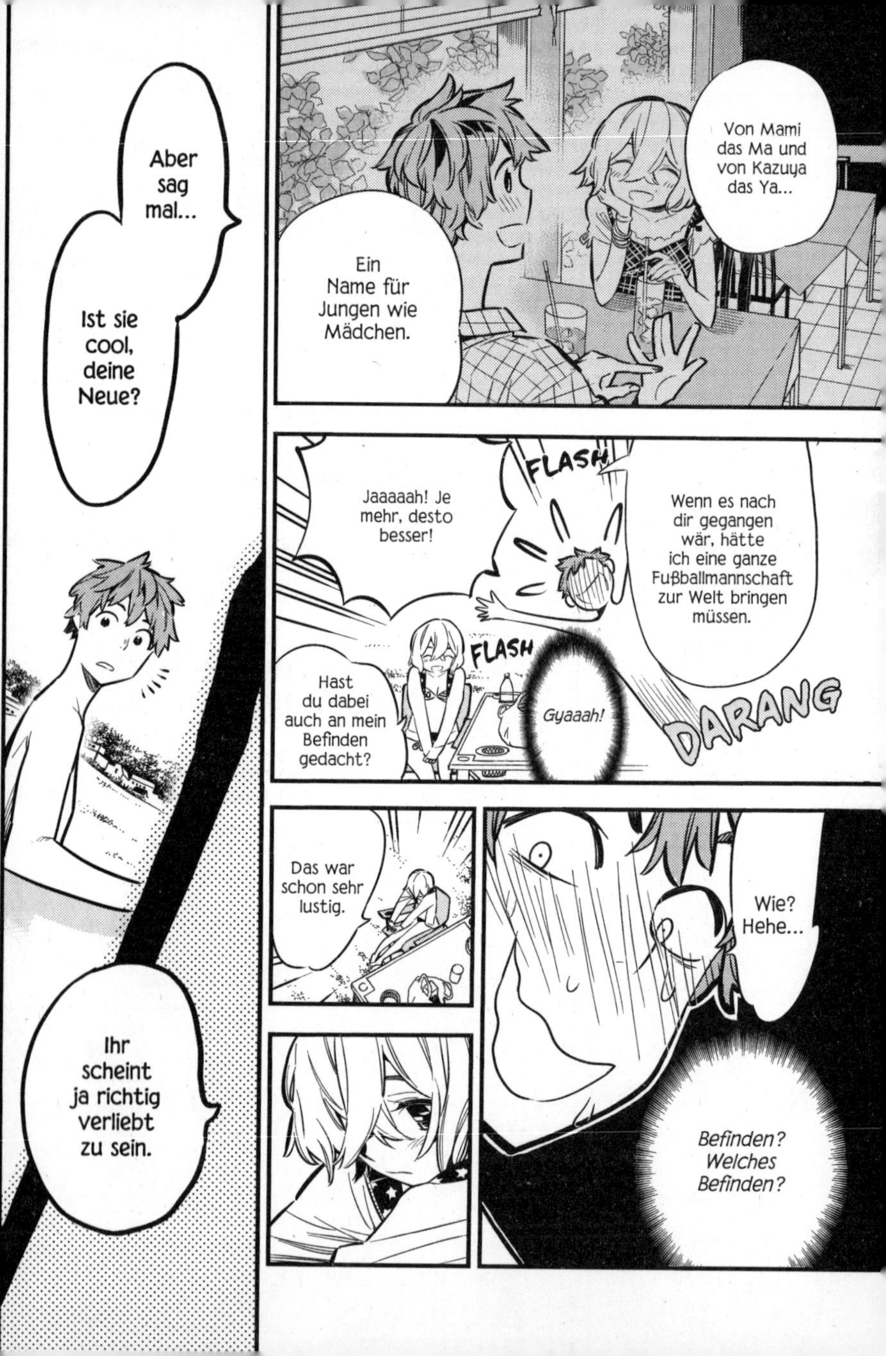

Von Mami das Ma und von Kazuya das Ya...
Ein Name für Jungen wie Mädchen.
Wenn es nach dir gegangen wär, hätte ich eine ganze Fußballmannschaft zur Welt bringen müssen.
FLASH
Jaaaaah! Je mehr, desto besser!
FLASH
DARANG
Gyaaah!
Hast du dabei auch an mein Befinden gedacht?
Wie? Hehe...
Das war schon sehr lustig.
Befinden? Welches Befinden?
Aber sag mal...
Ist sie cool, deine Neue?
Ihr scheint ja richtig verliebt zu sein.

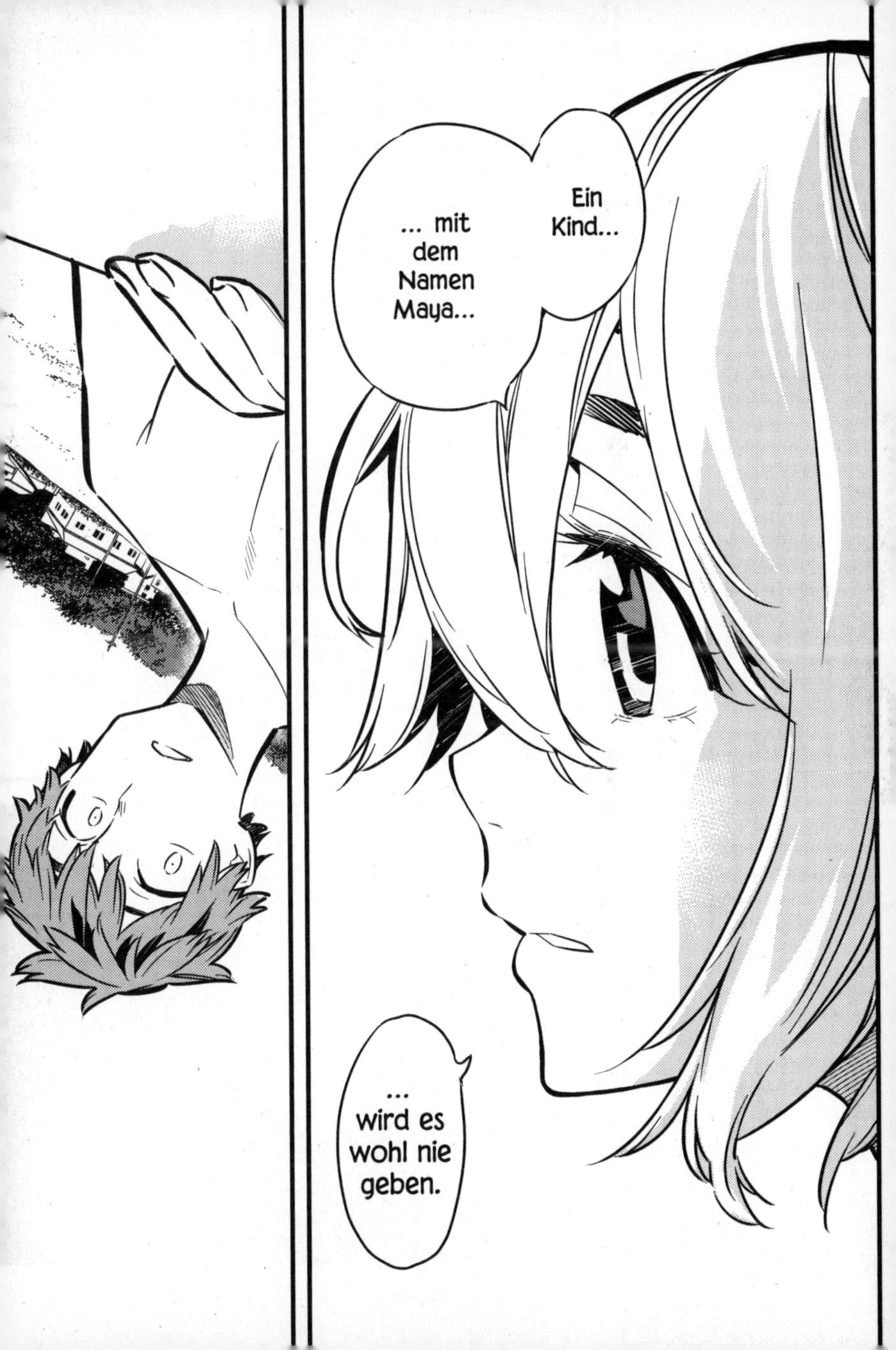
Ein Kind...
... mit dem Namen Maya...
... wird es wohl nie geben.

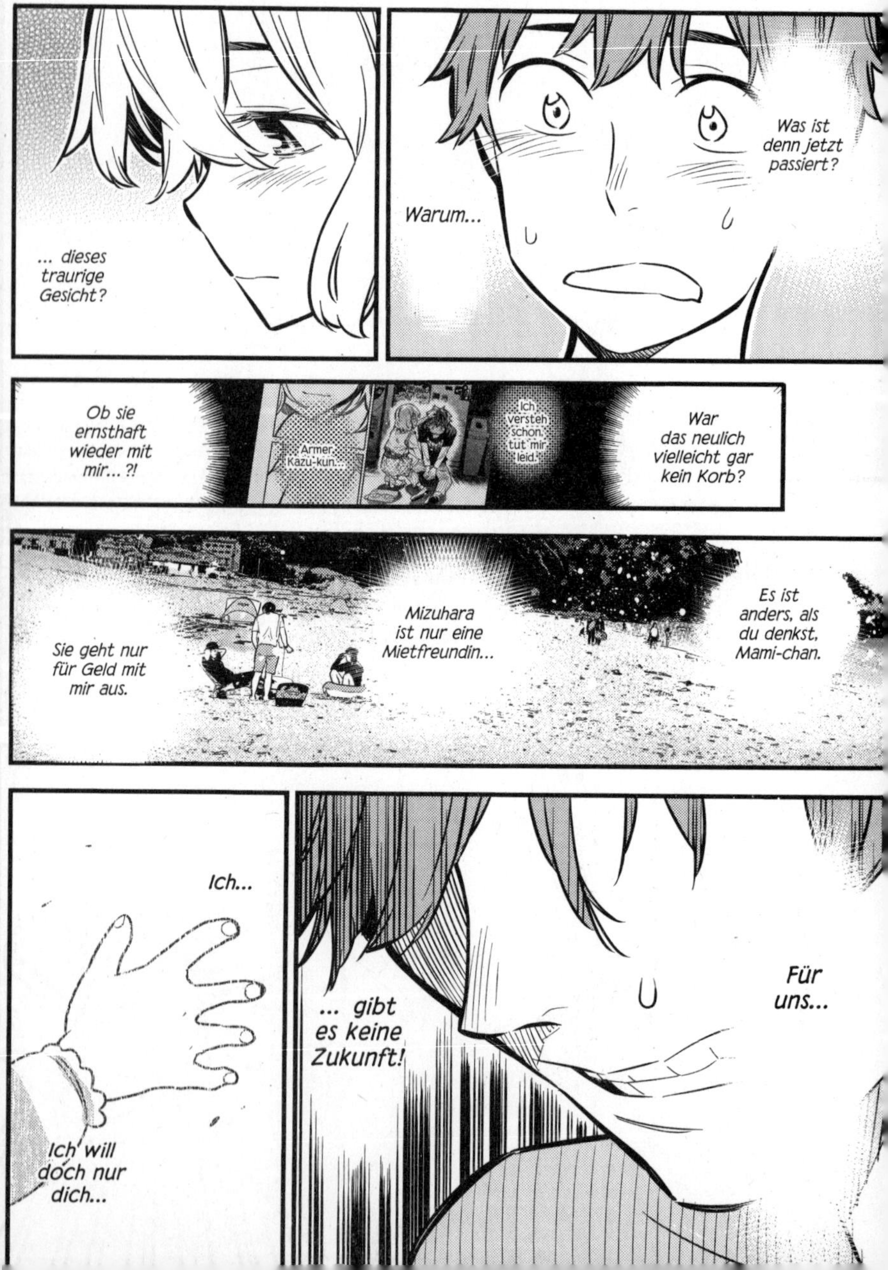

Was ist denn jetzt passiert?
Warum...
... dieses traurige Gesicht?
War das neulich vielleicht gar kein Korb?
Ich versteh schon, tut mir leid.
Armer Kazu-kun...
Ob sie ernsthaft wieder mit mir...?!
Es ist anders, als du denkst, Mami-chan.
Mizuhara ist nur eine Mietfreundin...
Sie geht nur für Geld mit mir aus.
Für uns...
... gibt es keine Zukunft!
Ich...
Ich will doch nur dich...

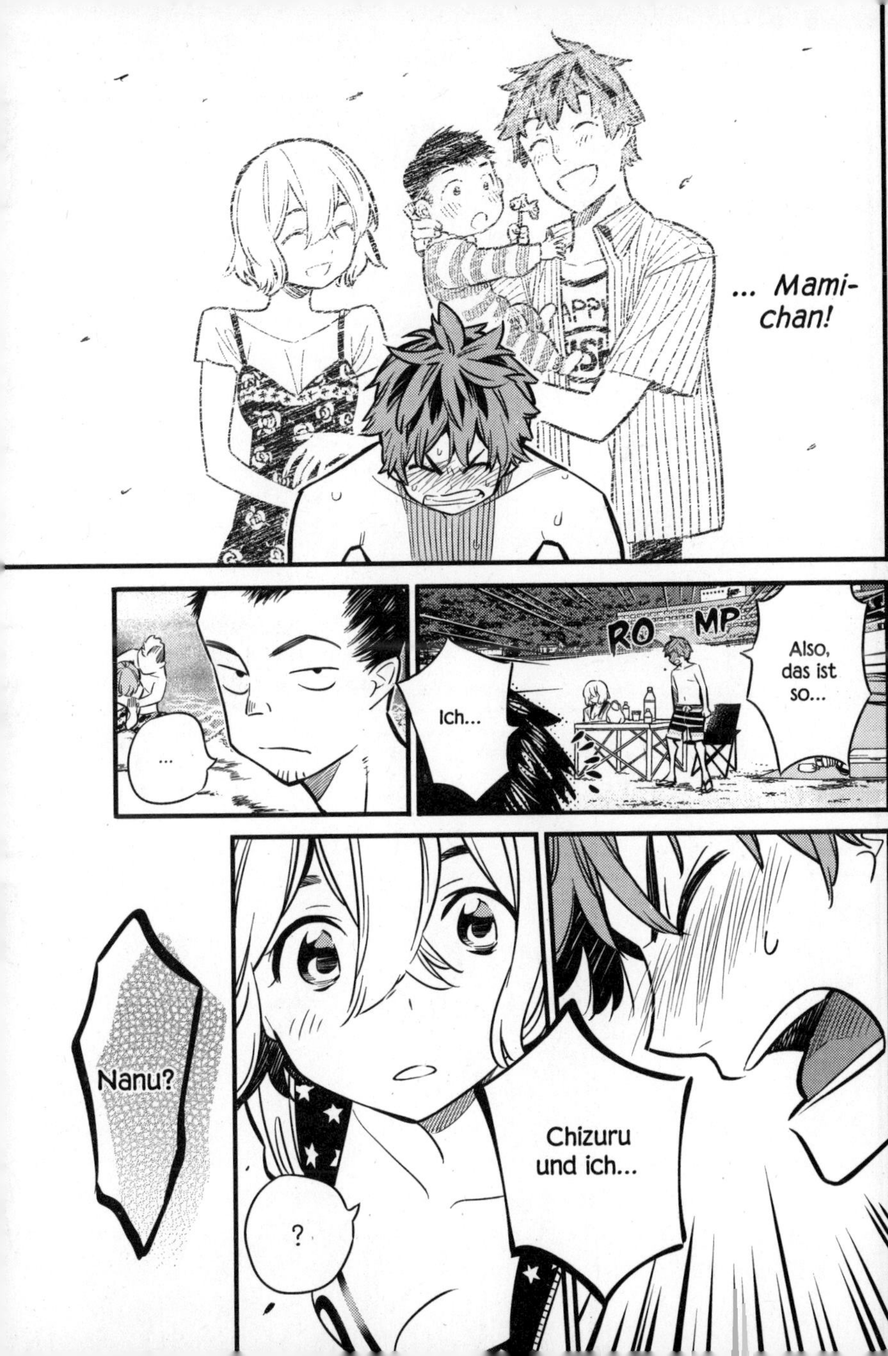
... Mami-chan!
Also, das ist so...
ROMP
Ich...
...
Chizuru und ich...
?
Nanu?

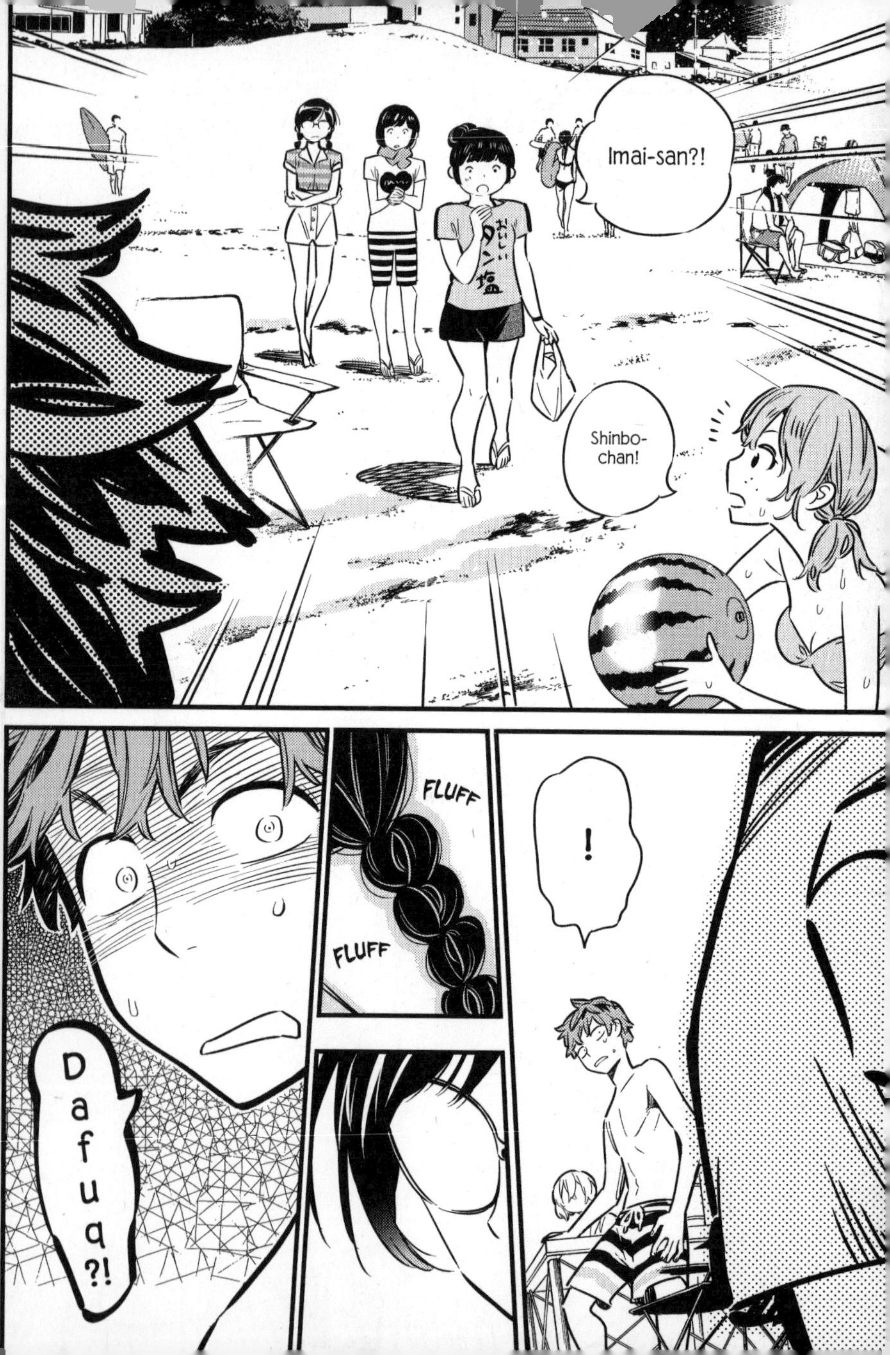
Imai-san?!
おいしいタン塩
Shinbo-chan!
!
FLUFF
FLUFF
Dafuq?!

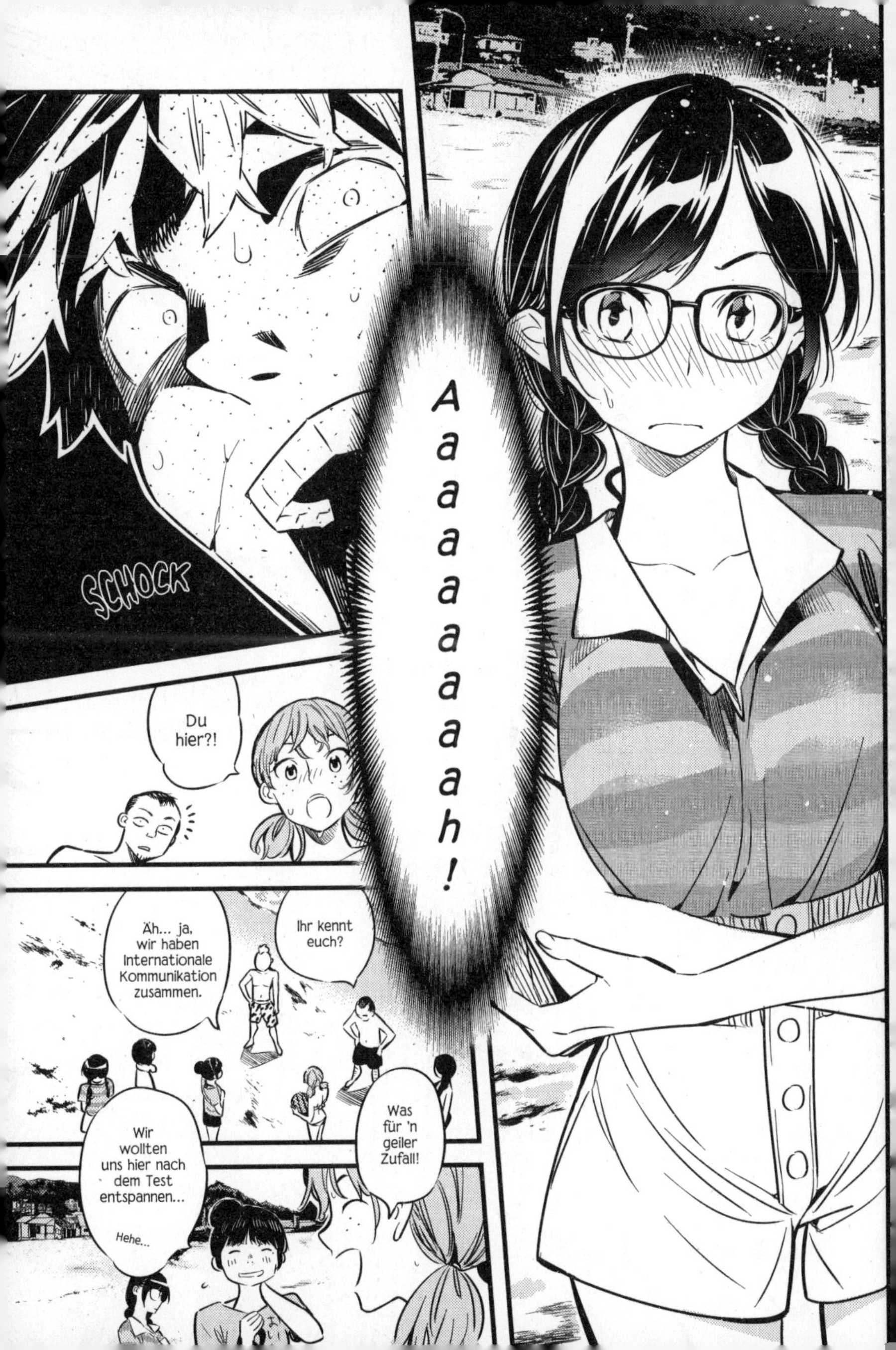
Aaaaaaaaaaah!
SCHOCK
Du hier?!
Ihr kennt euch?
Äh... ja, wir haben Internationale Kommunikation zusammen.
Was für 'n geiler Zufall!
Wir wollten uns hier nach dem Test entspannen...
Hehe...

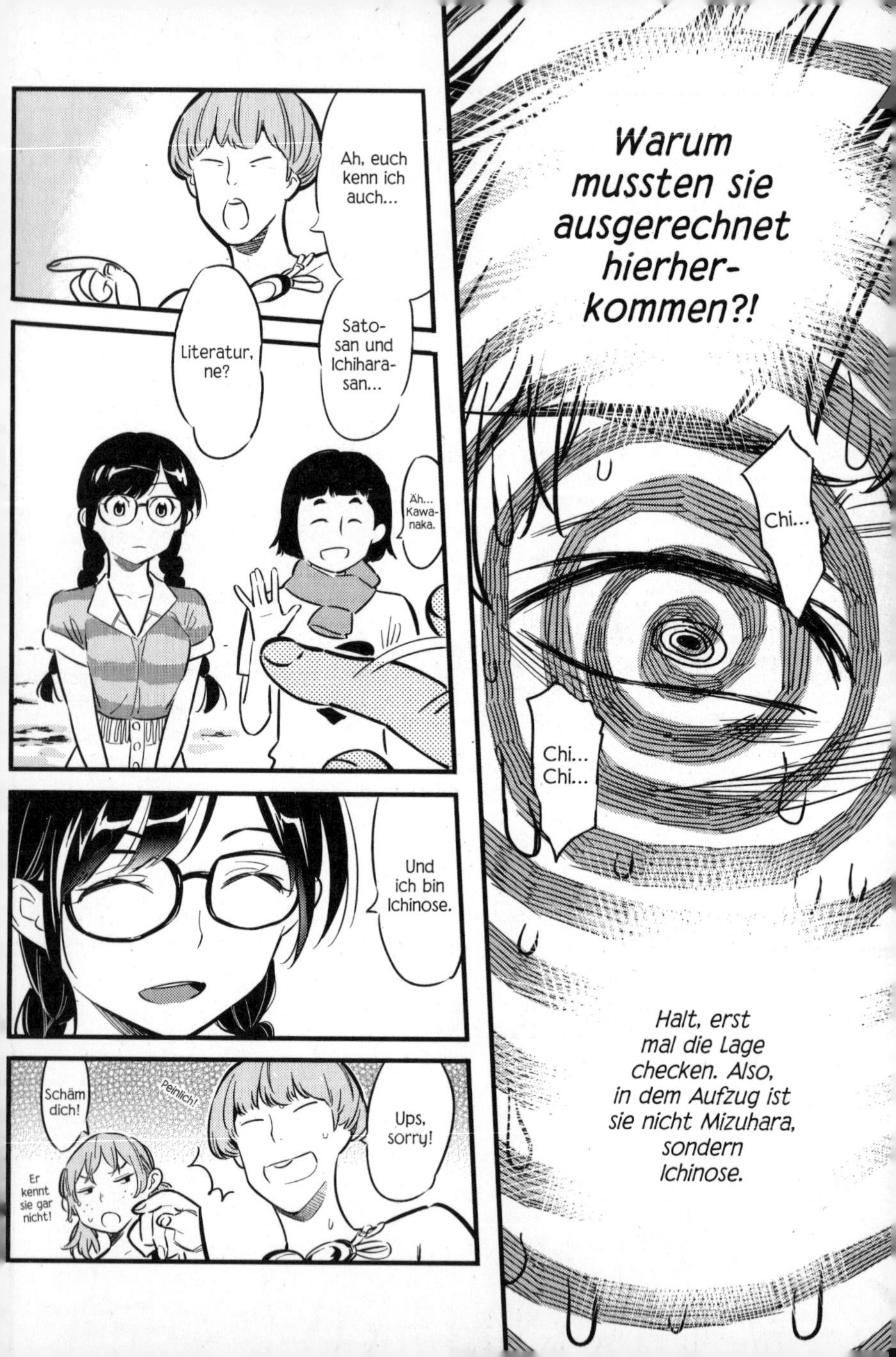
Warum mussten sie ausgerechnet hierher-kommen?!
Chi...
Chi... Chi...
Halt, erst mal die Lage checken. Also, in dem Aufzug ist sie nicht Mizuhara, sondern Ichinose.
Ah, euch kenn ich auch...
Sato-san und Ichihara-san...
Literatur, ne?
Äh... Kawanaka.
Und ich bin Ichinose.
Ups, sorry!
Peinlich!
Schäm dich!
Er kennt sie gar nicht!

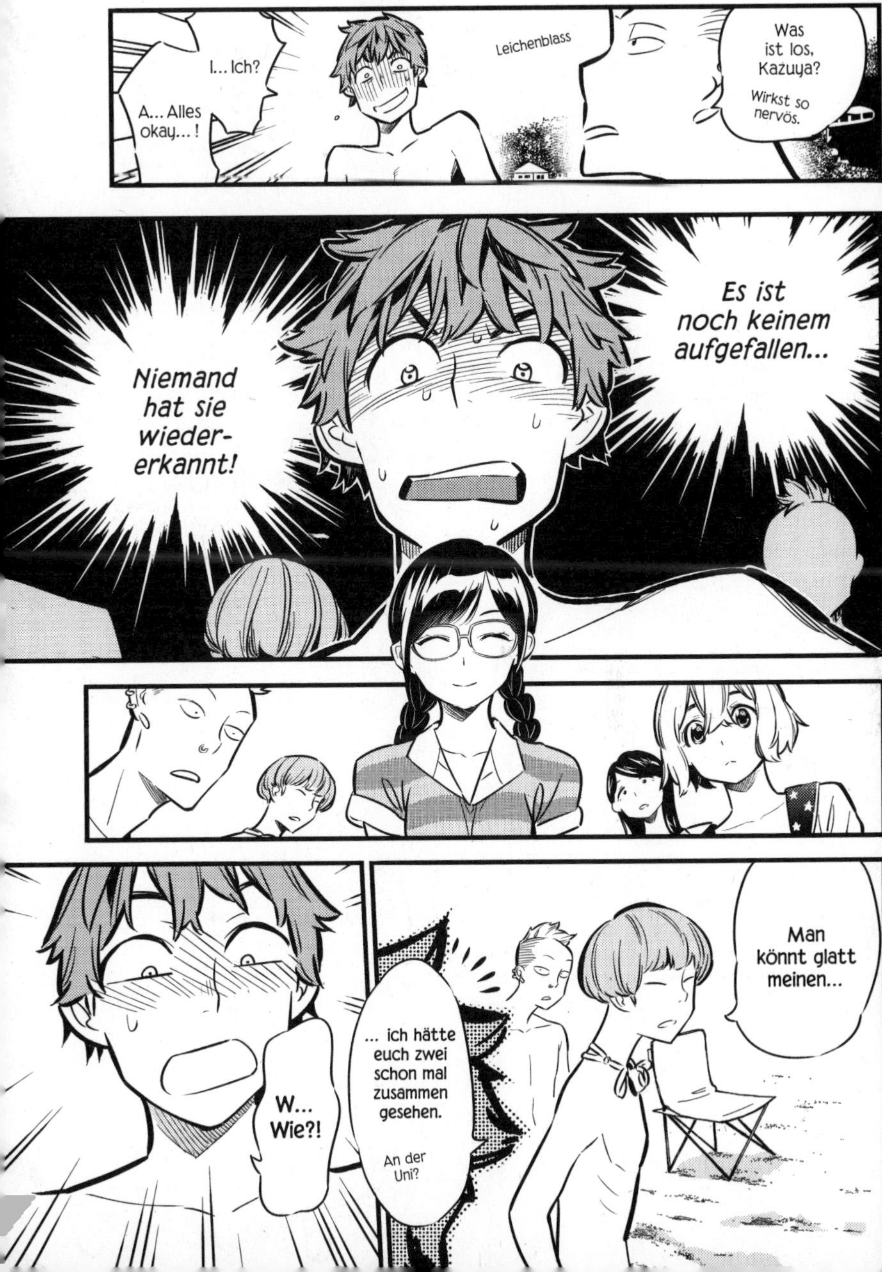
Was ist los, Kazuya?
Wirkst so nervös.
Leichenblass
I... Ich?
A... Alles okay...!
Es ist noch keinem aufgefallen...
Niemand hat sie wieder-erkannt!
Man könnt glatt meinen...
... ich hätte euch zwei schon mal zusammen gesehen.
An der Uni?
W... Wie?!

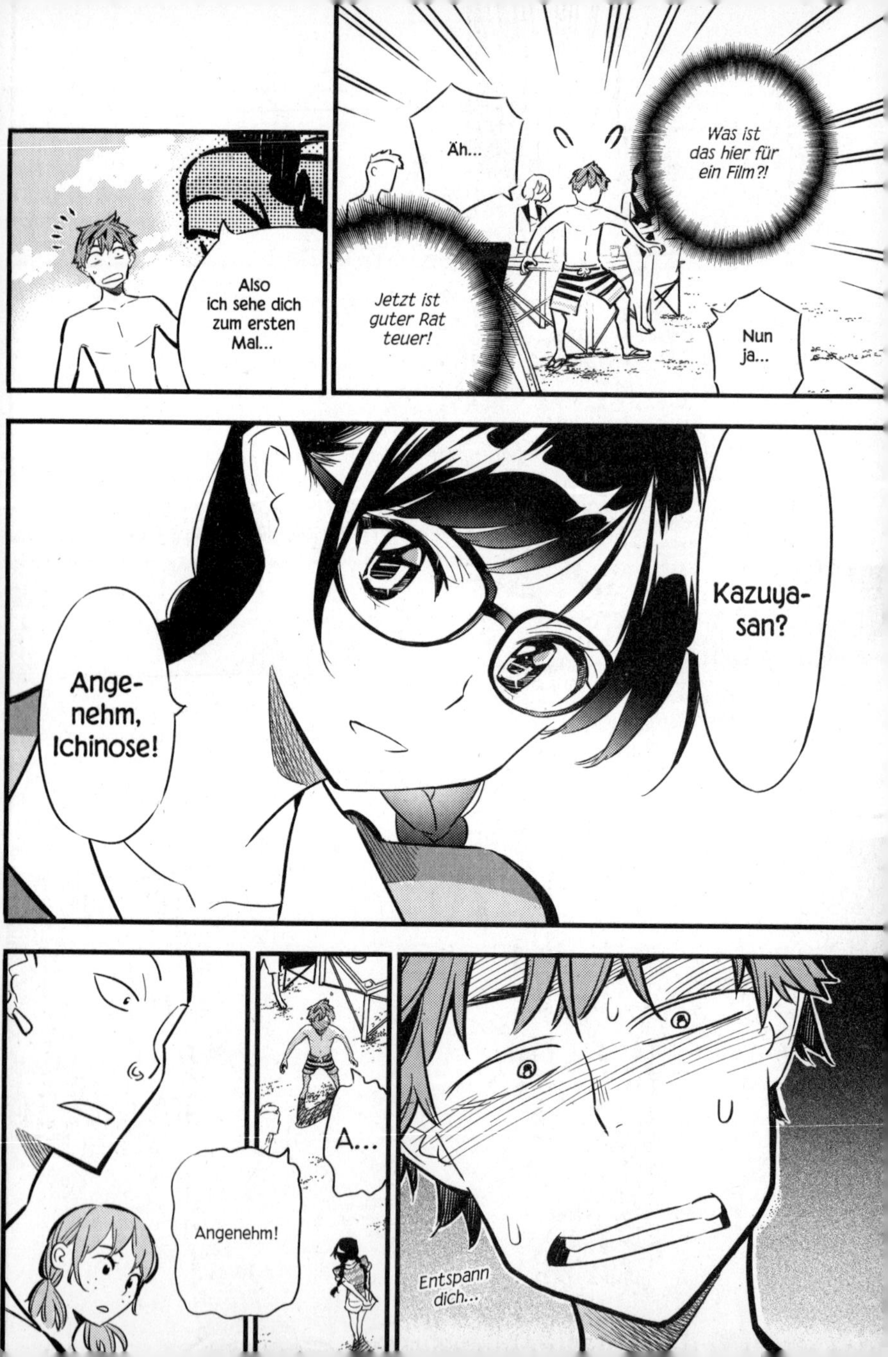
Was ist das hier für ein Film?!
Äh...
Nun ja...
Jetzt ist guter Rat teuer!
Also ich sehe dich zum ersten Mal...
Kazuya-san?
Angenehm, Ichinose!
Entspann dich...
A...
Angenehm!

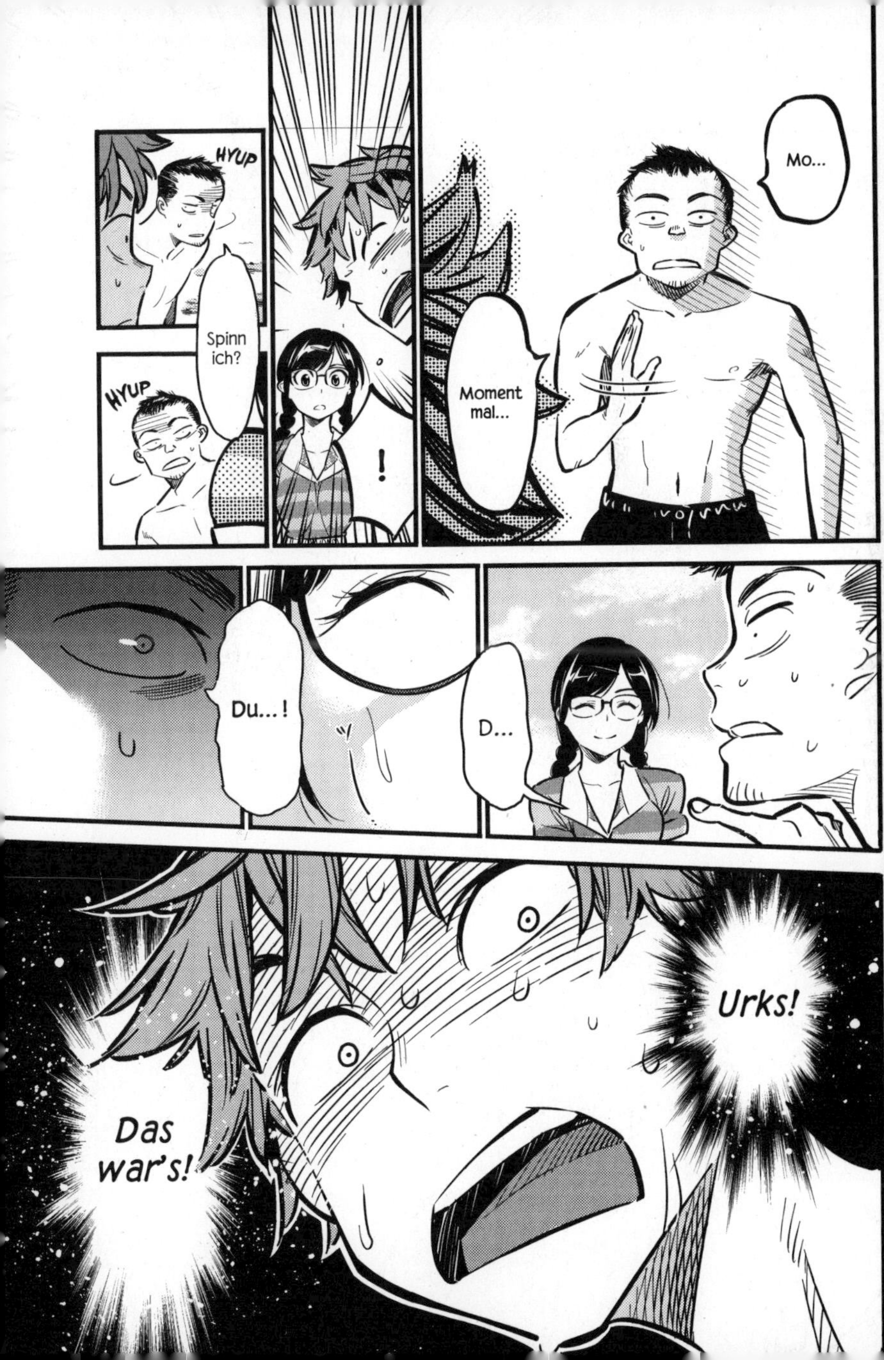
Mo...
Moment mal...
!
HYUP
Spinn ich?
HYUP
D...
Du...!
Urks!
Das war's!

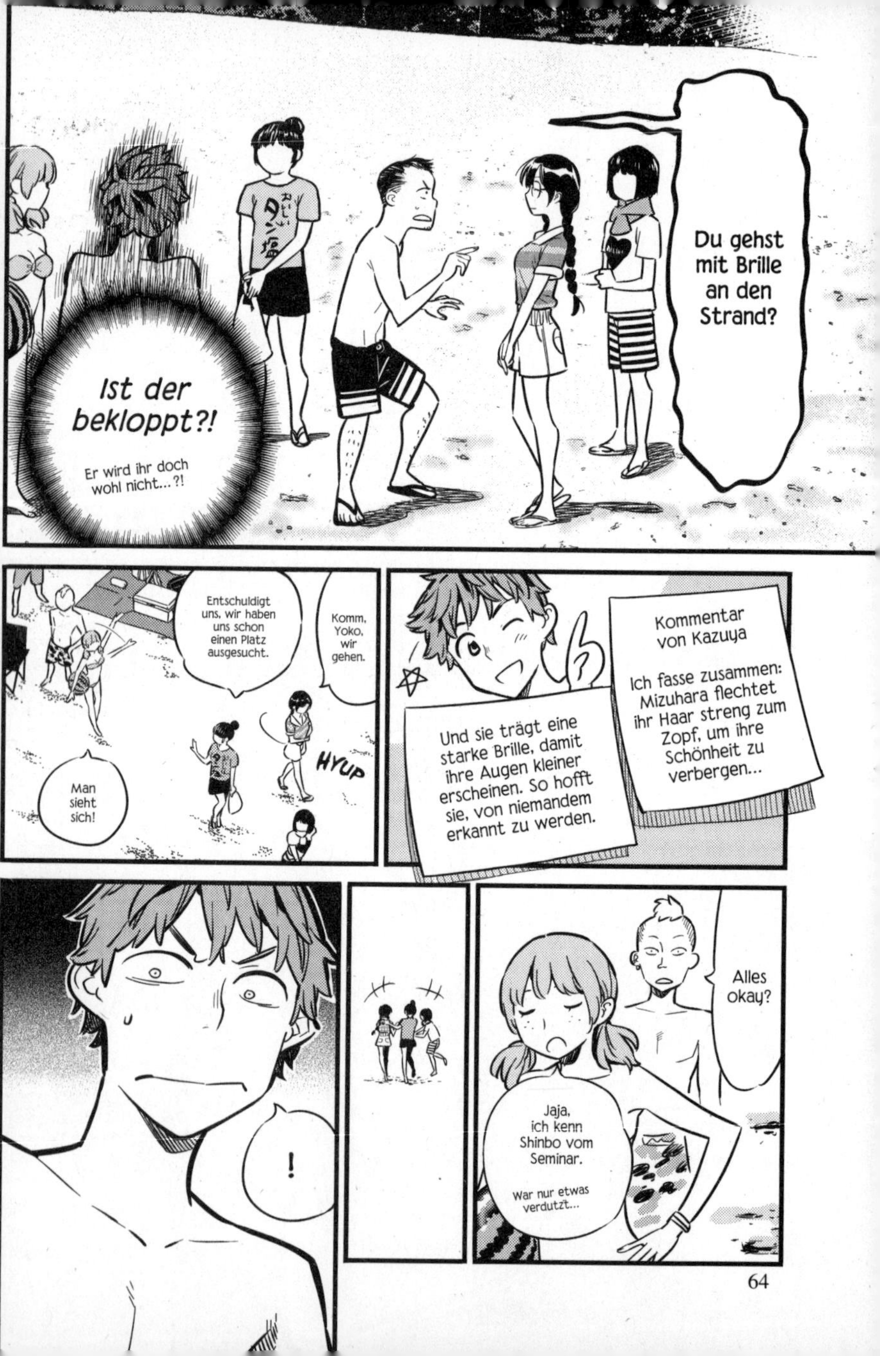
Du gehst mit Brille an den Strand?
Ist der bekloppt?!
Er wird ihr doch wohl nicht...?!
Kommentar von Kazuya
Ich fasse zusammen: Mizuhara flechtet ihr Haar streng zum Zopf, um ihre Schönheit zu verbergen...
Und sie trägt eine starke Brille, damit ihre Augen kleiner erscheinen. So hofft sie, von niemandem erkannt zu werden.
Komm, Yoko, wir gehen.
Entschuldigt uns, wir haben uns schon einen Platz ausgesucht.
HYUP
Man sieht sich!
Alles okay?
Jaja, ich kenn Shinbo vom Seminar.
War nur etwas verdutzt...
!

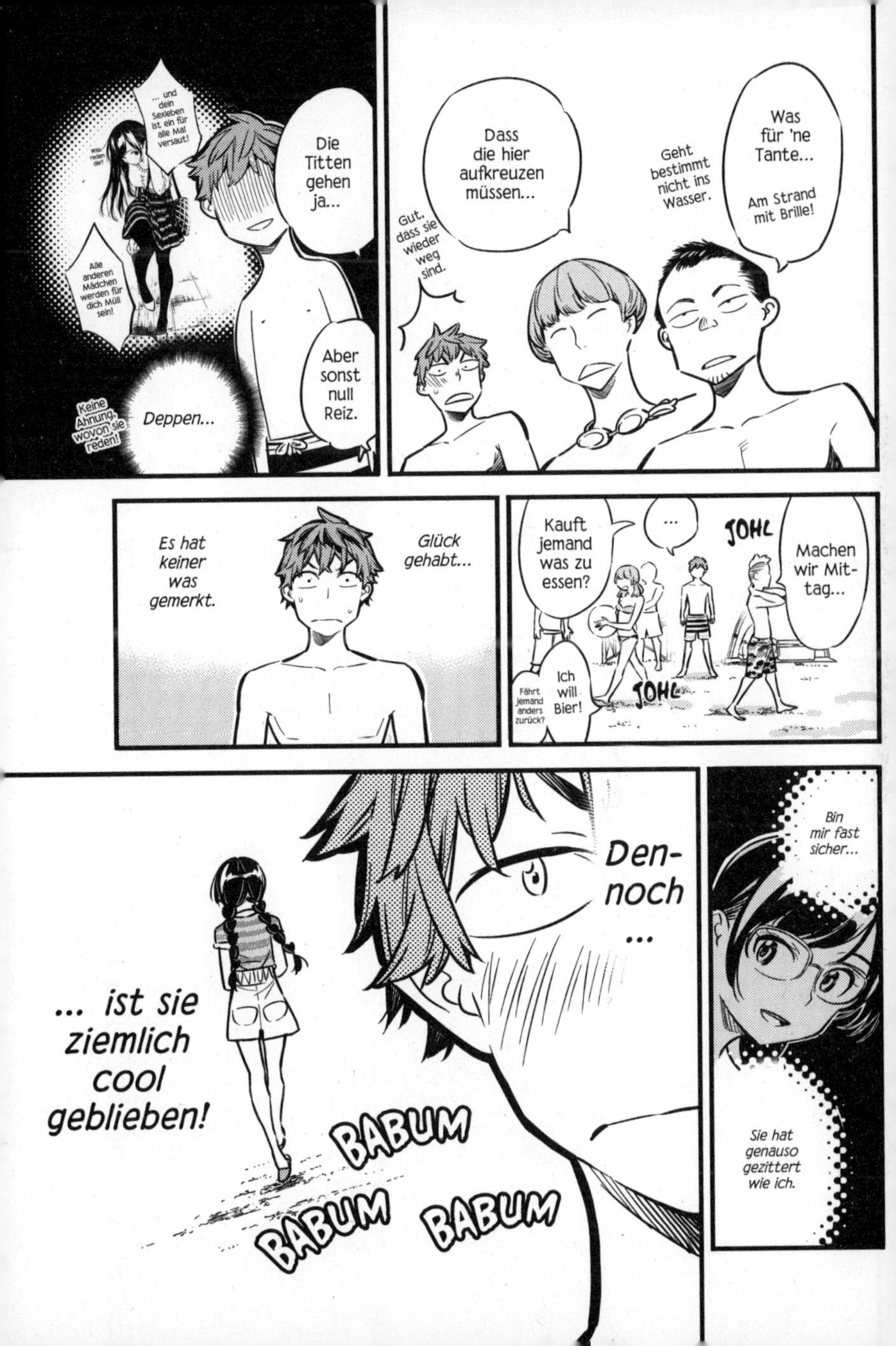
Was für 'ne Tante... Am Strand mit Brille!
Geht bestimmt nicht ins Wasser.
Dass die hier aufkreuzen müssen...
Gut, dass sie wieder weg sind.
Die Titten gehen ja...
Aber sonst null Reiz.
... und dein Sexleben ist ein für alle Mal versaut!
Was reden die?
Alle anderen Mädchen werden für dich Müll sein!
Deppen...
Keine Ahnung, wovon sie reden!
Machen wir Mit-tag...
JOHL
...
Kauft jemand was zu essen?
Ich will Bier!
Fährt jemand anders zurück?
JOHL
Glück gehabt...
Es hat keiner was gemerkt.
Bin mir fast sicher...
Sie hat genauso gezittert wie ich.
Den-noch ...
... ist sie ziemlich cool geblieben!
BABUM
BABUM
BABUM

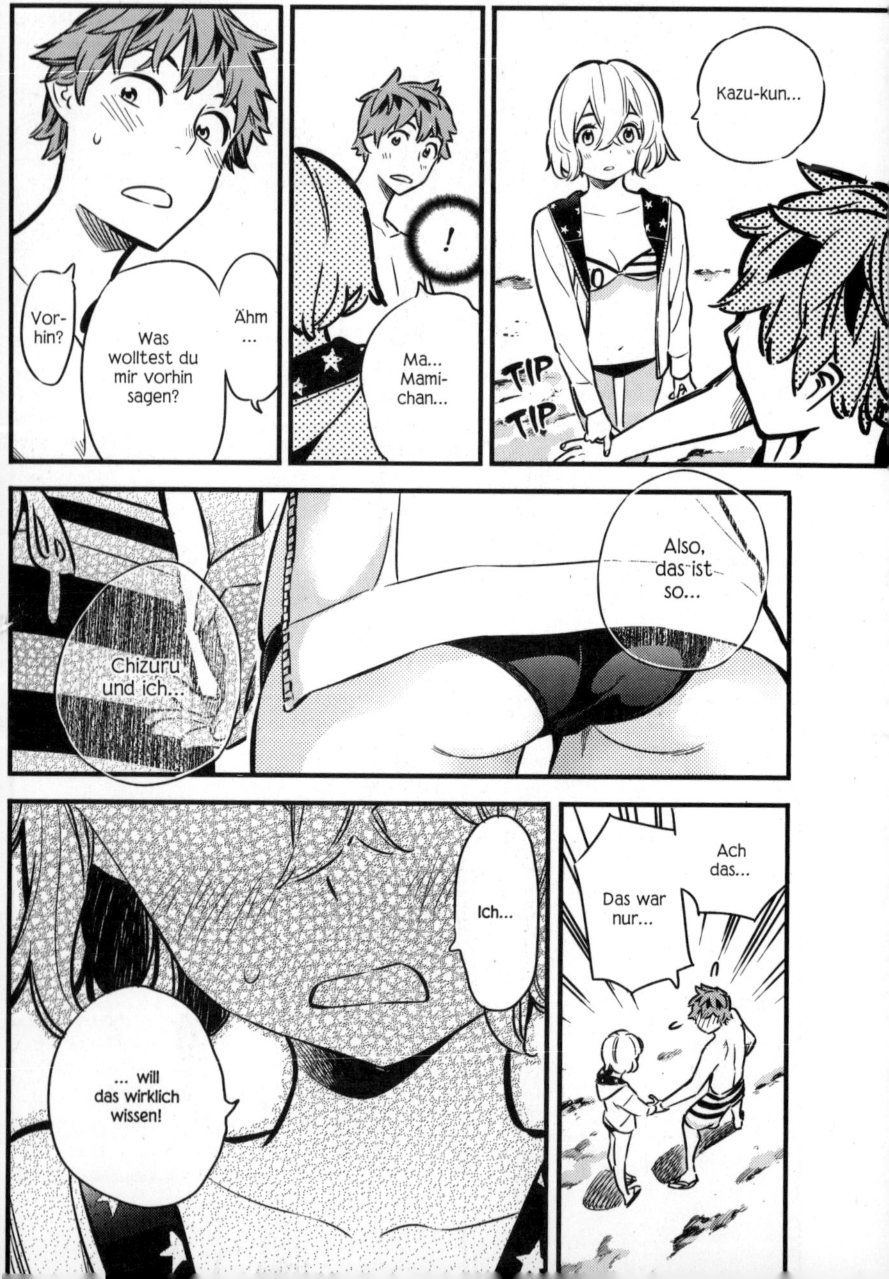
Kazu-kun...
TIP
TIP
!
Ma... Mami-chan...
Ähm ...
Was wolltest du mir vorhin sagen?
Vorhin?
Also, das ist so...
Chizuru und ich...
Ach das...
Das war nur...
Ich...
... will das wirklich wissen!

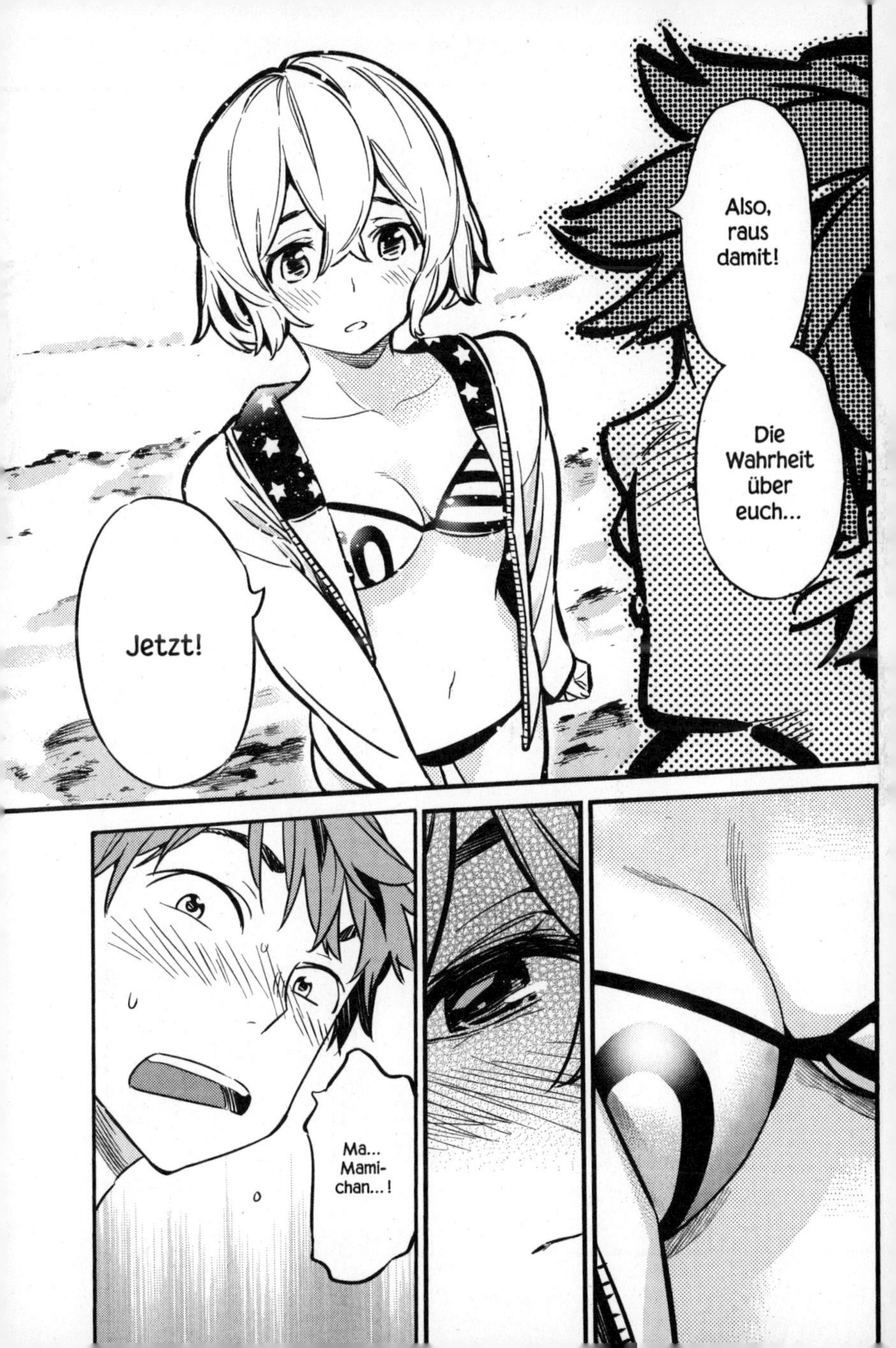
Also, raus damit!
Die Wahrheit über euch...
Jetzt!
Ma... Mami-chan...!

Sternchen Nr. 9 Die Freundin und das Meer ③

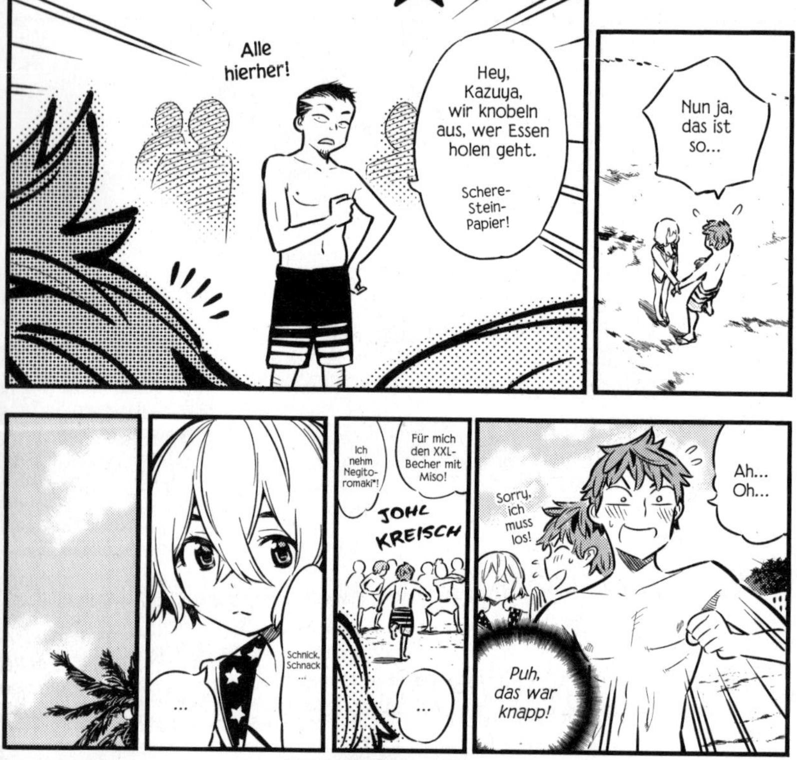

* Rolle mit Thunfisch-Lauch-Paste

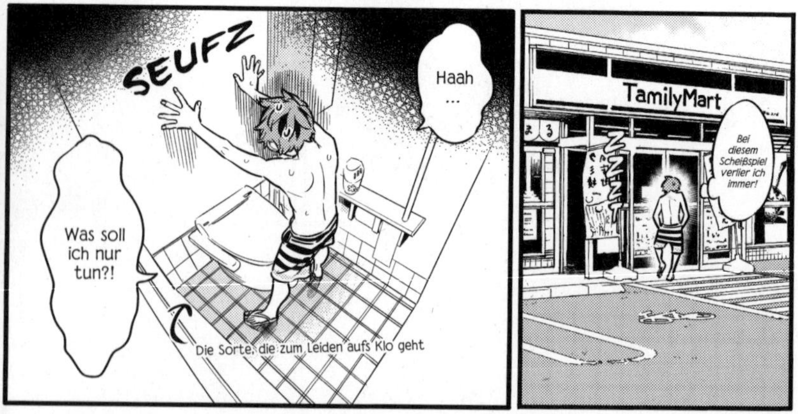

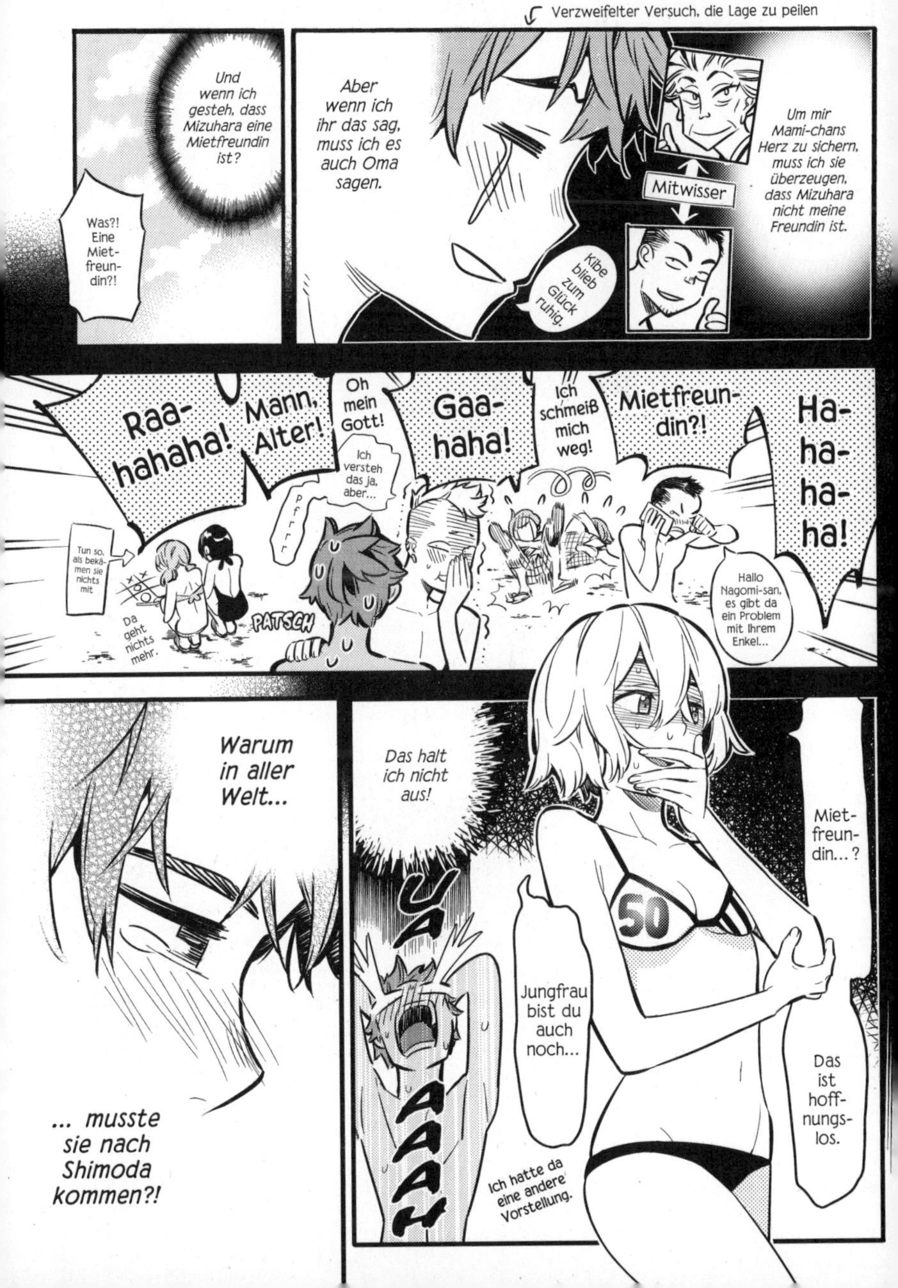
Verzweifelter Versuch, die Lage zu peilen
Um mir Mami-chans Herz zu sichern, muss ich sie überzeugen, dass Mizuhara nicht meine Freundin ist.
Mitwisser
Kibe blieb zum Glück ruhig.
Aber wenn ich ihr das sag, muss ich es auch Oma sagen.
Und wenn ich gesteh, dass Mizuhara eine Mietfreundin ist?
Was?! Eine Miet-freun-din?!
Ha-ha-ha-ha!
Mietfreun-din?!
Ich schmeiß mich weg!
Gaa-haha!
Oh mein Gott!
Mann, Alter!
Raa-hahaha!
Hallo Nagomi-san, es gibt da ein Problem mit Ihrem Enkel...
Ich versteh das ja, aber...
Pfrrr
PATSCH
Tun so, als bekämen sie nichts mit
Da geht nichts mehr.
Miet-freun-din...?
Das ist hoff-nungs-los.
Jungfrau bist du auch noch...
Ich hatte da eine andere Vorstellung.
Das halt ich nicht aus!
UAAAAAAH
Warum in aller Welt...
... musste sie nach Shimoda kommen?!

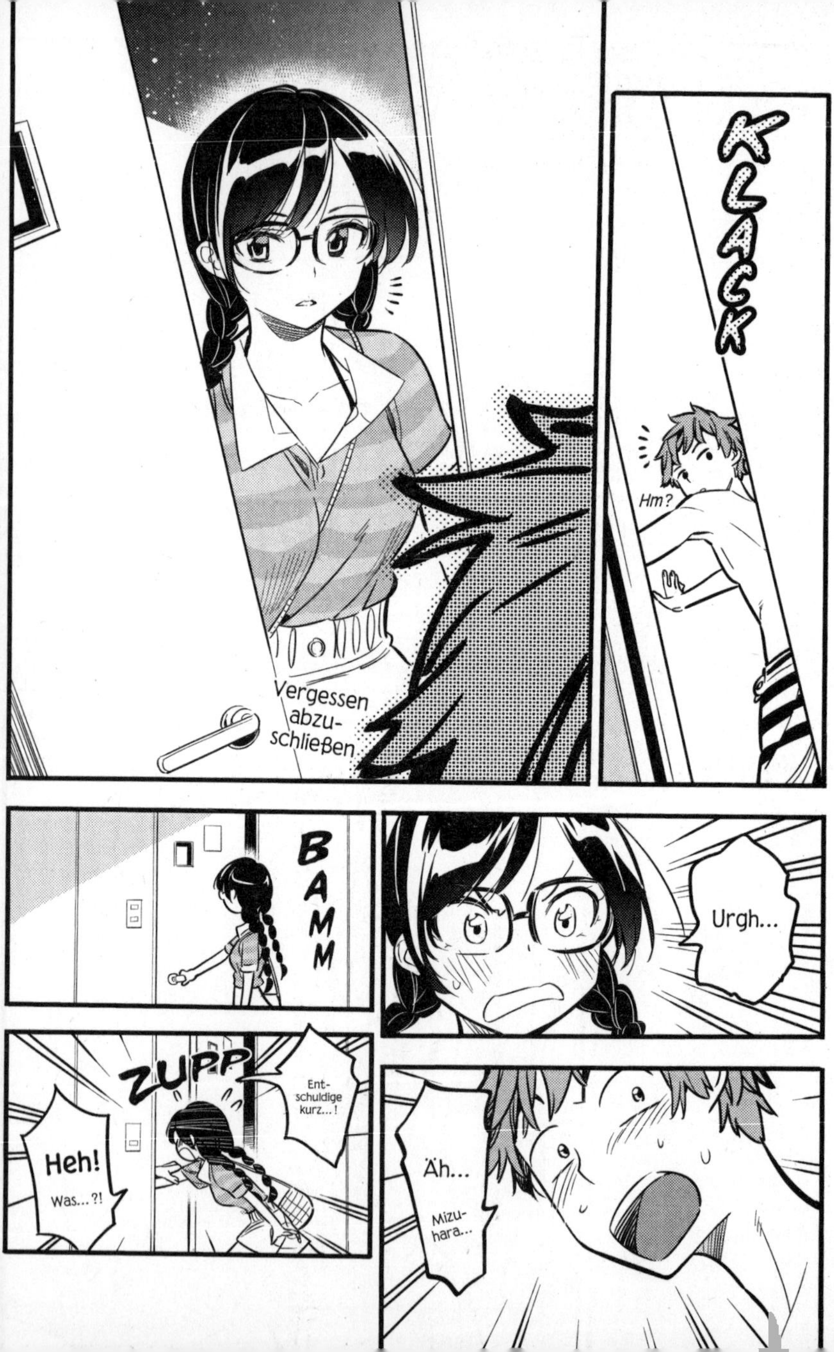
KLACK
Hm?
Vergessen abzuschließen
BAMM
Urgh...
ZUPP
Ent-schuldige kurz...!
Heh!
Was...?!
Äh...
Mizu-hara...

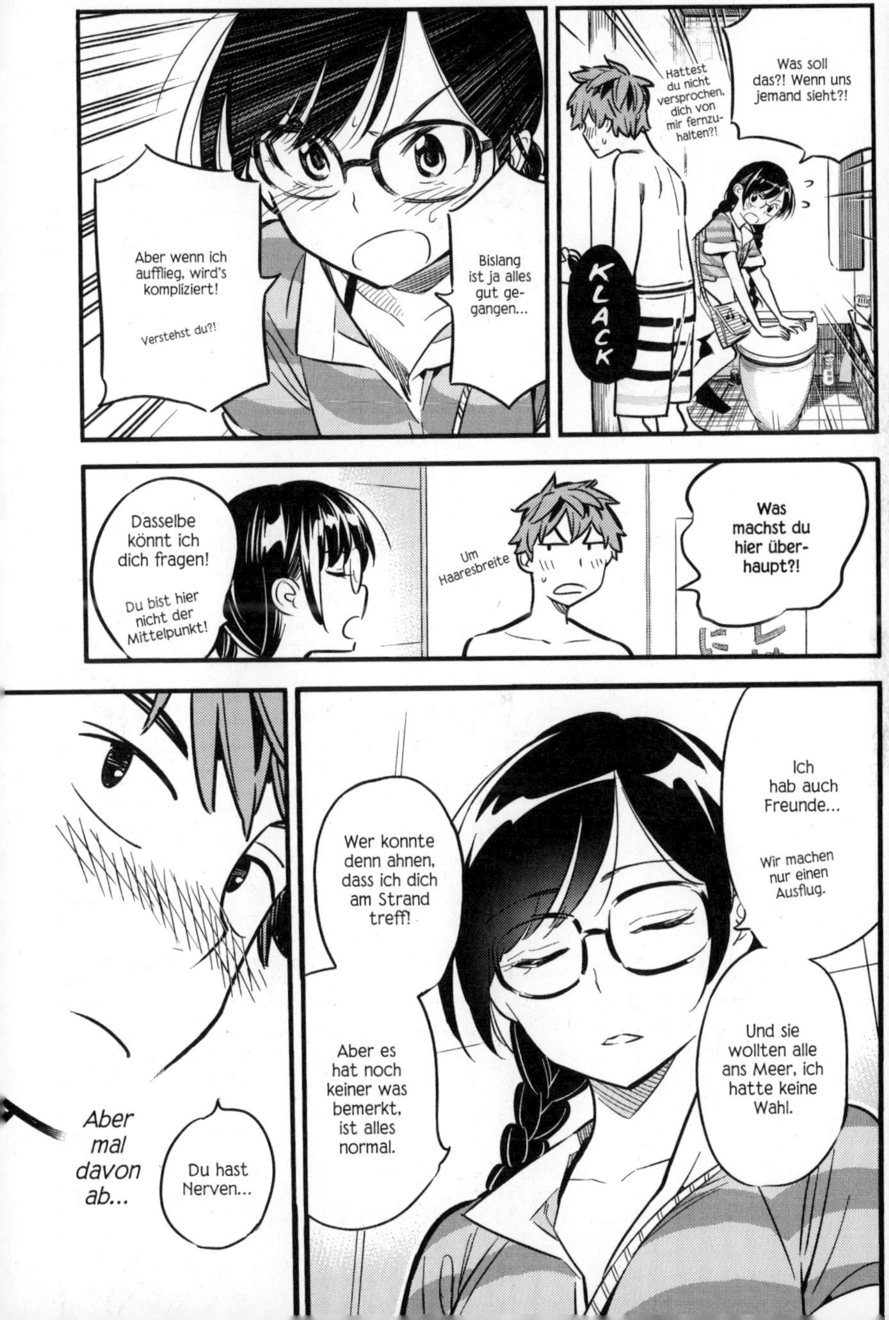
Was soll das?! Wenn uns jemand sieht?!
Hattest du nicht versprochen, dich von mir fernzuhalten?!
KLACK
Bislang ist ja alles gut gegangen...
Aber wenn ich aufflieg, wird's kompliziert!
Verstehst du?!
Was machst du hier überhaupt?!
Um Haaresbreite
Dasselbe könnt ich dich fragen!
Du bist hier nicht der Mittelpunkt!
Ich hab auch Freunde...
Wir machen nur einen Ausflug.
Und sie wollten alle ans Meer, ich hatte keine Wahl.
Wer konnte denn ahnen, dass ich dich am Strand treff!
Aber es hat noch keiner was bemerkt, ist alles normal.
Du hast Nerven...
Aber mal davon ab...

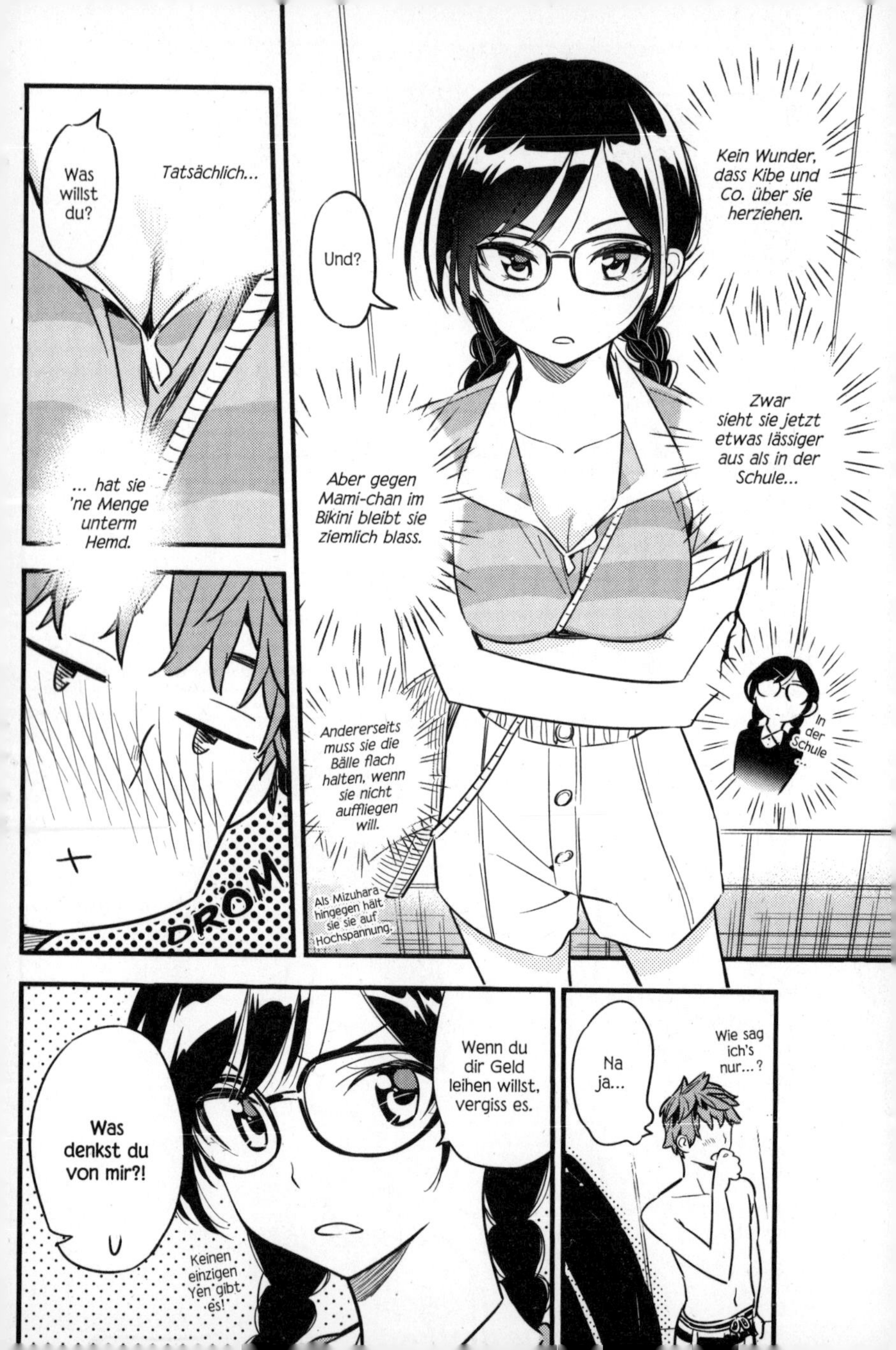

Kein Wunder, dass Kibe und Co. über sie herziehen.
Und?
Zwar sieht sie jetzt etwas lässiger aus als in der Schule...
In der Schule ...
Aber gegen Mami-chan im Bikini bleibt sie ziemlich blass.
Andererseits muss sie die Bälle flach halten, wenn sie nicht auffliegen will.
Als Mizuhara hingegen hält sie sie auf Hochspannung.
Tatsächlich...
Was willst du?
... hat sie 'ne Menge unterm Hemd.
DROM
Wie sag ich's nur...?
Na ja...
Wenn du dir Geld leihen willst, vergiss es.
Was denkst du von mir?!
Keinen einzigen Yen gibt es!

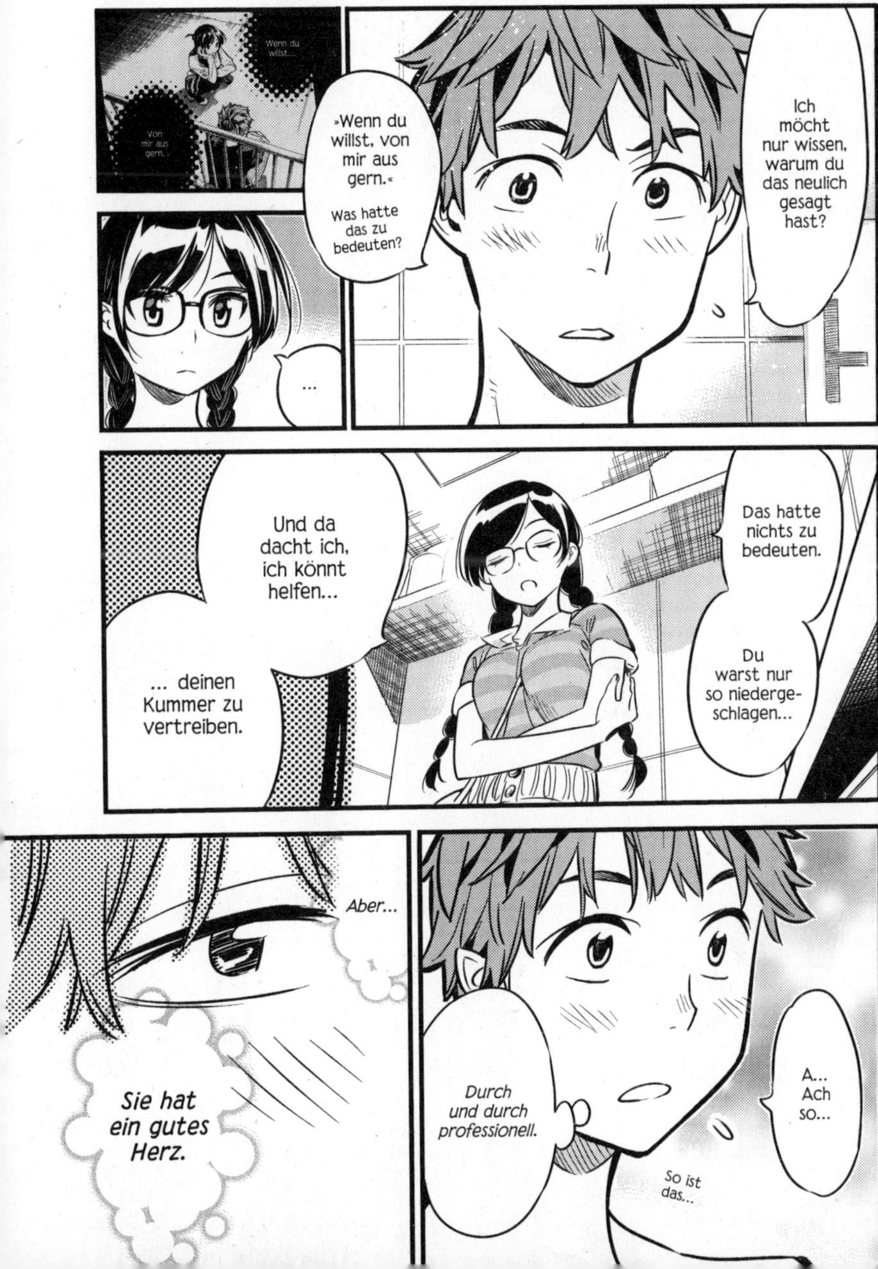
Ich möcht nur wissen, warum du das neulich gesagt hast?
»Wenn du willst, von mir aus gern.«
Was hatte das zu bedeuten?
Wenn du willst...
Von mir aus gern...
...
Das hatte nichts zu bedeuten.
Du warst nur so niederge-schlagen...
Und da dacht ich, ich könnt helfen...
... deinen Kummer zu vertreiben.
A... Ach so...
So ist das...
Durch und durch professionell.
Aber...
Sie hat ein gutes Herz.

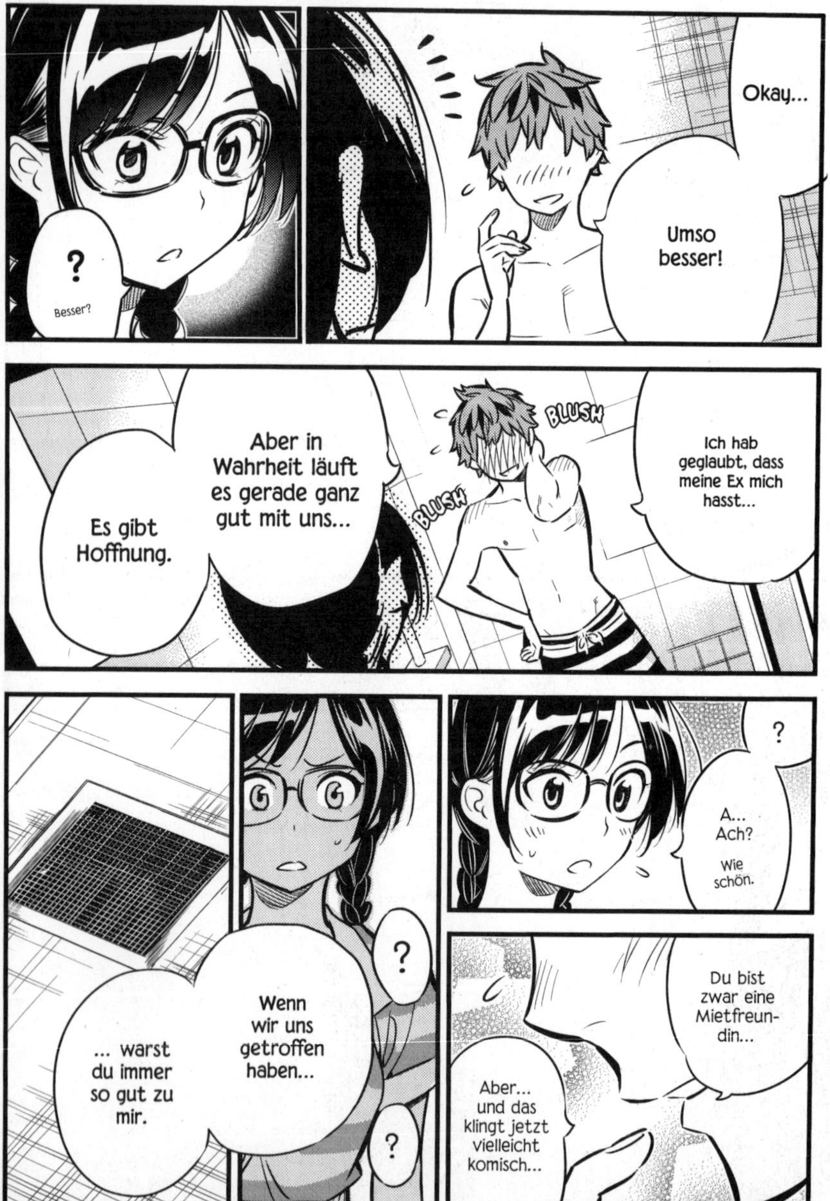
Okay...
Umso besser!
?
Besser?
Ich hab geglaubt, dass meine Ex mich hasst...
BLUSH
BLUSH
Aber in Wahrheit läuft es gerade ganz gut mit uns...
Es gibt Hoffnung.
?
A... Ach?
Wie schön.
Du bist zwar eine Mietfreun-din...
Aber... und das klingt jetzt vielleicht komisch...
?
Wenn wir uns getroffen haben...
... warst du immer so gut zu mir.
?

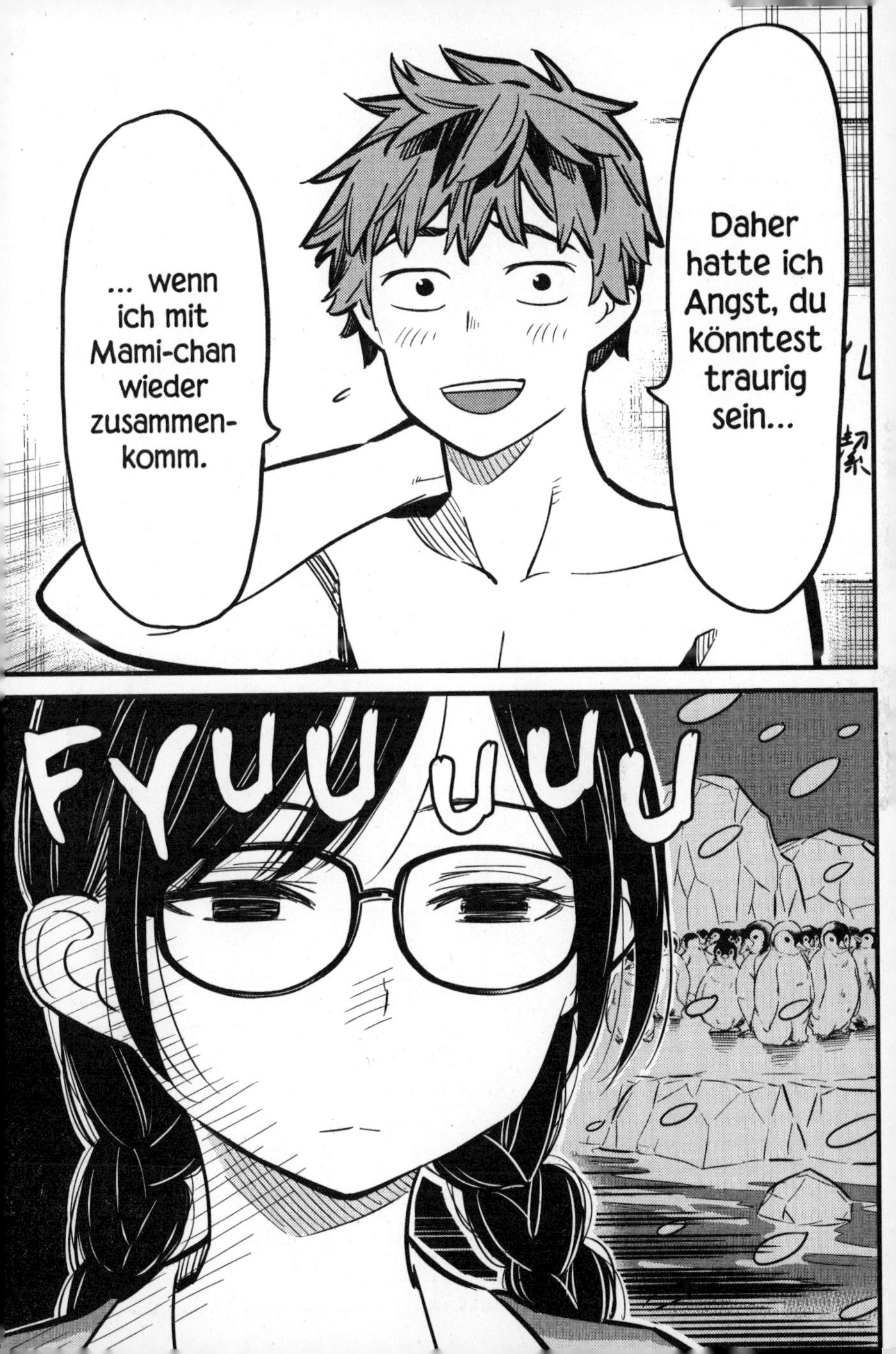
Daher hatte ich Angst, du könntest traurig sein...
... wenn ich mit Mami-chan wieder zusammen-komm.
FYUUUUU

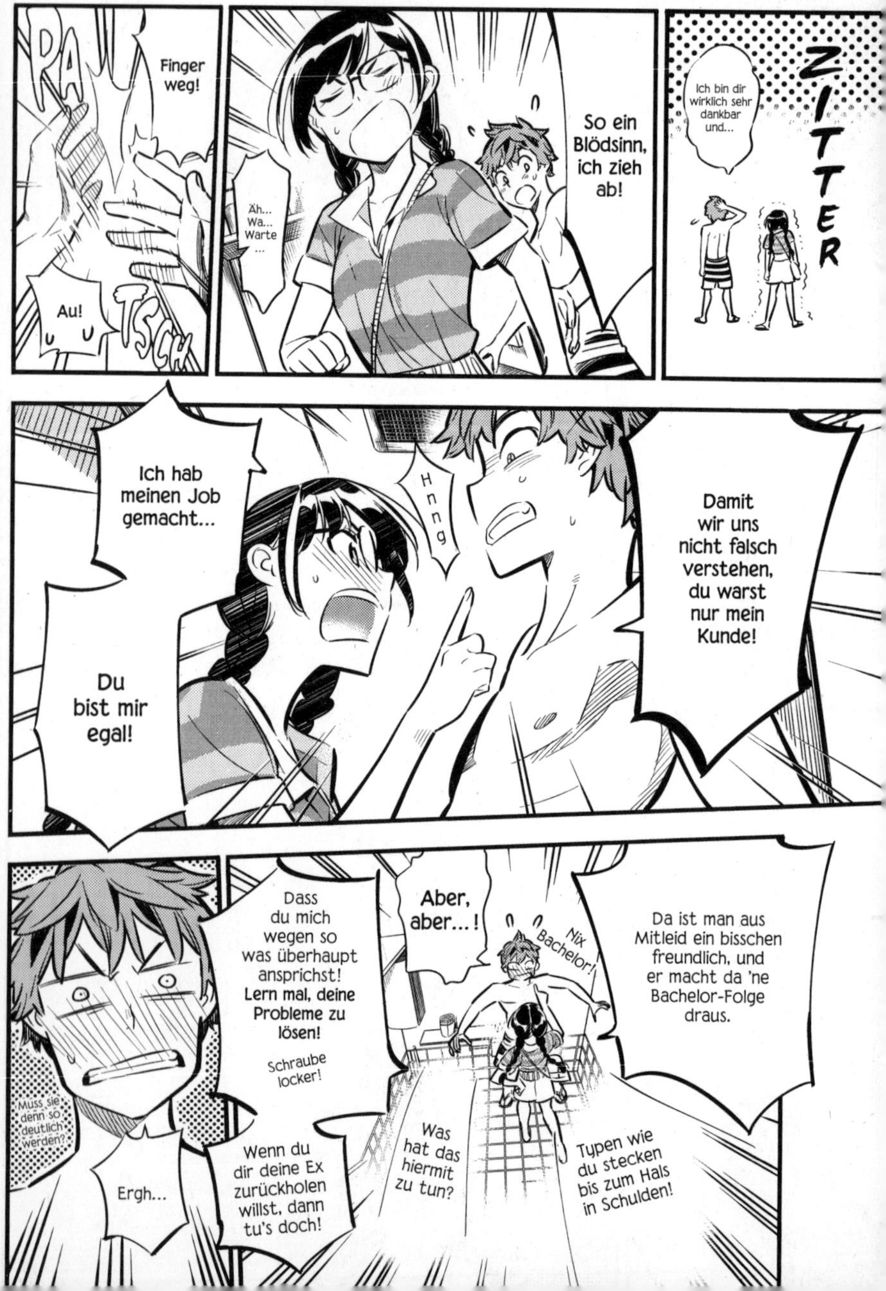
ZITTER
Ich bin dir wirklich sehr dankbar und...
So ein Blödsinn, ich zieh ab!
Äh... Wa... Warte ...
Finger weg!
PA
TSCH
Au!
Damit wir uns nicht falsch verstehen, du warst nur mein Kunde!
Hnng
Ich hab meinen Job gemacht...
Du bist mir egal!
Da ist man aus Mitleid ein bisschen freundlich, und er macht da 'ne Bachelor-Folge draus.
Nix Bachelor!
Aber, aber...!
Typen wie du stecken bis zum Hals in Schulden!
Was hat das hiermit zu tun?
Dass du mich wegen so was überhaupt ansprichst! Lern mal, deine Probleme zu lösen!
Schraube locker!
Wenn du dir deine Ex zurückholen willst, dann tu's doch!
Muss sie denn so deutlich werden?
Ergh...

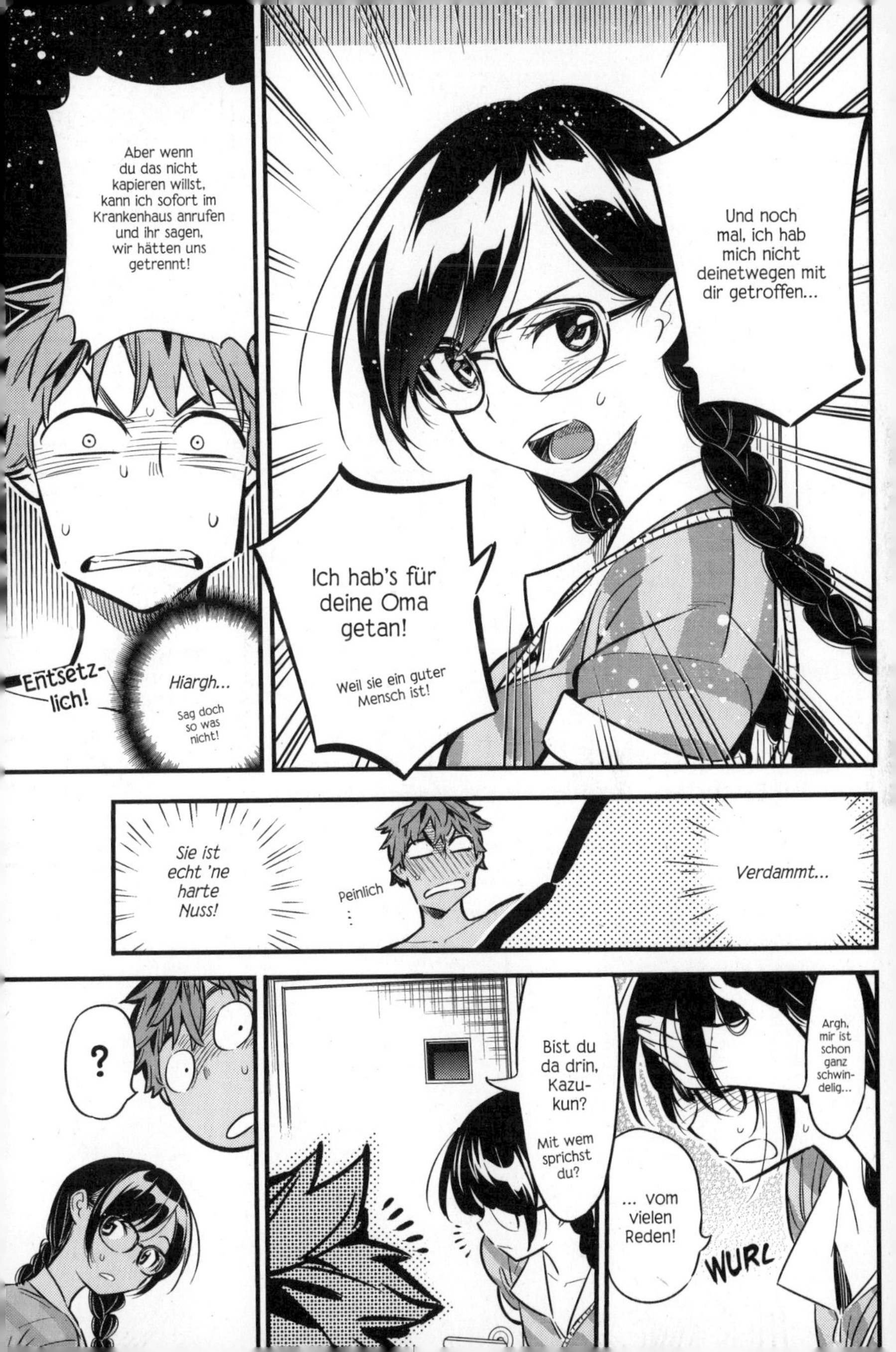
Und noch mal, ich hab mich nicht deinetwegen mit dir getroffen...
Ich hab's für deine Oma getan!
Weil sie ein guter Mensch ist!
Aber wenn du das nicht kapieren willst, kann ich sofort im Krankenhaus anrufen und ihr sagen, wir hätten uns getrennt!
Hiargh...
Sag doch so was nicht!
Entsetz-lich!
Verdammt...
Peinlich ...
Sie ist echt 'ne harte Nuss!
Argh, mir ist schon ganz schwin-delig...
... vom vielen Reden!
WURL
Bist du da drin, Kazu-kun?
Mit wem sprichst du?
?

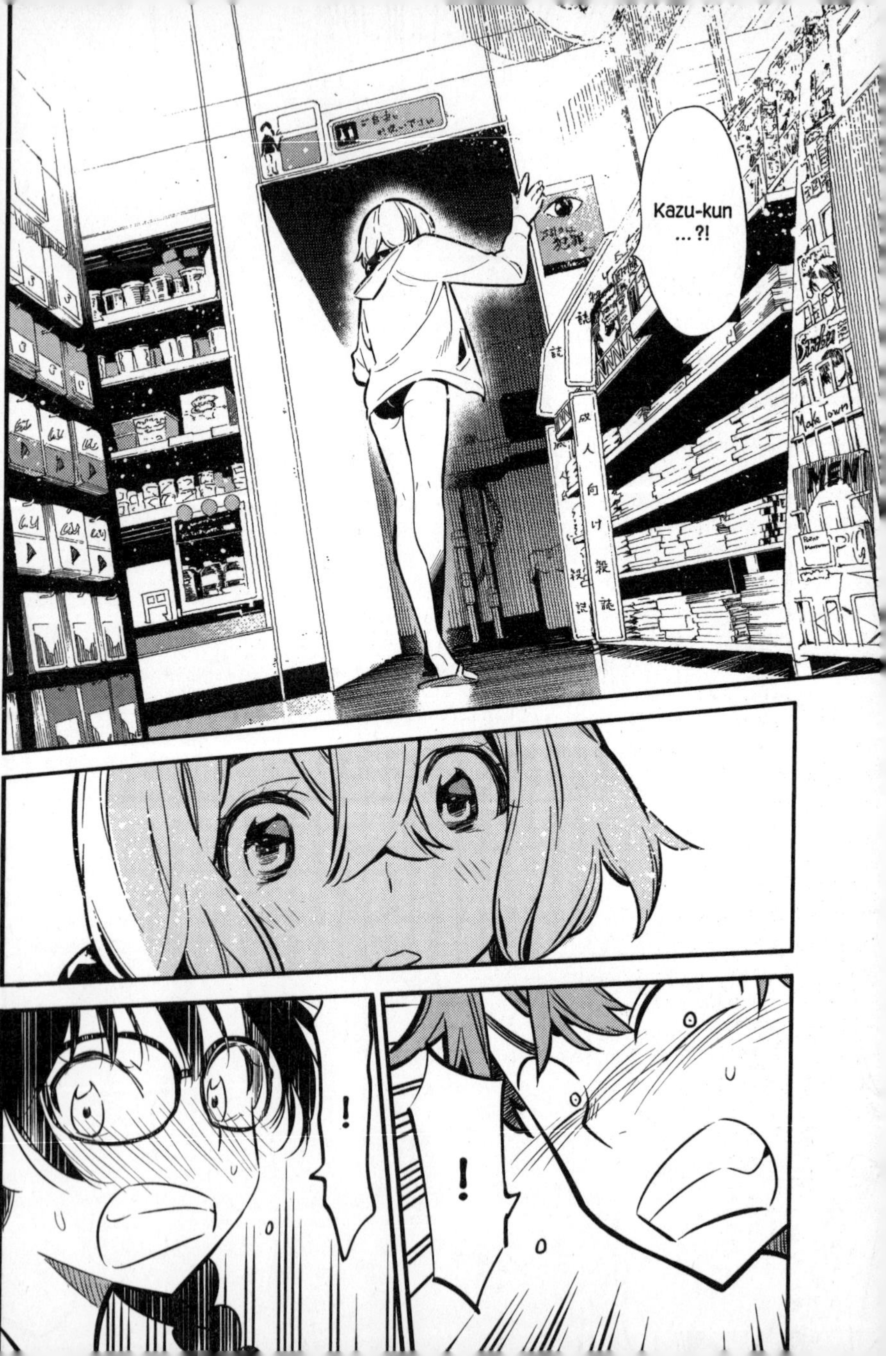
Kazu-kun
...?!
成人向け雑誌
Make Town
!
!

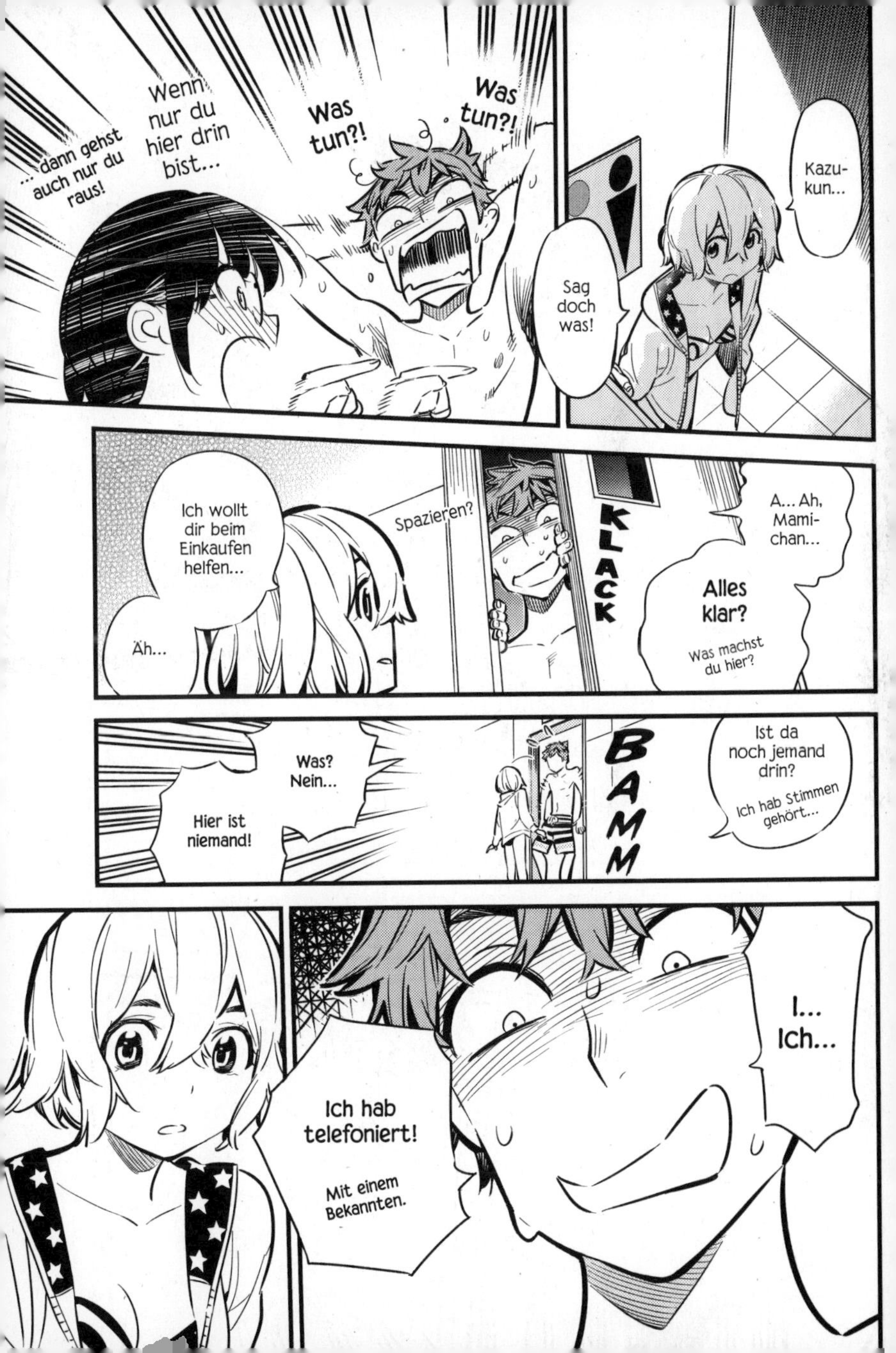
Kazu-kun...
Sag doch was!
Was tun?!
Was tun?!
Wenn nur du hier drin bist...
... dann gehst auch nur du raus!
A... Ah, Mami-chan...
Alles klar?
Was machst du hier?
KLACK
Spazieren?
Ich wollt dir beim Einkaufen helfen...
Äh...
Ist da noch jemand drin?
Ich hab Stimmen gehört...
BAMM
Was? Nein...
Hier ist niemand!
I... Ich...
Ich hab telefoniert!
Mit einem Bekannten.

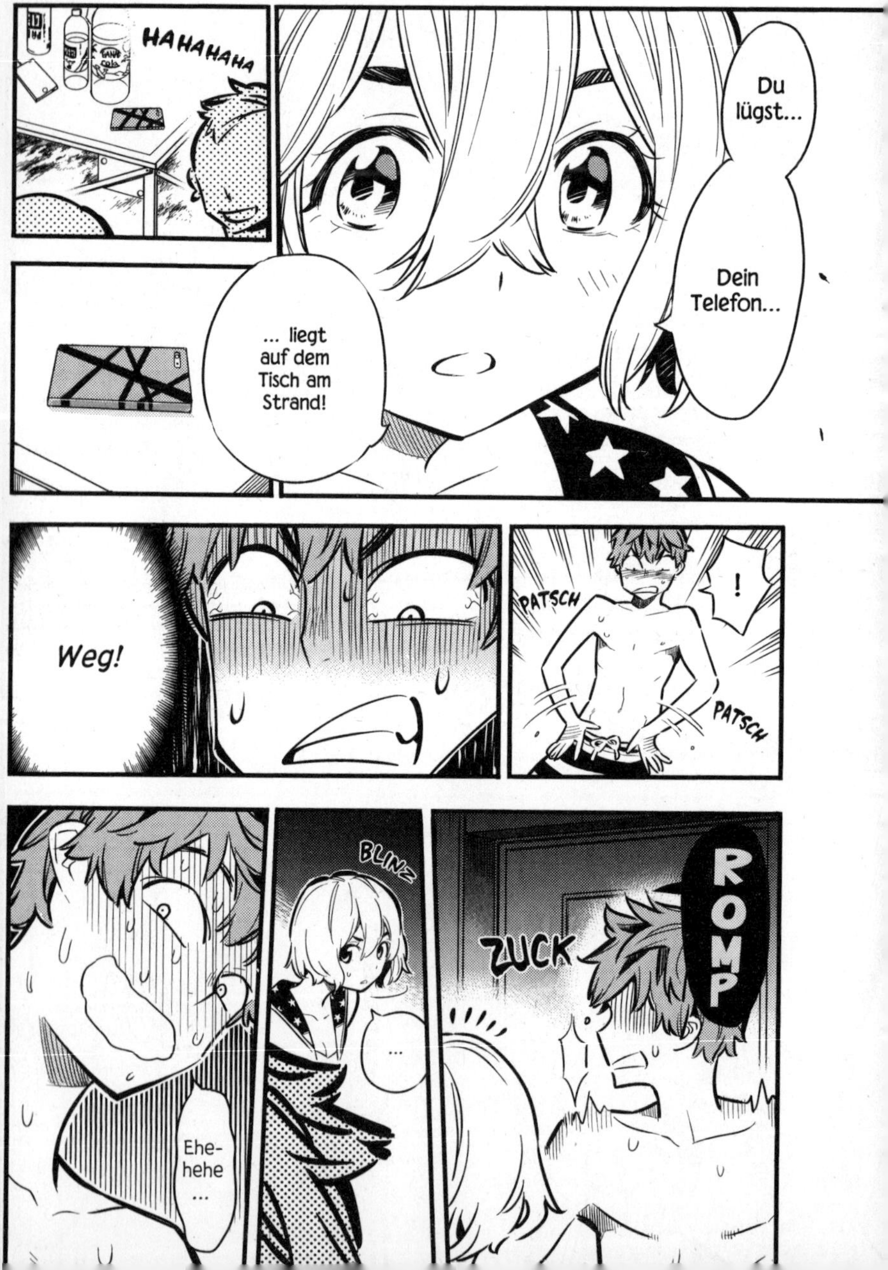

Du lügst...
Dein Telefon...
HAHAHAHA
... liegt auf dem Tisch am Strand!
!
PATSCH
PATSCH
Weg!
ROMP
ZUCK
BLINZ
...
Ehe-hehe ...

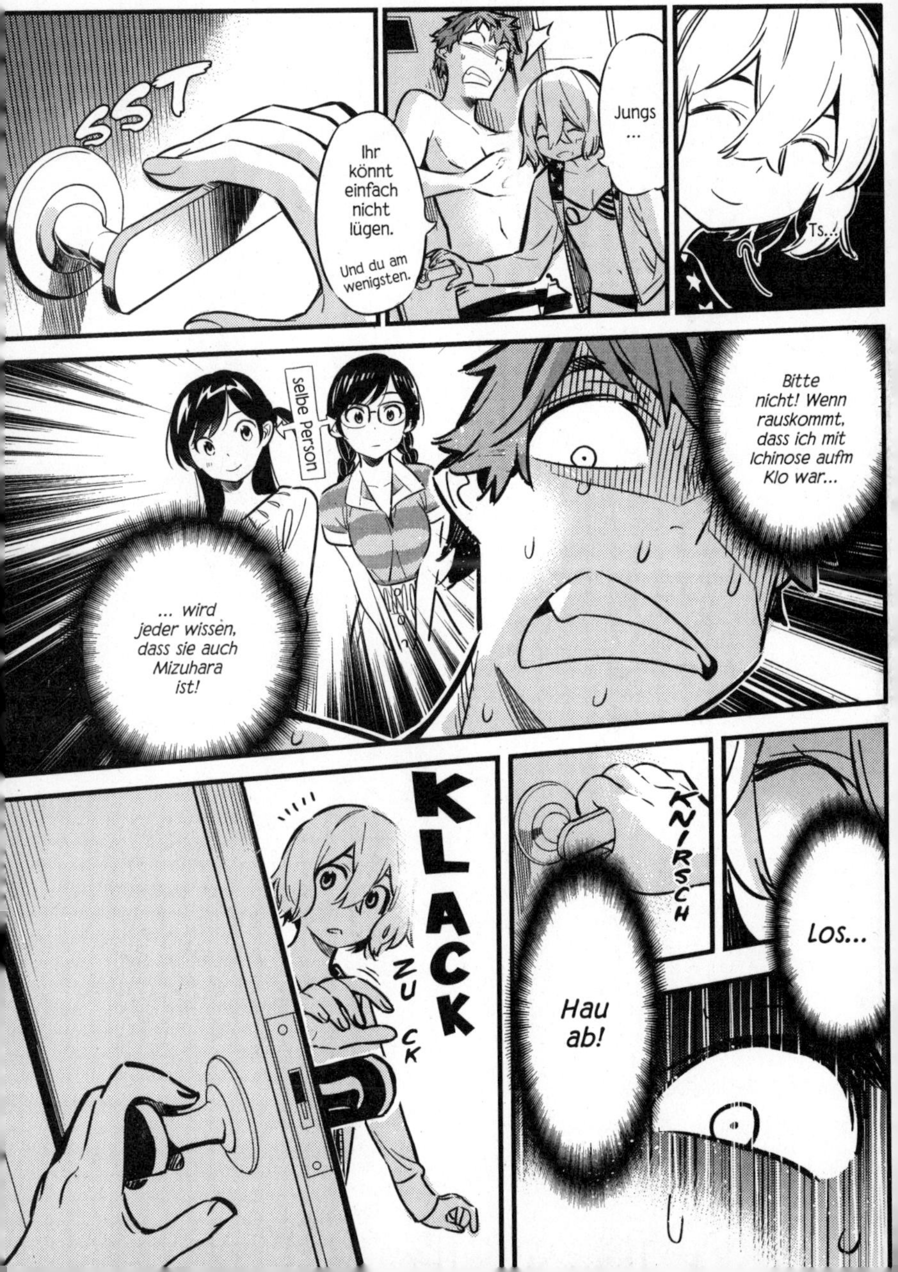
Ts...
Jungs ...
Ihr könnt einfach nicht lügen.
Und du am wenigsten.
SST
Bitte nicht! Wenn rauskommt, dass ich mit Ichinose aufm Klo war...
selbe Person
... wird jeder wissen, dass sie auch Mizuhara ist!
Los...
KNIRSCH
Hau ab!
KLACK
ZUCK

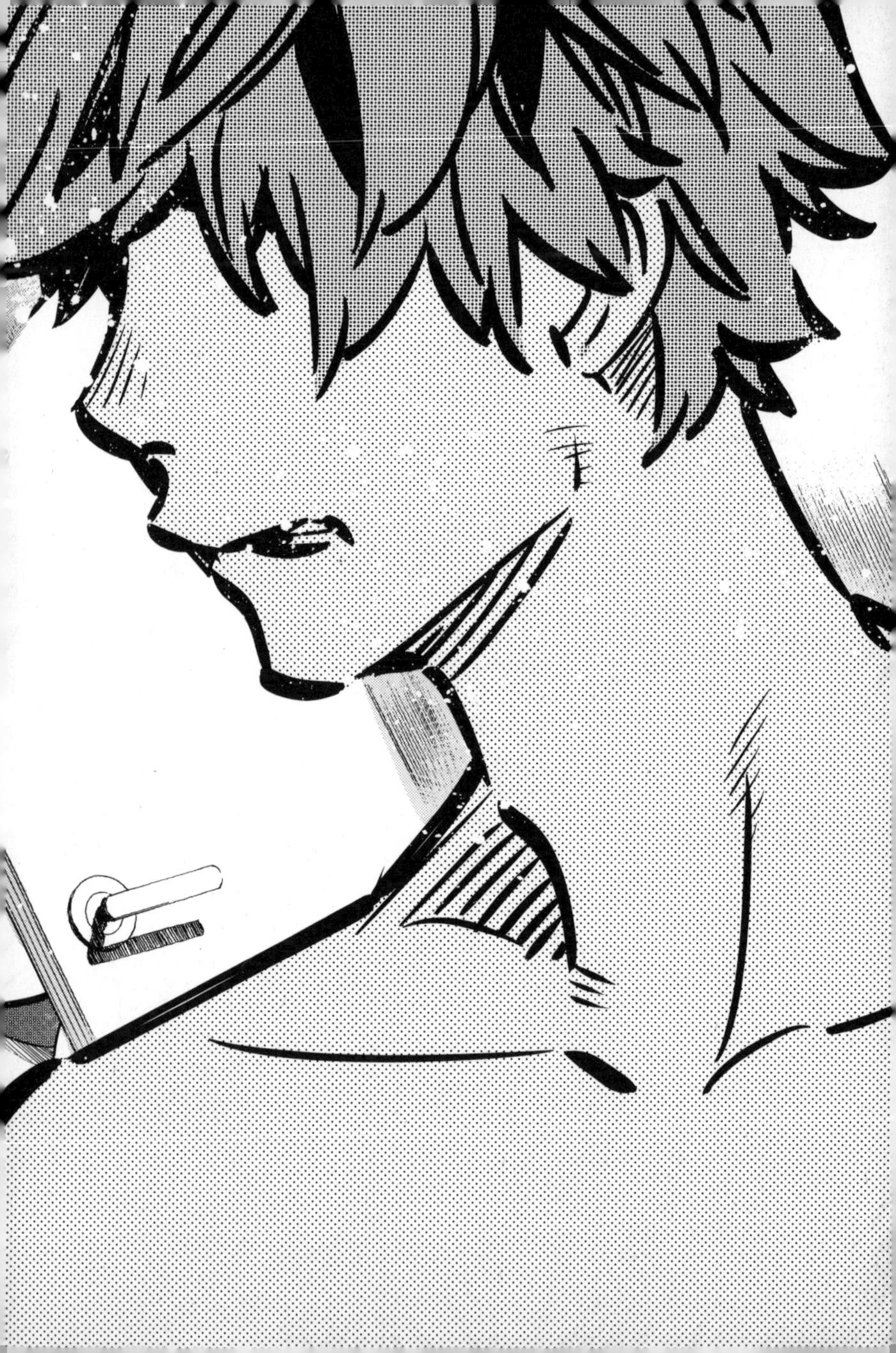

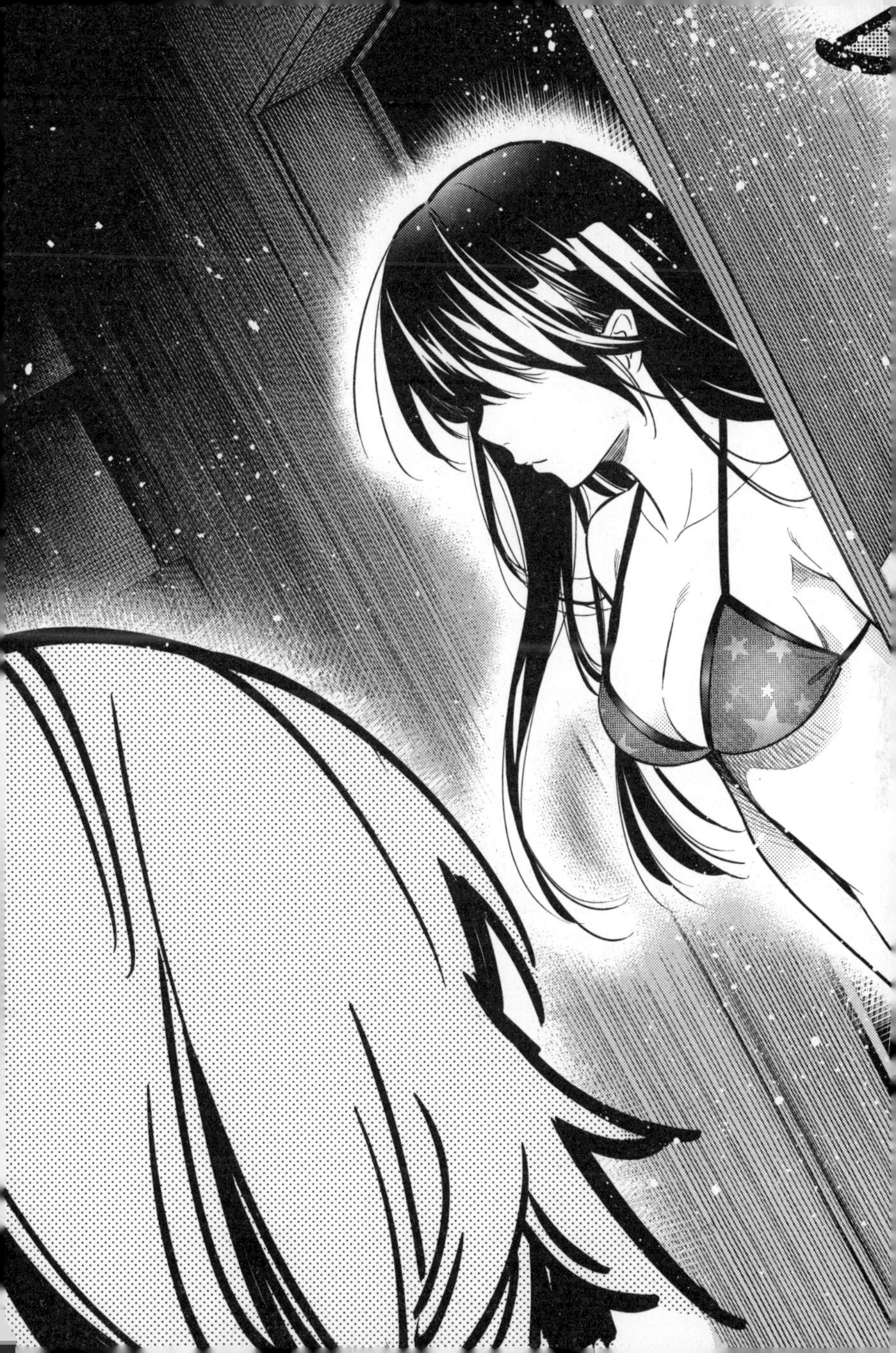

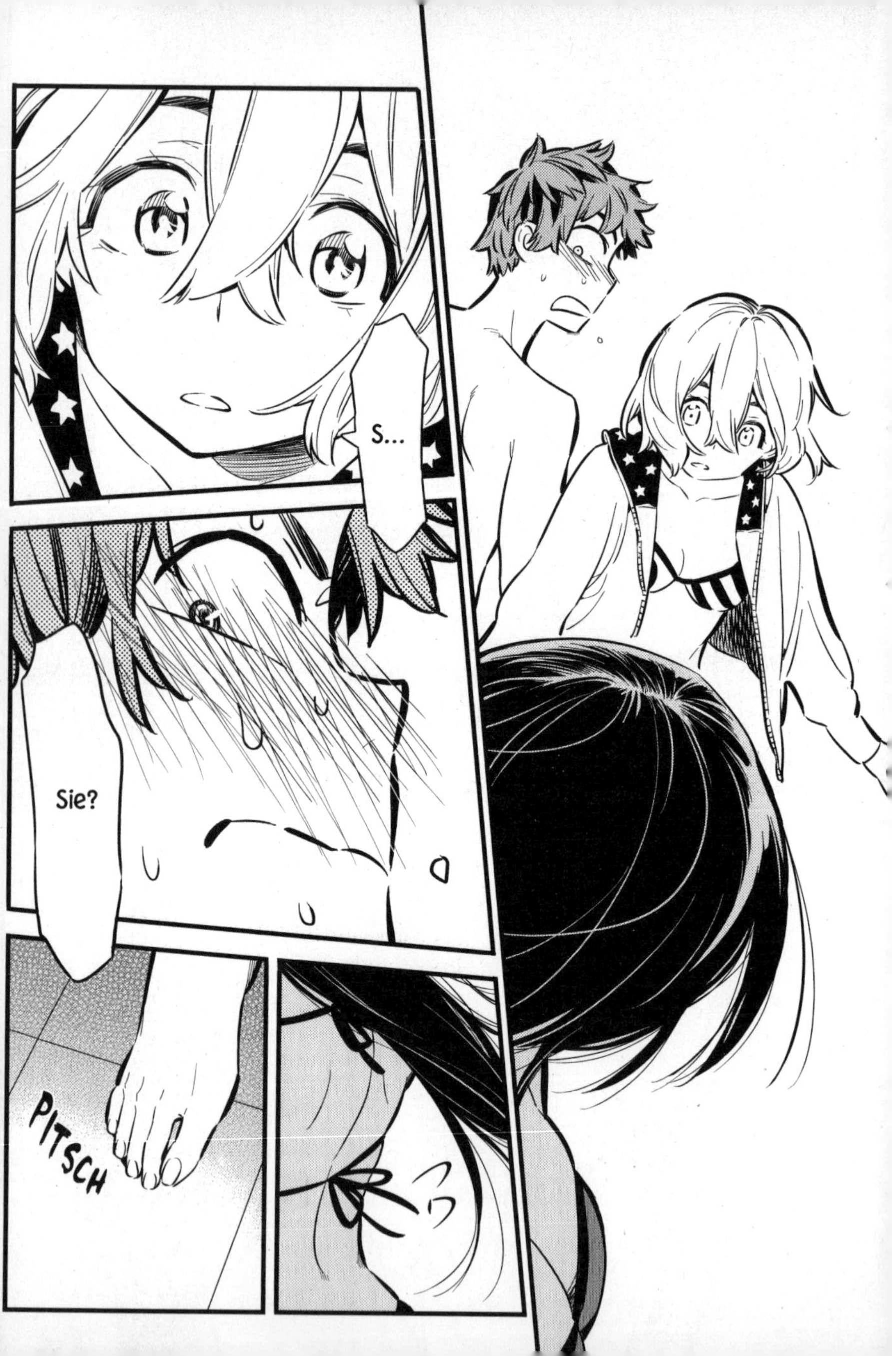
S...
Sie?
PITSCH

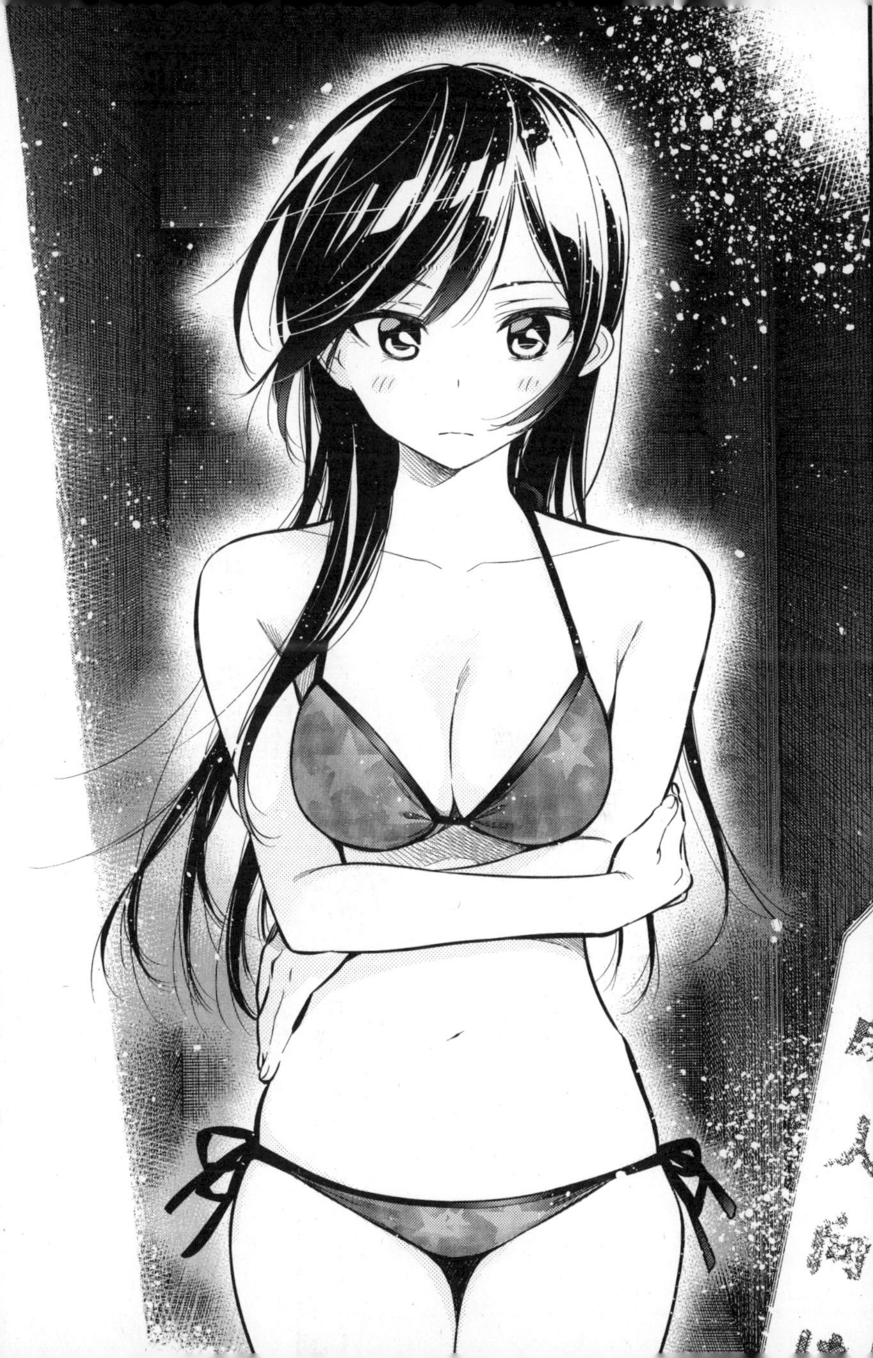

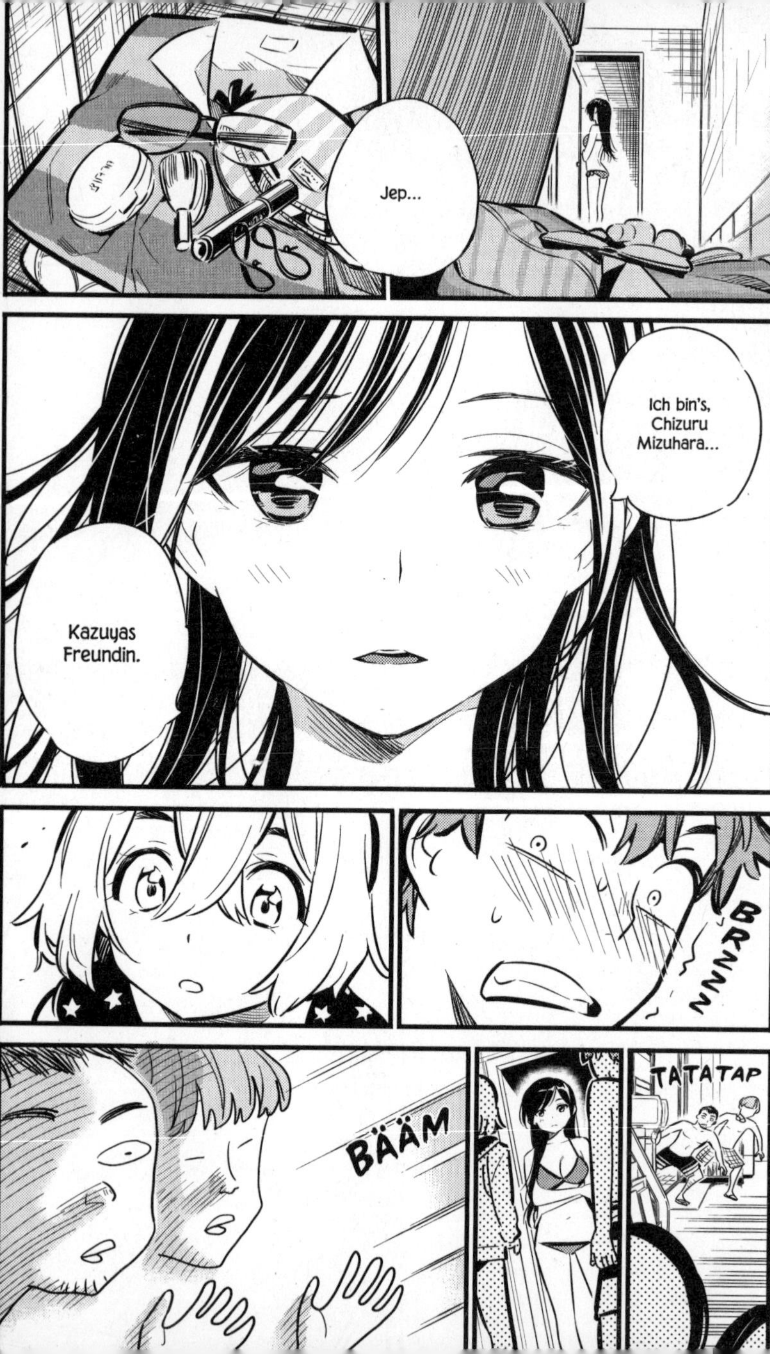
Jep...
Ich bin's, Chizuru Mizuhara...
Kazuyas Freundin.
BRNNNN
TATATAP
BÄÄM

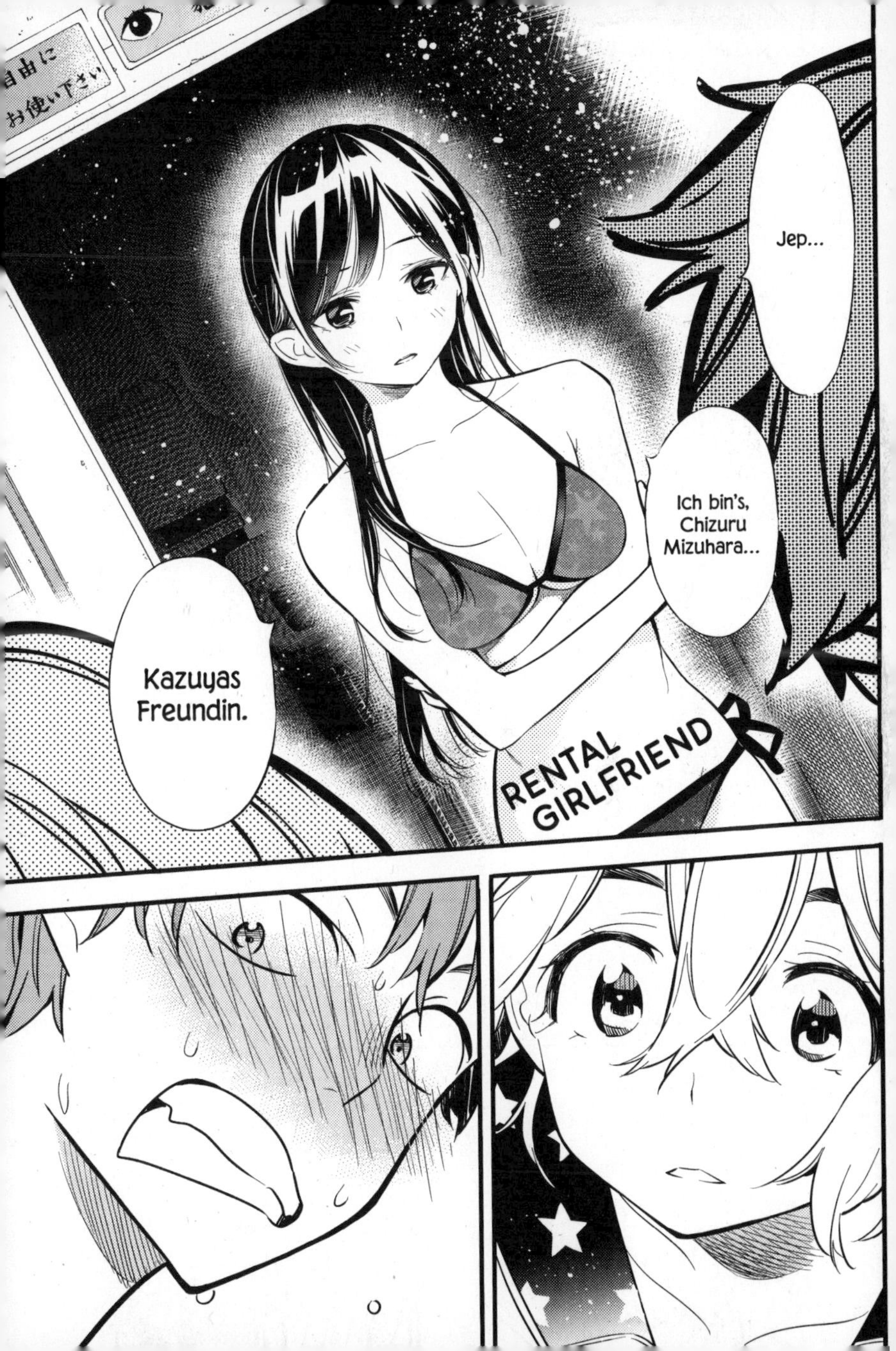
Jep...
Ich bin's, Chizuru Mizuhara...
Kazuyas Freundin.
RENTAL GIRLFRIEND

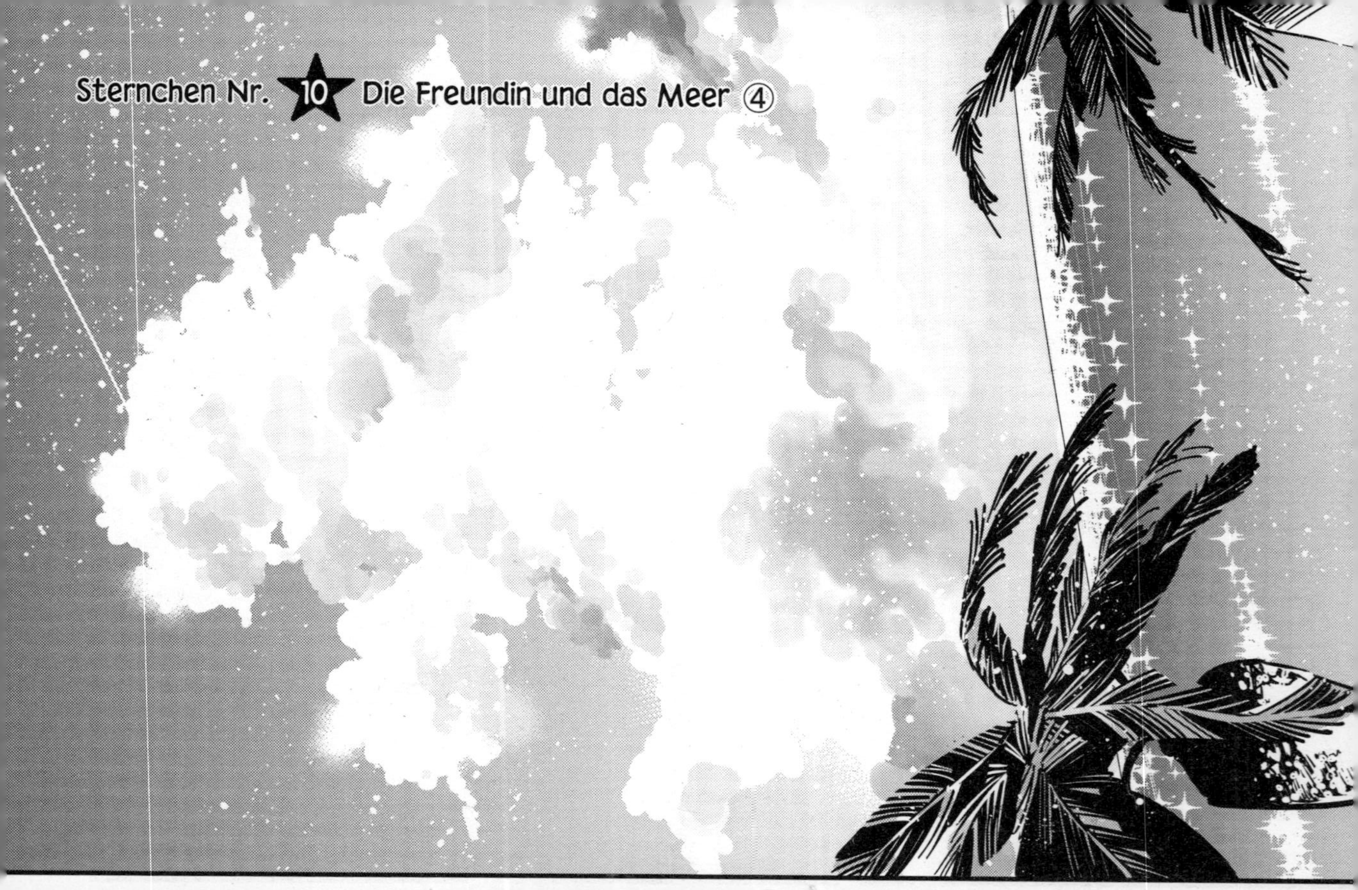
Sternchen Nr. 10 Die Freundin und das Meer ④

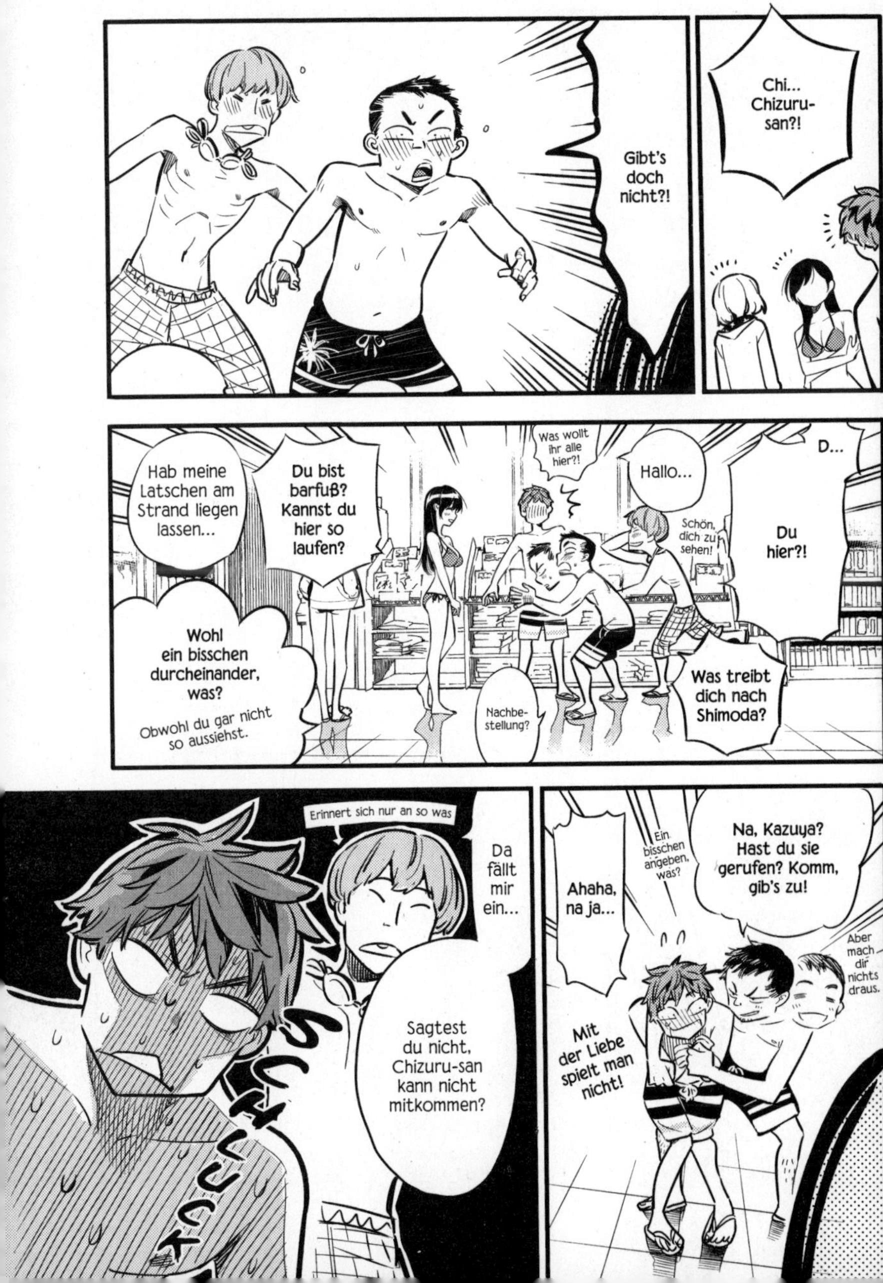
Chi... Chizuru-san?!
Gibt's doch nicht?!
D... Du hier?!
Was treibt dich nach Shimoda?
Hallo...
Schön, dich zu sehen!
Was wollt ihr alle hier?!
Nachbestellung?
Du bist barfuß? Kannst du hier so laufen?
Hab meine Latschen am Strand liegen lassen...
Wohl ein bisschen durcheinander, was?
Obwohl du gar nicht so aussiehst.
Na, Kazuya? Hast du sie gerufen? Komm, gib's zu!
Ein bisschen angeben, was?
Ahaha, na ja...
Aber mach dir nichts draus.
Mit der Liebe spielt man nicht!
Da fällt mir ein...
Erinnert sich nur an so was
Sagtest du nicht, Chizuru-san kann nicht mitkommen?
SCHLUCK

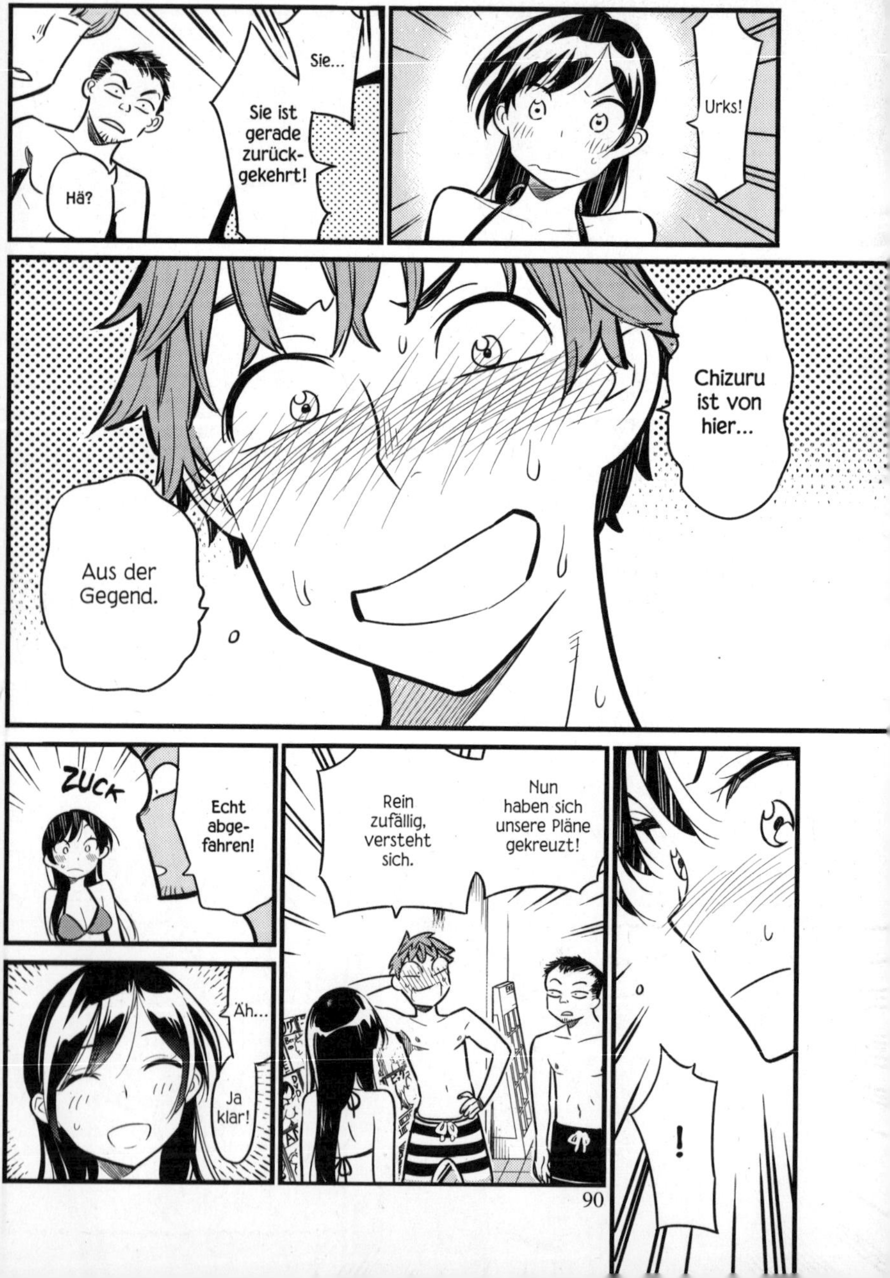
Urks!
Sie...
Sie ist gerade zurückgekehrt!
Hä?
Chizuru ist von hier...
Aus der Gegend.
!
Nun haben sich unsere Pläne gekreuzt!
Rein zufällig, versteht sich.
Echt abgefahren!
ZUCK
Äh...
Ja klar!

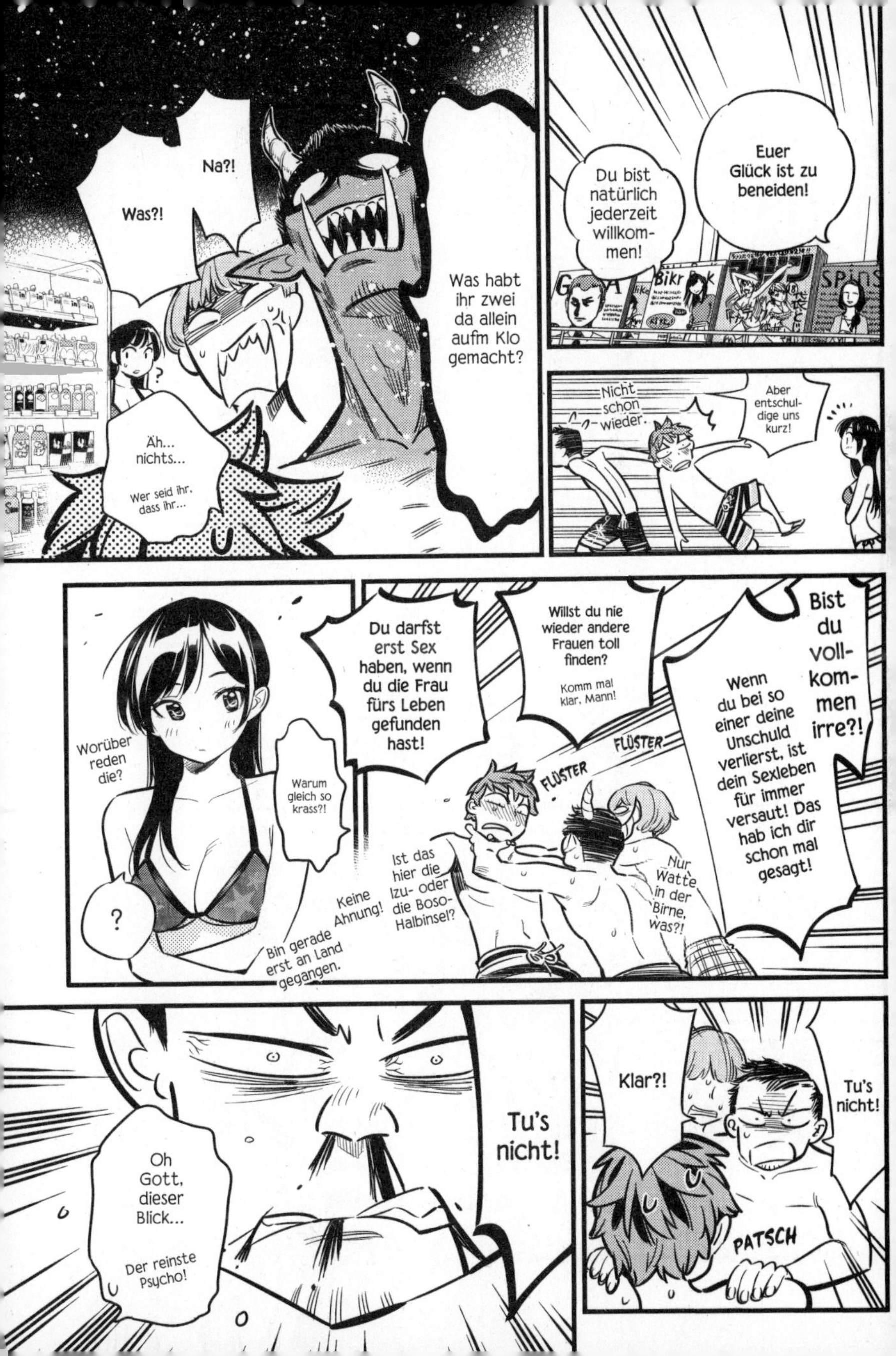
Euer Glück ist zu beneiden!
Du bist natürlich jederzeit willkommen!
Aber entschuldige uns kurz!
Nicht schon wieder.
Was habt ihr zwei da allein aufm Klo gemacht?
Na?!
Was?!
Äh... nichts...
Wer seid ihr, dass ihr...
Bist du vollkommen irre?!
Wenn du bei so einer deine Unschuld verlierst, ist dein Sexleben für immer versaut! Das hab ich dir schon mal gesagt!
Willst du nie wieder andere Frauen toll finden?
Komm mal klar, Mann!
Du darfst erst Sex haben, wenn du die Frau fürs Leben gefunden hast!
FLÜSTER
FLÜSTER
Nur Watte in der Birne, was?!
Ist das hier die Izu- oder die Boso-Halbinsel!?
Keine Ahnung!
Bin gerade erst an Land gegangen.
Warum gleich so krass?!
Worüber reden die?
?
Tu's nicht!
Klar?!
PATSCH
Tu's nicht!
Oh Gott, dieser Blick...
Der reinste Psycho!

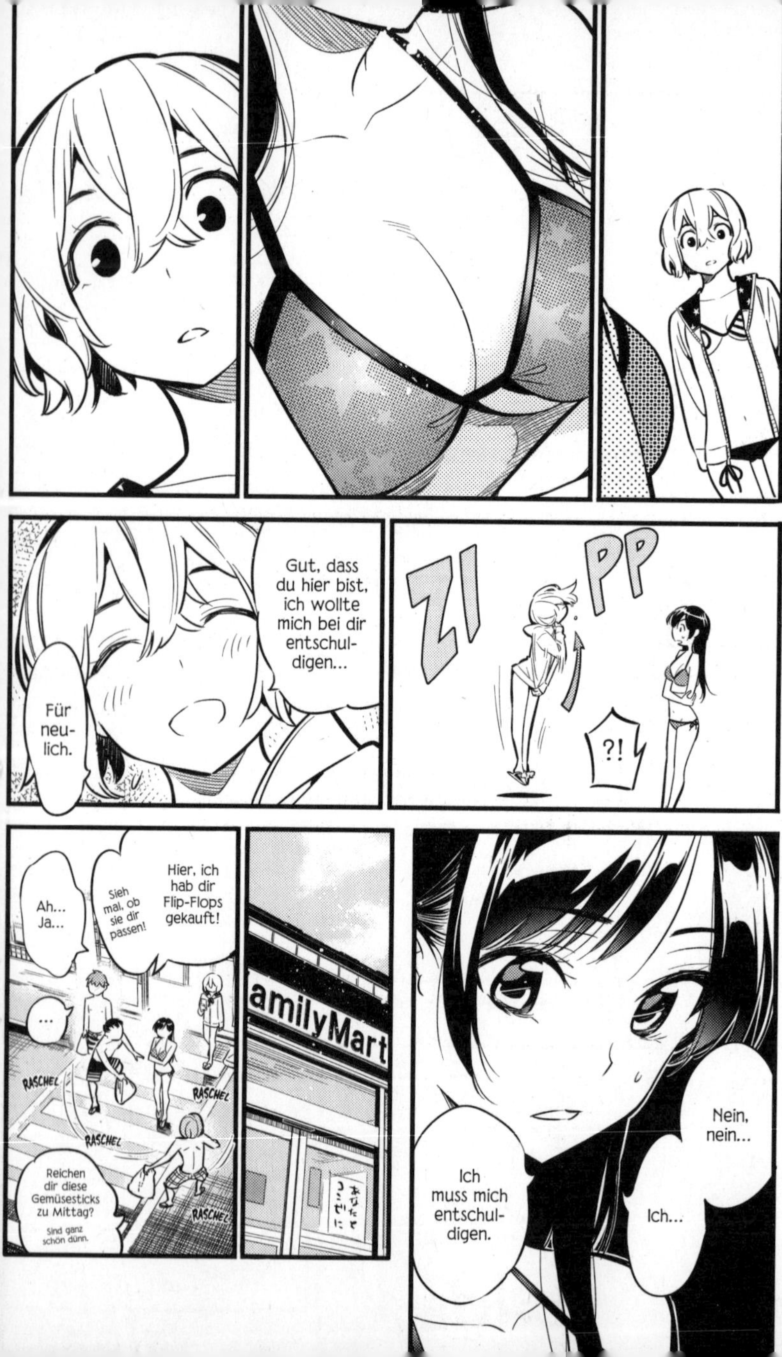

ZI PP
?!
Gut, dass du hier bist, ich wollte mich bei dir entschuldigen...
Für neulich.
Nein, nein...
Ich...
Ich muss mich entschuldigen.
amilyMart
あなたとコンビニ
Hier, ich hab dir Flip-Flops gekauft!
Sieh mal, ob sie dir passen!
Ah... Ja...
...
RASCHEL
RASCHEL
RASCHEL
RASCHEL
Reichen dir diese Gemüsesticks zu Mittag?
Sind ganz schön dünn.

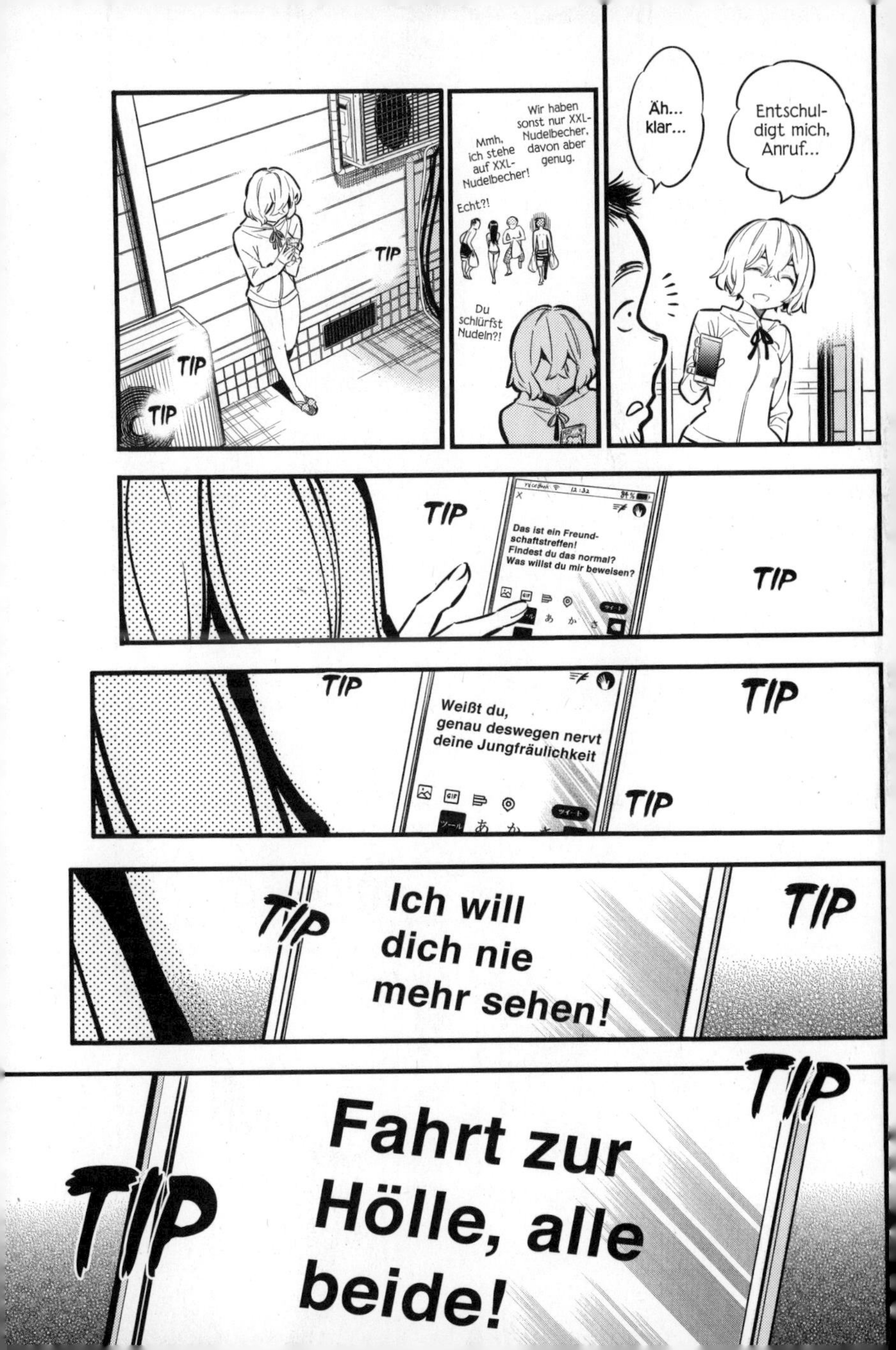

Entschuldigt mich, Anruf…
Äh… klar…
Wir haben sonst nur XXL-Nudelbecher, davon aber genug.
Mmh, ich stehe auf XXL-Nudelbecher!
Echt?!
Du schlürfst Nudeln?!
TIP
TIP
TIP
TIP
Das ist ein Freundschaftstreffen! Findest du das normal? Was willst du mir beweisen?
TIP
TIP
TIP
Weißt du, genau deswegen nervt deine Jungfräulichkeit
TIP
TIP
Ich will dich nie mehr sehen!
TIP
TIP
Fahrt zur Hölle, alle beide!
TIP

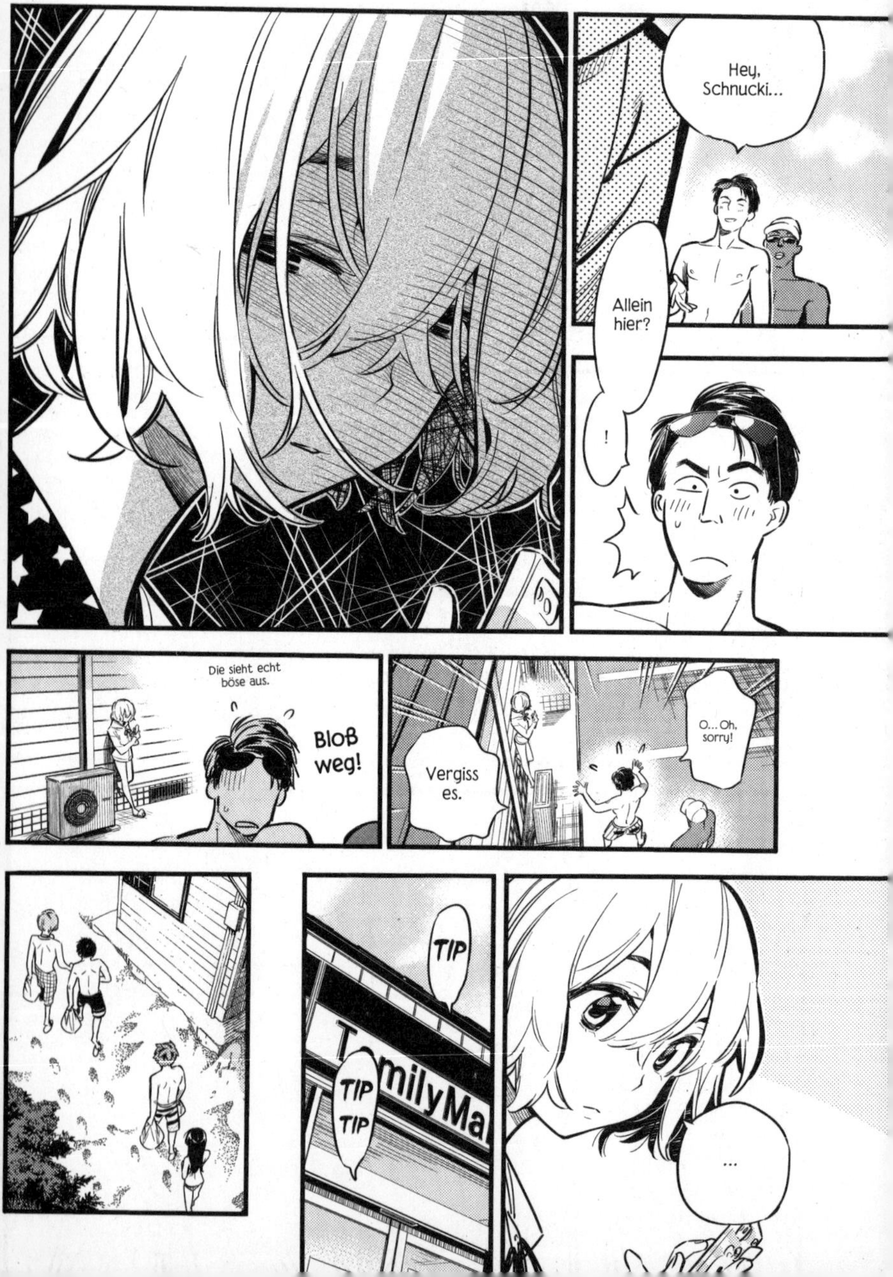

Hey, Schnucki...
Allein hier?
!
Die sieht echt böse aus.
O... Oh, sorry!
Vergiss es.
Bloß weg!
TIP
TIP TIP
...

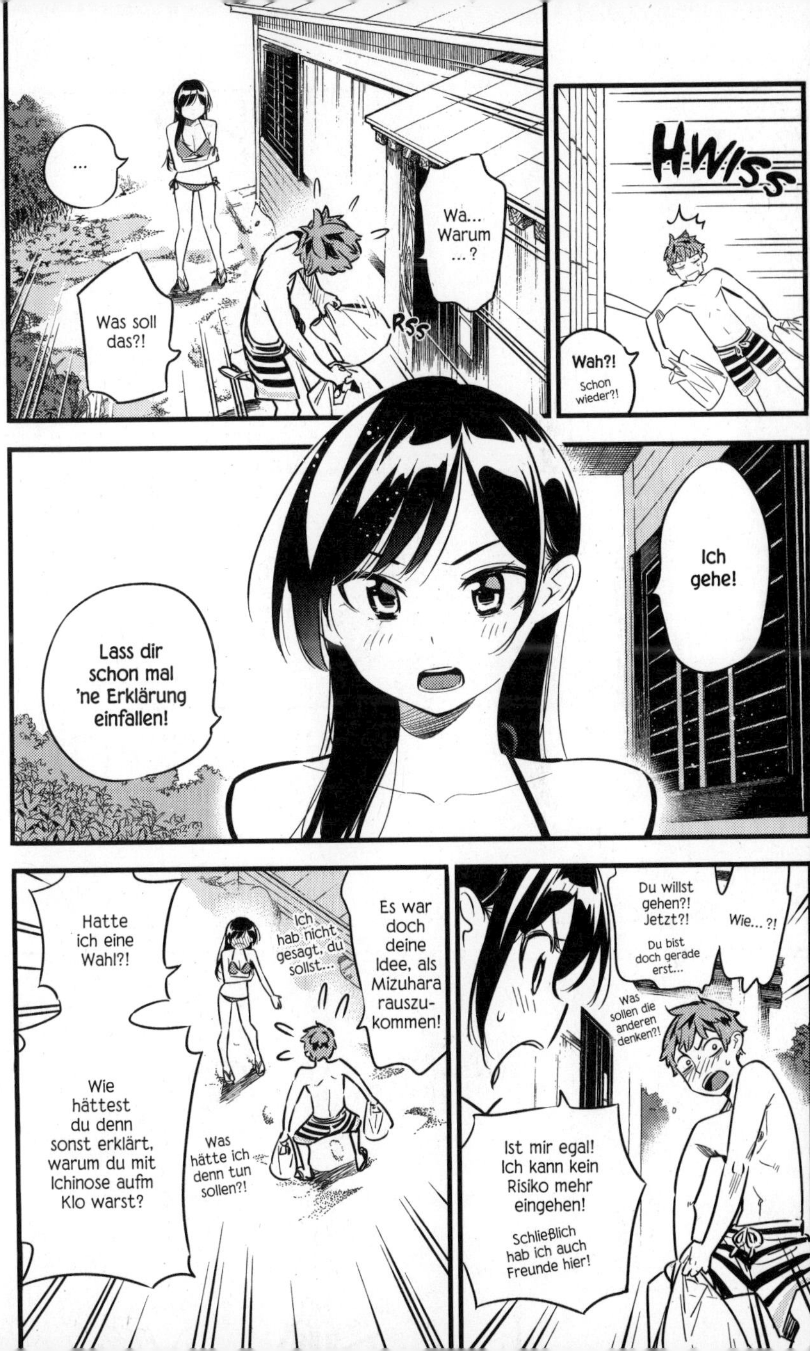
HWISS
Wah?!
Schon wieder?!
Wa... Warum ...?
RSS
...
Was soll das?!
Ich gehe!
Lass dir schon mal 'ne Erklärung einfallen!
Wie...?!
Du willst gehen?! Jetzt?!
Du bist doch gerade erst...
Was sollen die anderen denken?!
Ist mir egal! Ich kann kein Risiko mehr eingehen!
Schließlich hab ich auch Freunde hier!
Es war doch deine Idee, als Mizuhara rauszukommen!
Ich hab nicht gesagt, du sollst...
Hatte ich eine Wahl?!
Was hätte ich denn tun sollen?!
Wie hättest du denn sonst erklärt, warum du mit Ichinose aufm Klo warst?

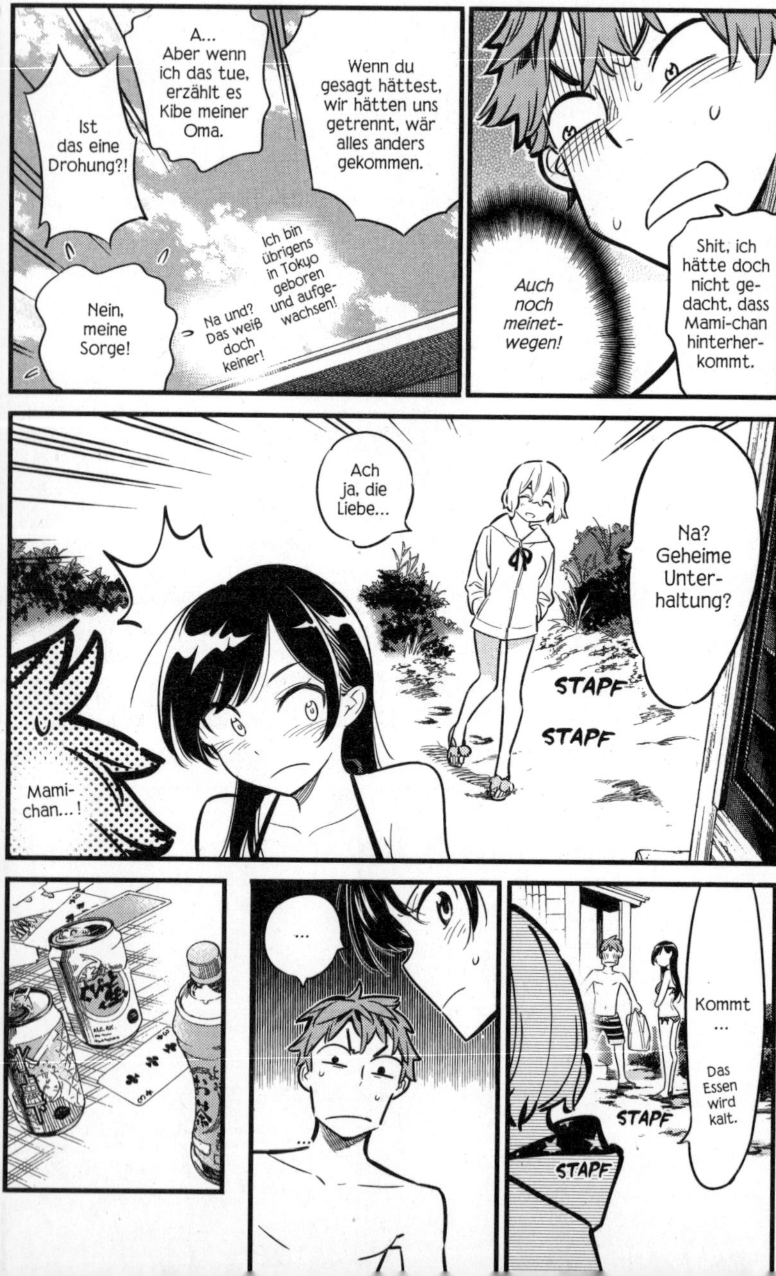
Shit, ich hätte doch nicht gedacht, dass Mami-chan hinterherkommt.
Auch noch meinetwegen!
Wenn du gesagt hättest, wir hätten uns getrennt, wär alles anders gekommen.
A... Aber wenn ich das tue, erzählt es Kibe meiner Oma.
Ist das eine Drohung?!
Ich bin übrigens in Tokyo geboren und aufgewachsen!
Na und? Das weiß doch keiner!
Nein, meine Sorge!
Na? Geheime Unterhaltung?
STAPF
STAPF
Ach ja, die Liebe...
Mami-chan...!
Kommt ...
Das Essen wird kalt.
STAPF
STAPF
...
...

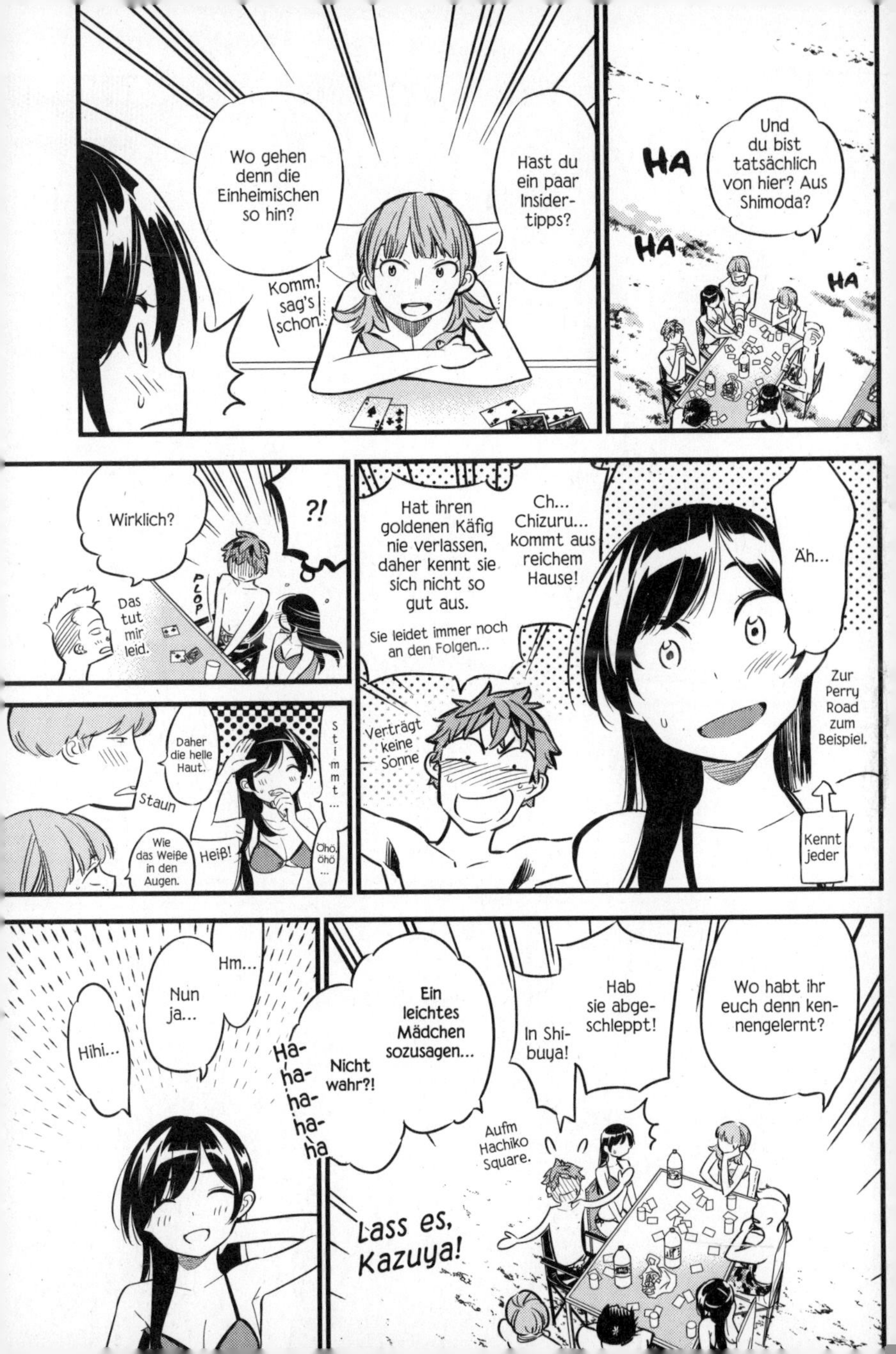
Und du bist tatsächlich von hier? Aus Shimoda?
HA
HA
HA
Hast du ein paar Insidertipps?
Wo gehen denn die Einheimischen so hin?
Komm, sag's schon.
Äh...
Zur Perry Road zum Beispiel.
Kennt jeder
Ch... Chizuru... kommt aus reichem Hause!
Hat ihren goldenen Käfig nie verlassen, daher kennt sie sich nicht so gut aus.
Sie leidet immer noch an den Folgen...
Verträgt keine Sonne
?!
PLOP
Wirklich?
Das tut mir leid.
Stimmt...
Daher die helle Haut.
Staun
Öhö, öhö...
Heiß!
Wie das Weiße in den Augen.
Wo habt ihr euch denn kennengelernt?
Hab sie abgeschleppt!
In Shibuya!
Aufm Hachiko Square.
Ein leichtes Mädchen sozusagen...
Nicht wahr?!
Ha-ha-ha-ha-ha
Lass es, Kazuya!
Hm...
Nun ja...
Hihi...

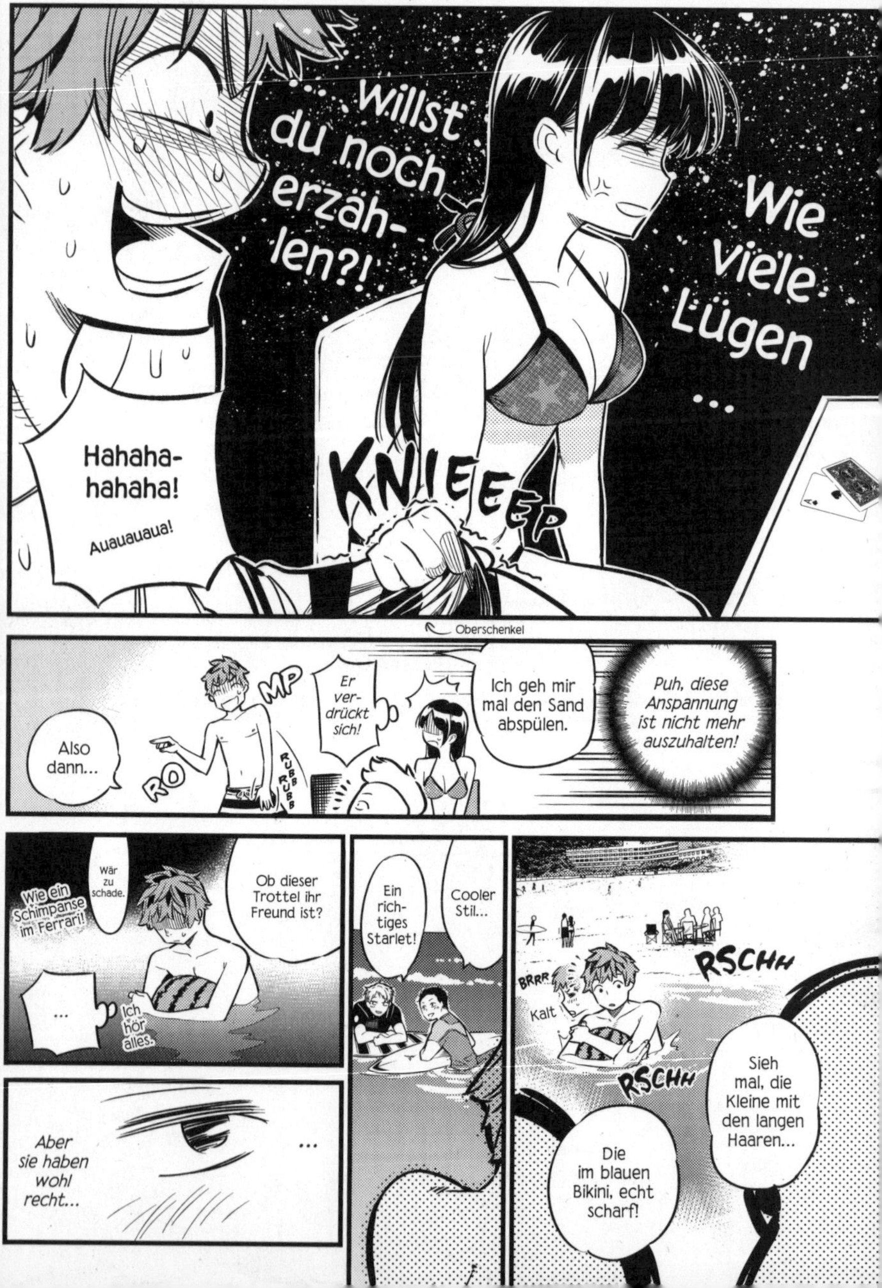
Wie viele Lügen ...
... Willst du noch erzäh-len?!
Hahaha-hahaha!
Auauauaua!
KNIEEEEP
Oberschenkel
Puh, diese Anspannung ist nicht mehr auszuhalten!
Ich geh mir mal den Sand abspülen.
Er ver-drückt sich!
MP
RUBB RUBB RUBB
Also dann...
RO
RSCHH
Sieh mal, die Kleine mit den langen Haaren...
BRRR
Kalt
RSCHH
Die im blauen Bikini, echt scharf!
Cooler Stil...
Ein rich-tiges Starlet!
Ob dieser Trottel ihr Freund ist?
Wär zu schade.
Wie ein Schimpanse im Ferrari!
...
Ich hör alles.
...
Aber sie haben wohl recht...

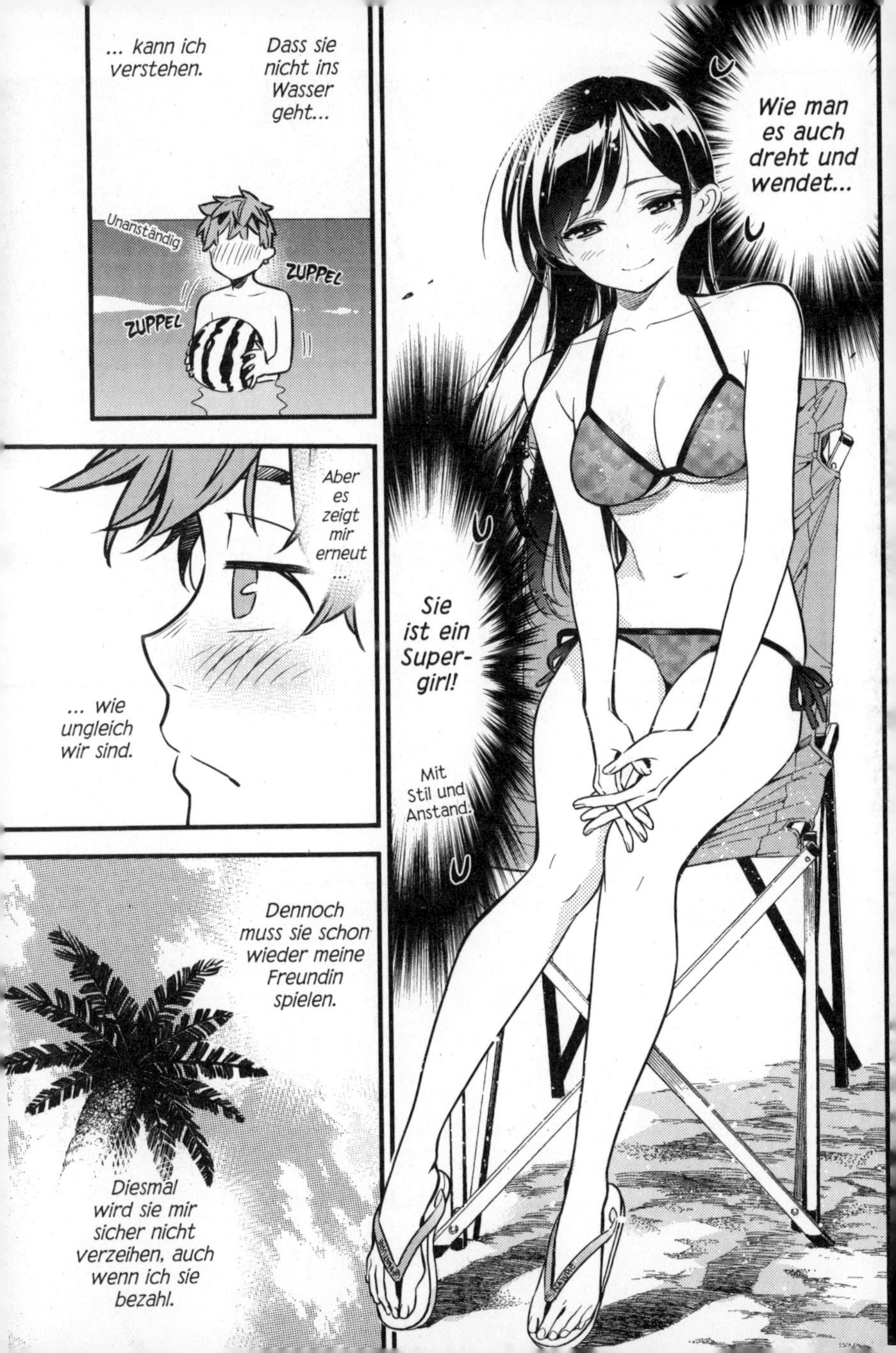

Wie man es auch dreht und wendet...
Sie ist ein Supergirl!
Mit Stil und Anstand.
Dass sie nicht ins Wasser geht...
... kann ich verstehen.
Unanständig
ZUPPEL
ZUPPEL
Aber es zeigt mir erneut ...
... wie ungleich wir sind.
Dennoch muss sie schon wieder meine Freundin spielen.
Diesmal wird sie mir sicher nicht verzeihen, auch wenn ich sie bezahl.

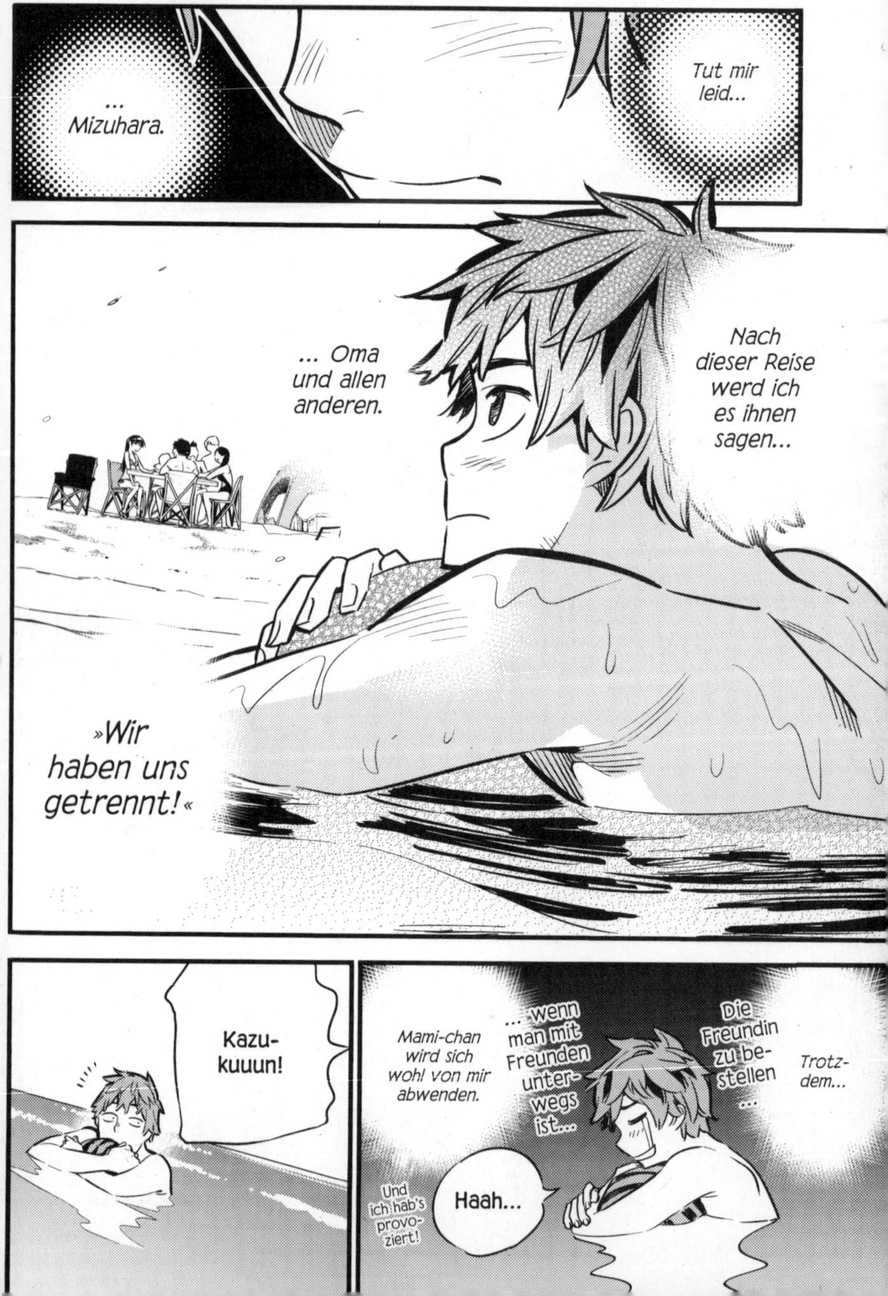
Tut mir leid...
... Mizuhara.
Nach dieser Reise werd ich es ihnen sagen...
... Oma und allen anderen.
»Wir haben uns getrennt!«
Trotzdem...
Die Freundin zu bestellen ...
... wenn man mit Freunden unterwegs ist...
Mami-chan wird sich wohl von mir abwenden.
Haah...
Und ich hab's provoziert!
Kazukuuun!

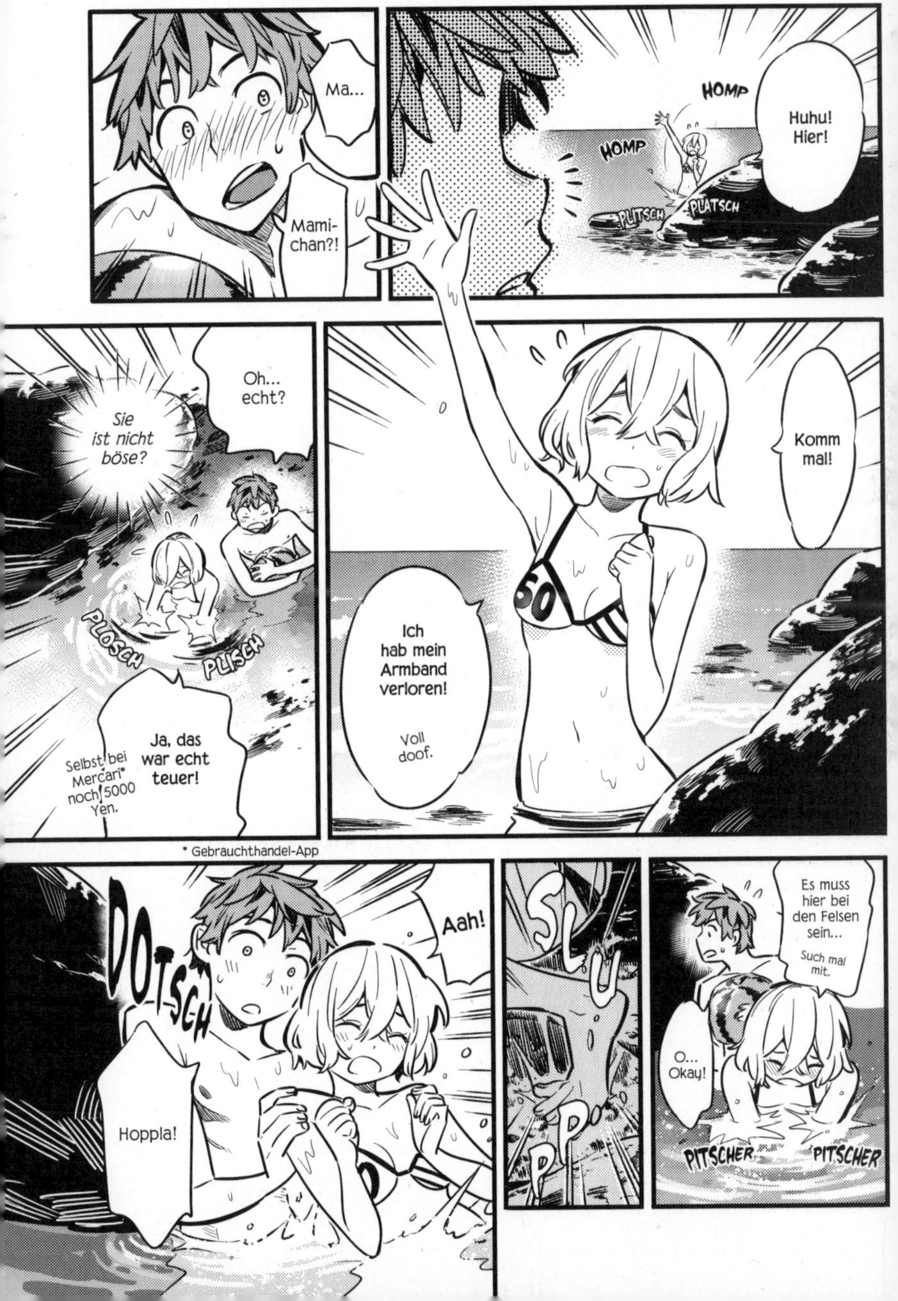
HOMP
Huhu! Hier!
HOMP
PLATSCH
PLITSCH
Ma...
Mami-chan?!
Komm mal!
Ich hab mein Armband verloren!
Voll doof.
Oh... echt?
Sie ist nicht böse?
PLOSCH
PLISCH
Ja, das war echt teuer!
Selbst bei Mercari* noch 5000 Yen.
* Gebrauchthandel-App
Es muss hier bei den Felsen sein...
Such mal mit.
O... Okay!
PITSCHER
PITSCHER
Aah!
DOTSCH
Hoppla!

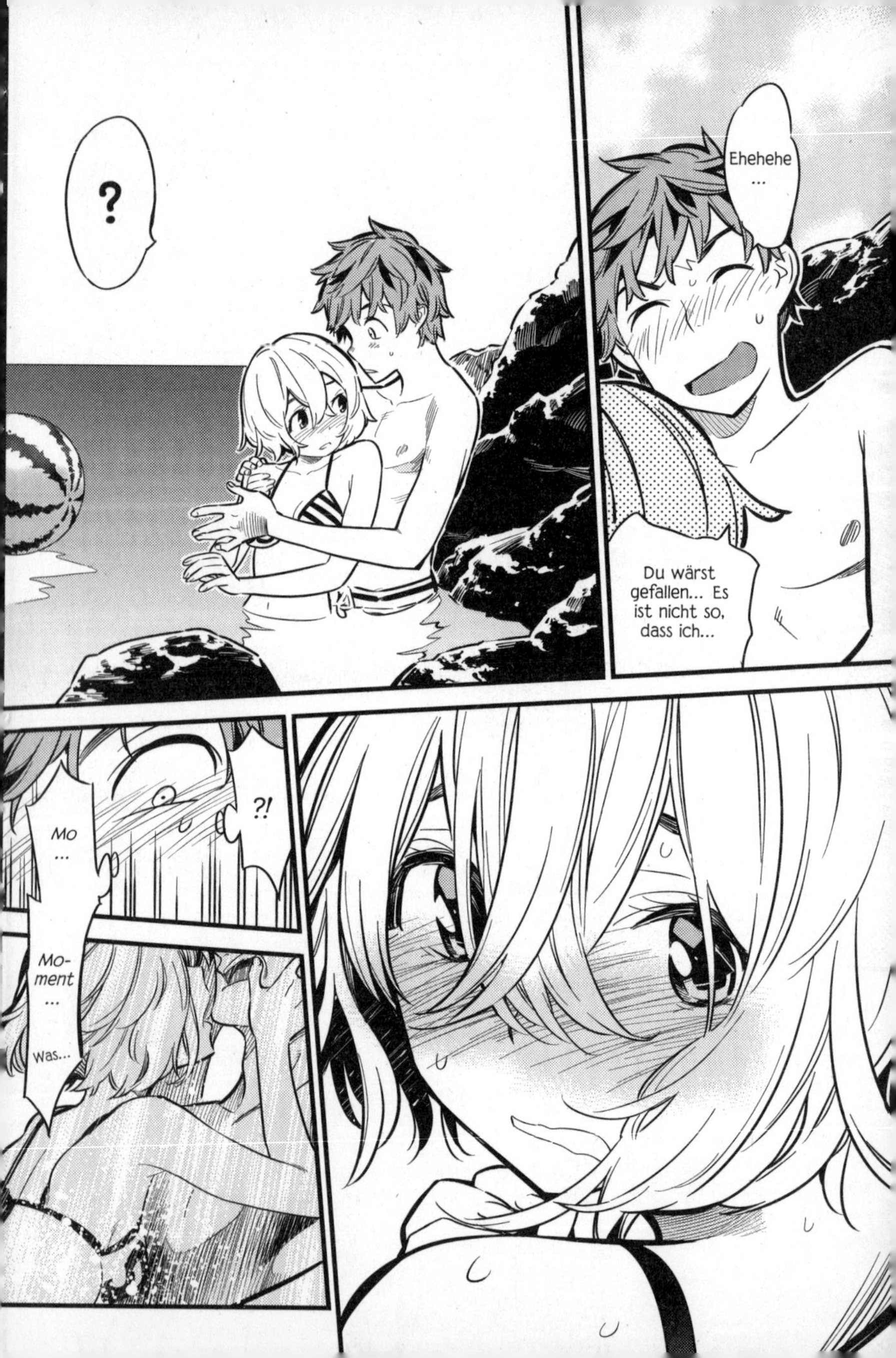
Ehehehe
...
Du wärst gefallen... Es ist nicht so, dass ich...
?
?!
Mo
...
Mo-
ment
...
Was...

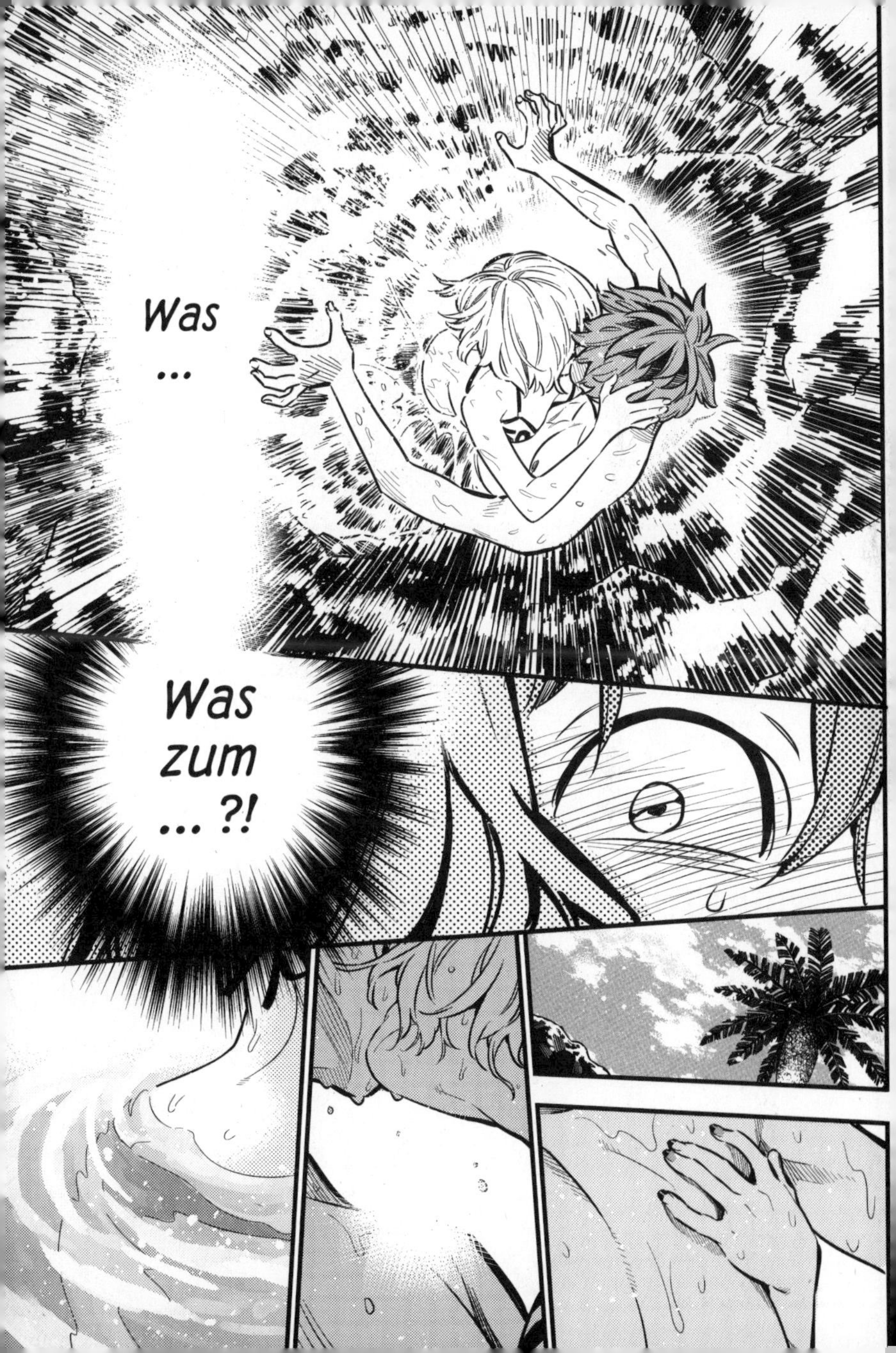
Was ...
Was zum ... ?!

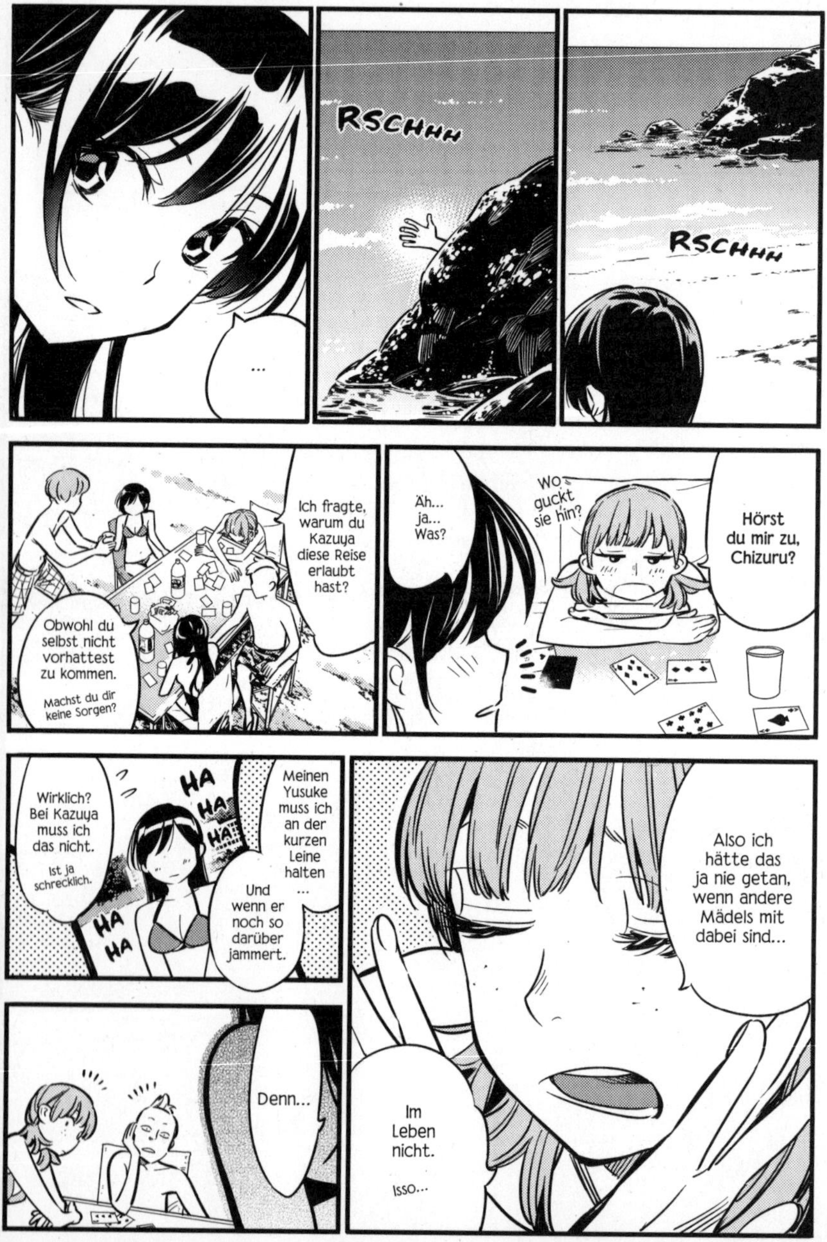
RSCHHH
RSCHHH
...
Hörst du mir zu, Chizuru?
Wo guckt sie hin?
Äh... ja... Was?
Ich fragte, warum du Kazuya diese Reise erlaubt hast?
Obwohl du selbst nicht vorhattest zu kommen.
Machst du dir keine Sorgen?
Also ich hätte das ja nie getan, wenn andere Mädels mit dabei sind...
Im Leben nicht.
Isso...
Meinen Yusuke muss ich an der kurzen Leine halten ...
Und wenn er noch so darüber jammert.
HA HA HA
Wirklich? Bei Kazuya muss ich das nicht.
Ist ja schrecklich.
HA HA
Denn...

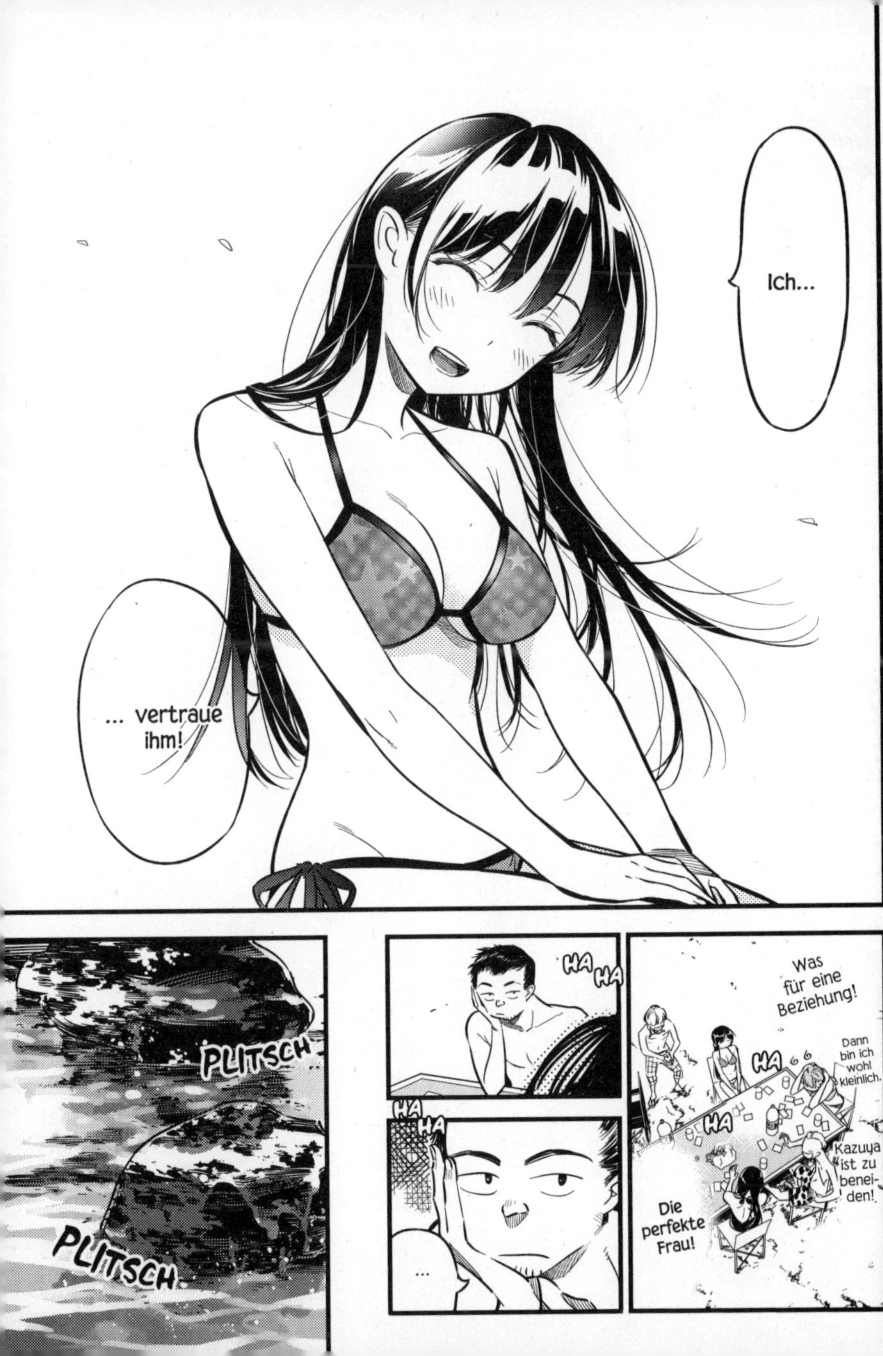
Ich...
... vertraue ihm!
Was für eine Beziehung!
HA
HA
Dann bin ich wohl kleinlich.
Kazuya ist zu benei-den!
Die perfekte Frau!
HA HA
HA HA
...
PLITSCH
PLITSCH

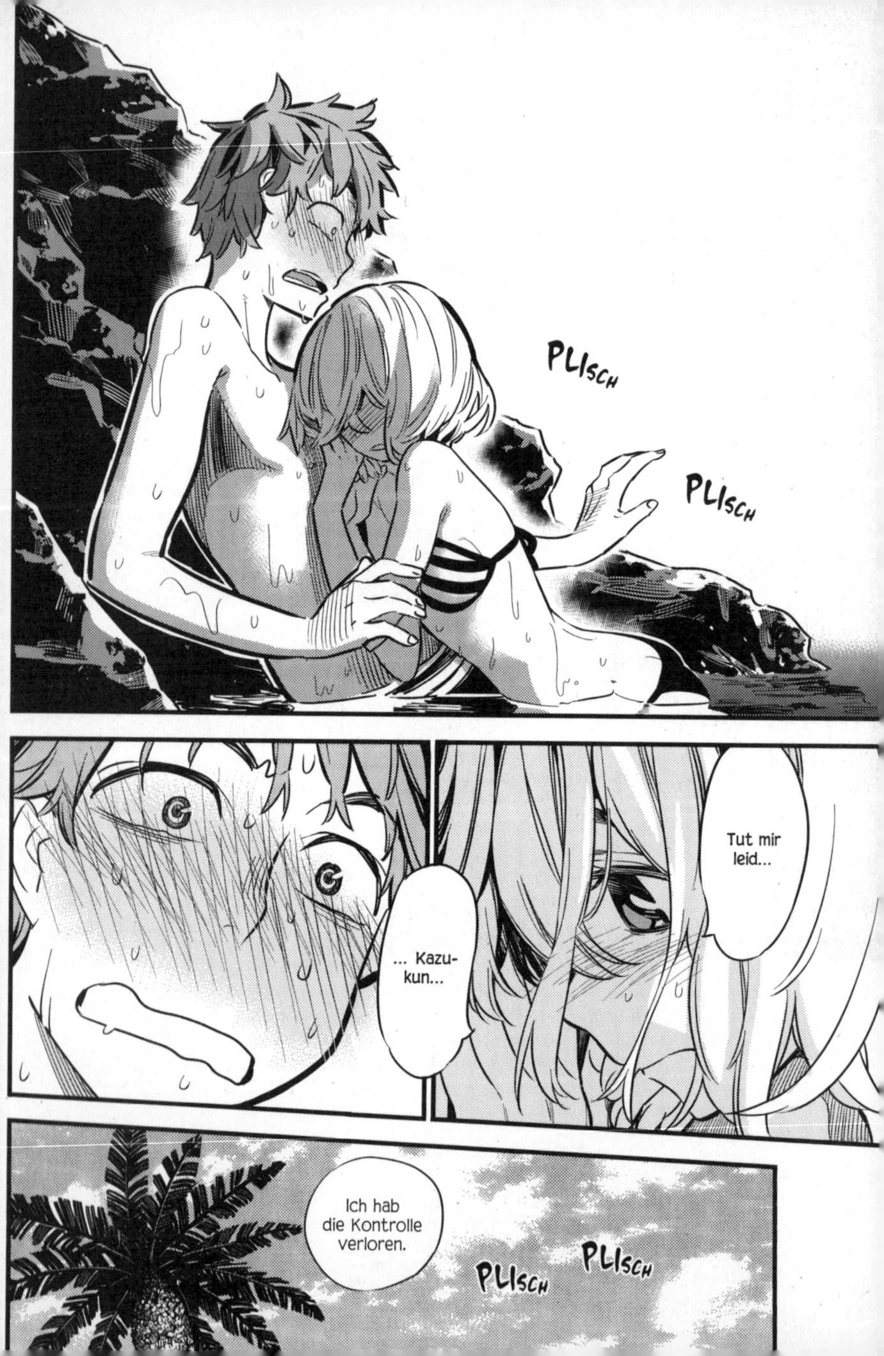
PLISCH
PLISCH
Tut mir leid...
... Kazu-kun...
Ich hab die Kontrolle verloren.
PLISCH
PLISCH

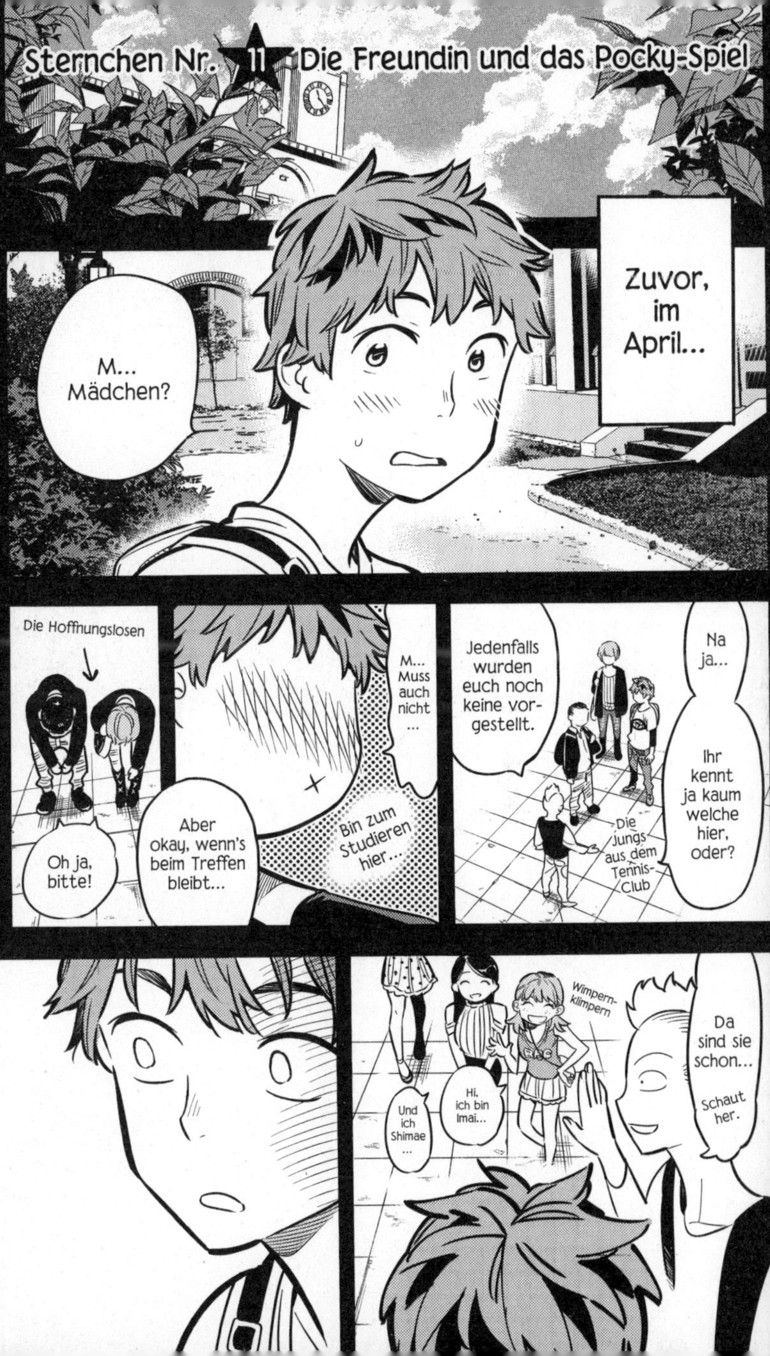

Sternchen Nr. 11 Die Freundin und das Pocky-Spiel
Zuvor, im April...
M... Mädchen?
Na ja...
Ihr kennt ja kaum welche hier, oder?
Die Jungs aus dem Tennis-Club
Jedenfalls wurden euch noch keine vorgestellt.
M... Muss auch nicht ...
Bin zum Studieren hier...
Aber okay, wenn's beim Treffen bleibt...
Die Hoffnungslosen
Oh ja, bitte!
Da sind sie schon...
Schaut her.
Wimpern-klimpern
Hi, ich bin Imai...
Und ich Shimae ...

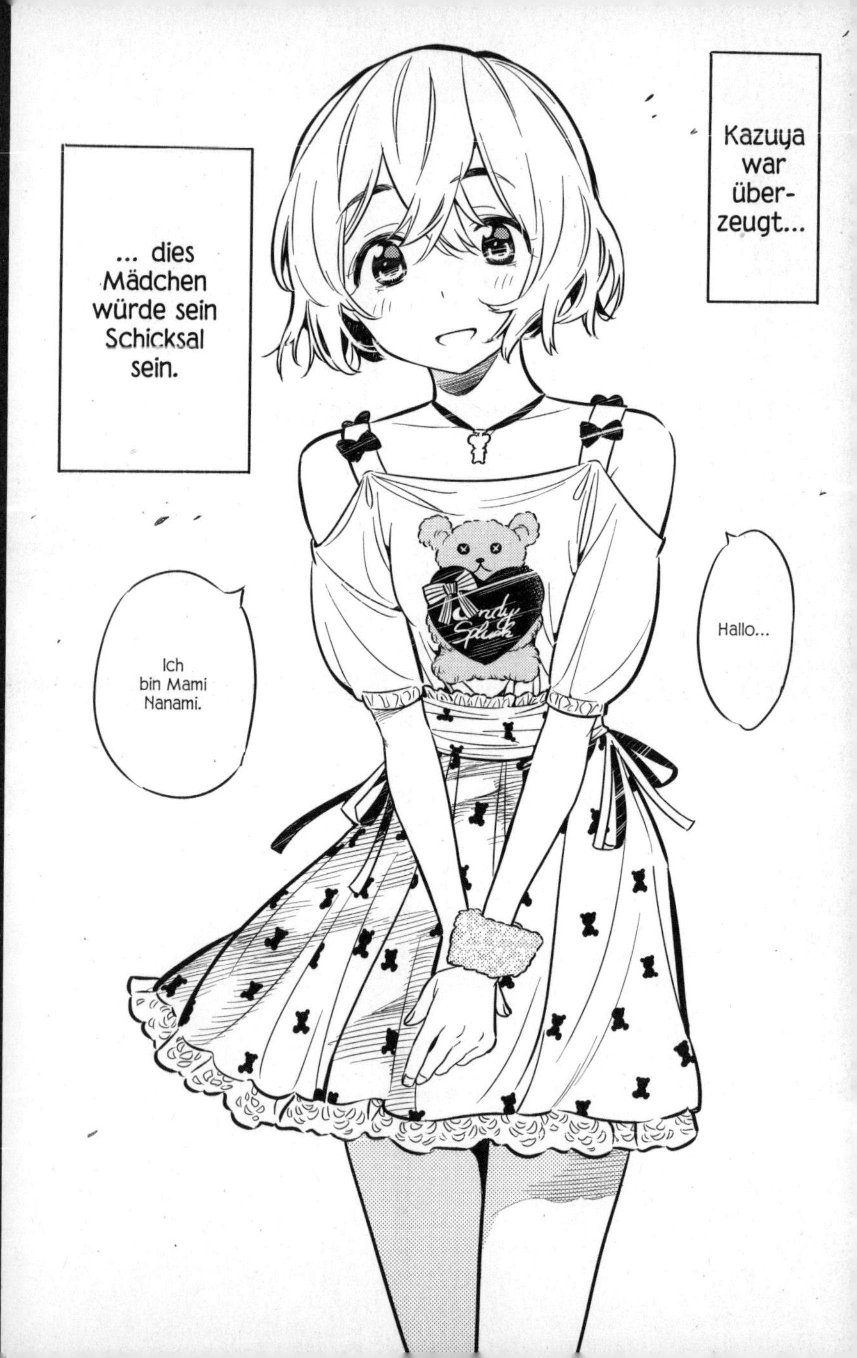
Kazuya war über-zeugt...
... dies Mädchen würde sein Schicksal sein.
Hallo...
Ich bin Mami Nanami.

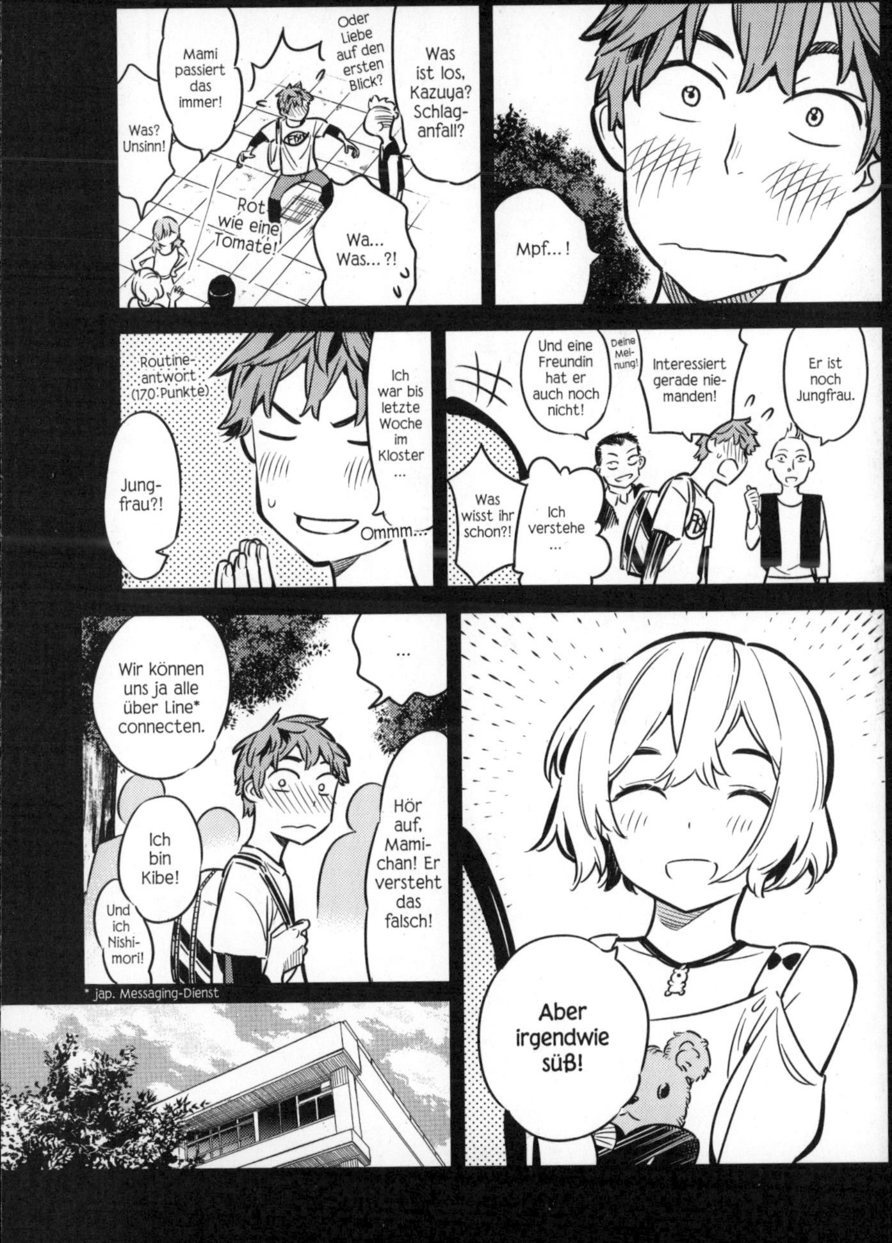

* jap. Messaging-Dienst

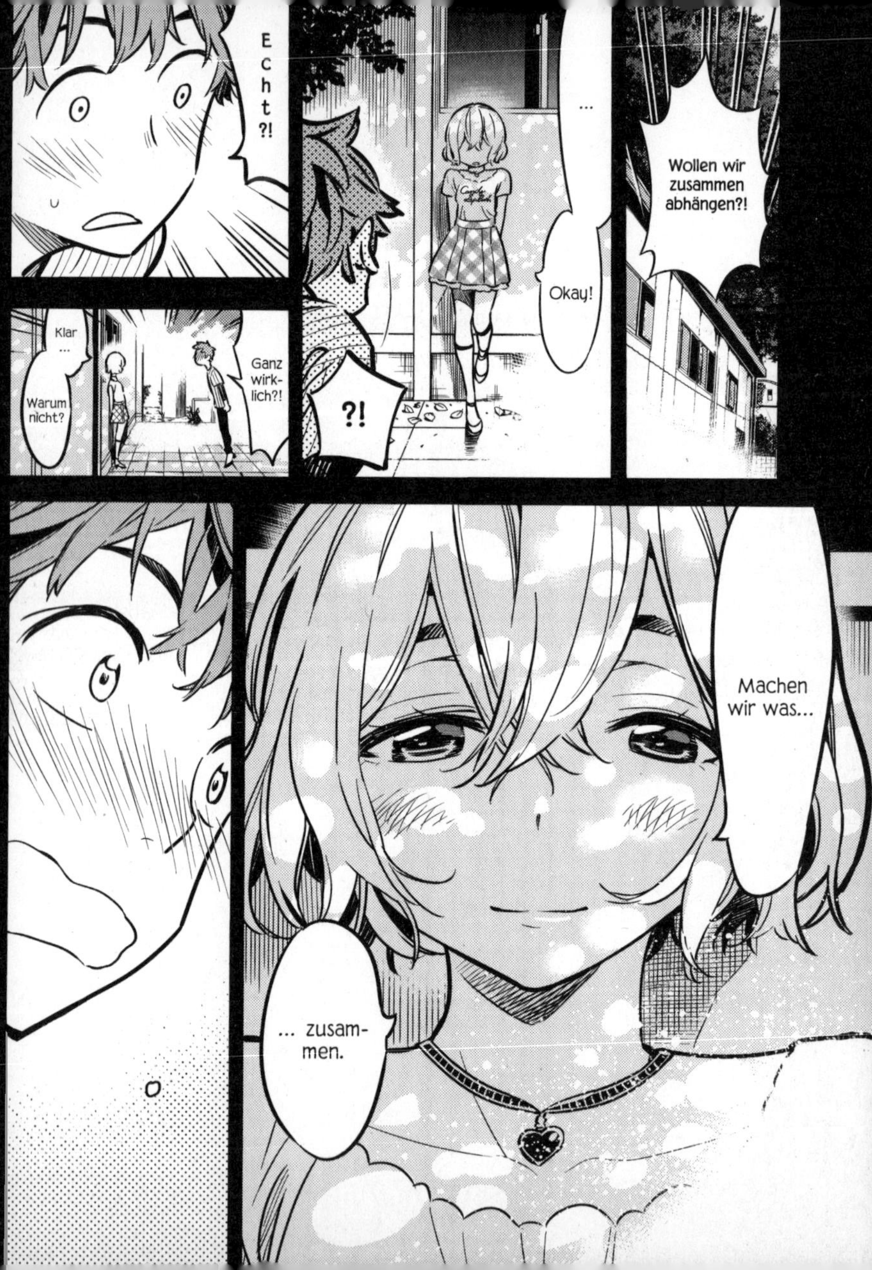
Wollen wir zusammen abhängen?!
...
Okay!
?!
Echt?!
Ganz wirklich?!
Klar ...
Warum nicht?
Machen wir was...
... zusammen.

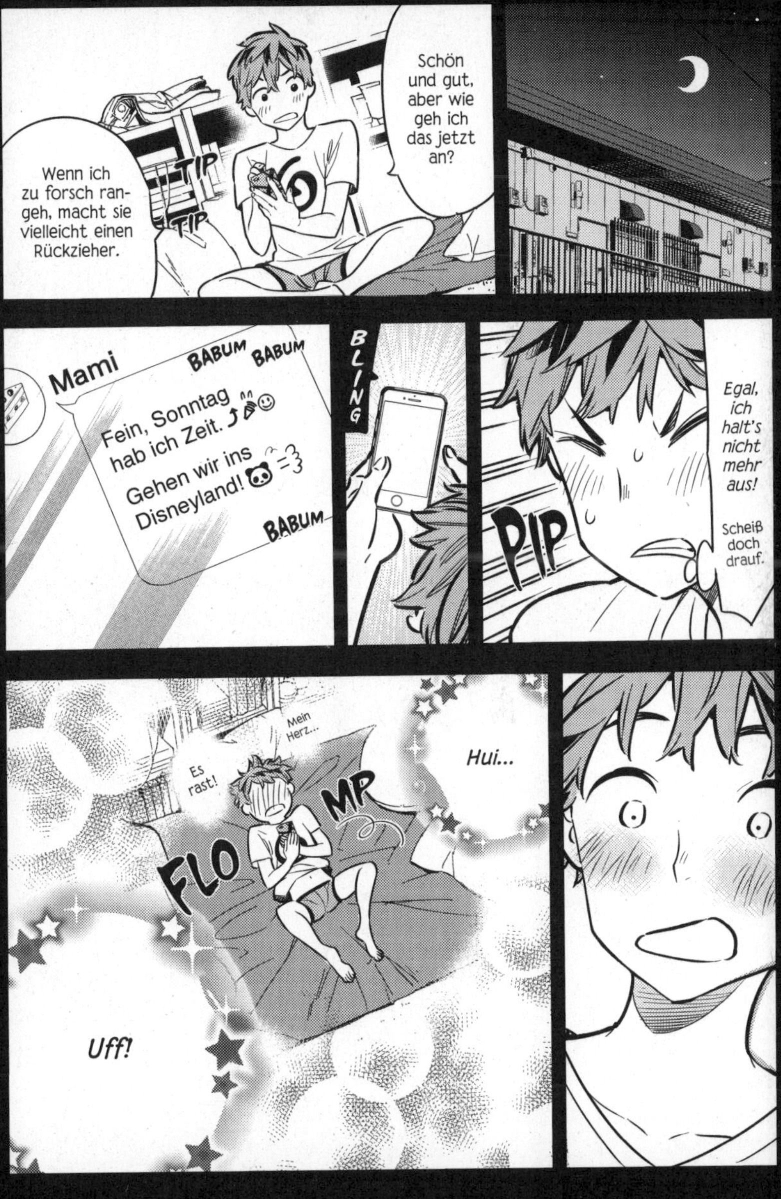
Schön und gut, aber wie geh ich das jetzt an?
Wenn ich zu forsch rangeh, macht sie vielleicht einen Rückzieher.
TIP
TIP
Egal, ich halt's nicht mehr aus!
Scheiß doch drauf.
PIP
BLING
Mami
BABUM
BABUM
Fein, Sonntag hab ich Zeit.
Gehen wir ins Disneyland!
BABUM
Hui...
Mein Herz...
Es rast!
FLOMP
Uff!

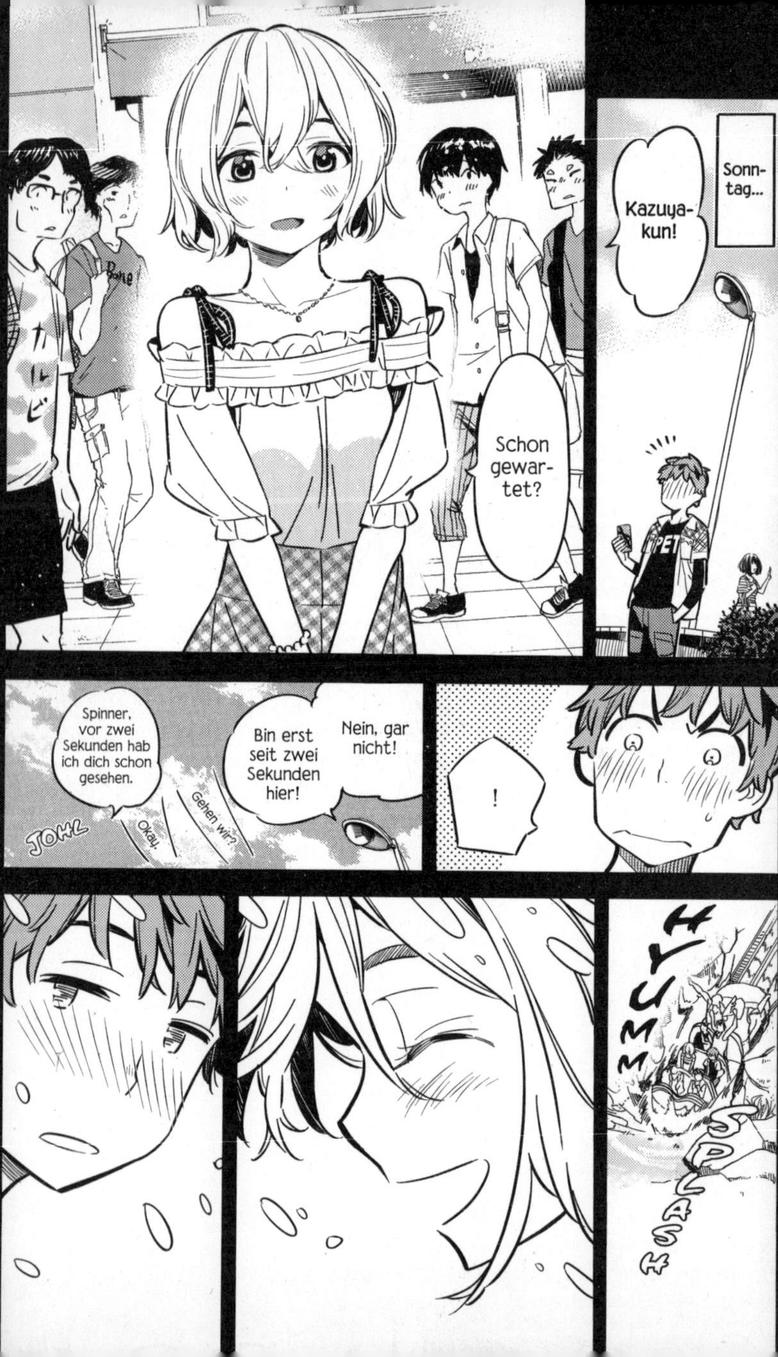
Sonn-
tag...
Kazuya-
kun!
Schon
gewar-
tet?
!
Nein, gar
nicht!
Bin erst
seit zwei
Sekunden
hier!
Spinner,
vor zwei
Sekunden hab
ich dich schon
gesehen.
Gehen wir?
Okay.
JOHL
HYUMM
SPLASH

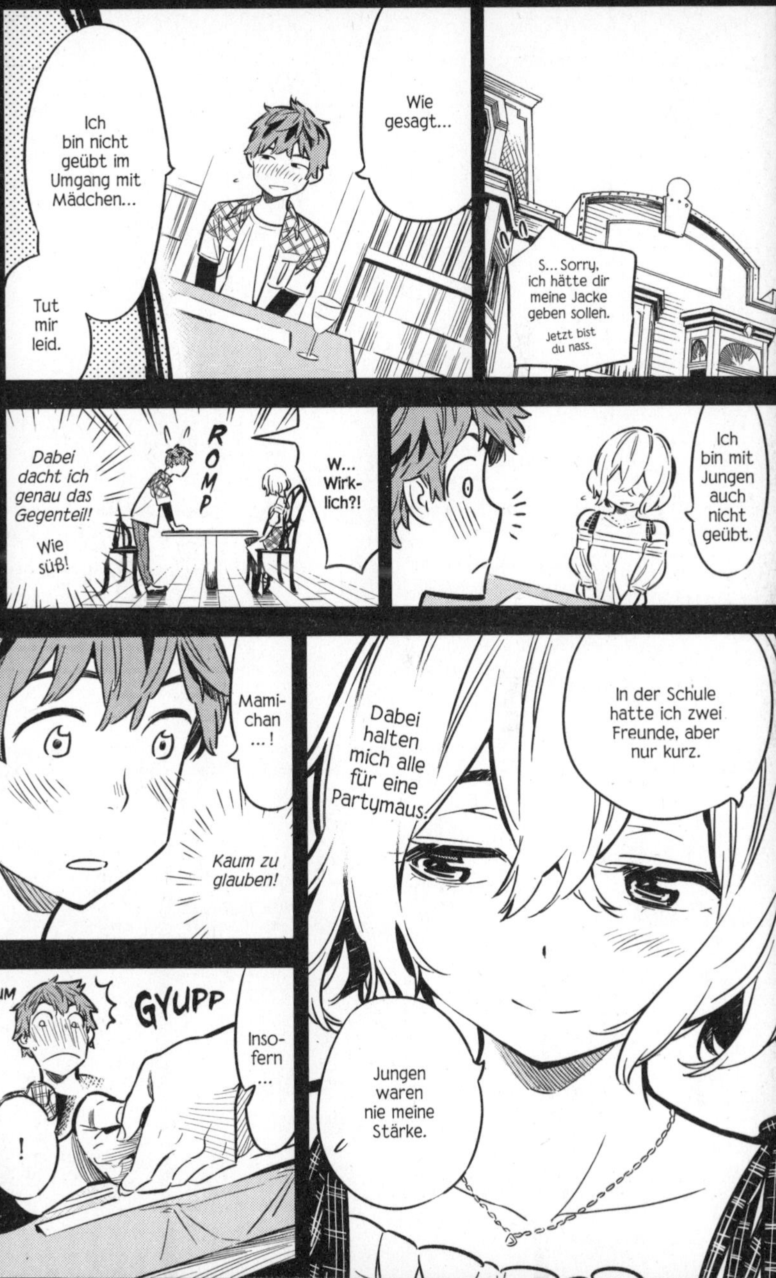
S... Sorry, ich hätte dir meine Jacke geben sollen.
Jetzt bist du nass.
Wie gesagt...
Ich bin nicht geübt im Umgang mit Mädchen...
Tut mir leid.
Ich bin mit Jungen auch nicht geübt.
W... Wirk-lich?!
ROMP
Dabei dacht ich genau das Gegenteil!
Wie süß!
In der Schule hatte ich zwei Freunde, aber nur kurz.
Dabei halten mich alle für eine Partymaus.
Mami-chan ...!
Kaum zu glauben!
Jungen waren nie meine Stärke.
Inso-fern ...
GYUPP
BABUM
!

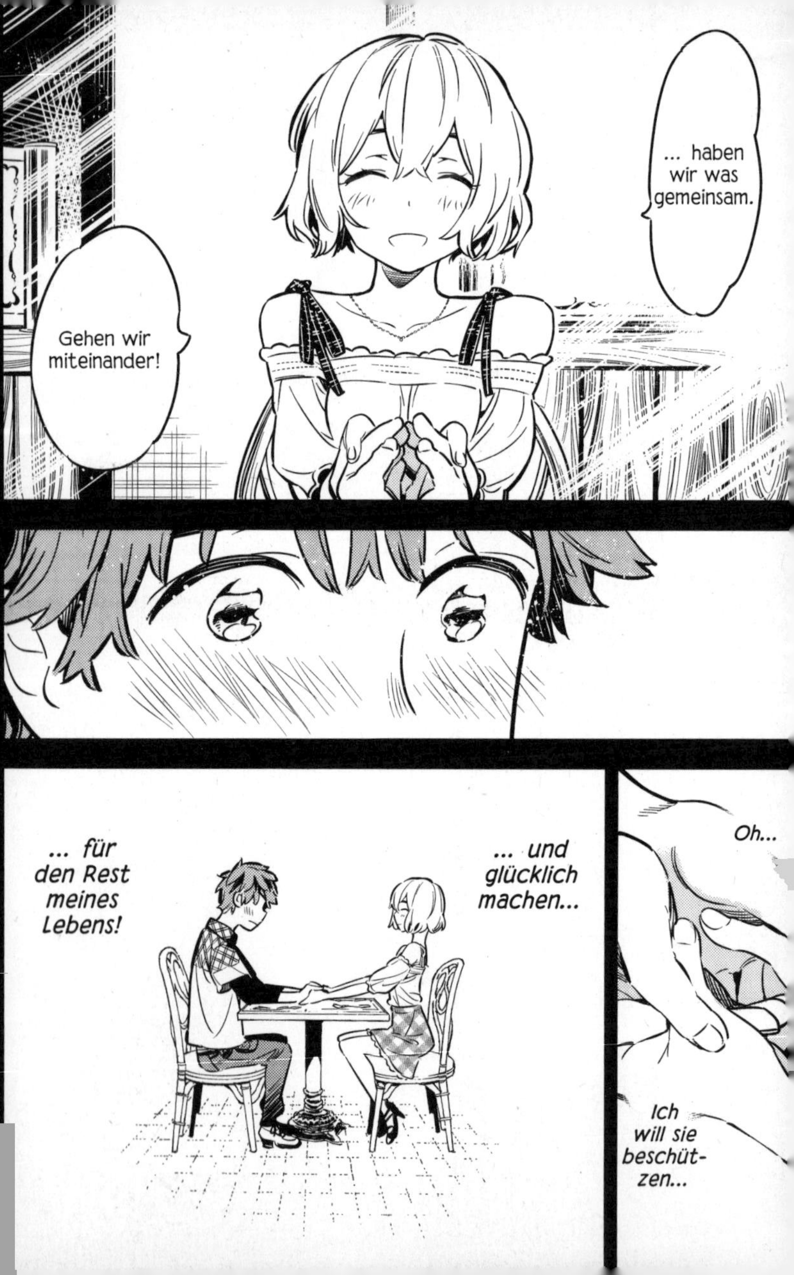
... haben wir was gemeinsam.
Gehen wir miteinander!
Oh...
Ich will sie beschüt-zen...
... und glücklich machen...
... für den Rest meines Lebens!

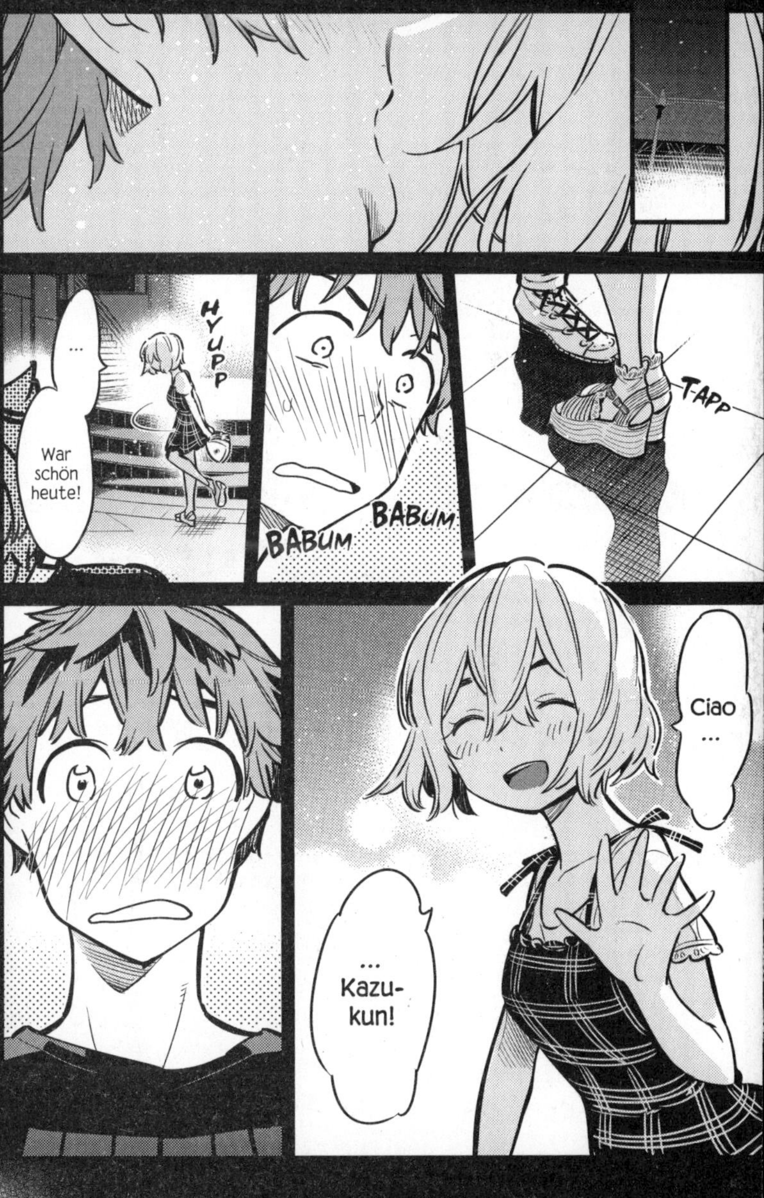
TAPP
BABUM
BABUM
HYUPP
...
War schön heute!
Ciao ...
... Kazu-kun!

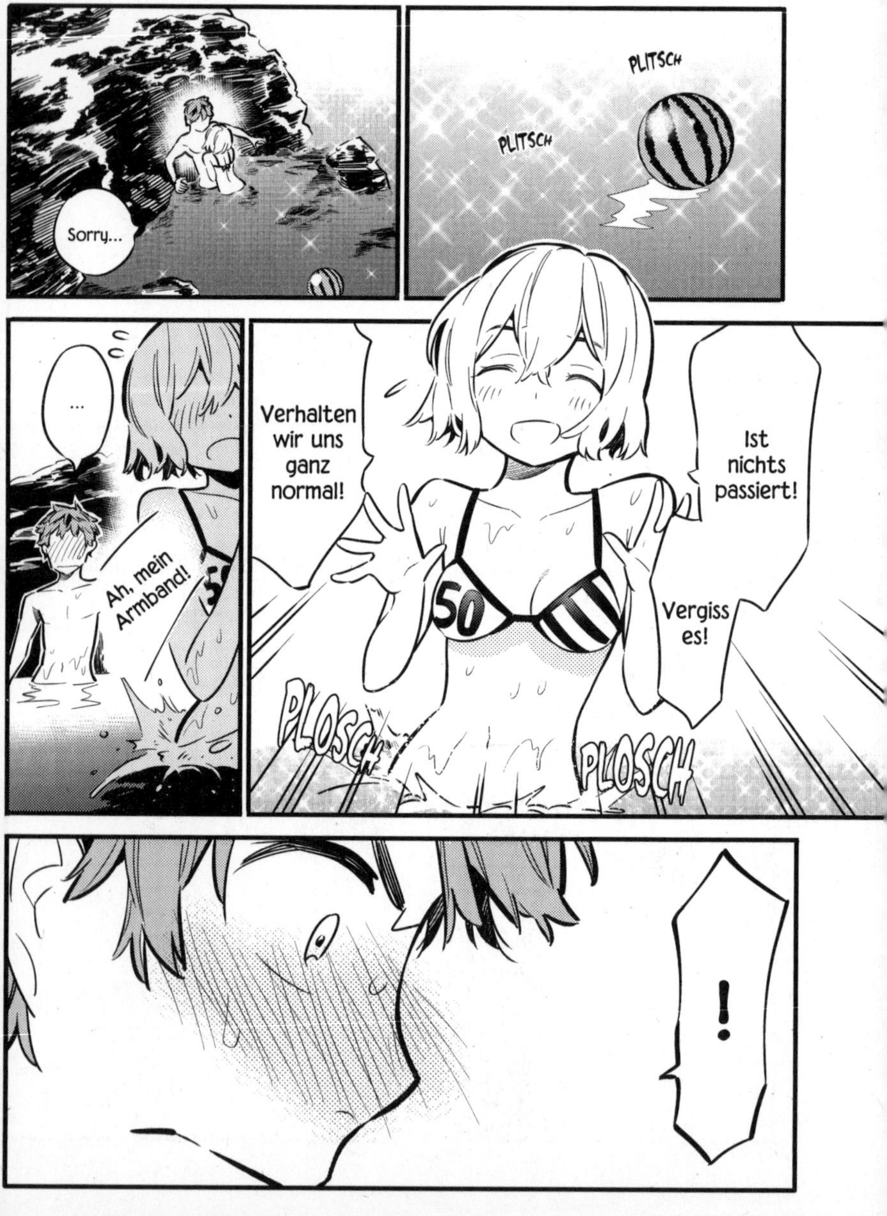
PLITSCH
PLITSCH
Sorry...
Ist nichts passiert!
Vergiss es!
Verhalten wir uns ganz normal!
PLOSCH
PLOSCH
...
Ah, mein Armband!
!

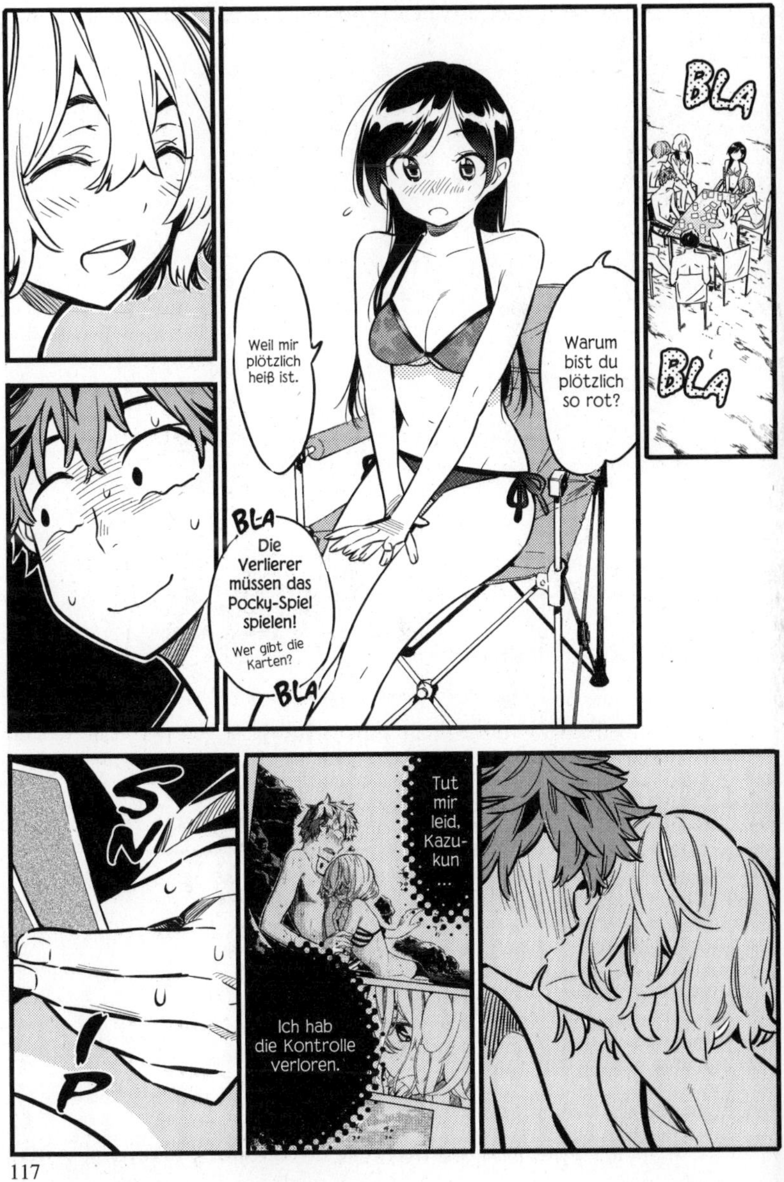
BLA
BLA
Warum bist du plötzlich so rot?
Weil mir plötzlich heiß ist.
BLA
Die Verlierer müssen das Pocky-Spiel spielen!
Wer gibt die Karten?
BLA
Tut mir leid, Kazu-kun ...
Ich hab die Kontrolle verloren.
SNIP

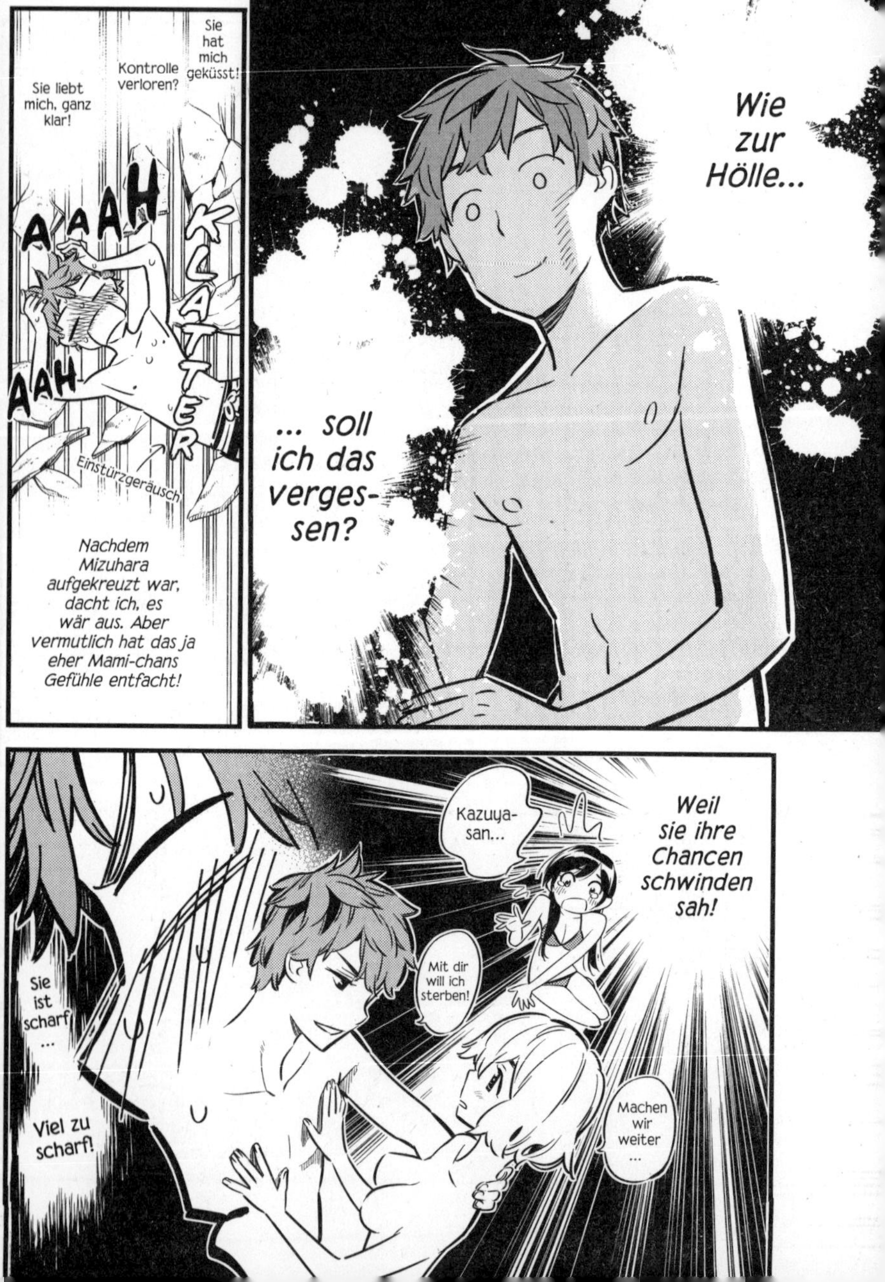
Wie zur Hölle...
... soll ich das verges-sen?
Sie hat mich geküsst!
Kontrolle verloren?
Sie liebt mich, ganz klar!
AAAH
KLATTER
AAH
Einstürzgeräusch
Nachdem Mizuhara aufgekreuzt war, dacht ich, es wär aus. Aber vermutlich hat das ja eher Mami-chans Gefühle entfacht!
Weil sie ihre Chancen schwinden sah!
Kazuya-san...
Mit dir will ich sterben!
Machen wir weiter ...
Sie ist scharf ...
Viel zu scharf!

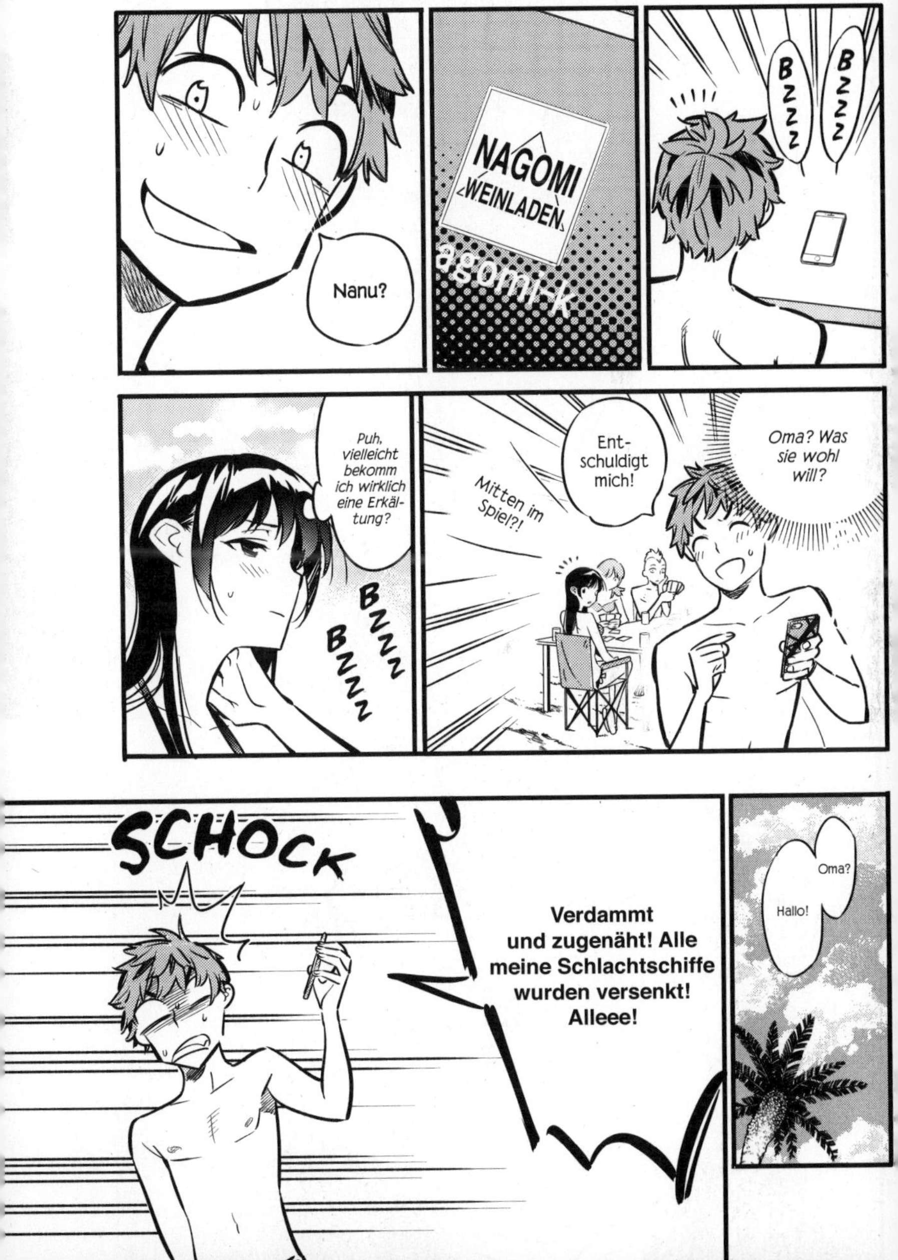
Bzzz
Bzzz
NAGOMI
WEINLADEN
agomi-k
Nanu?
Oma? Was sie wohl will?
Ent-schuldigt mich!
Mitten im Spiel?!
Puh, vielleicht bekomm ich wirklich eine Erkäl-tung?
Bzzz
Bzzz
Oma?
Hallo!
Verdammt und zugenäht! Alle meine Schlachtschiffe wurden versenkt! Alleee!
SCHOCK

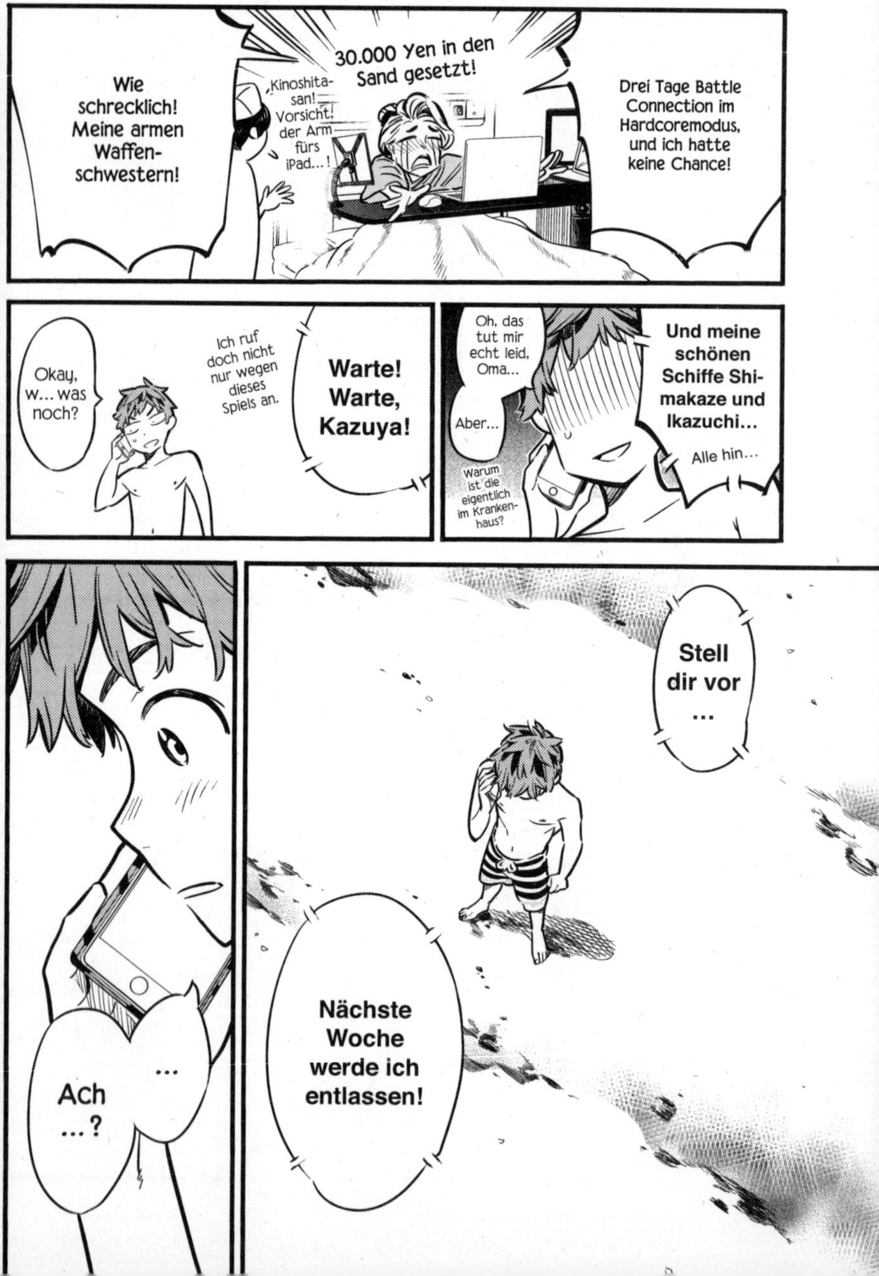
Drei Tage Battle Connection im Hardcoremodus, und ich hatte keine Chance!
30.000 Yen in den Sand gesetzt!
Kinoshita-san! Vorsicht! der Arm fürs iPad...!
Wie schrecklich! Meine armen Waffen-schwestern!
Und meine schönen Schiffe Shi-makaze und Ikazuchi...
Alle hin...
Oh, das tut mir echt leid, Oma...
Aber...
Warum ist die eigentlich im Kranken-haus?
Warte! Warte, Kazuya!
Ich ruf doch nicht nur wegen dieses Spiels an.
Okay, w... was noch?
Stell dir vor ...
Nächste Woche werde ich entlassen!
... Ach ...?

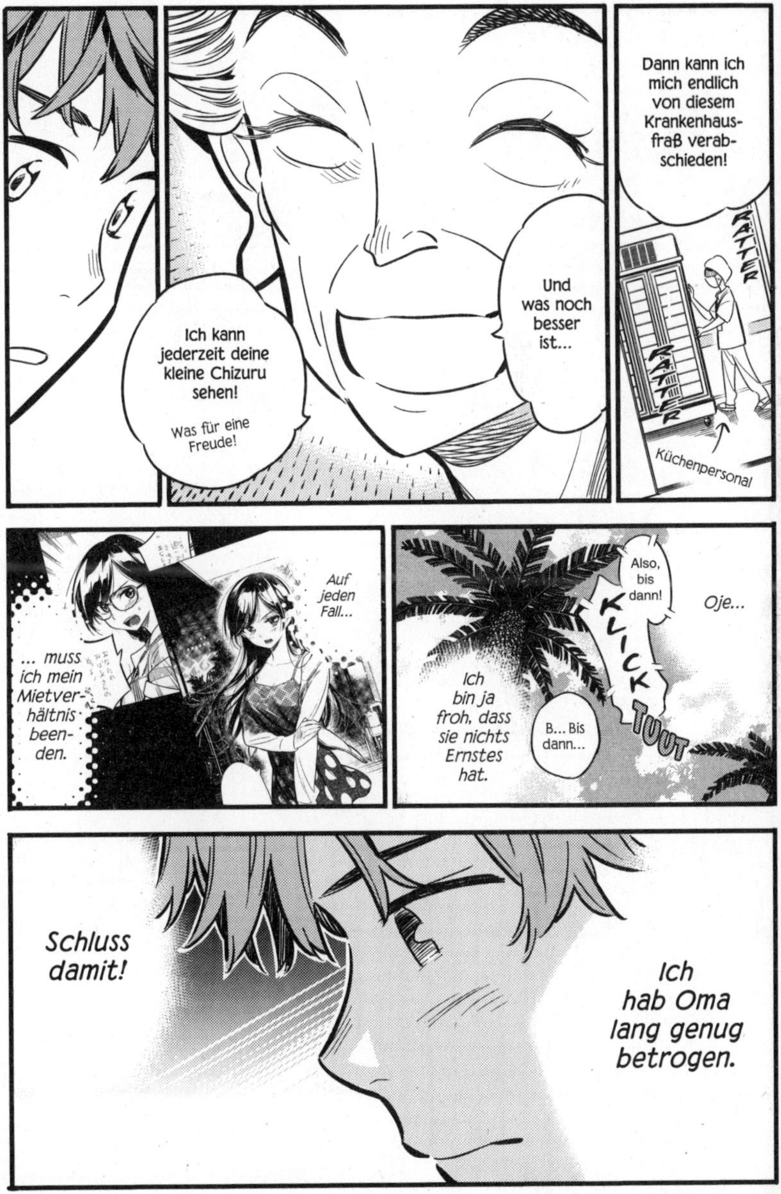
Dann kann ich mich endlich von diesem Krankenhausfraß verabschieden!
RATTER
RATTER
Küchenpersonal
Und was noch besser ist...
Ich kann jederzeit deine kleine Chizuru sehen!
Was für eine Freude!
Also, bis dann!
Oje...
KLICK
TUUT
B... Bis dann...
Ich bin ja froh, dass sie nichts Ernstes hat.
Auf jeden Fall...
... muss ich mein Mietverhältnis beenden.
Ich hab Oma lang genug betrogen.
Schluss damit!

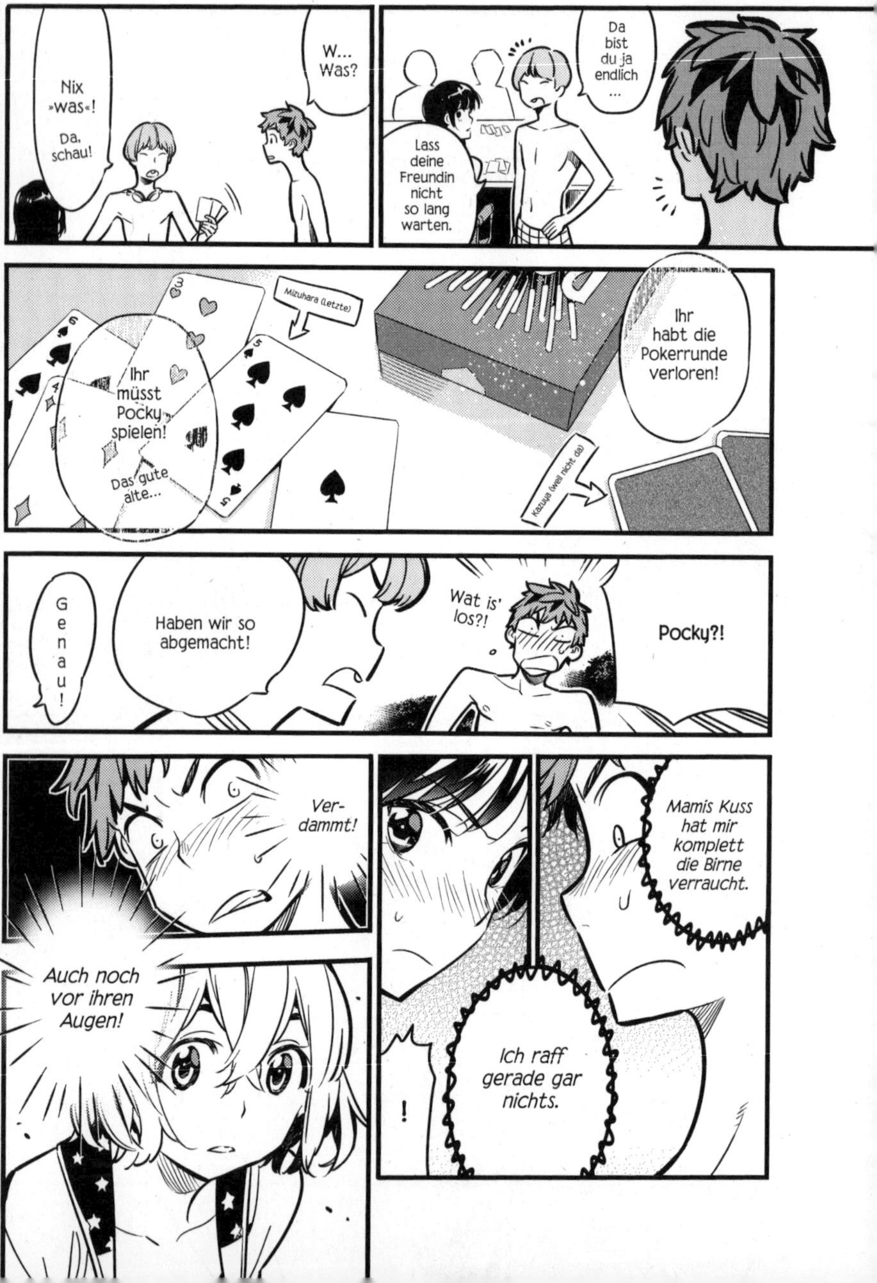
Da bist du ja endlich ...
Lass deine Freundin nicht so lang warten.
W... Was?
Nix »was«!
Da, schau!
Ihr habt die Pokerrunde verloren!
Kazuya (weil nicht da)
Mizuhara (Letzte)
Ihr müsst Pocky spielen!
Das gute alte...
Pocky?!
Wat is' los?!
Haben wir so abgemacht!
Genau!
Mamis Kuss hat mir komplett die Birne verraucht.
Ich raff gerade gar nichts.
!
Ver-dammt!
Auch noch vor ihren Augen!

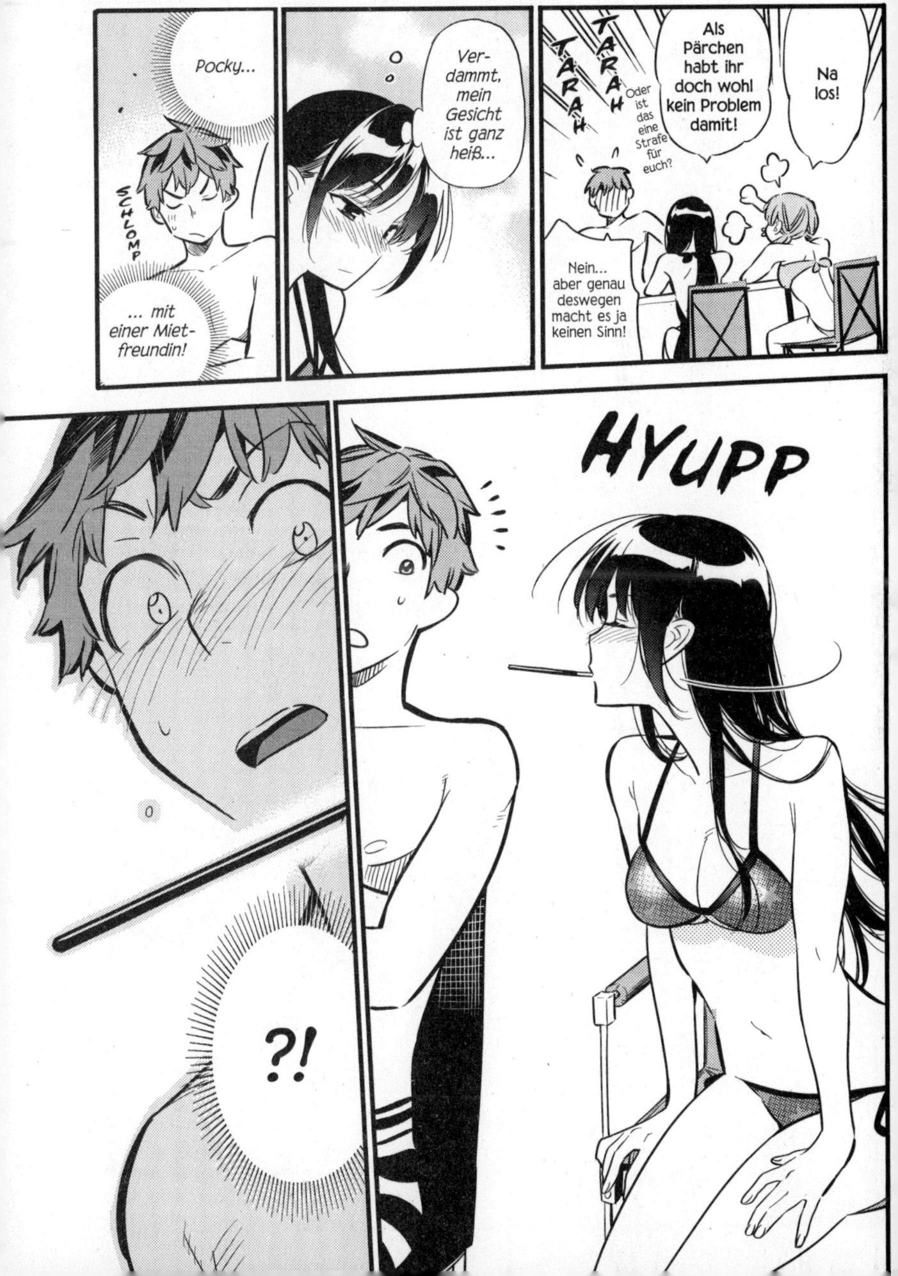
Na los!
Als Pärchen habt ihr doch wohl kein Problem damit!
Oder ist das eine Strafe für euch?
TARAH TARAH
Nein... aber genau deswegen macht es ja keinen Sinn!
Ver-dammt, mein Gesicht ist ganz heiß...
Pocky...
SCHLOMP
... mit einer Miet-freundin!
HYUPP
?!

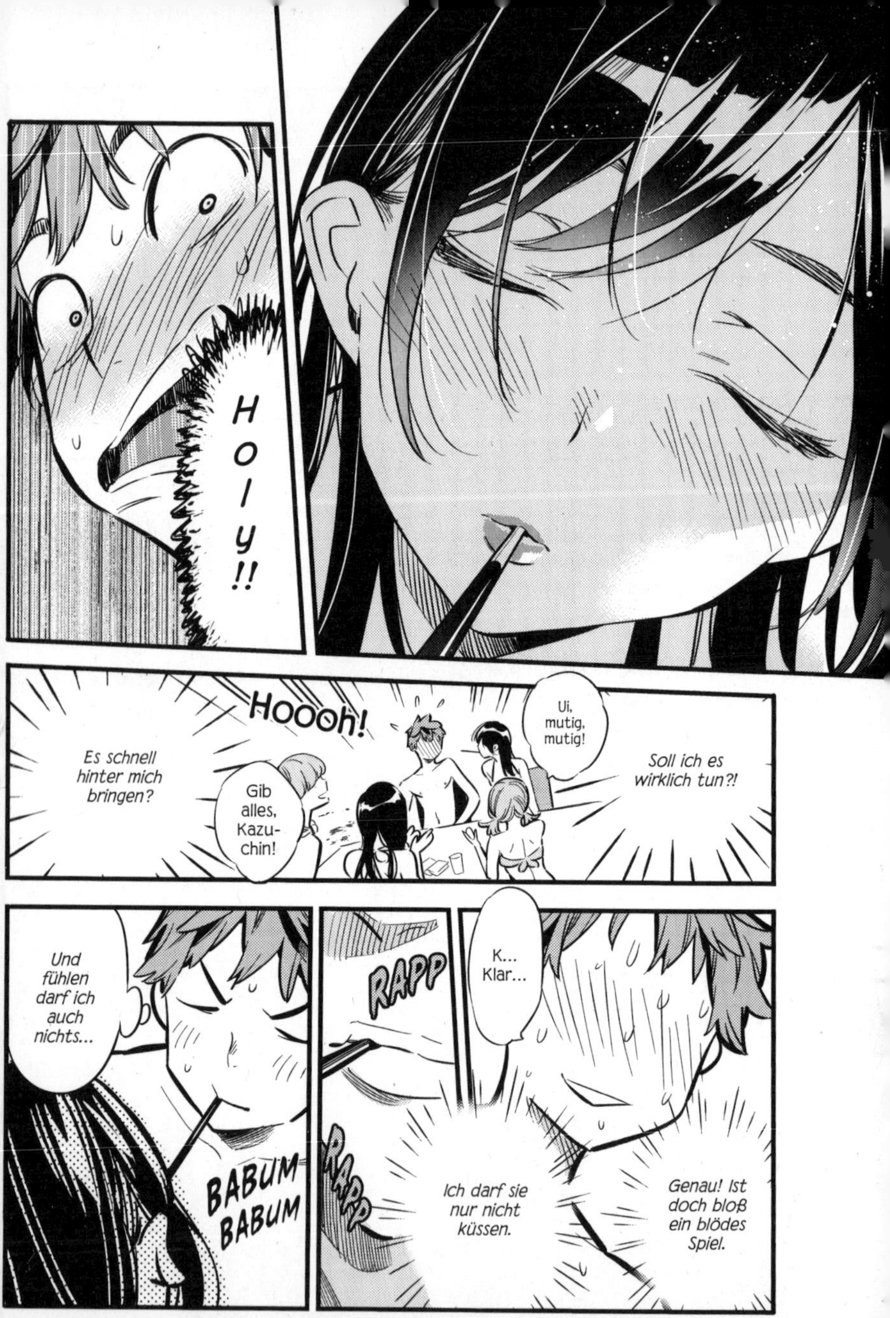
Holy!!
Soll ich es wirklich tun?!
Ui, mutig, mutig!
Hoooh!
Gib alles, Kazuchin!
Es schnell hinter mich bringen?
K... Klar...
RAPP
Genau! Ist doch bloß ein blödes Spiel.
RAPP
Ich darf sie nur nicht küssen.
Und fühlen darf ich auch nichts...
BABUM BABUM

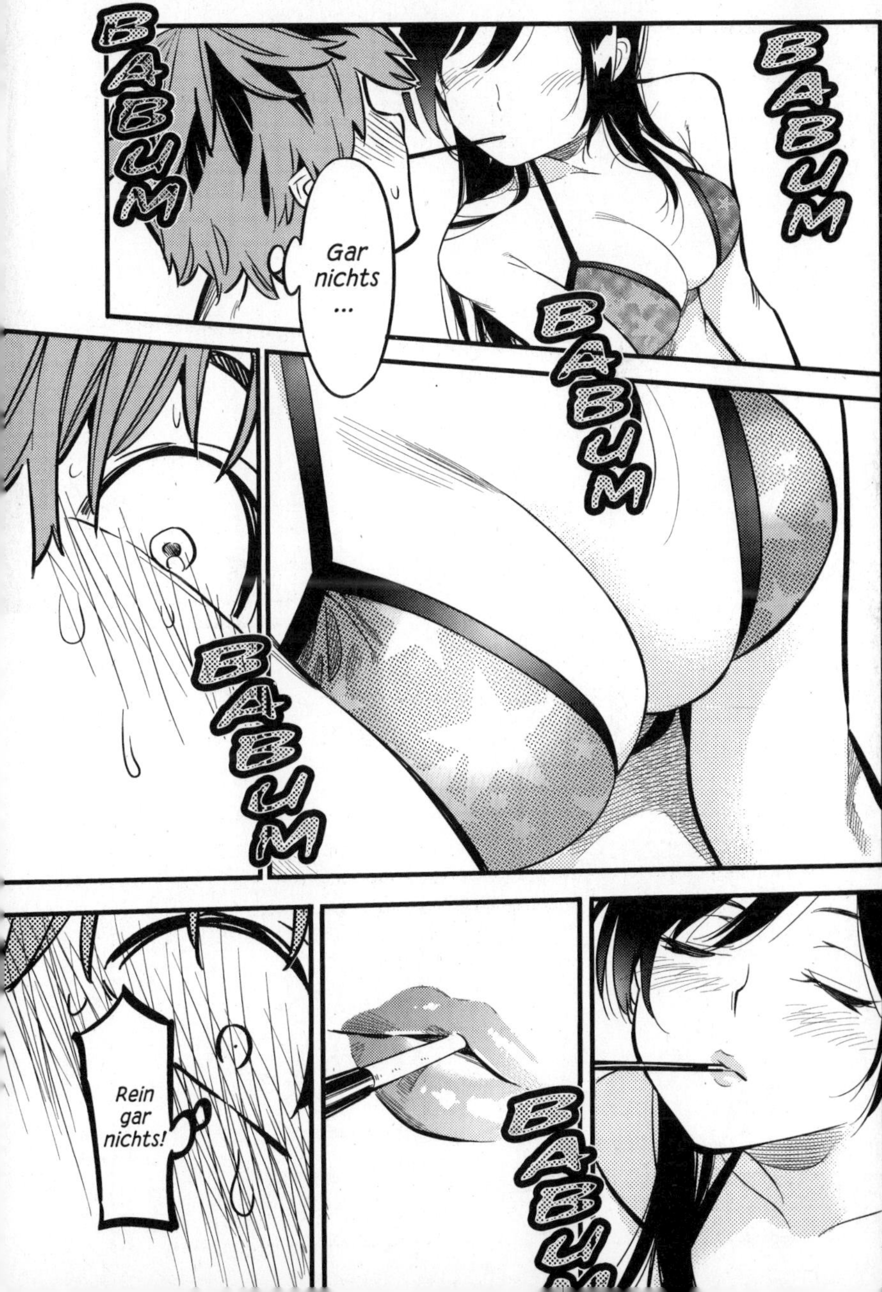
BABUM
BABUM
Gar nichts ...
BABUM
BABUM
BABU
Rein gar nichts!

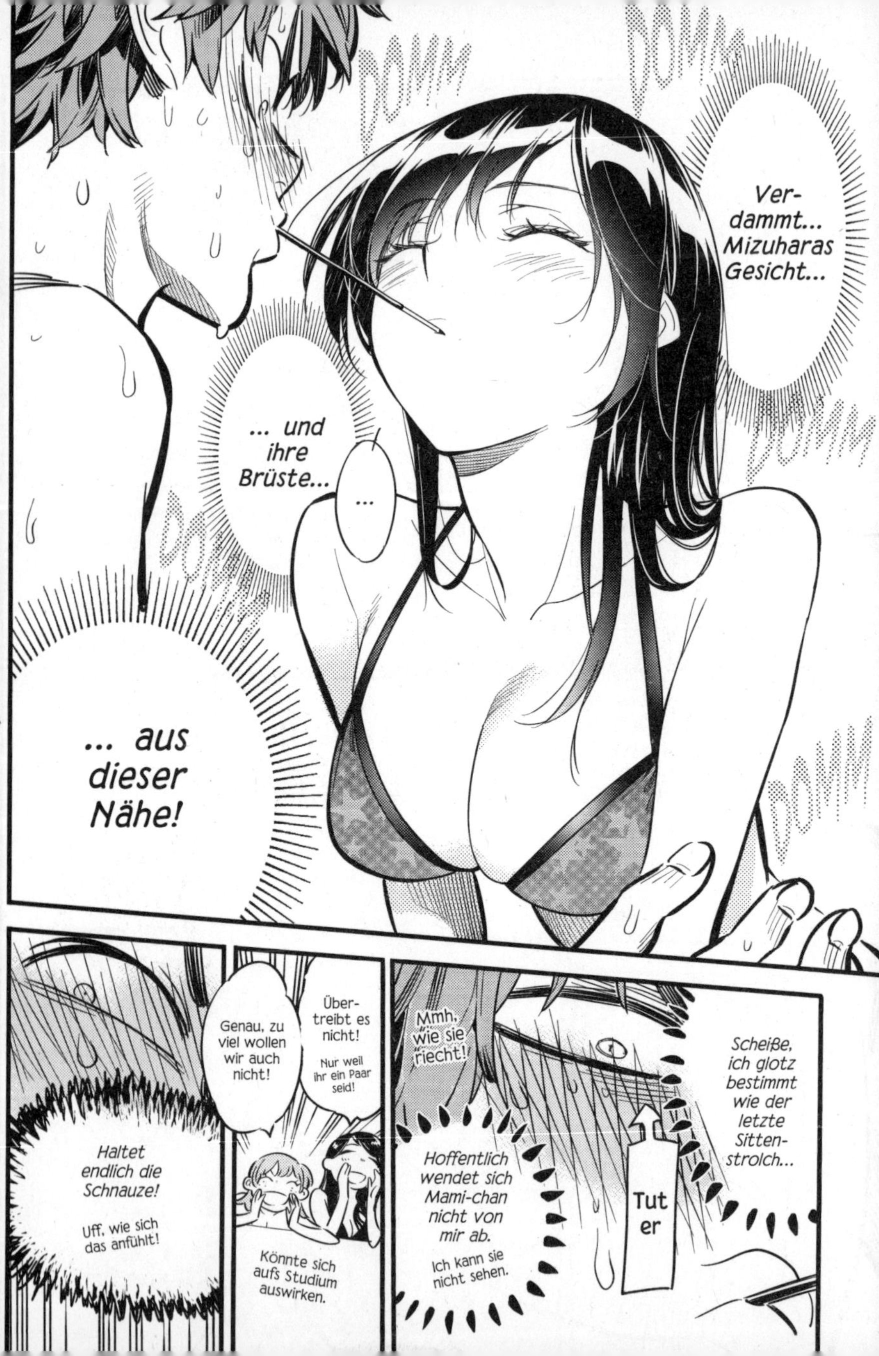
DOMM DOMM
Ver-
dammt...
Mizuharas
Gesicht...
DOMM
... und
ihre
Brüste...
...
DOMM
... aus
dieser
Nähe!
DOMM
Scheiße,
ich glotz
bestimmt
wie der
letzte
Sitten-
strolch...
Tut
er
Mmh,
wie sie
riecht!
Hoffentlich
wendet sich
Mami-chan
nicht von
mir ab.
Ich kann sie
nicht sehen.
Über-
treibt es
nicht!
Nur weil
ihr ein Paar
seid!
Genau, zu
viel wollen
wir auch
nicht!
Könnte sich
aufs Studium
auswirken.
Haltet
endlich die
Schnauze!
Uff, wie sich
das anfühlt!

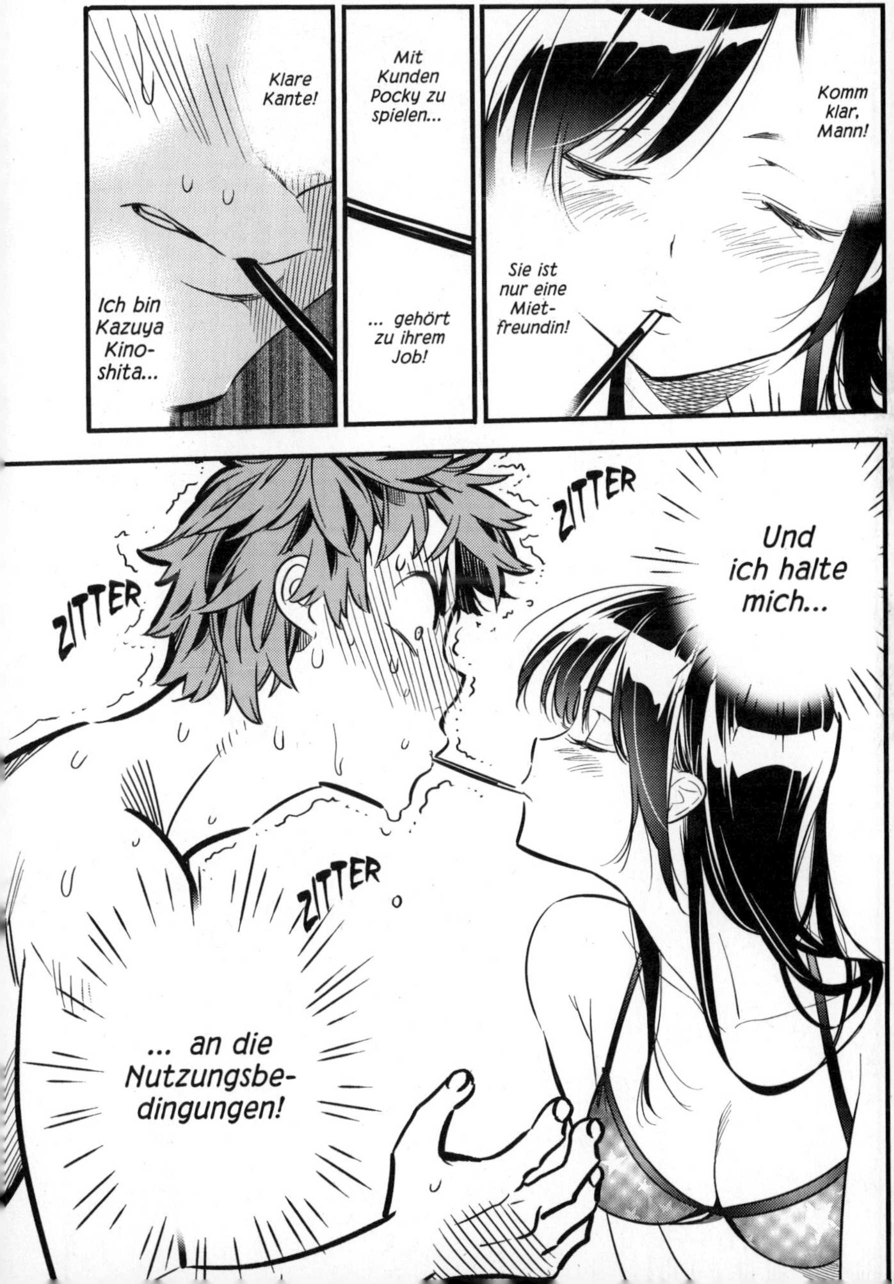
Komm klar, Mann!
Sie ist nur eine Miet-freundin!
Mit Kunden Pocky zu spielen...
... gehört zu ihrem Job!
Klare Kante!
Ich bin Kazuya Kino-shita...
Und ich halte mich...
ZITTER
ZITTER
ZITTER
... an die Nutzungsbe-dingungen!

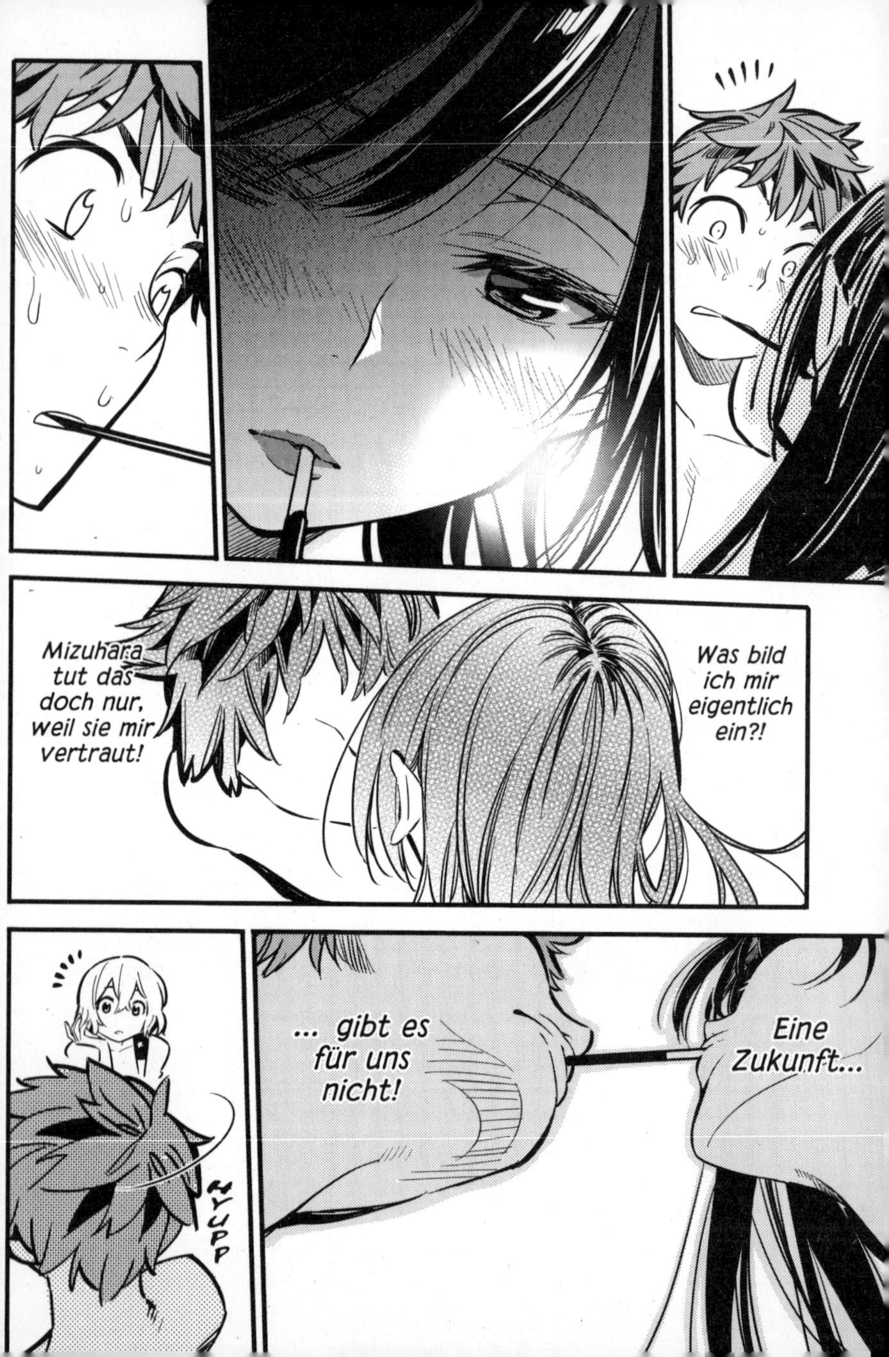
Was bild ich mir eigentlich ein?!
Mizuhara tut das doch nur, weil sie mir vertraut!
Eine Zukunft...
... gibt es für uns nicht!
HYUPP

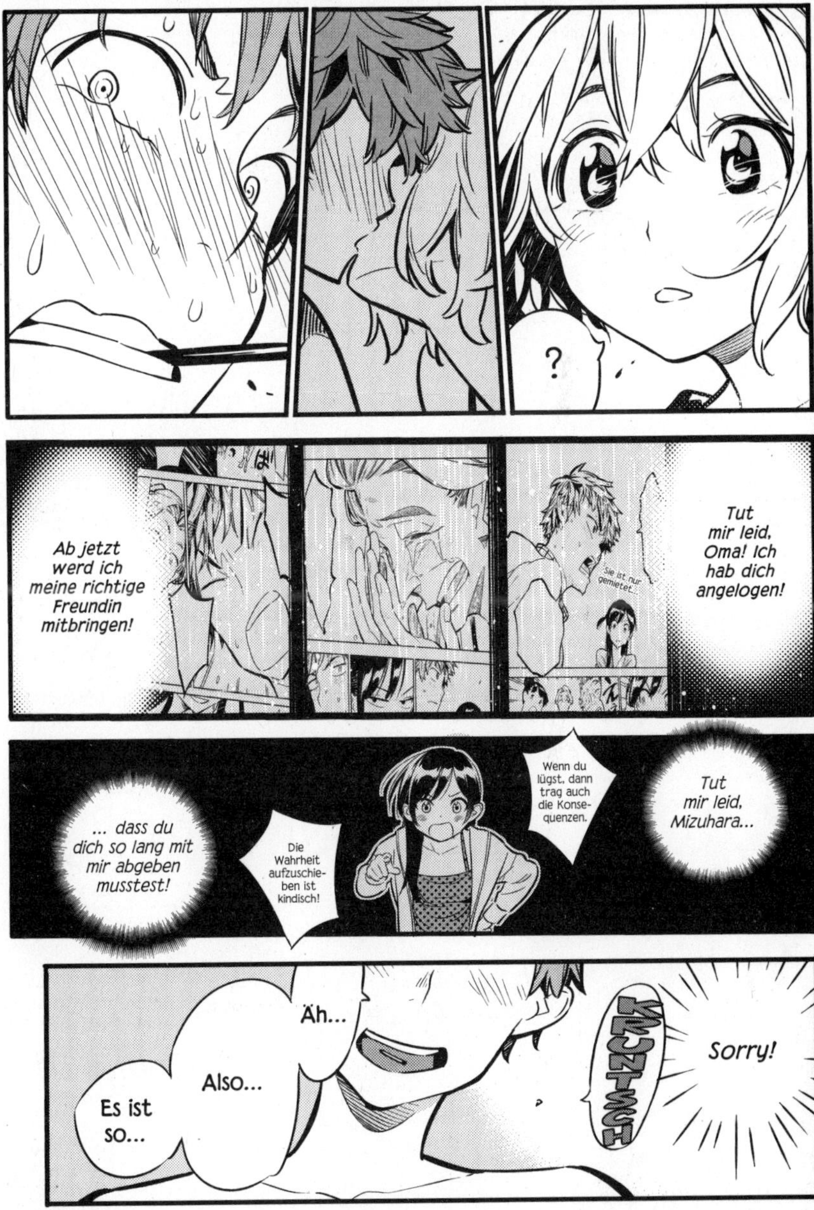
?
Tut mir leid, Oma! Ich hab dich angelogen!
Sie ist nur gemietet...
Ab jetzt werd ich meine richtige Freundin mitbringen!
Tut mir leid, Mizuhara...
Wenn du lügst, dann trag auch die Konsequenzen.
Die Wahrheit aufzuschieben ist kindisch!
... dass du dich so lang mit mir abgeben musstest!
Sorry!
KRUNTSCH
Äh...
Also...
Es ist so...

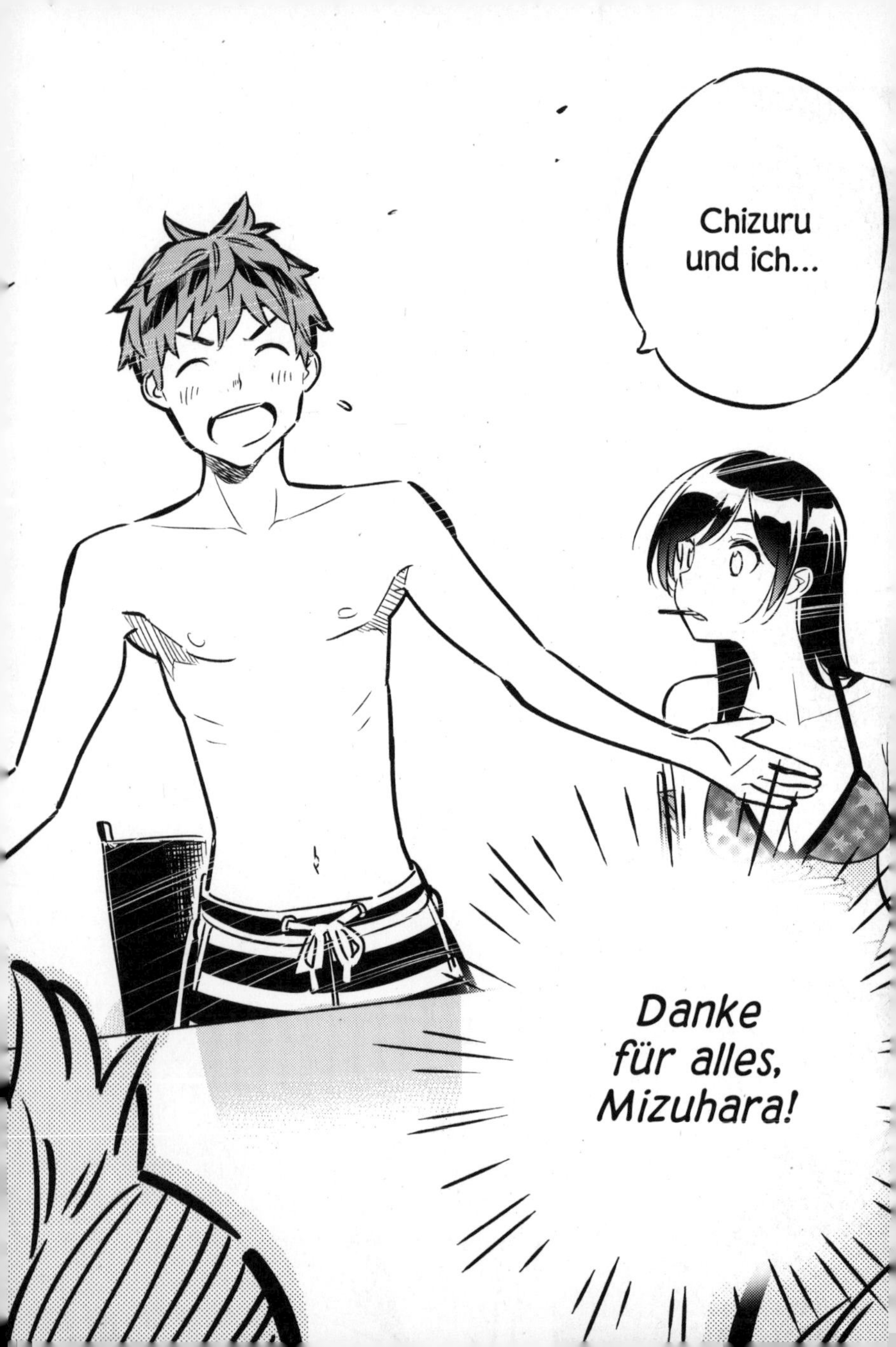
Chizuru und ich...
Danke für alles, Mizuhara!

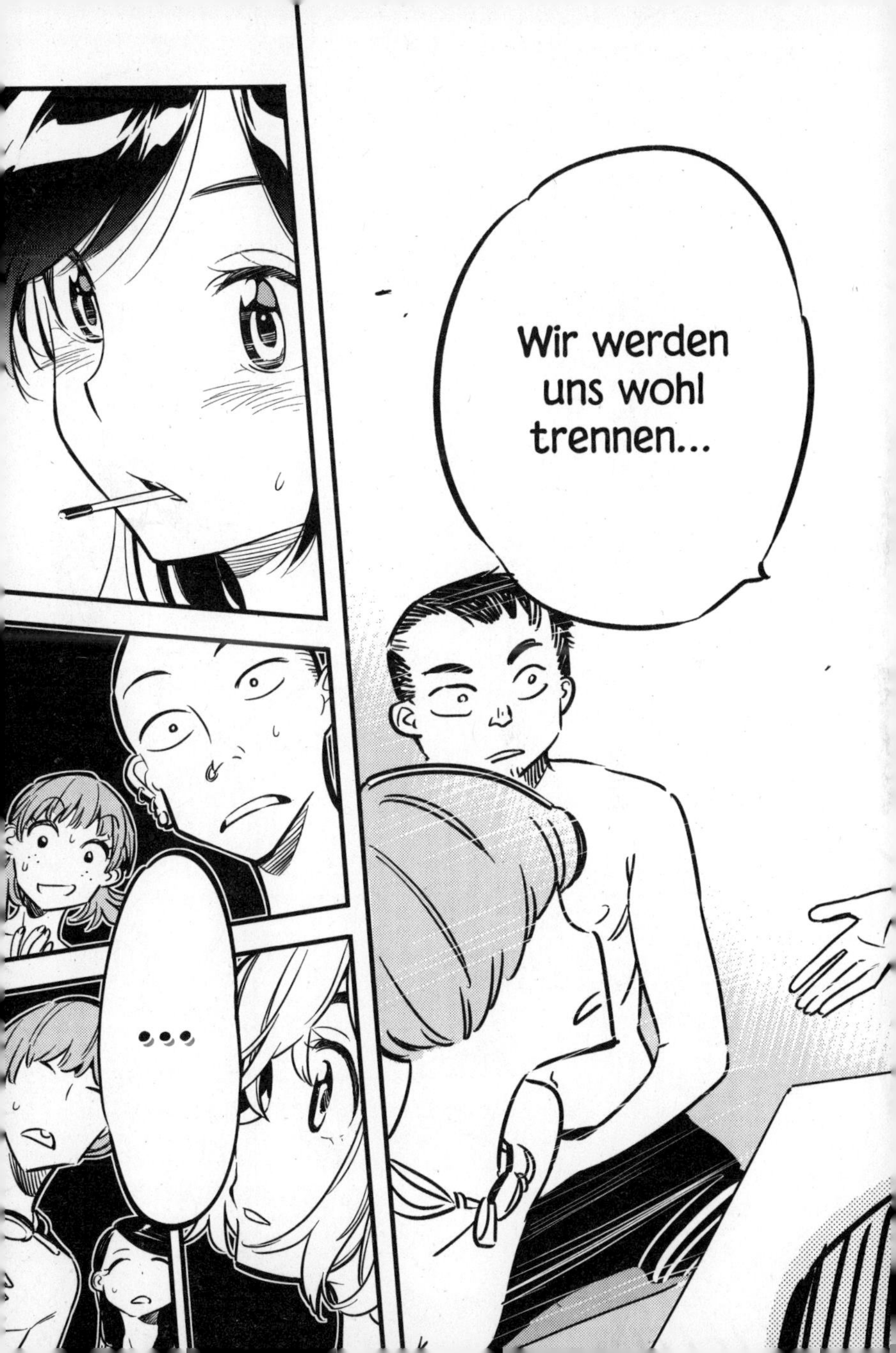
Wir werden uns wohl trennen...
...

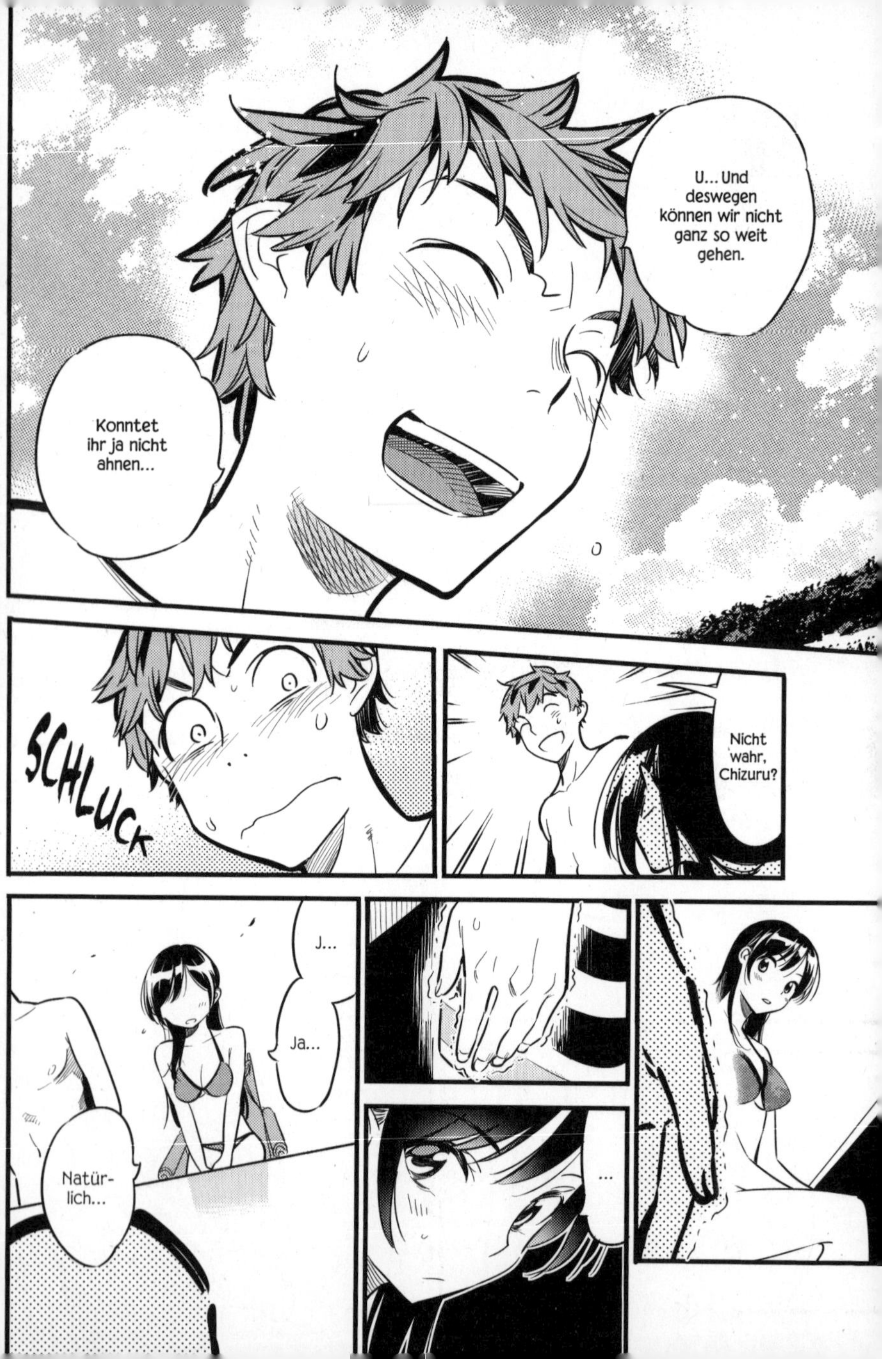
U... Und deswegen können wir nicht ganz so weit gehen.
Konntet ihr ja nicht ahnen...
Nicht wahr, Chizuru?
SCHLUCK
J...
Ja...
Natür-lich...
...

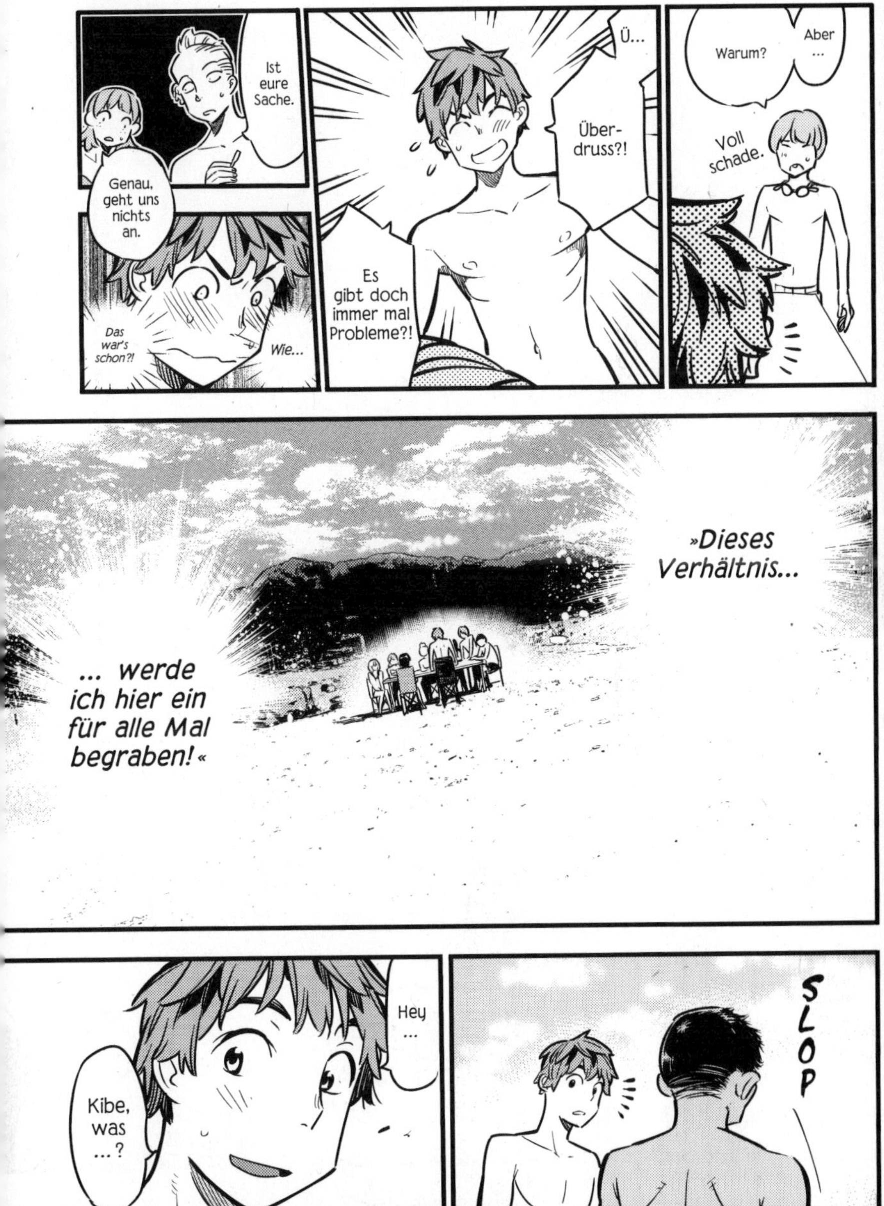
Aber ...
Warum?
Voll schade.
Ü...
Über-druss?!
Es gibt doch immer mal Probleme?!
Ist eure Sache.
Genau, geht uns nichts an.
Wie...
Das war's schon?!
»Dieses Verhältnis...
... werde ich hier ein für alle Mal begraben!«
SLOP
Hey ...
Kibe, was ...?

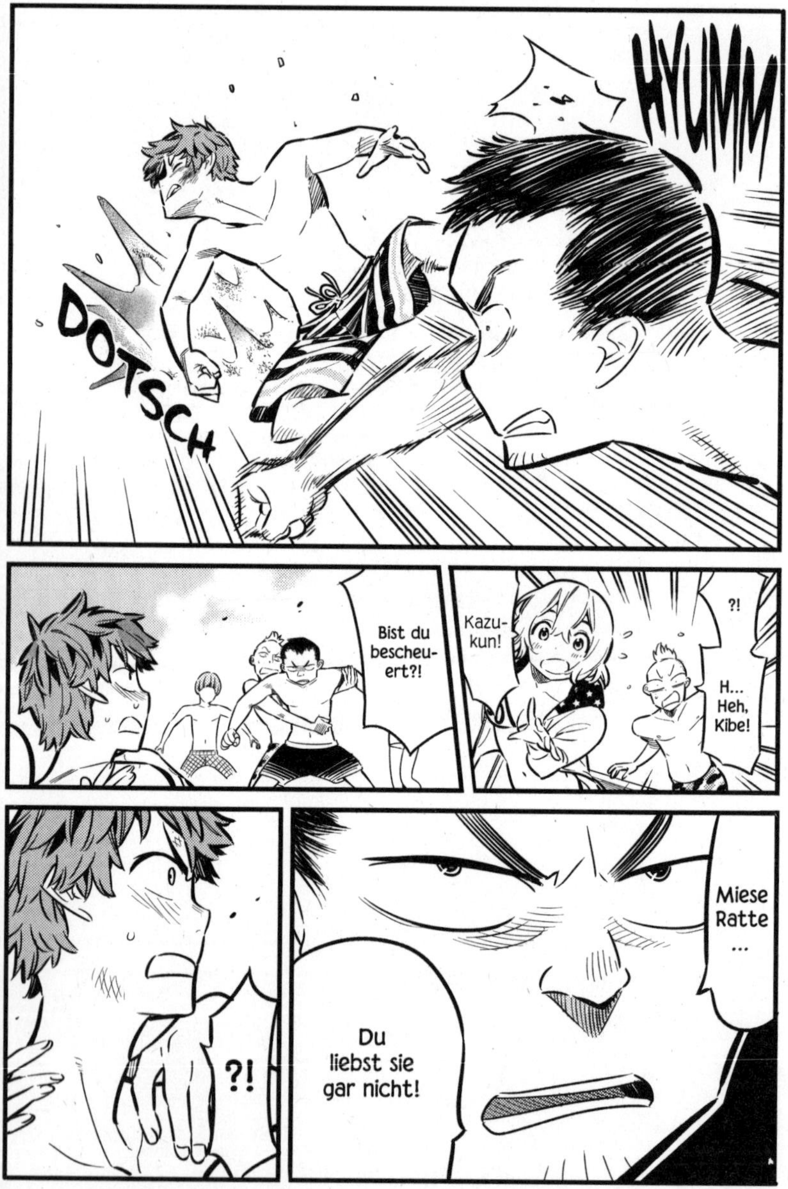
HYUMM
DOTSCH
?!
H... Heh, Kibe!
Kazu-kun!
Bist du bescheu-ert?!
Miese Ratte ...
Du liebst sie gar nicht!
?!

Sternchen Nr. 12 Die Freundin und der Zwergenstreit

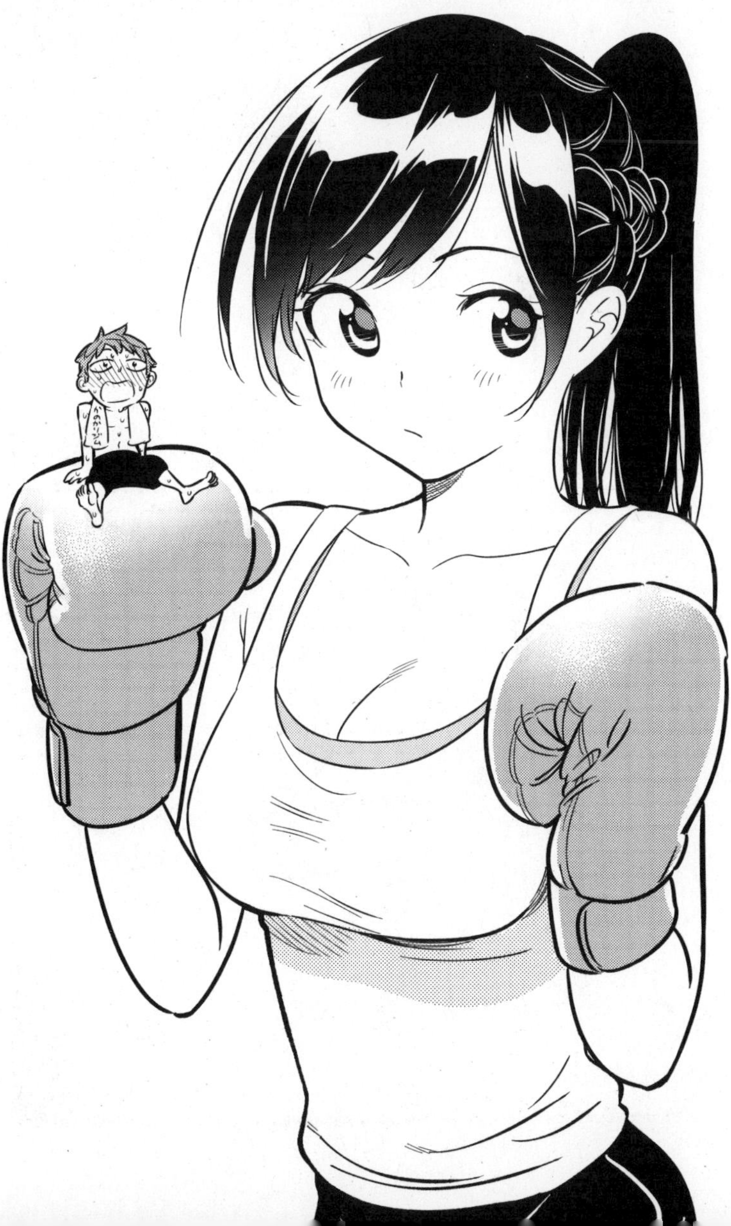

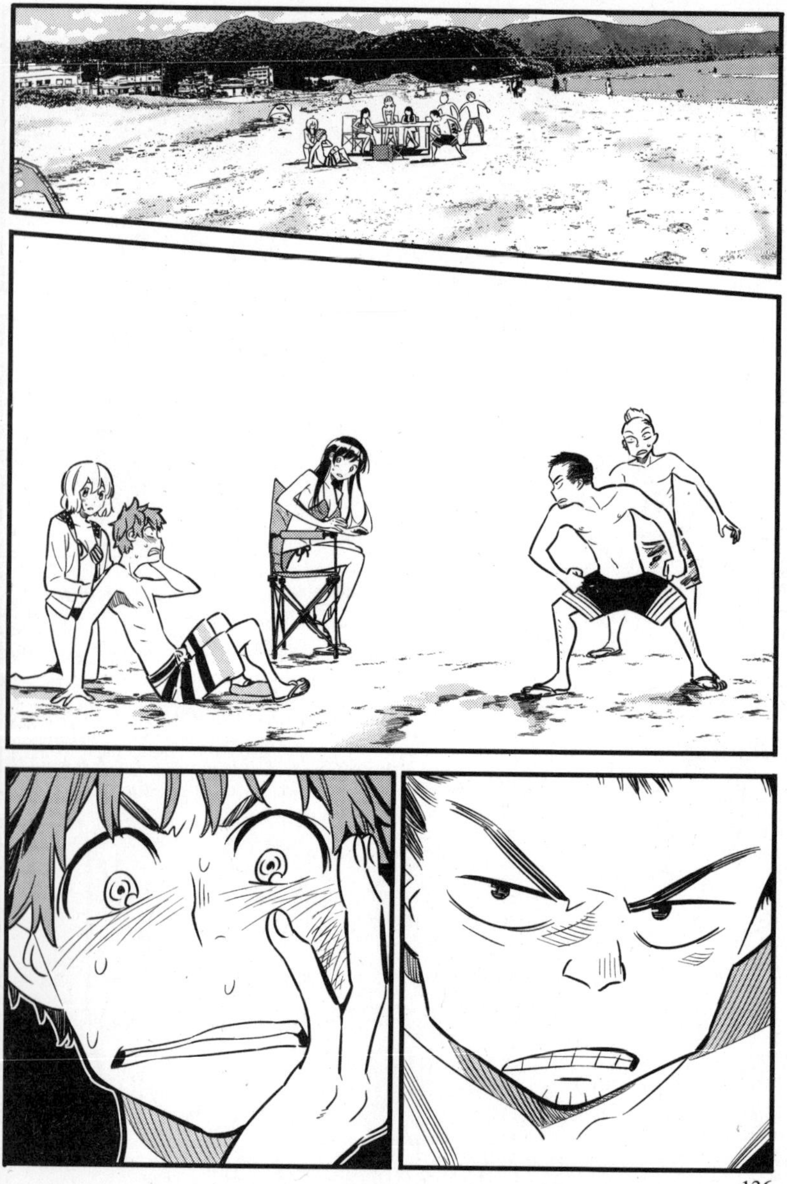

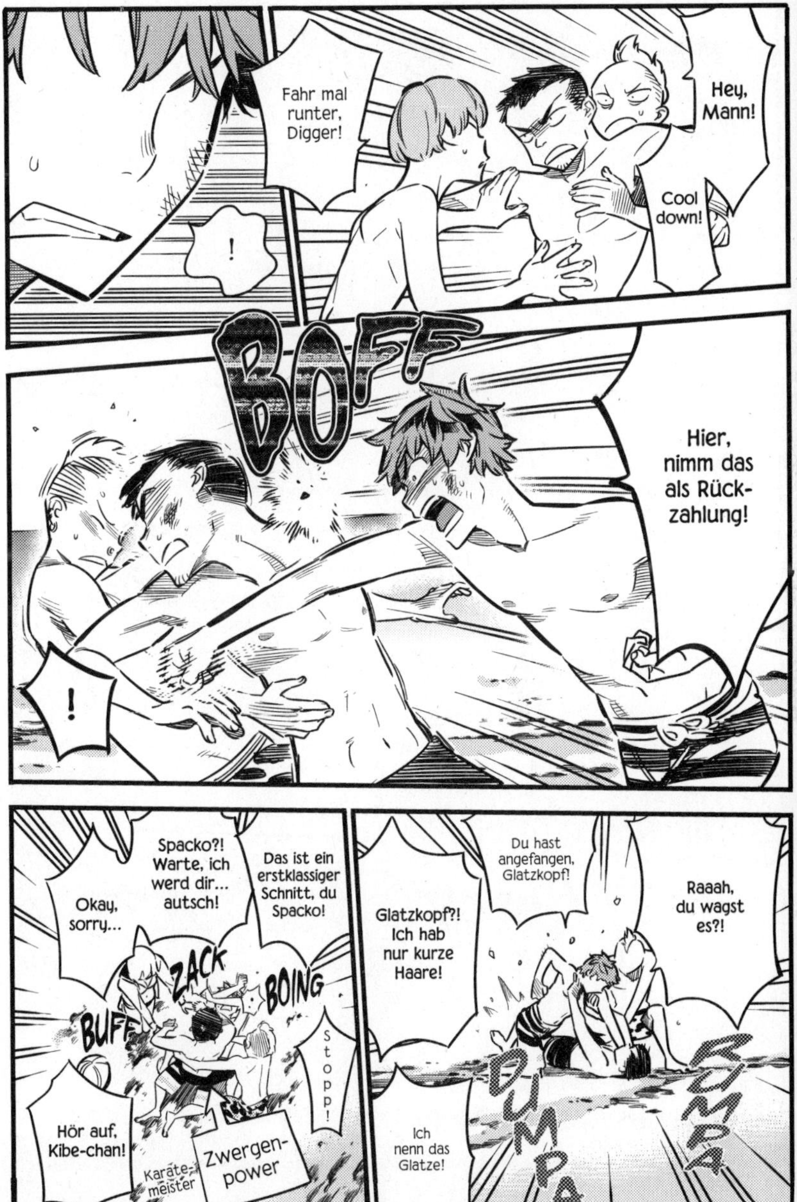
Hey, Mann!
Cool down!
Fahr mal runter, Digger!
!
BOFF
Hier, nimm das als Rück-zahlung!
!
Raaah, du wagst es?!
Du hast angefangen, Glatzkopf!
Glatzkopf?! Ich hab nur kurze Haare!
RUMPA
DUMPA
Ich nenn das Glatze!
Das ist ein erstklassiger Schnitt, du Spacko!
Spacko?! Warte, ich werd dir... autsch!
Okay, sorry...
ZACK
BOING
BUFF
Stopp!
Hör auf, Kibe-chan!
Zwergen-power
Karate-meister

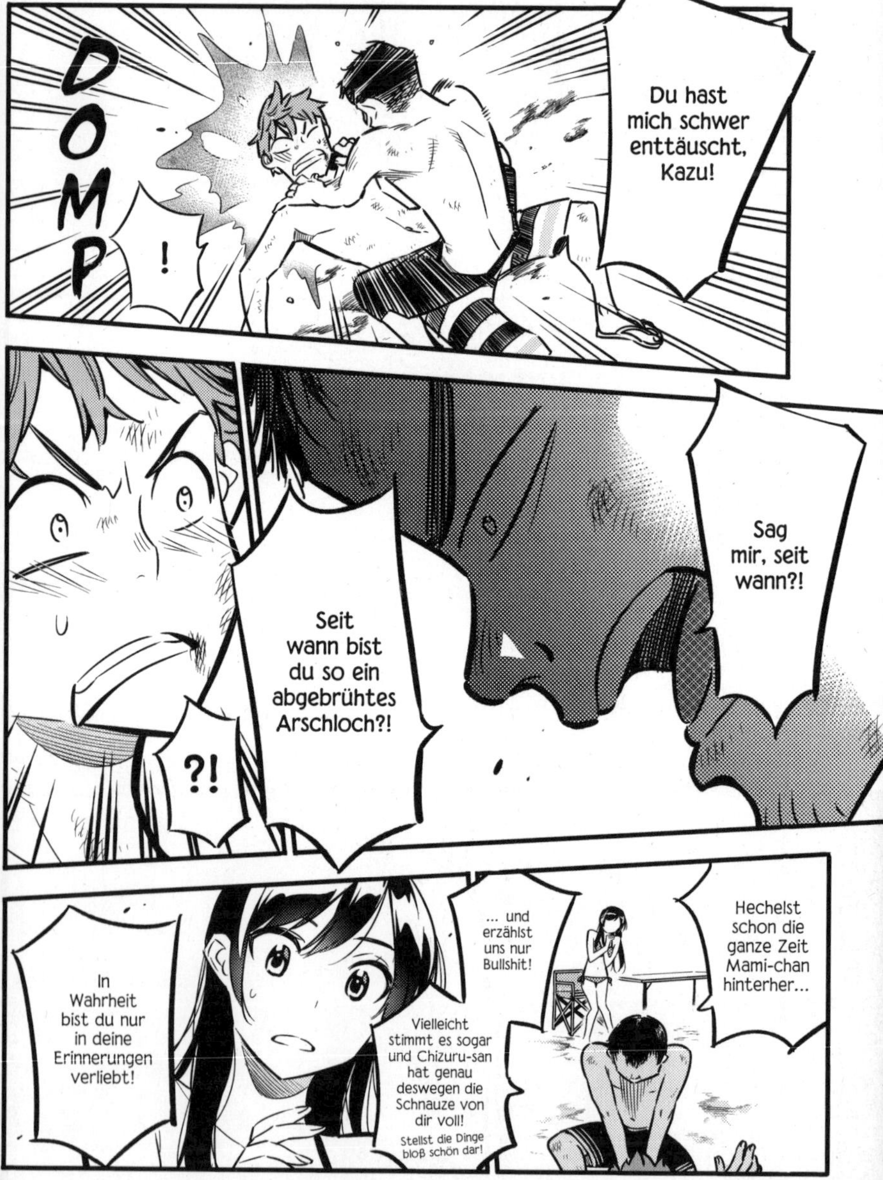
Du hast mich schwer enttäuscht, Kazu!
DOMP
!
Sag mir, seit wann?!
Seit wann bist du so ein abgebrühtes Arschloch?!
?!
Hechelst schon die ganze Zeit Mami-chan hinterher...
... und erzählst uns nur Bullshit!
Vielleicht stimmt es sogar und Chizuru-san hat genau deswegen die Schnauze von dir voll!
Stellst die Dinge bloß schön dar!
In Wahrheit bist du nur in deine Erinnerungen verliebt!

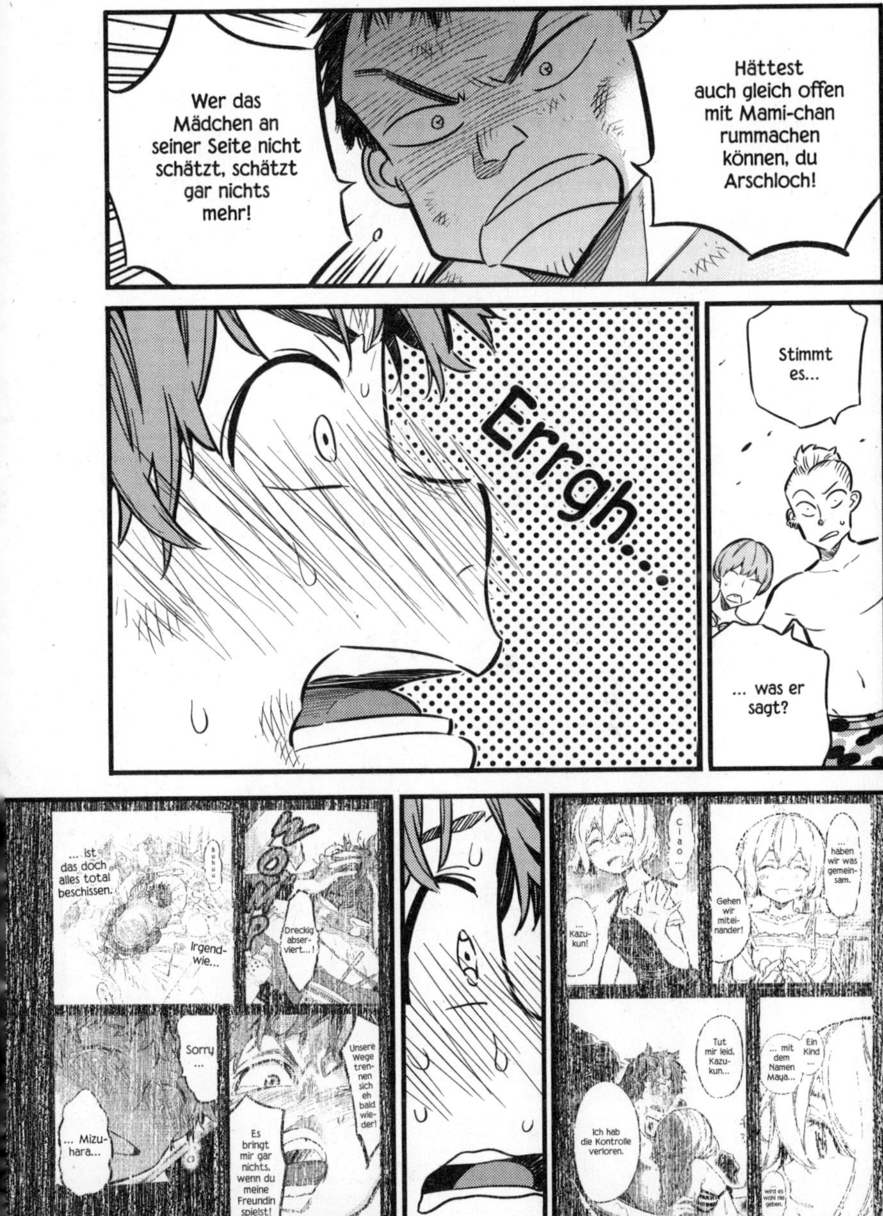
Hättest auch gleich offen mit Mami-chan rummachen können, du Arschloch!
Wer das Mädchen an seiner Seite nicht schätzt, schätzt gar nichts mehr!
Stimmt es...
... was er sagt?
Errgh...
... haben wir was gemeinsam.
Gehen wir miteinander!
Ciao ...
... Kazu-kun!
Ein Kind ...
... mit dem Namen Maya...
... wird es wohl nie geben.
Tut mir leid, Kazu-kun...
Ich hab die Kontrolle verloren.
Dreckig abserviert...!
Buhuu ...
Irgend-wie...
... ist das doch alles total beschissen.
Unsere Wege trennen sich eh bald wieder!
Es bringt mir gar nichts, wenn du meine Freundin spielst!
Sorry ...
... Mizu-hara...

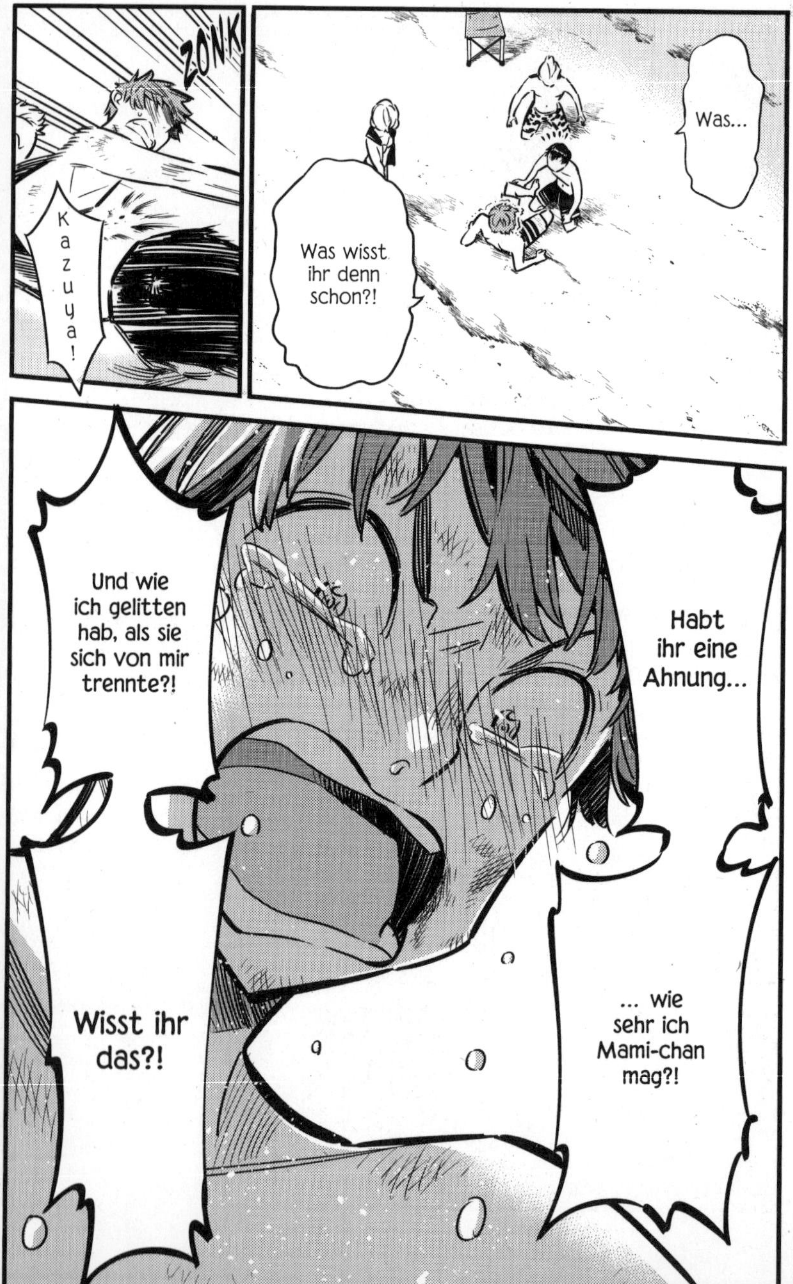
Was...
Was wisst ihr denn schon?!
ZONK
Kazuya!
Habt ihr eine Ahnung...
... wie sehr ich Mami-chan mag?!
Und wie ich gelitten hab, als sie sich von mir trennte?!
Wisst ihr das?!

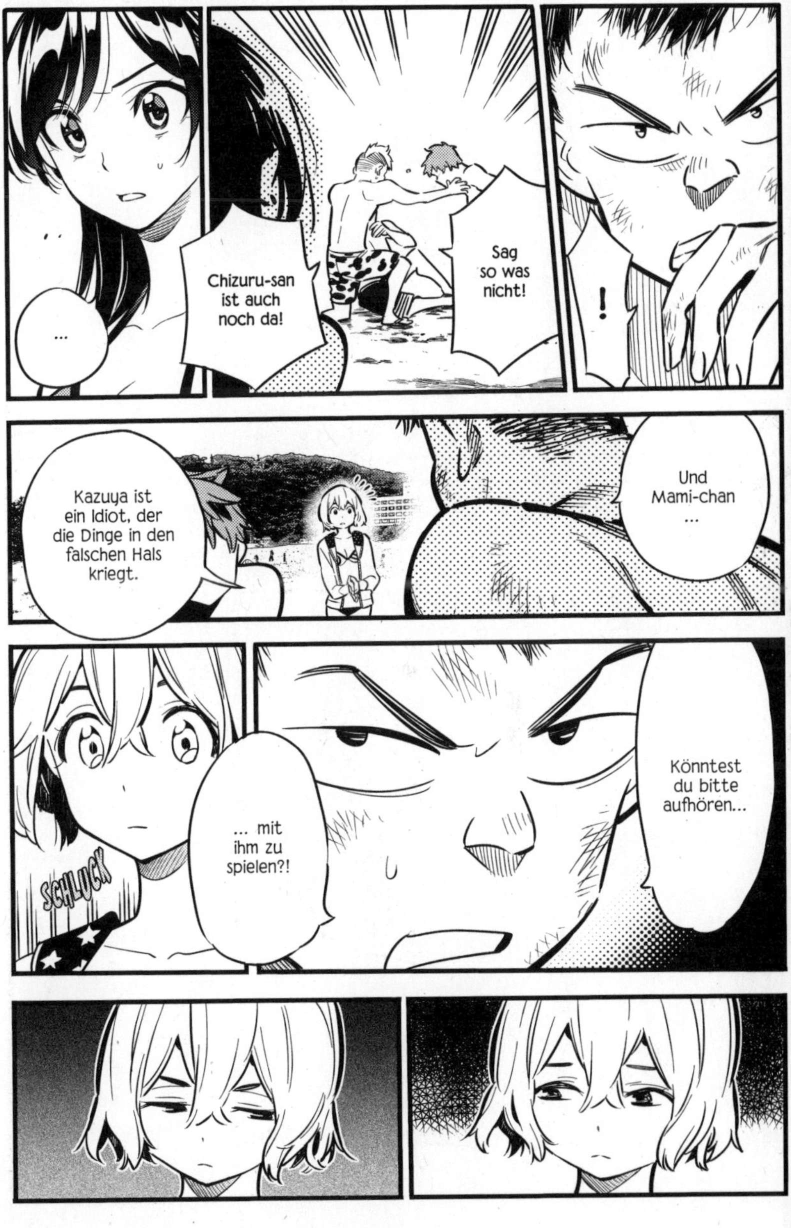
!
Sag so was nicht!
Chizuru-san ist auch noch da!
...
Und Mami-chan ...
Kazuya ist ein Idiot, der die Dinge in den falschen Hals kriegt.
Könntest du bitte aufhören...
... mit ihm zu spielen?!
SCHLUCK

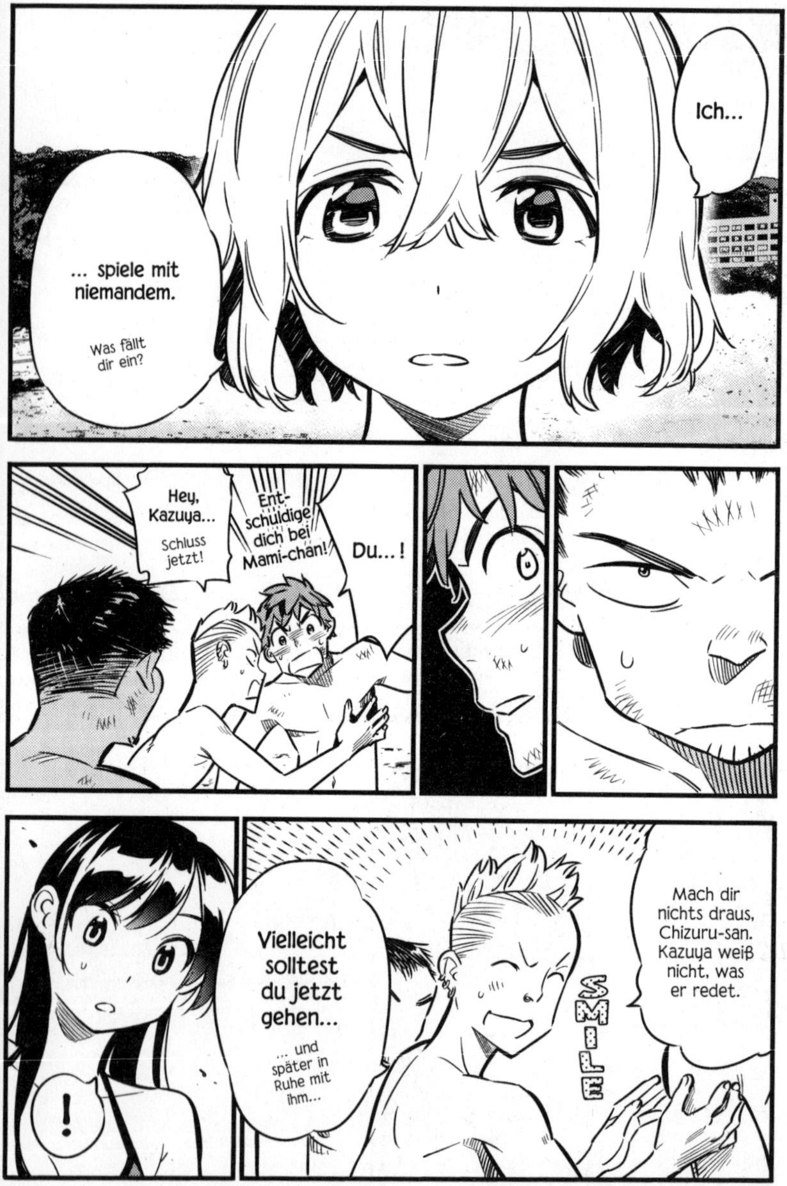
Ich...
... spiele mit niemandem.
Was fällt dir ein?
Du...!
Ent-schuldige dich bei Mami-chan!
Hey, Kazuya...
Schluss jetzt!
Mach dir nichts draus, Chizuru-san. Kazuya weiß nicht, was er redet.
SMILE
Vielleicht solltest du jetzt gehen...
... und später in Ruhe mit ihm...
!

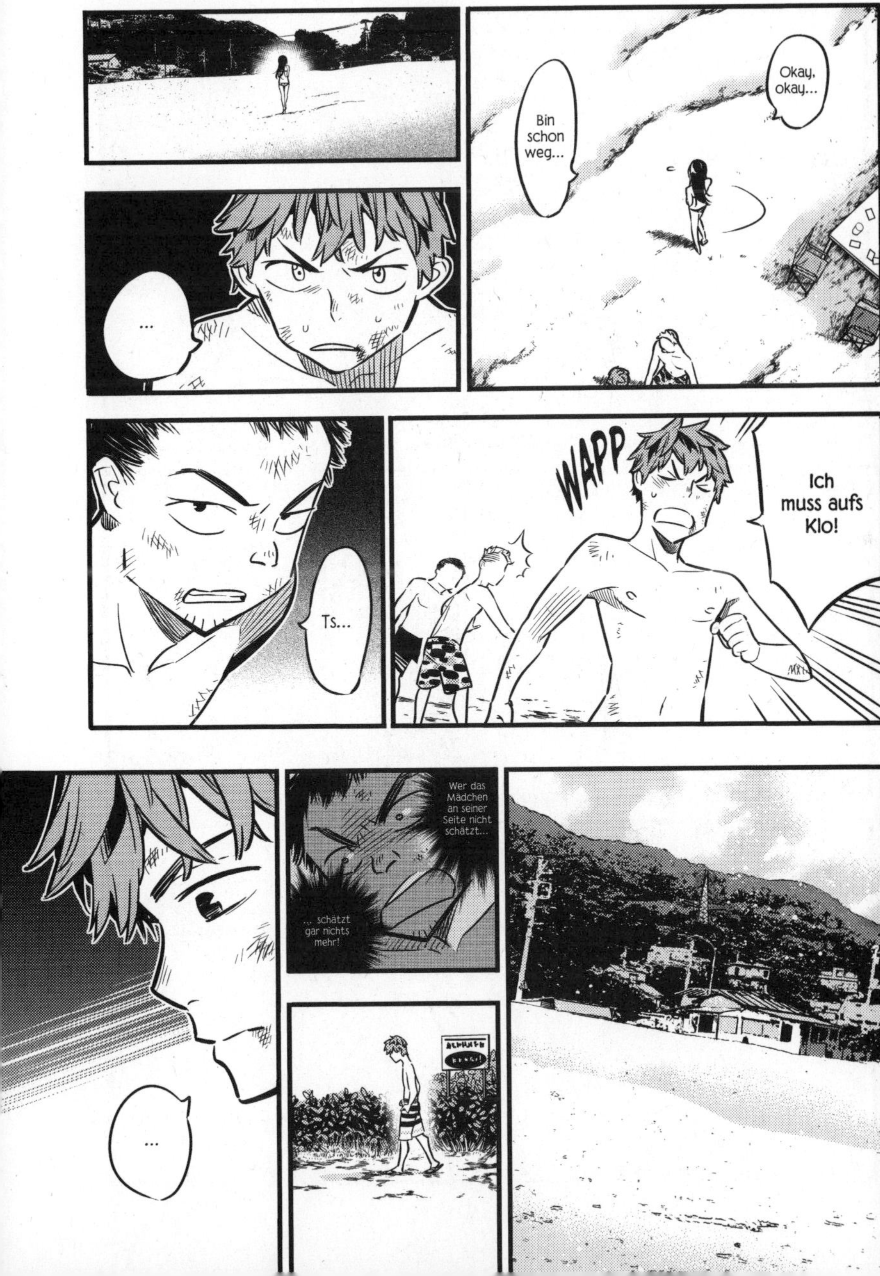
Okay, okay...
Bin schon weg...
...
WAPP
Ich muss aufs Klo!
Ts...
Wer das Mädchen an seiner Seite nicht schätzt...
... schätzt gar nichts mehr!
...

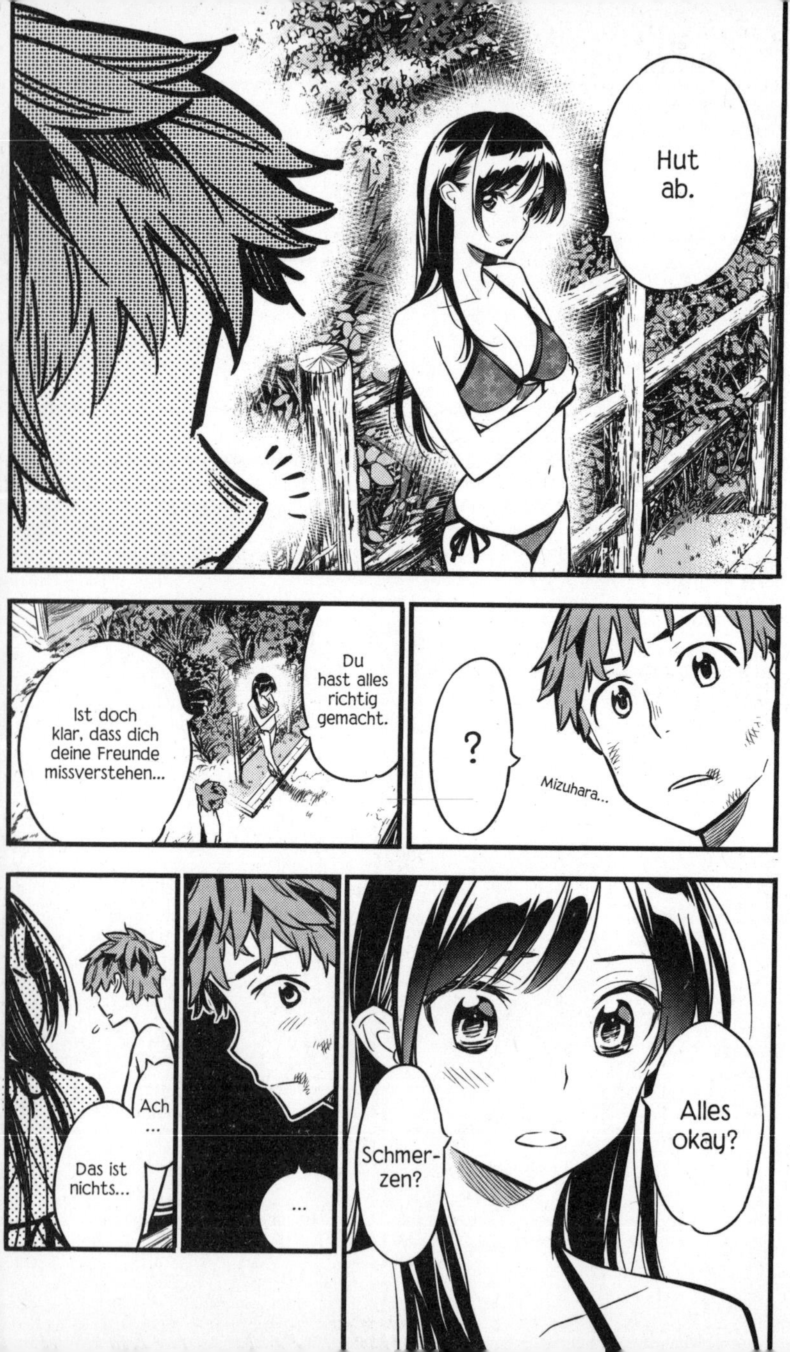
Hut ab.
Mizuhara...
?
Du hast alles richtig gemacht.
Ist doch klar, dass dich deine Freunde missverstehen...
Alles okay?
Schmer-zen?
...
Ach ...
Das ist nichts...

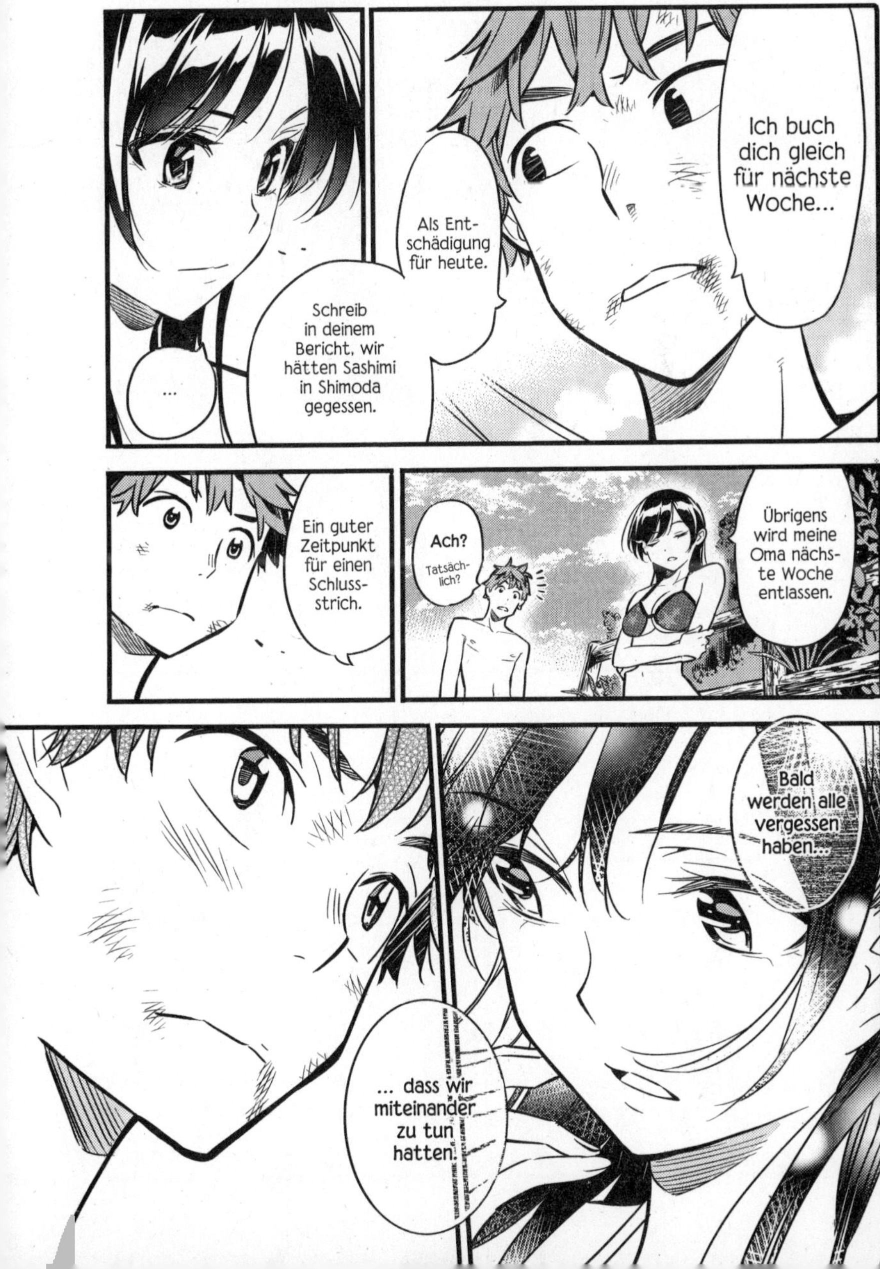

Ich buch dich gleich für nächste Woche...
Als Entschädigung für heute.
Schreib in deinem Bericht, wir hätten Sashimi in Shimoda gegessen.
...
Übrigens wird meine Oma nächste Woche entlassen.
Ach?
Tatsächlich?
Ein guter Zeitpunkt für einen Schlussstrich.
Bald werden alle vergessen haben...
... dass wir miteinander zu tun hatten.

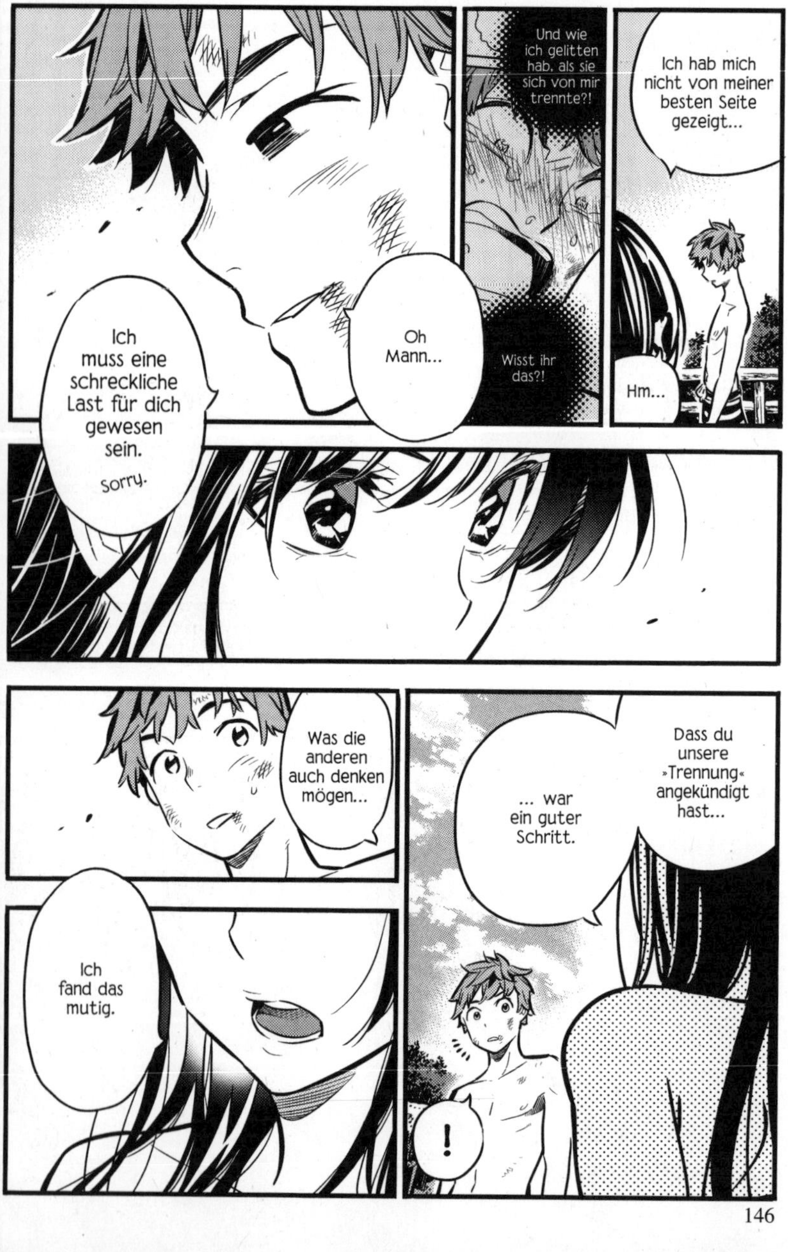
Ich hab mich nicht von meiner besten Seite gezeigt...
Hm...
Und wie ich gelitten hab, als sie sich von mir trennte?!
Wisst ihr das?!
Oh Mann...
Ich muss eine schreckliche Last für dich gewesen sein.
Sorry.
Dass du unsere »Trennung« angekündigt hast...
... war ein guter Schritt.
!
Was die anderen auch denken mögen...
Ich fand das mutig.

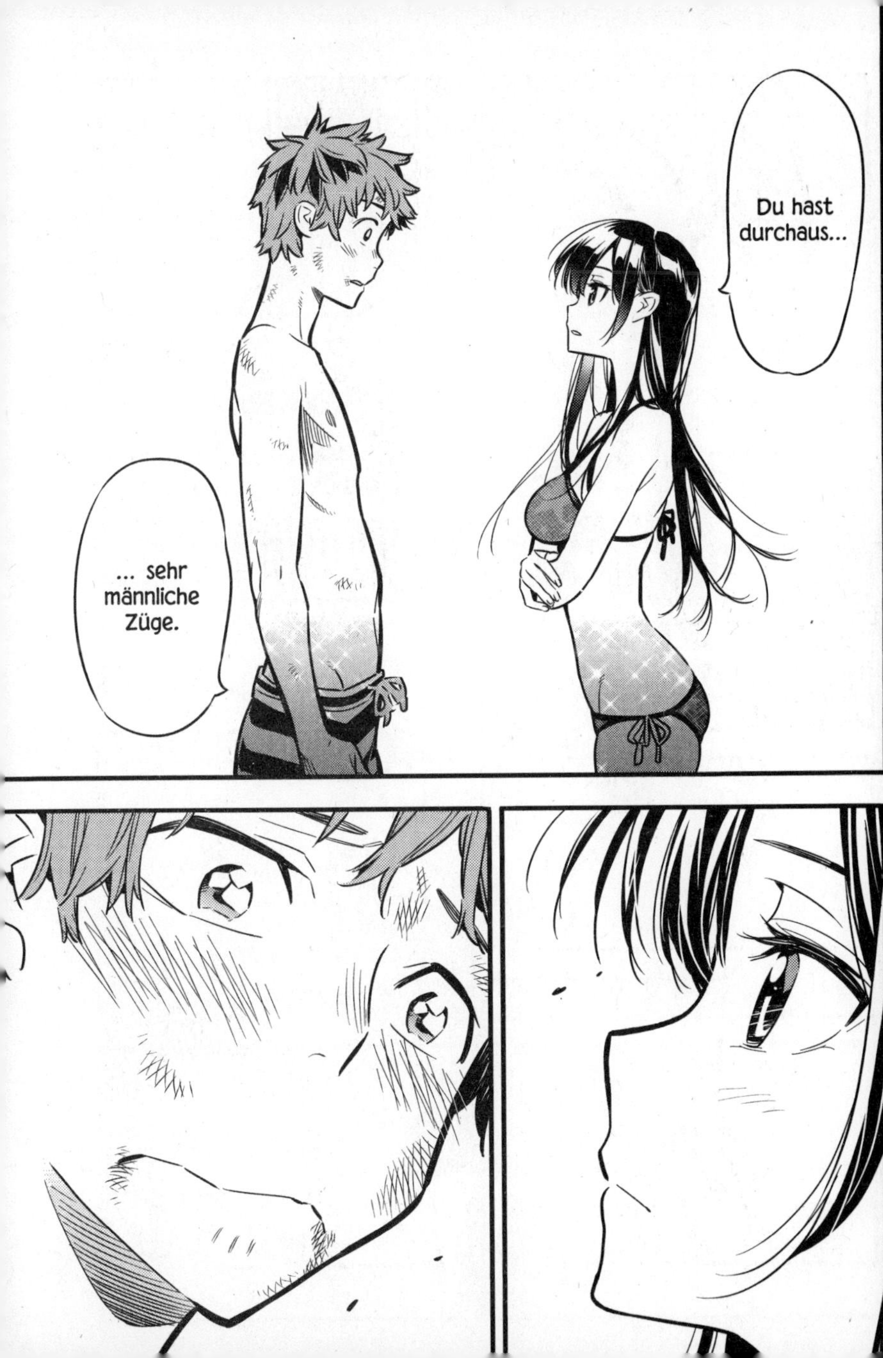
Du hast durchaus...
... sehr männliche Züge.

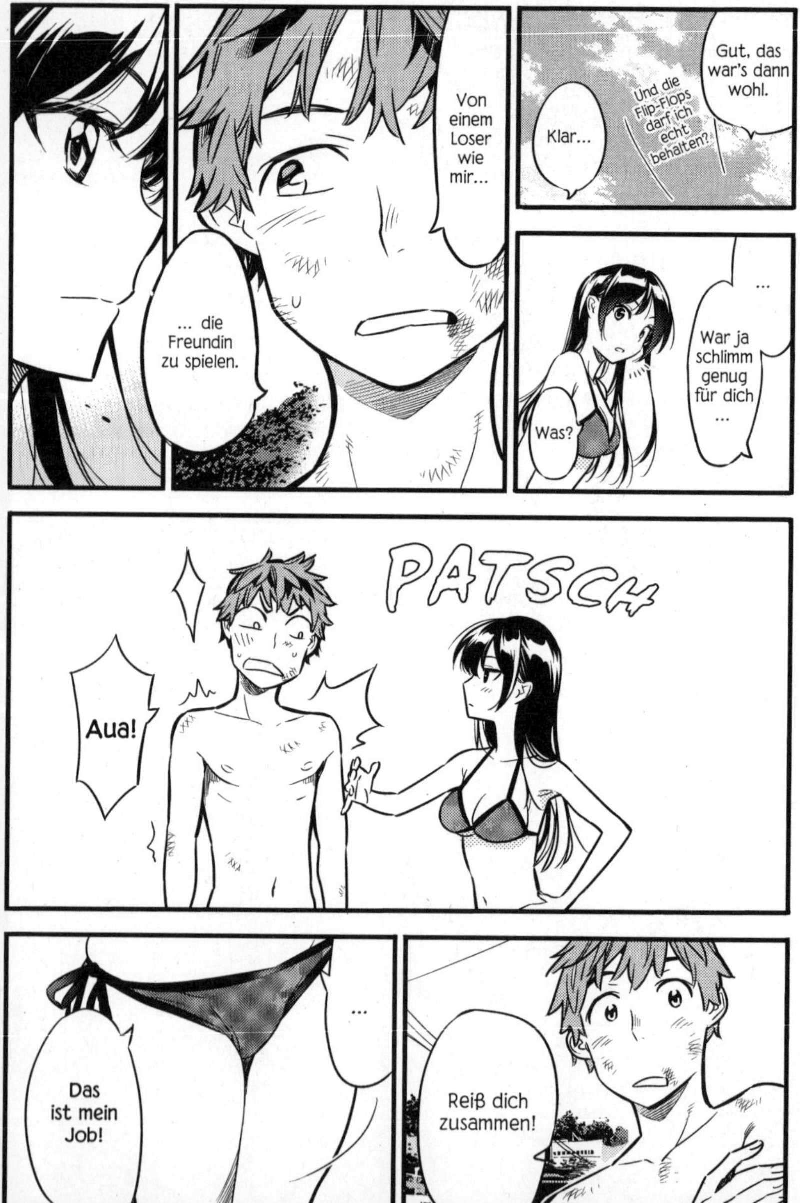
Gut, das war's dann wohl.
Und die Flip-Flops darf ich echt behalten?
Klar...
...
War ja schlimm genug für dich ...
Was?
Von einem Loser wie mir...
... die Freundin zu spielen.
PATSCH
Aua!
Reiß dich zusammen!
...
Das ist mein Job!

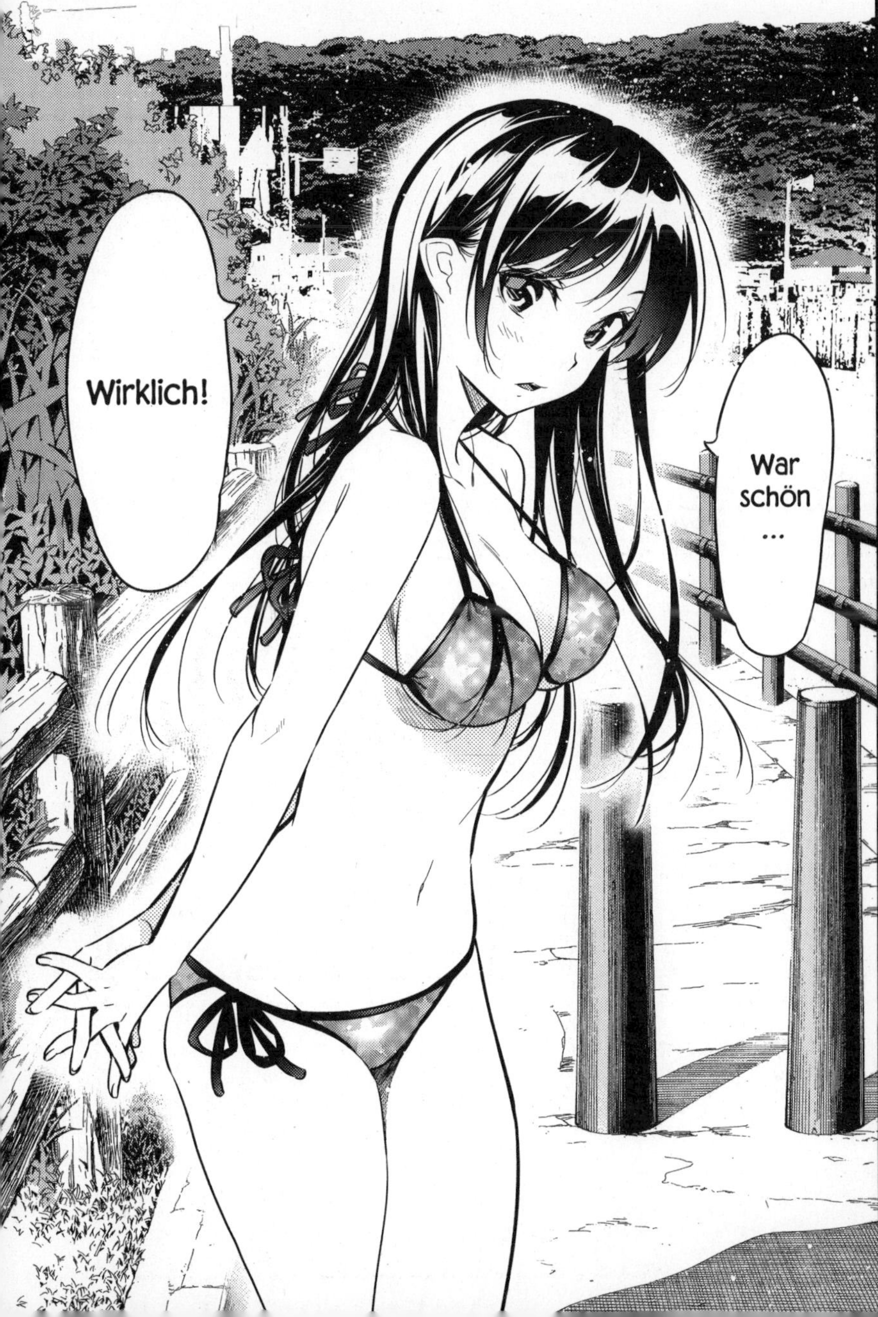
War schön ...
Wirklich!

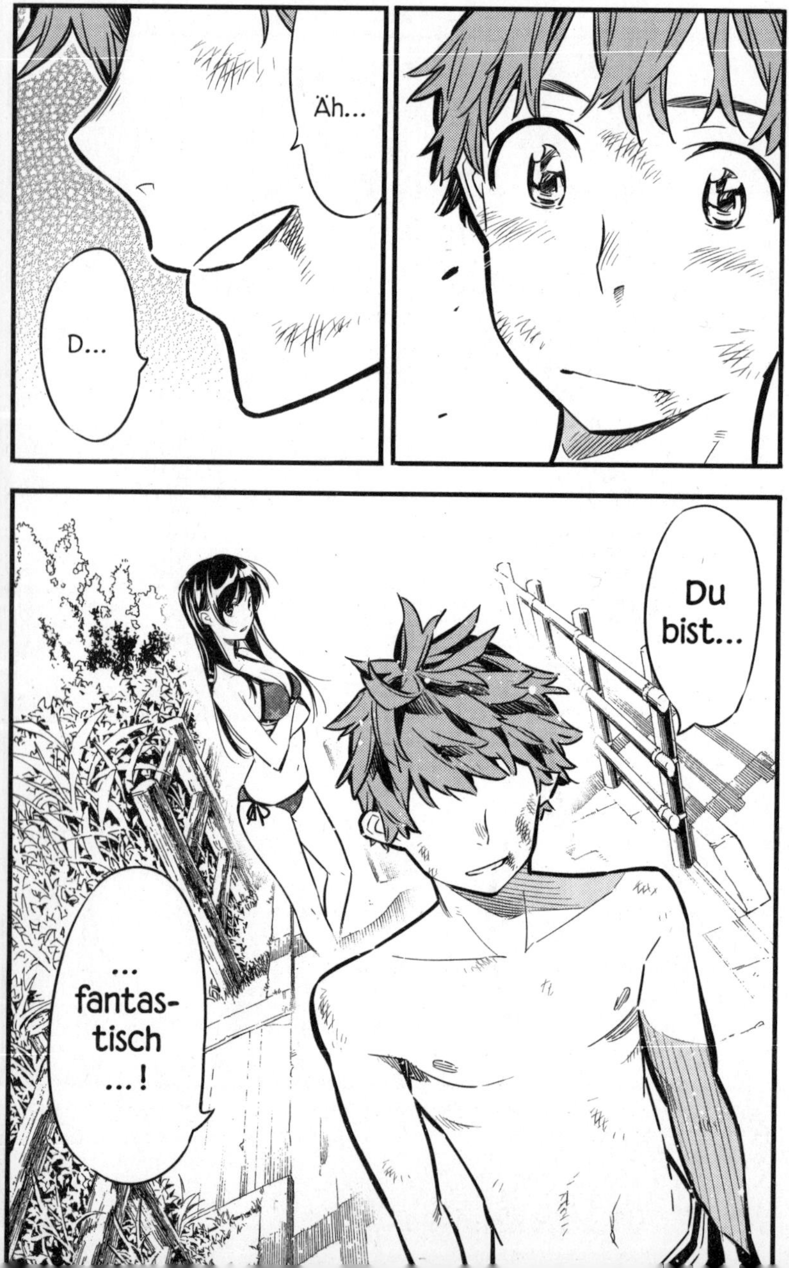
Äh...
D...
Du bist...
... fantas-tisch ...!

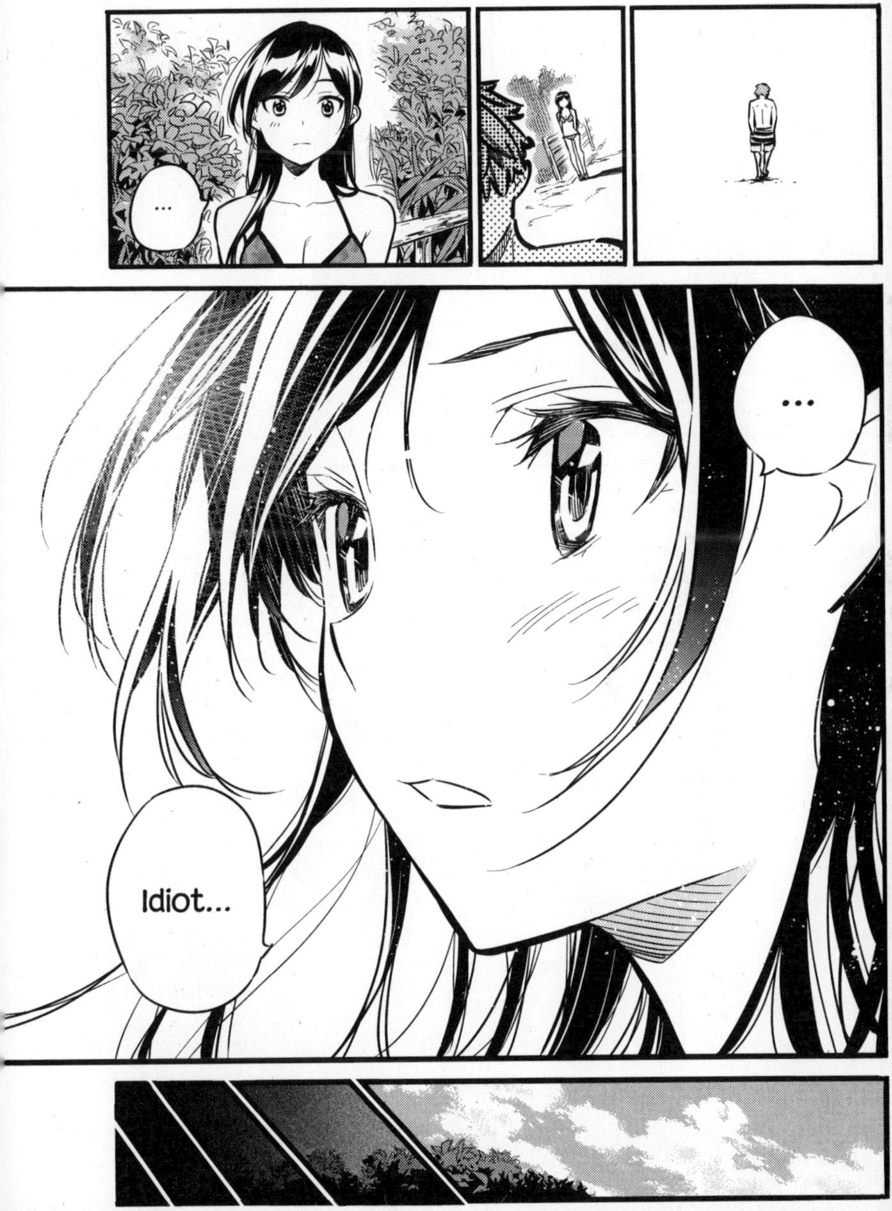
...
...
Idiot...

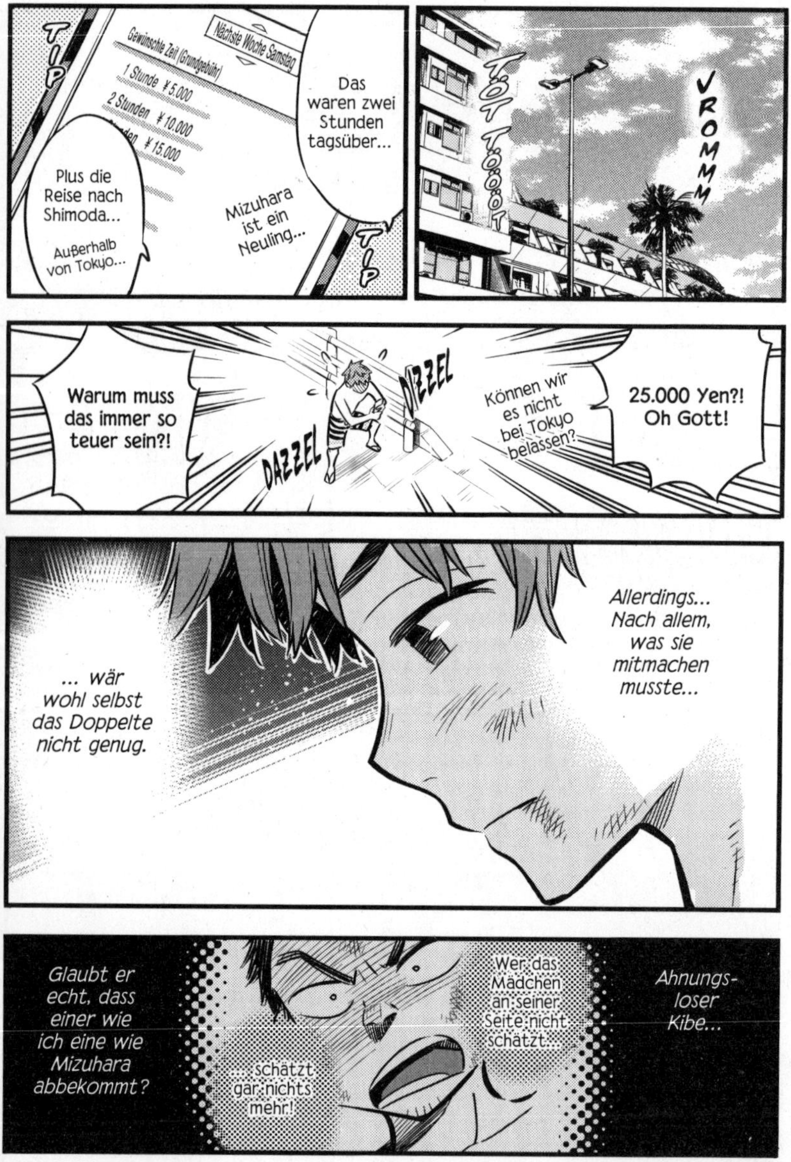
TÖÖT TÖÖÖT
VROMMM
Nächste Woche Samstag
Gewünschte Zeit (Grundgebühr)
1 Stunde ¥5.000
2 Stunden ¥10.000
TIP
TIP
Das waren zwei Stunden tagsüber...
Mizuhara ist ein Neuling...
Plus die Reise nach Shimoda...
Außerhalb von Tokyo...
25.000 Yen?! Oh Gott!
Können wir es nicht bei Tokyo belassen?
DAZZEL
DAZZEL
Warum muss das immer so teuer sein?!
Allerdings... Nach allem, was sie mitmachen musste...
... wär wohl selbst das Doppelte nicht genug.
Ahnungsloser Kibe...
Wer das Mädchen an seiner Seite nicht schätzt...
... schätzt gar nichts mehr!
Glaubt er echt, dass einer wie ich eine wie Mizuhara abbekommt?

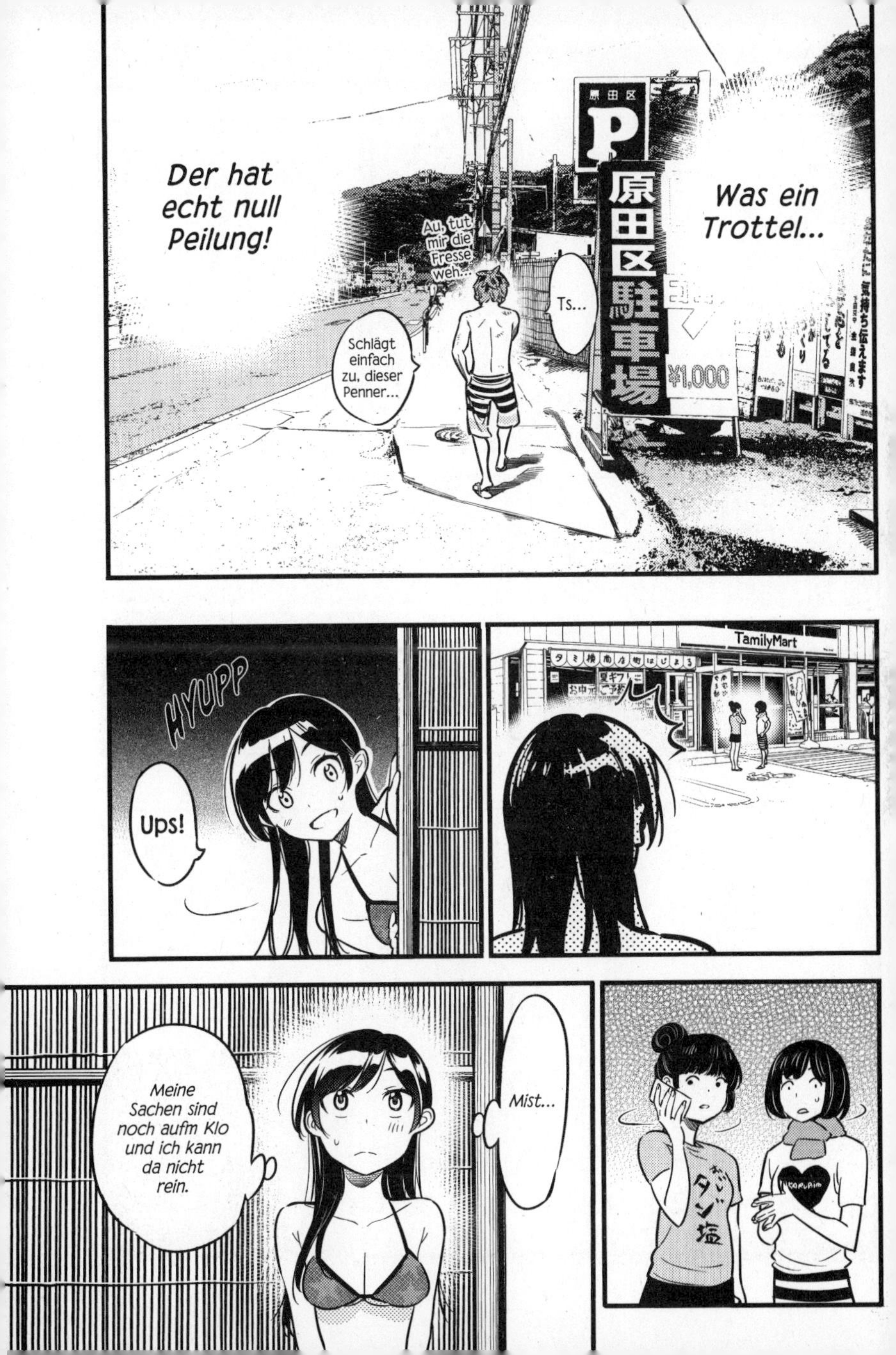
原田区
P
原田区駐車場
¥1,000
Was ein Trottel...
Ts...
Au, tut mir die Fresse weh...
Schlägt einfach zu, dieser Penner...
Der hat echt null Peilung!
TamilyMart
HYUPP
Ups!
Mist...
Meine Sachen sind noch aufm Klo und ich kann da nicht rein.

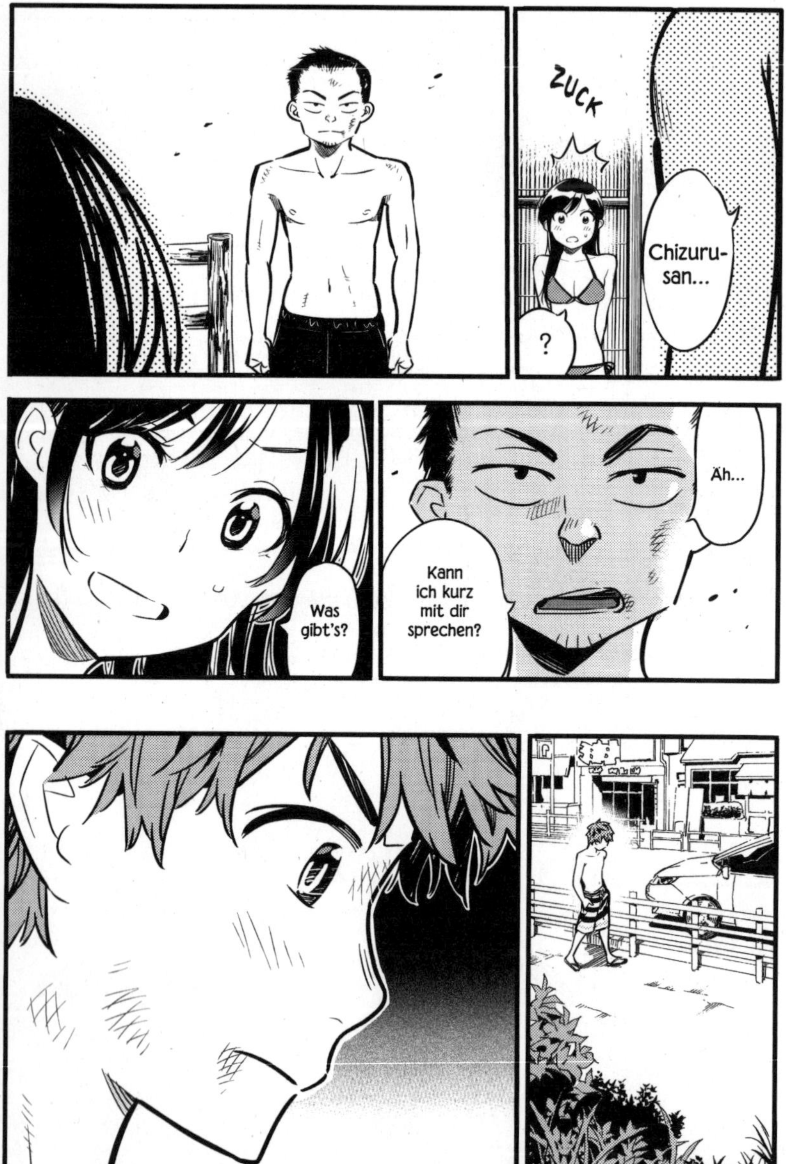
ZUCK
Chizuru-san...
?
Äh...
Kann ich kurz mit dir sprechen?
Was gibt's?

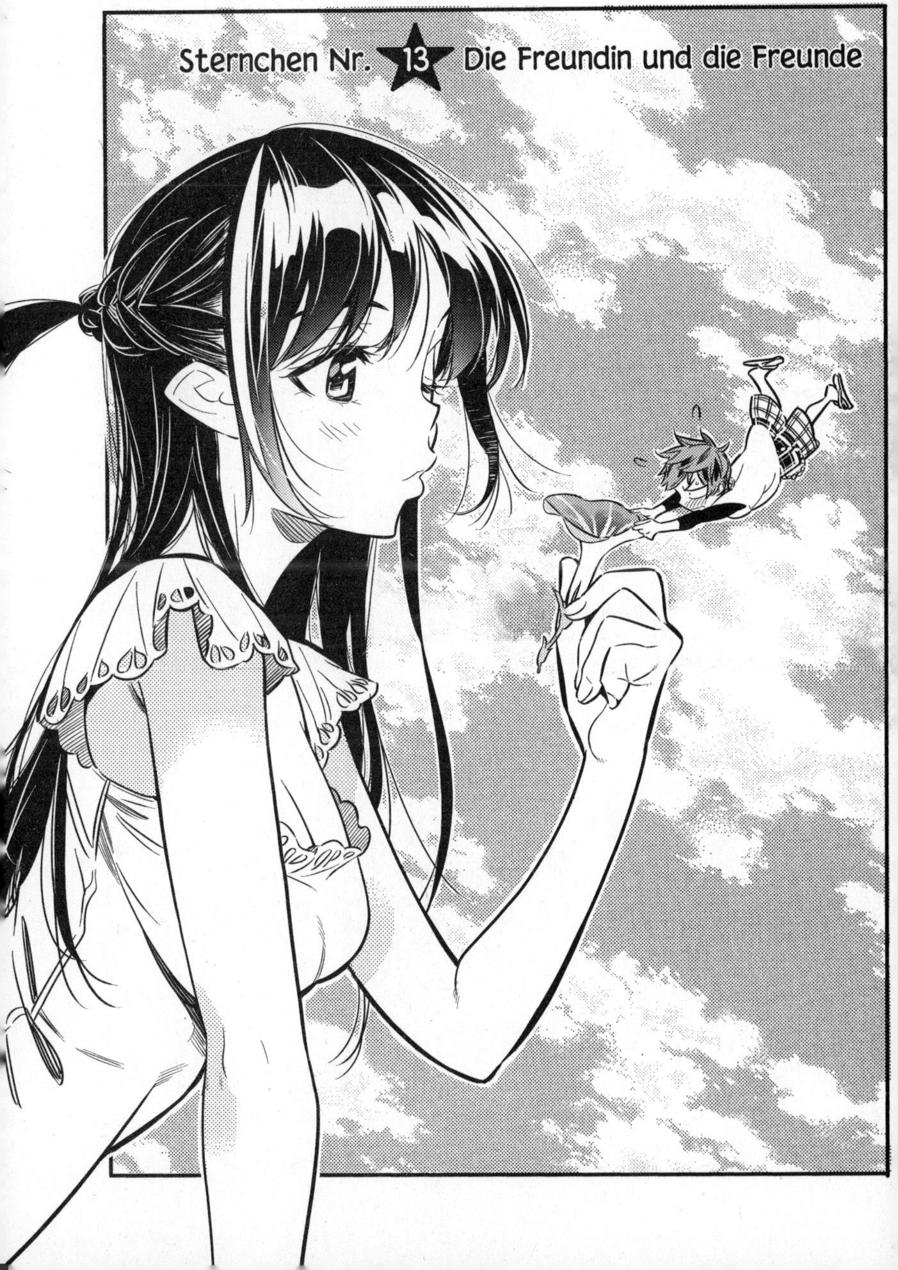
Sternchen Nr. 13 Die Freundin und die Freunde

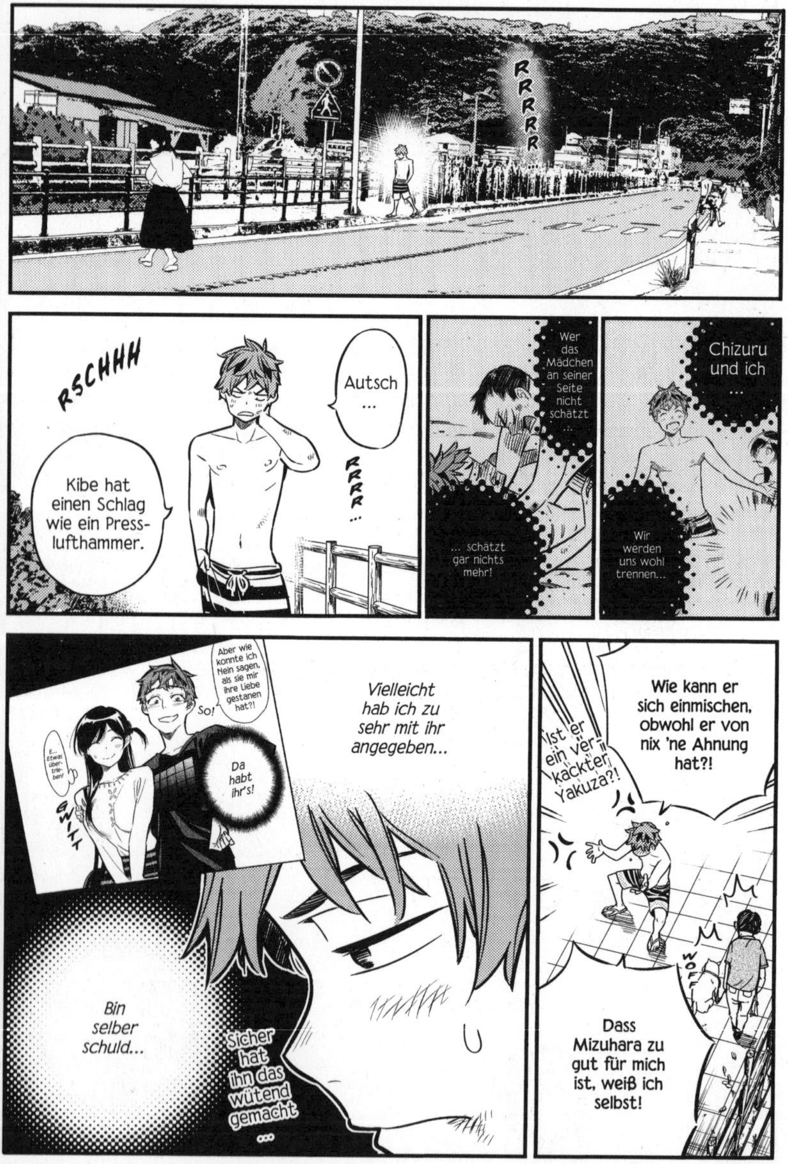
RRRR
Chizuru und ich …
Wir werden uns wohl trennen…
Wer das Mädchen an seiner Seite nicht schätzt …
… schätzt gar nichts mehr!
RSCHHH
Autsch …
Kibe hat einen Schlag wie ein Presslufthammer.
RRRR …
Wie kann er sich einmischen, obwohl er von nix 'ne Ahnung hat?!
Ist er ein verkackter Yakuza?!
WOFF
Dass Mizuhara zu gut für mich ist, weiß ich selbst!
Vielleicht hab ich zu sehr mit ihr angegeben…
Aber wie konnte ich Nein sagen, als sie mir ihre Liebe gestanen hat?!
So!
Da habt ihr's!
E… Etwas übertrieben!
GWITT
Sicher hat ihn das wütend gemacht …
Bin selber schuld…

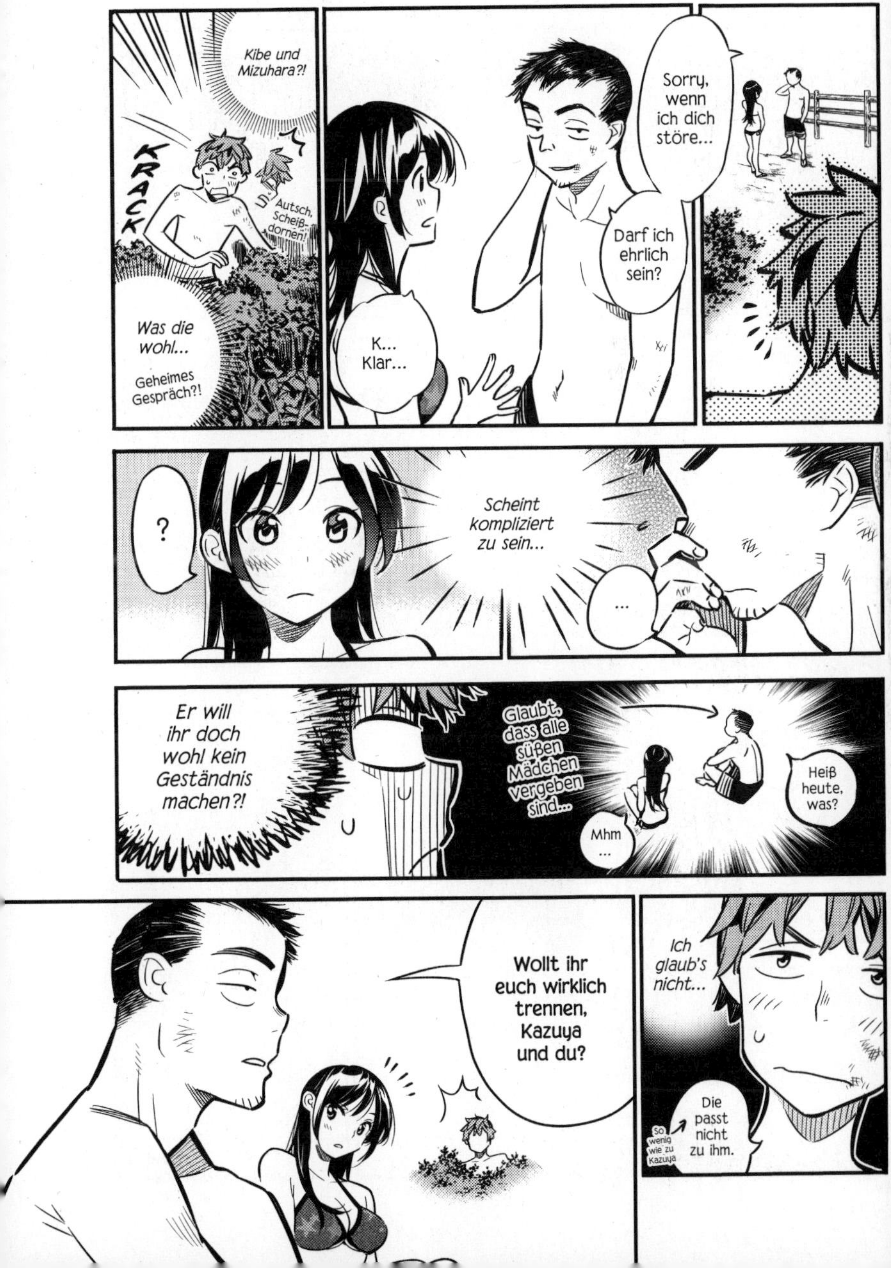

Sorry, wenn ich dich störe...
Darf ich ehrlich sein?
K... Klar...
Kibe und Mizuhara?!
KRACK
Autsch, Scheißdornen!
Was die wohl...
Geheimes Gespräch?!
...
Scheint kompliziert zu sein...
?
Heiß heute, was?
Mhm ...
Glaubt, dass alle süßen Mädchen vergeben sind...
Er will ihr doch wohl kein Geständnis machen?!
Ich glaub's nicht...
Die passt nicht zu ihm.
So wenig wie zu Kazuya
Wollt ihr euch wirklich trennen, Kazuya und du?

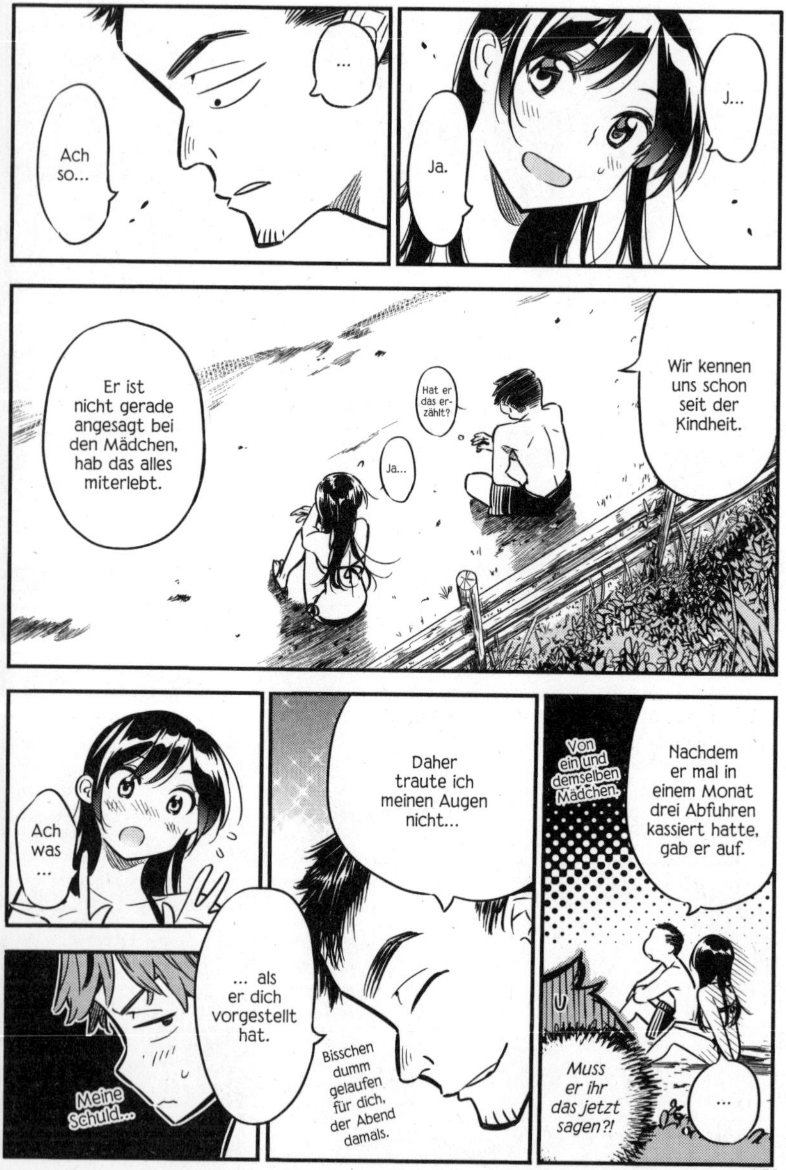
J...
Ja.
...
Ach so...
Wir kennen uns schon seit der Kindheit.
Hat er das erzählt?
Ja...
Er ist nicht gerade angesagt bei den Mädchen, hab das alles miterlebt.
Nachdem er mal in einem Monat drei Abfuhren kassiert hatte, gab er auf.
Von ein und demselben Mädchen.
Muss er ihr das jetzt sagen?!
...
Daher traute ich meinen Augen nicht...
... als er dich vorgestellt hat.
Bisschen dumm gelaufen für dich, der Abend damals.
Ach was ...
Meine Schuld...

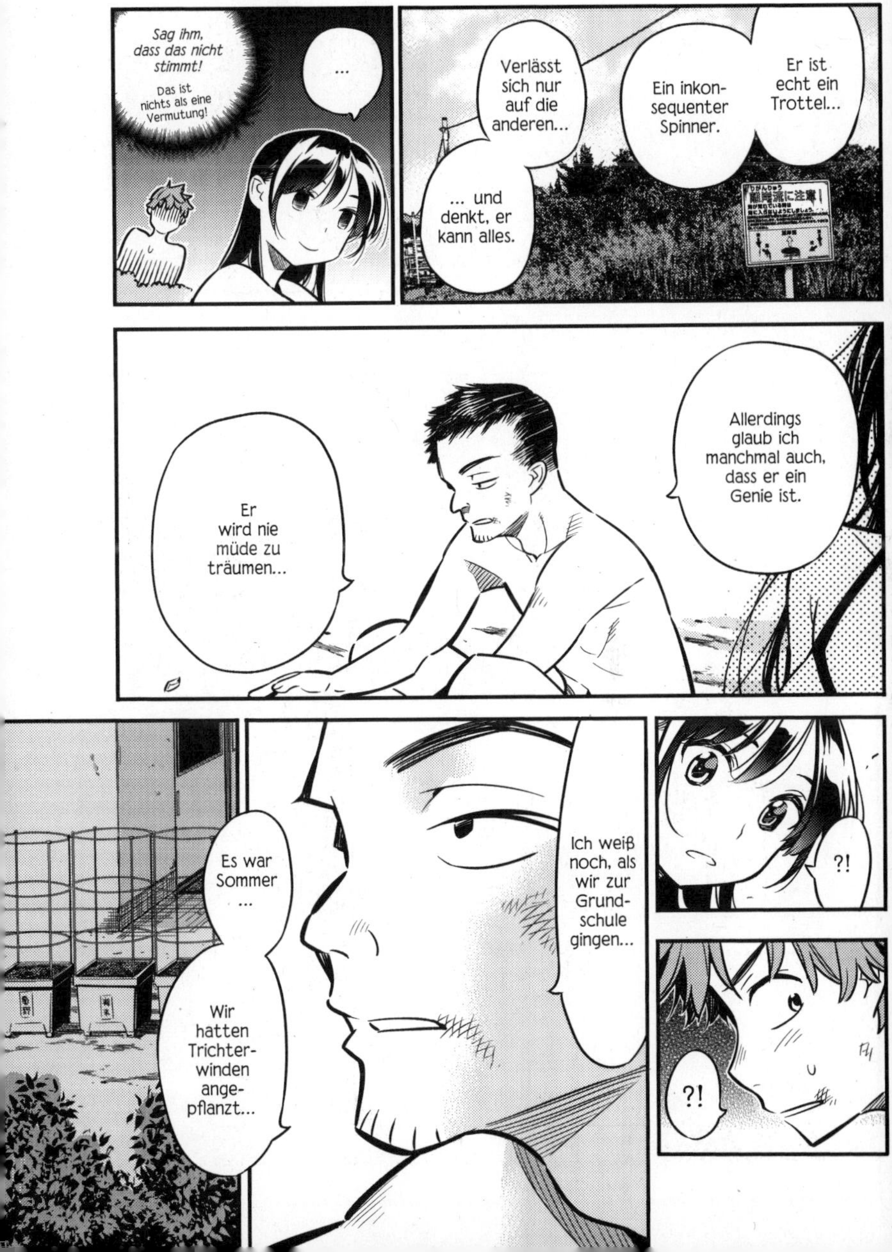
Er ist echt ein Trottel...
Ein inkonsequenter Spinner.
Verlässt sich nur auf die anderen...
... und denkt, er kann alles.
...
Sag ihm, dass das nicht stimmt!
Das ist nichts als eine Vermutung!
Allerdings glaub ich manchmal auch, dass er ein Genie ist.
Er wird nie müde zu träumen...
?!
?!
Ich weiß noch, als wir zur Grundschule gingen...
Es war Sommer ...
Wir hatten Trichterwinden angepflanzt...

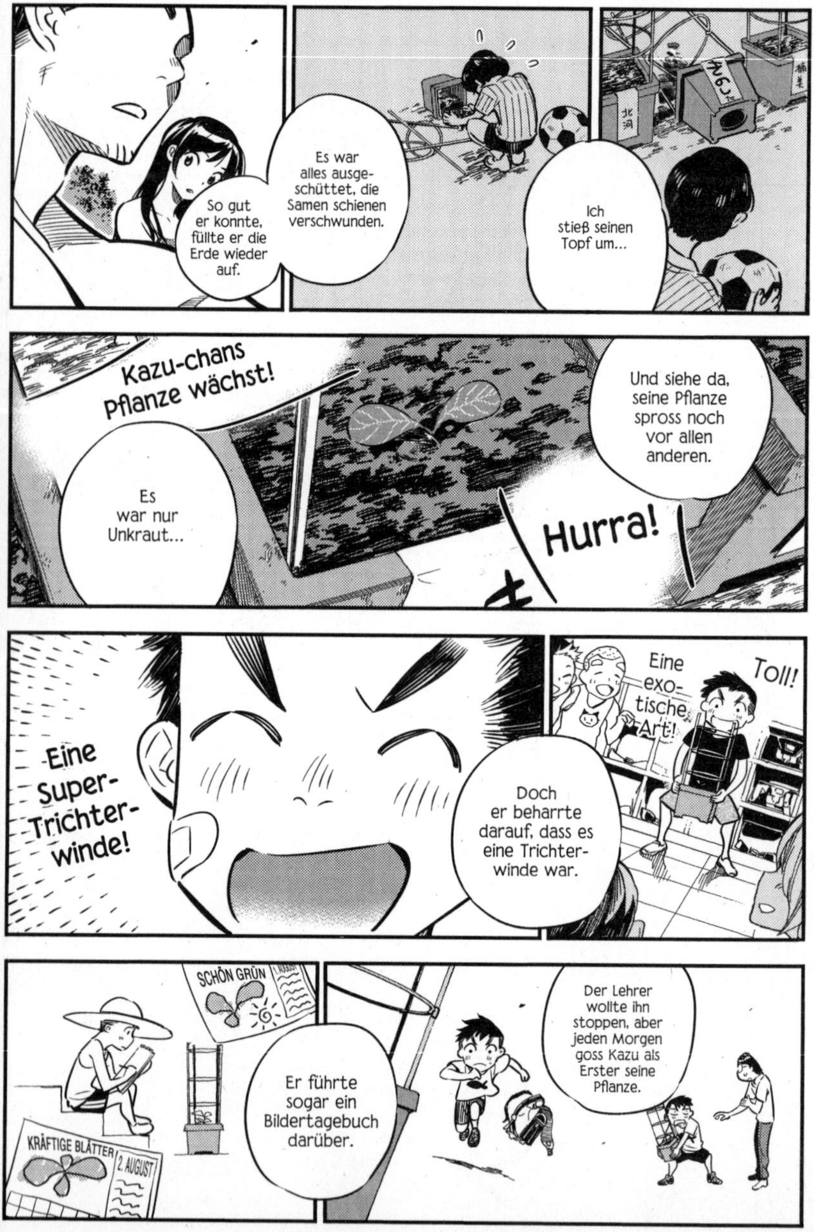
Ich stieß seinen Topf um...
Es war alles ausgeschüttet, die Samen schienen verschwunden.
So gut er konnte, füllte er die Erde wieder auf.
Und siehe da, seine Pflanze spross noch vor allen anderen.
Hurra!
Kazu-chans Pflanze wächst!
Es war nur Unkraut...
Toll!
Eine exotische Art!
Doch er beharrte darauf, dass es eine Trichterwinde war.
Eine Super-Trichterwinde!
Der Lehrer wollte ihn stoppen, aber jeden Morgen goss Kazu als Erster seine Pflanze.
Er führte sogar ein Bildertagebuch darüber.
SCHÖN GRÜN
1. AUGUST
KRÄFTIGE BLÄTTER
2. AUGUST

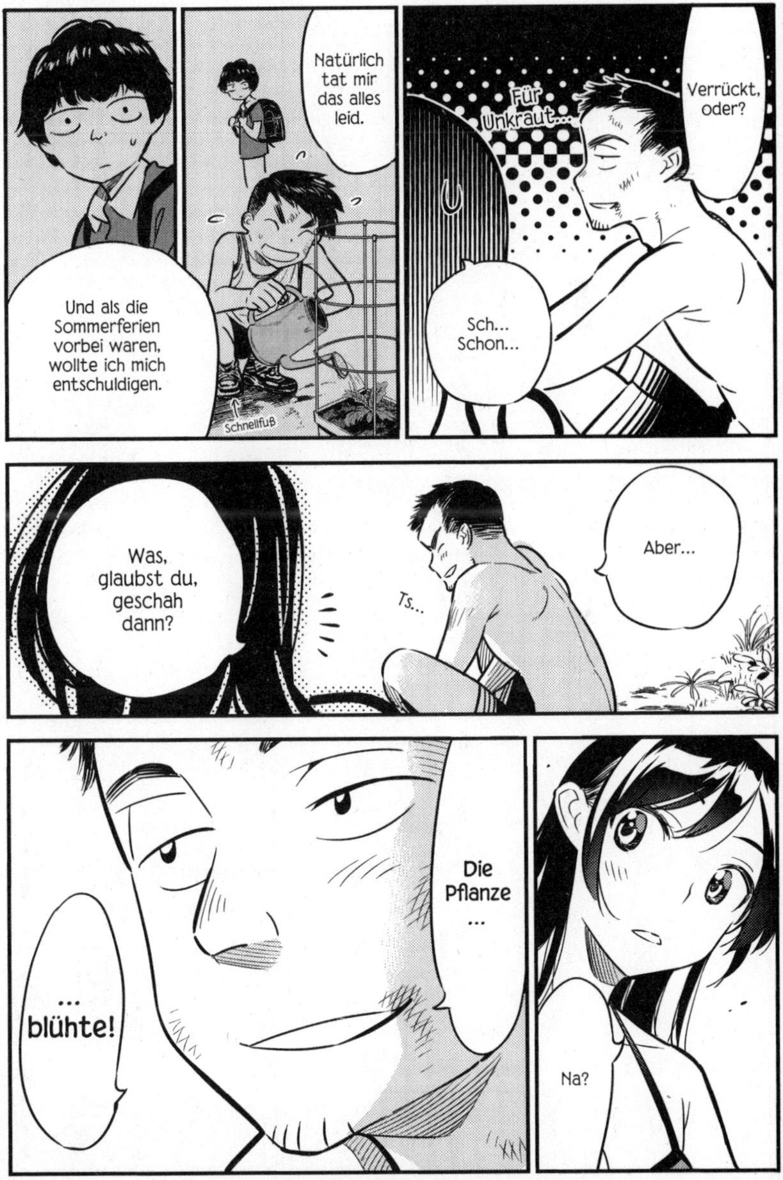
Verrückt, oder?
Für Unkraut...
Sch... Schon...
Natürlich tat mir das alles leid.
Schnellfuß
Und als die Sommerferien vorbei waren, wollte ich mich entschuldigen.
Aber...
Ts...
Was, glaubst du, geschah dann?
Na?
Die Pflanze ...
... blühte!

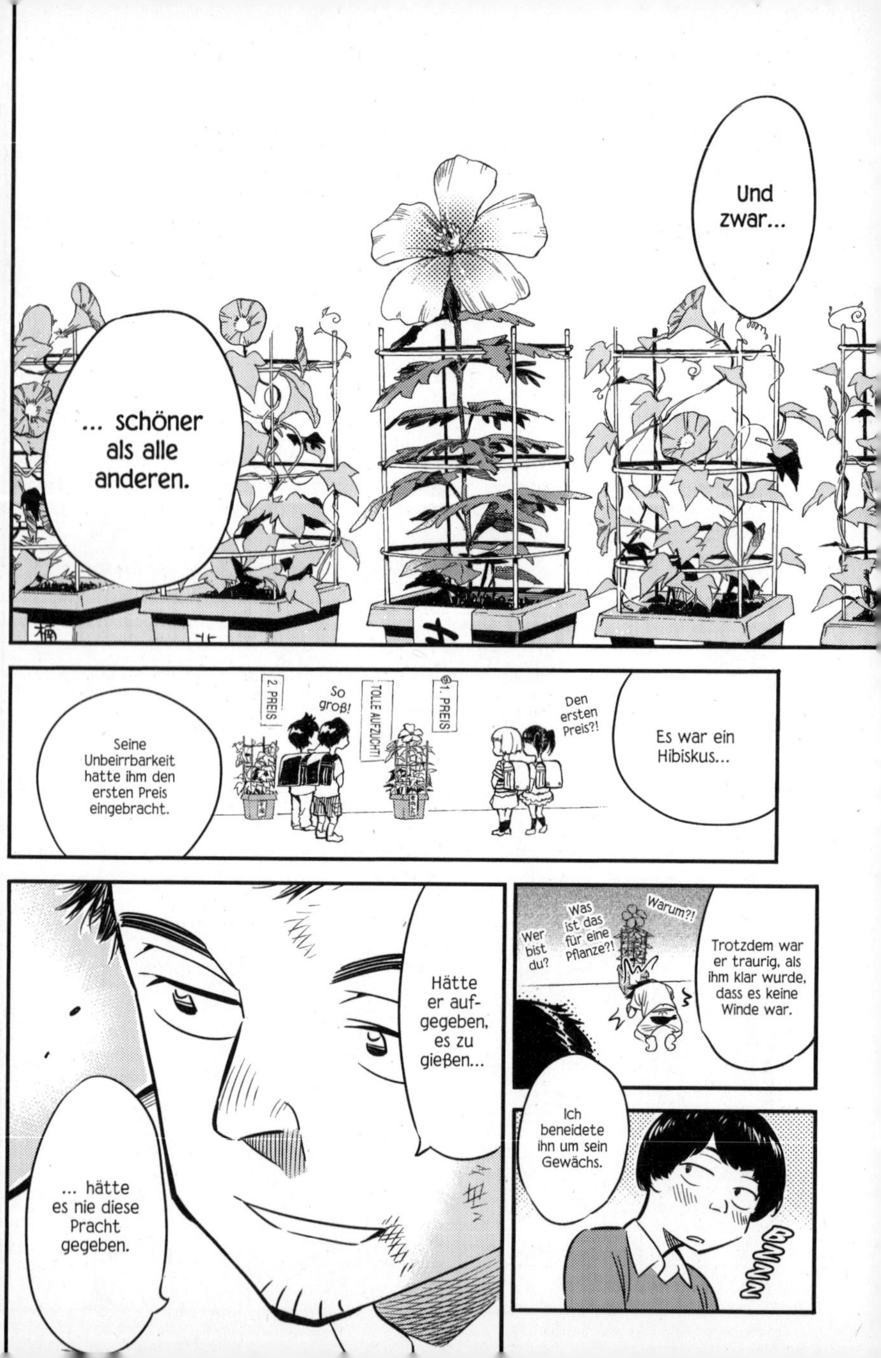

Und zwar...
... schöner als alle anderen.
Es war ein Hibiskus...
Den ersten Preis?!
1. PREIS
TOLLE AUFZUCHT!
So groß!
2. PREIS
Seine Unbeirrbarkeit hatte ihm den ersten Preis eingebracht.
Trotzdem war er traurig, als ihm klar wurde, dass es keine Winde war.
Warum?!
Was ist das für eine Pflanze?!
Wer bist du?
Ich beneidete ihn um sein Gewächs.
Hätte er aufgegeben, es zu gießen...
... hätte es nie diese Pracht gegeben.

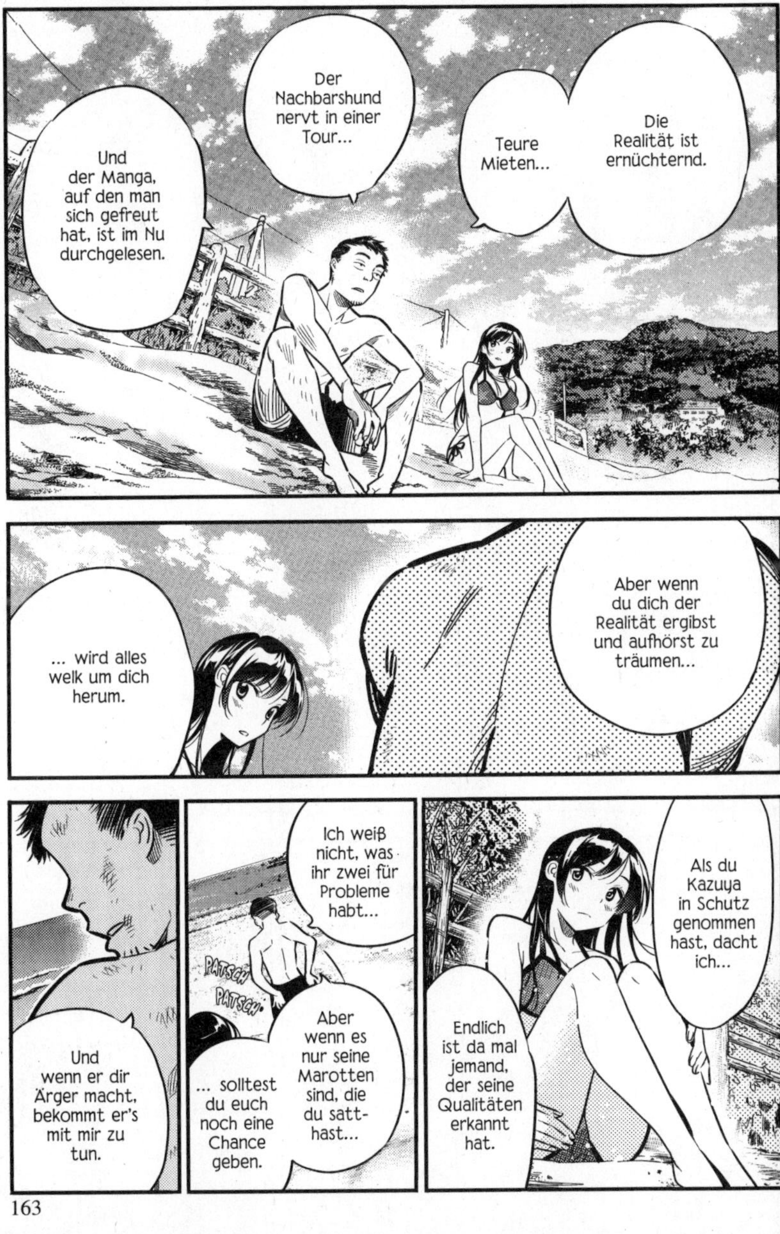

Die Realität ist ernüchternd.
Teure Mieten...
Der Nachbarshund nervt in einer Tour...
Und der Manga, auf den man sich gefreut hat, ist im Nu durchgelesen.
Aber wenn du dich der Realität ergibst und aufhörst zu träumen...
... wird alles welk um dich herum.
Als du Kazuya in Schutz genommen hast, dacht ich...
Endlich ist da mal jemand, der seine Qualitäten erkannt hat.
Ich weiß nicht, was ihr zwei für Probleme habt...
PATSCH
PATSCH
Aber wenn es nur seine Marotten sind, die du satt-hast...
... solltest du euch noch eine Chance geben.
Und wenn er dir Ärger macht, bekommt er's mit mir zu tun.

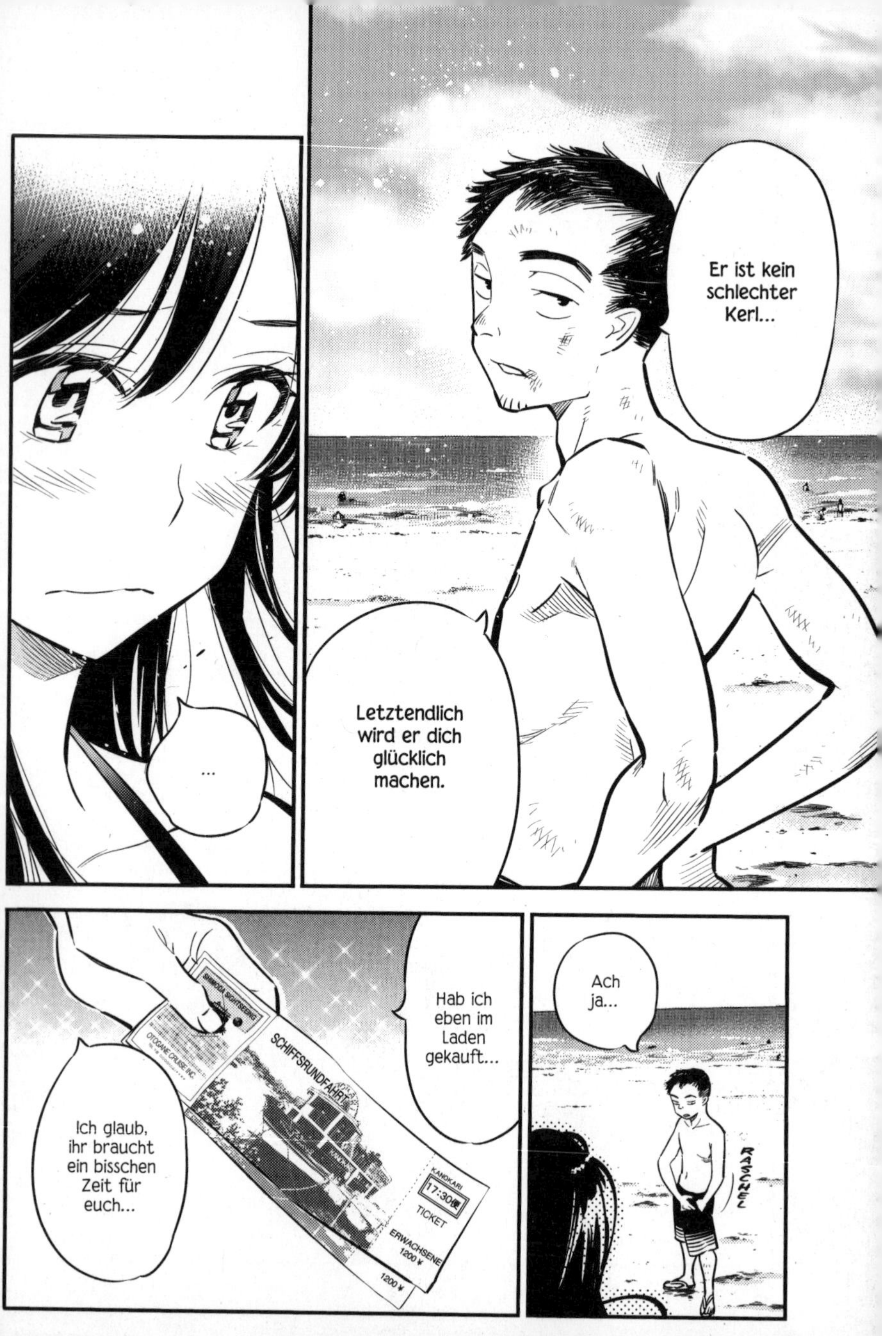
Er ist kein schlechter Kerl...
Letztendlich wird er dich glücklich machen.
...
Ach ja...
RASCHEL
Hab ich eben im Laden gekauft...
Ich glaub, ihr braucht ein bisschen Zeit für euch...
SHIMODA SIGHTSEEING
OTOGANE CRUISE INC.
SCHIFFSRUNDFAHRT
KANOKARI
17:30
TICKET
ERWACHSENE 1200 ¥
1200 ¥

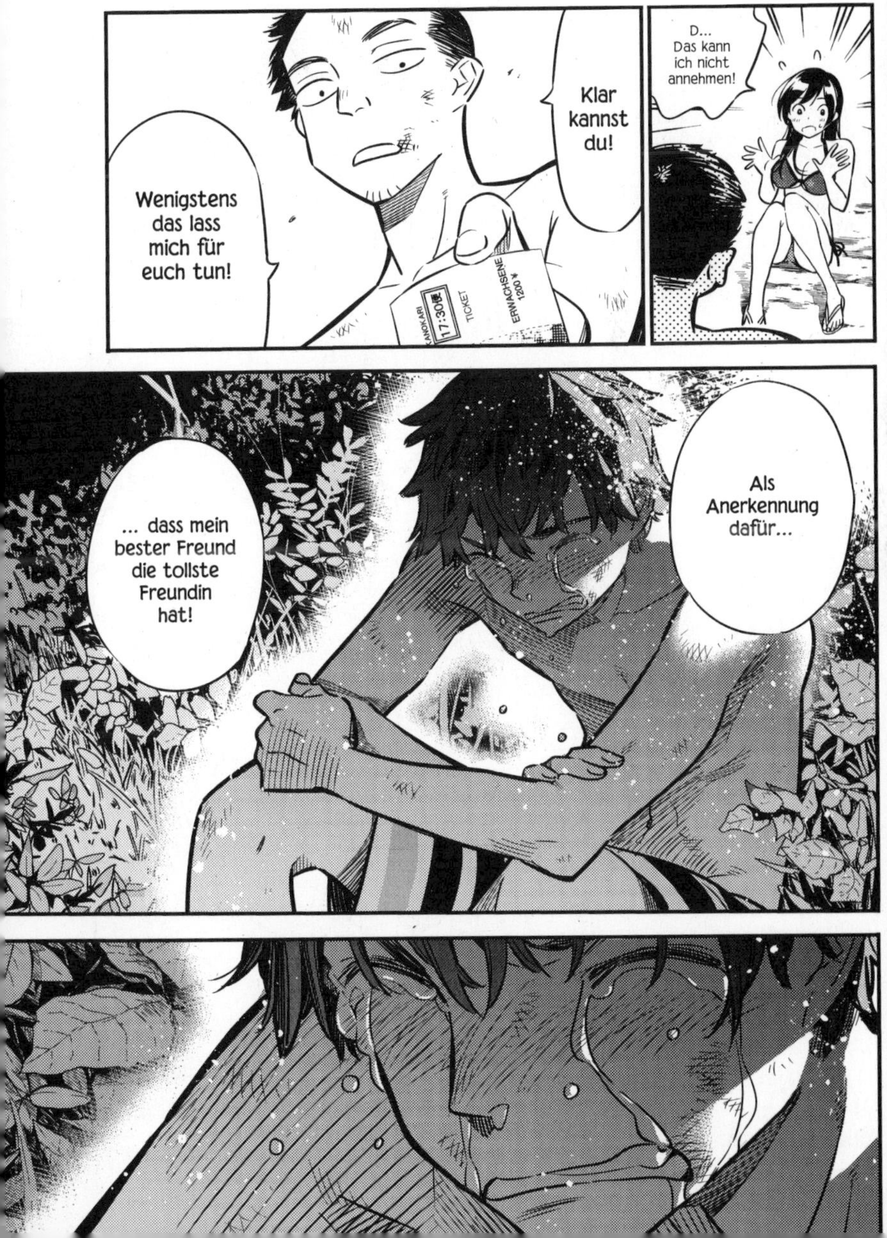
D... Das kann ich nicht annehmen!
Klar kannst du!
Wenigstens das lass mich für euch tun!
Als Anerkennung dafür...
... dass mein bester Freund die tollste Freundin hat!

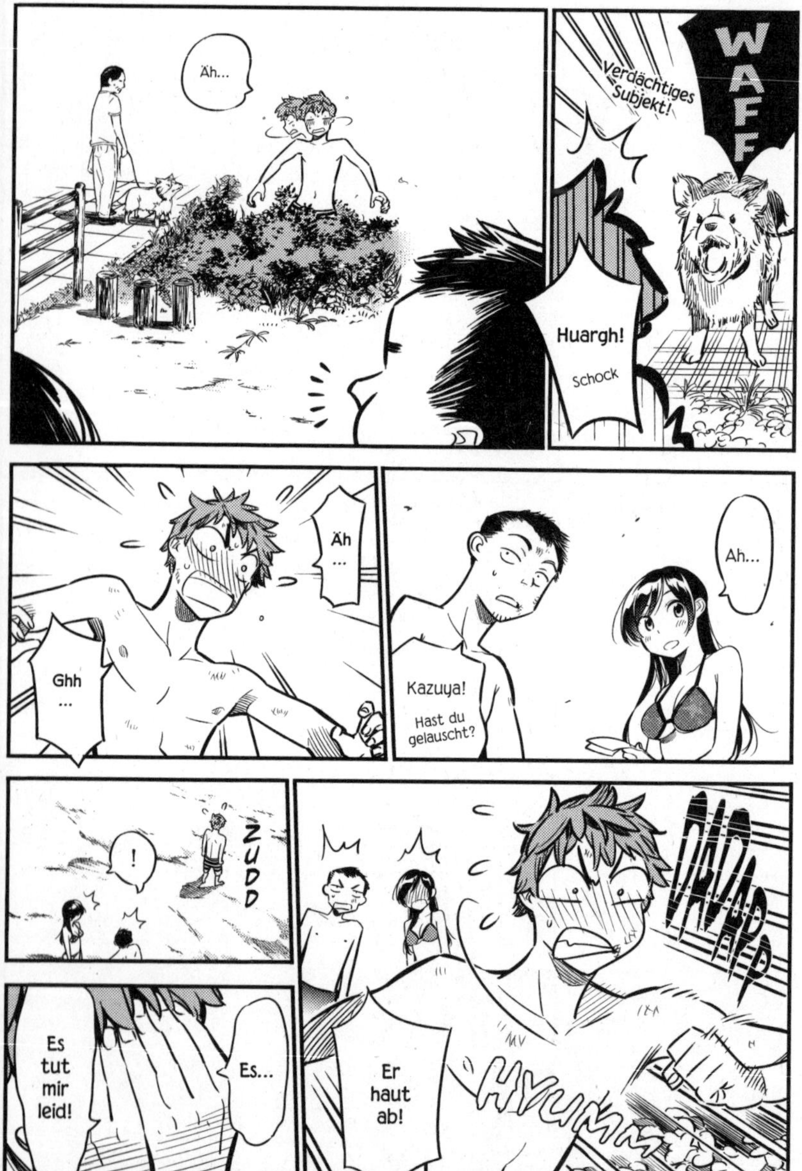

WAFF
Verdächtiges Subjekt!
Huargh!
Schock
Äh...
Ah...
Kazuya!
Hast du gelauscht?
Äh ...
Ghh ...
DAVAPP
ZUDD
!
Er haut ab!
HYUMM
Es...
Es tut mir leid!

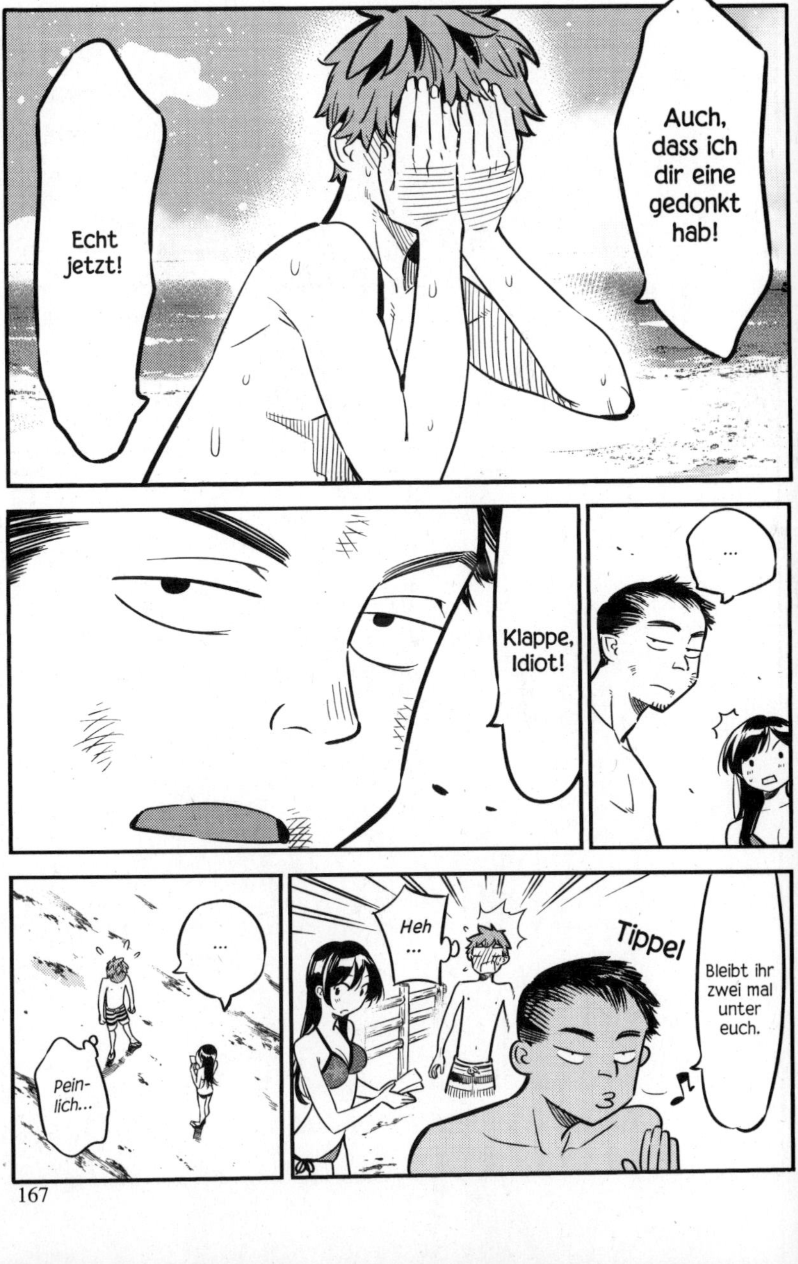
Auch, dass ich dir eine gedonkt hab!
Echt jetzt!
...
Klappe, Idiot!
Bleibt ihr zwei mal unter euch.
Tippel
Heh ...
...
Pein-lich...

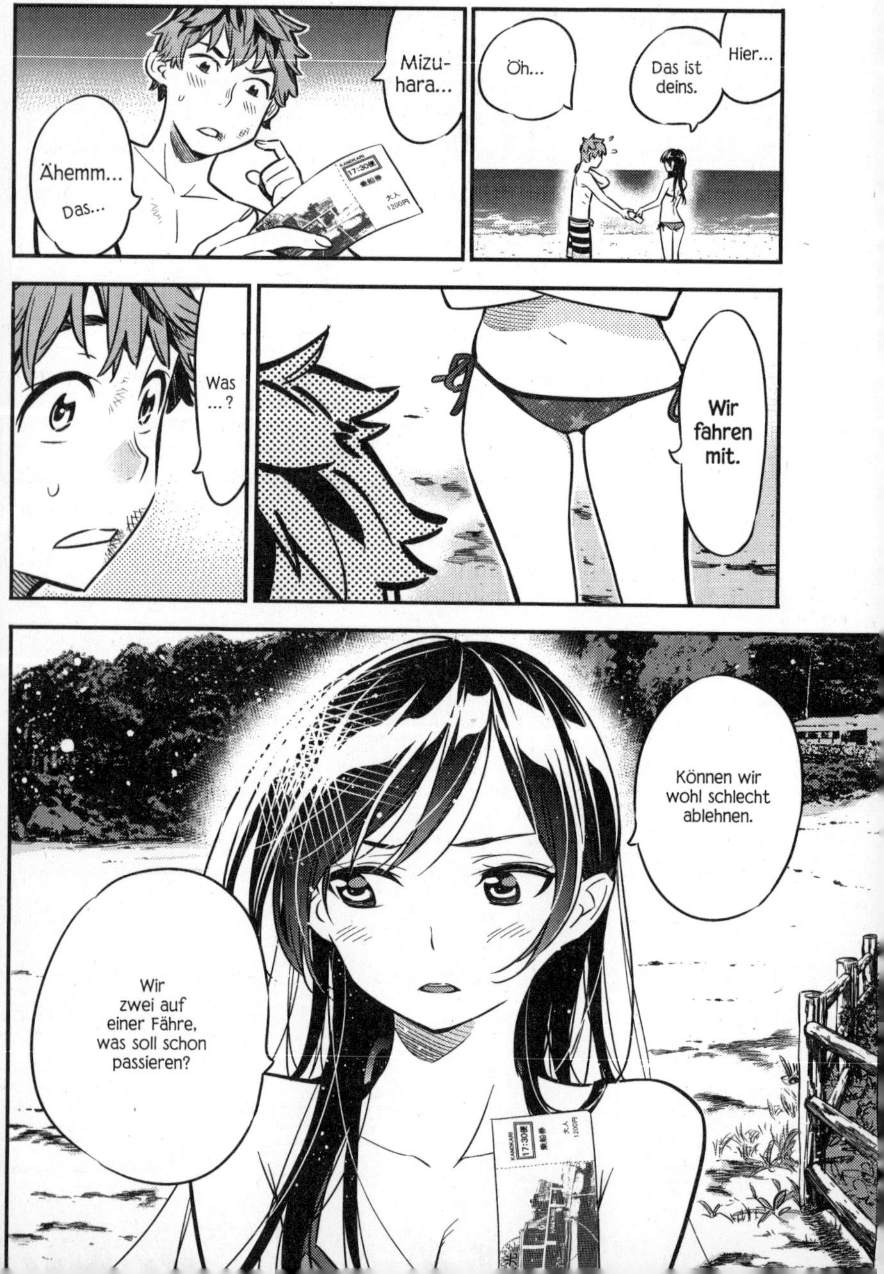
Hier...
Das ist deins.
Öh...
Mizu-hara...
Ähemm... Das...
Wir fahren mit.
Was ...?
Können wir wohl schlecht ablehnen.
Wir zwei auf einer Fähre, was soll schon passieren?

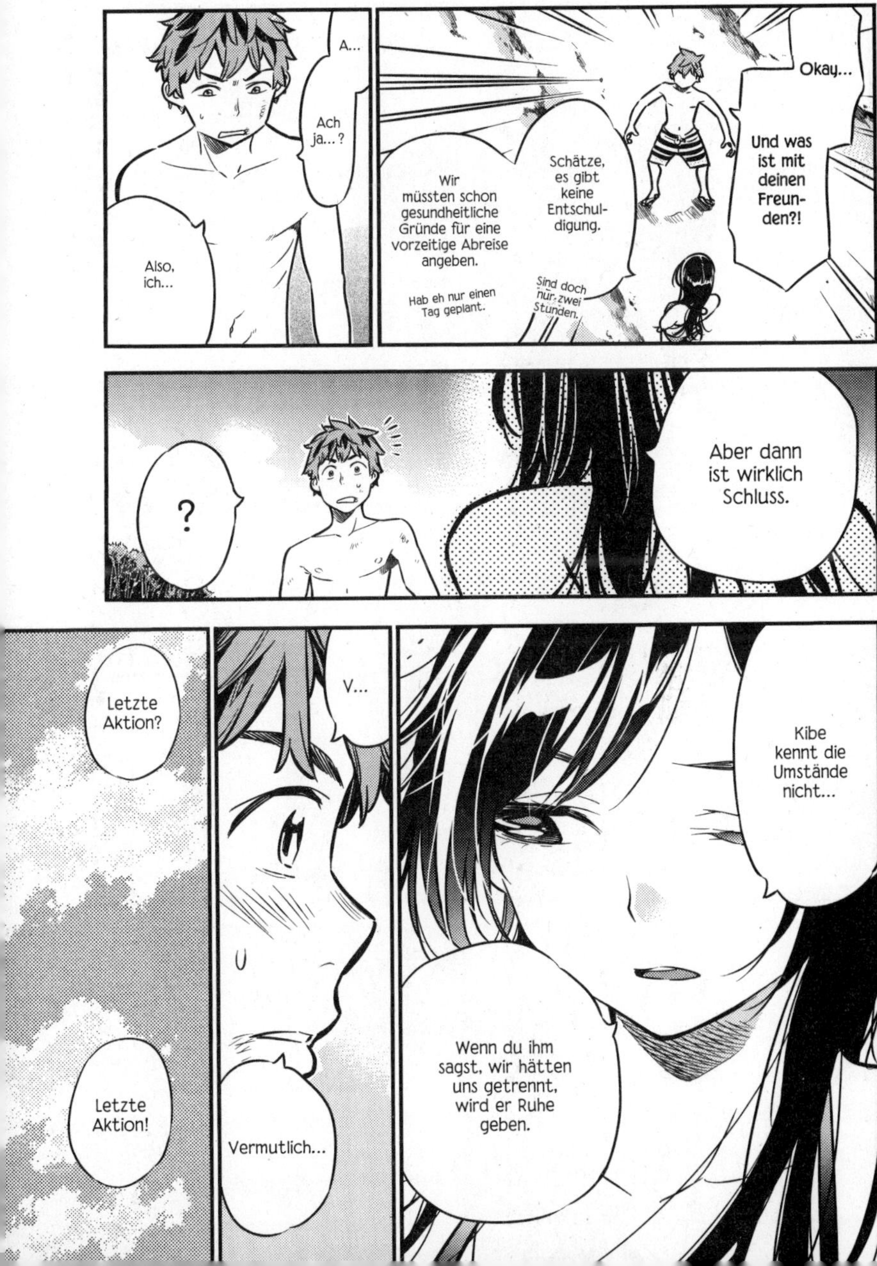
Okay...
Und was ist mit deinen Freunden?!
Schätze, es gibt keine Entschuldigung.
Sind doch nur zwei Stunden.
Wir müssten schon gesundheitliche Gründe für eine vorzeitige Abreise angeben.
Hab eh nur einen Tag geplant.
A...
Ach ja...?
Also, ich...
Aber dann ist wirklich Schluss.
?
Kibe kennt die Umstände nicht...
Wenn du ihm sagst, wir hätten uns getrennt, wird er Ruhe geben.
V...
Vermutlich...
Letzte Aktion?
Letzte Aktion!

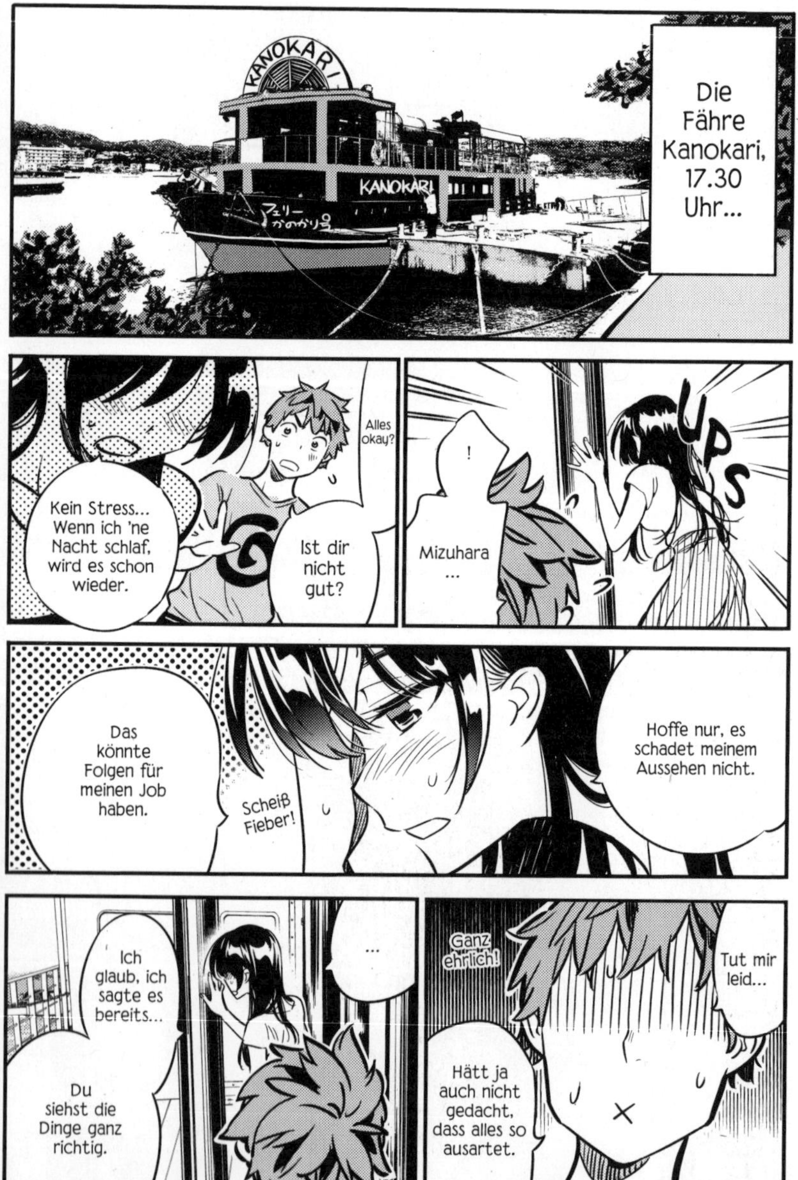
KANOKARI
KANOKARI
フェリー かのかり号
Die Fähre Kanokari, 17.30 Uhr...
UPS
!
Mizuhara ...
Alles okay?
Ist dir nicht gut?
Kein Stress... Wenn ich 'ne Nacht schlaf, wird es schon wieder.
Hoffe nur, es schadet meinem Aussehen nicht.
Scheiß Fieber!
Das könnte Folgen für meinen Job haben.
Tut mir leid...
Ganz ehrlich!
Hätt ja auch nicht gedacht, dass alles so ausartet.
...
Ich glaub, ich sagte es bereits...
Du siehst die Dinge ganz richtig.

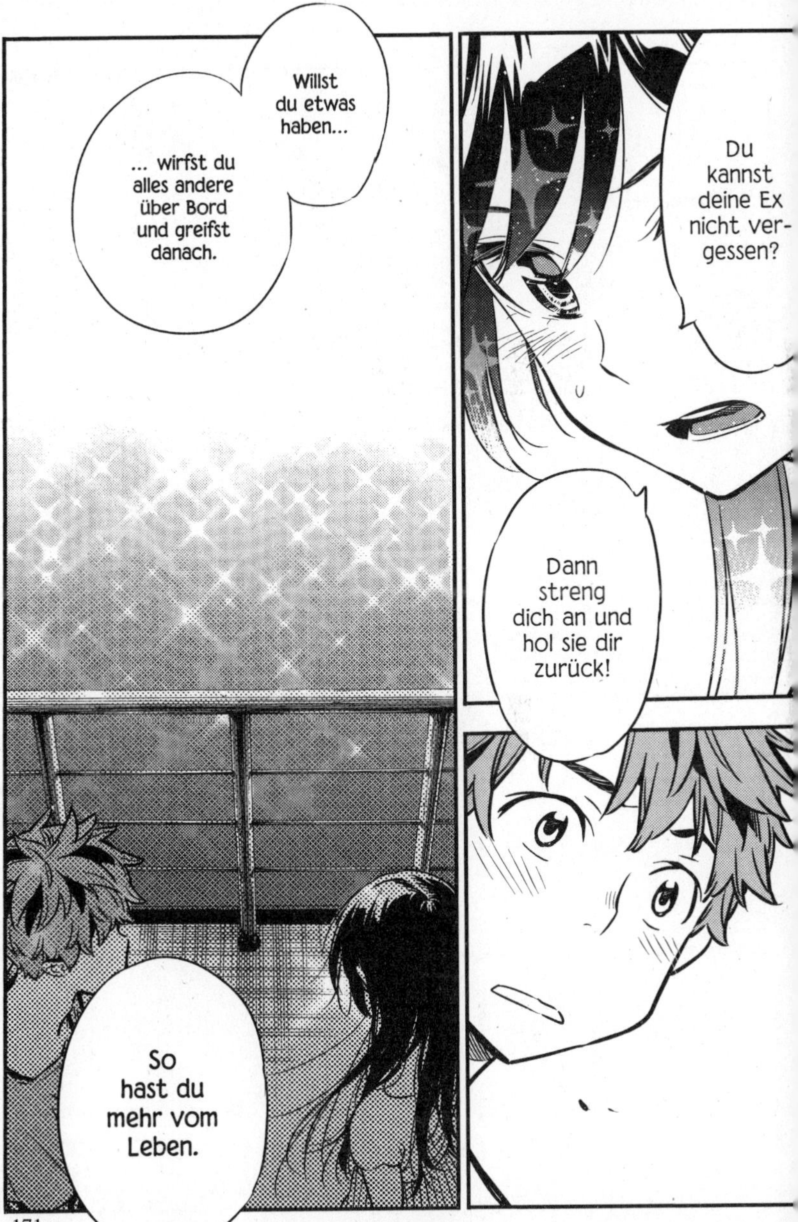
Du kannst deine Ex nicht vergessen?
Dann streng dich an und hol sie dir zurück!
Willst du etwas haben...
... wirfst du alles andere über Bord und greifst danach.
So hast du mehr vom Leben.

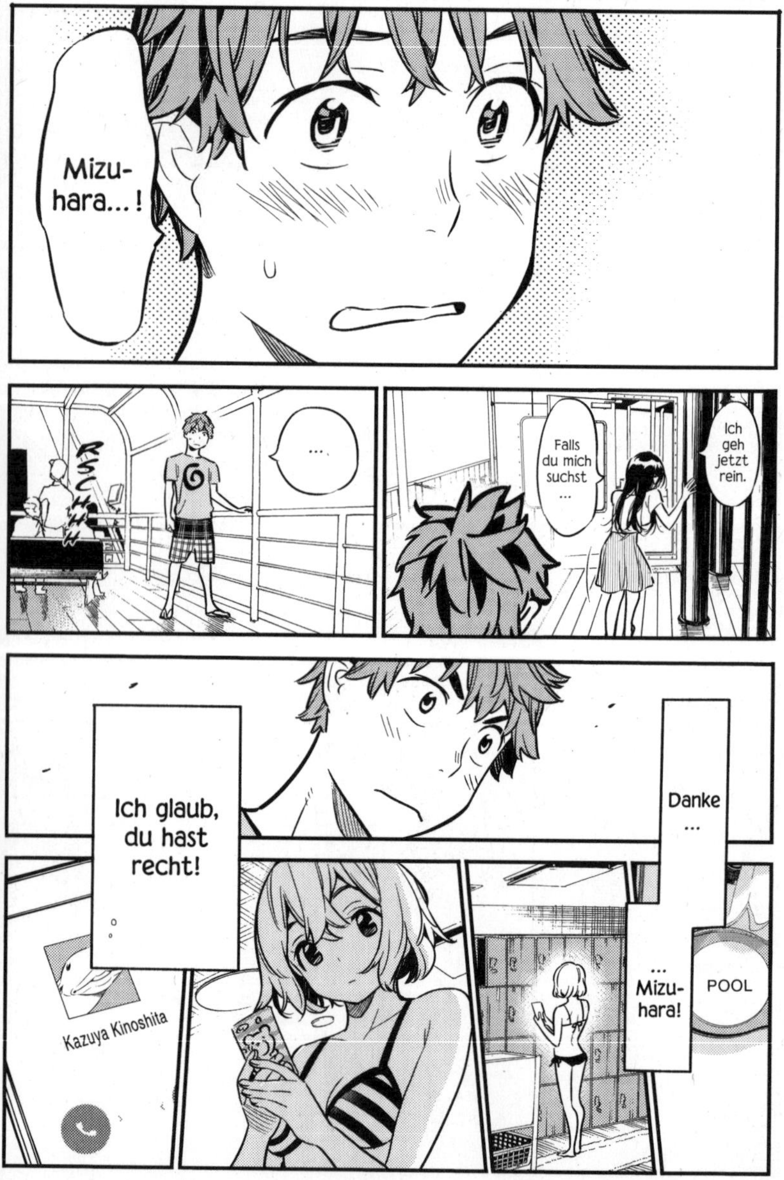
Mizu-hara...!
Ich geh jetzt rein.
Falls du mich suchst ...
...
RSCHHH
Danke ...
Ich glaub, du hast recht!
... Mizu-hara!
POOL
Kazuya Kinoshita

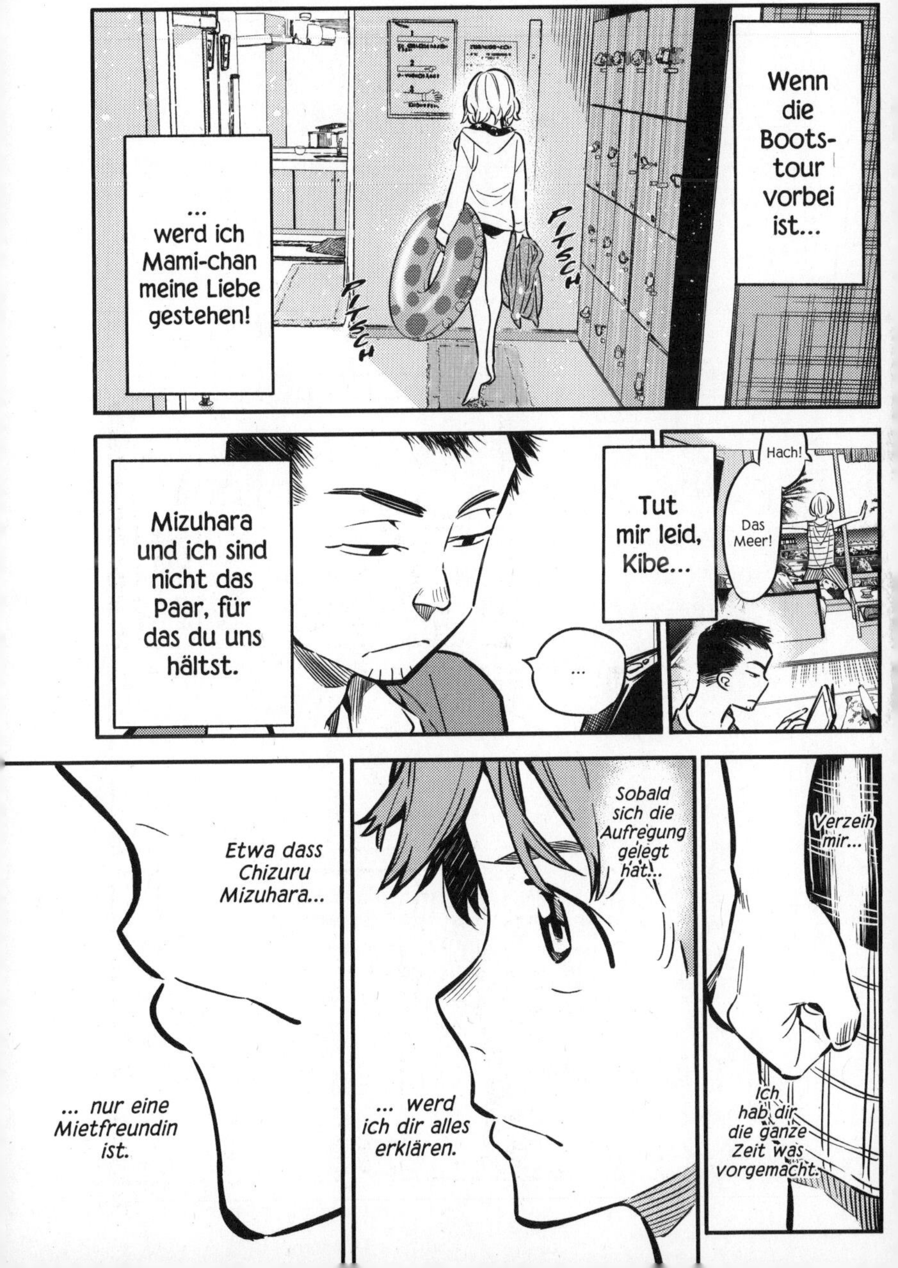
Wenn die Boots-tour vorbei ist...
PITSCH
PITSCH
... werd ich Mami-chan meine Liebe gestehen!
Hach!
Das Meer!
Tut mir leid, Kibe...
...
Mizuhara und ich sind nicht das Paar, für das du uns hältst.
Verzeih mir...
Ich hab dir die ganze Zeit was vorgemacht.
Sobald sich die Aufregung gelegt hat...
... werd ich dir alles erklären.
Etwa dass Chizuru Mizuhara...
... nur eine Mietfreundin ist.

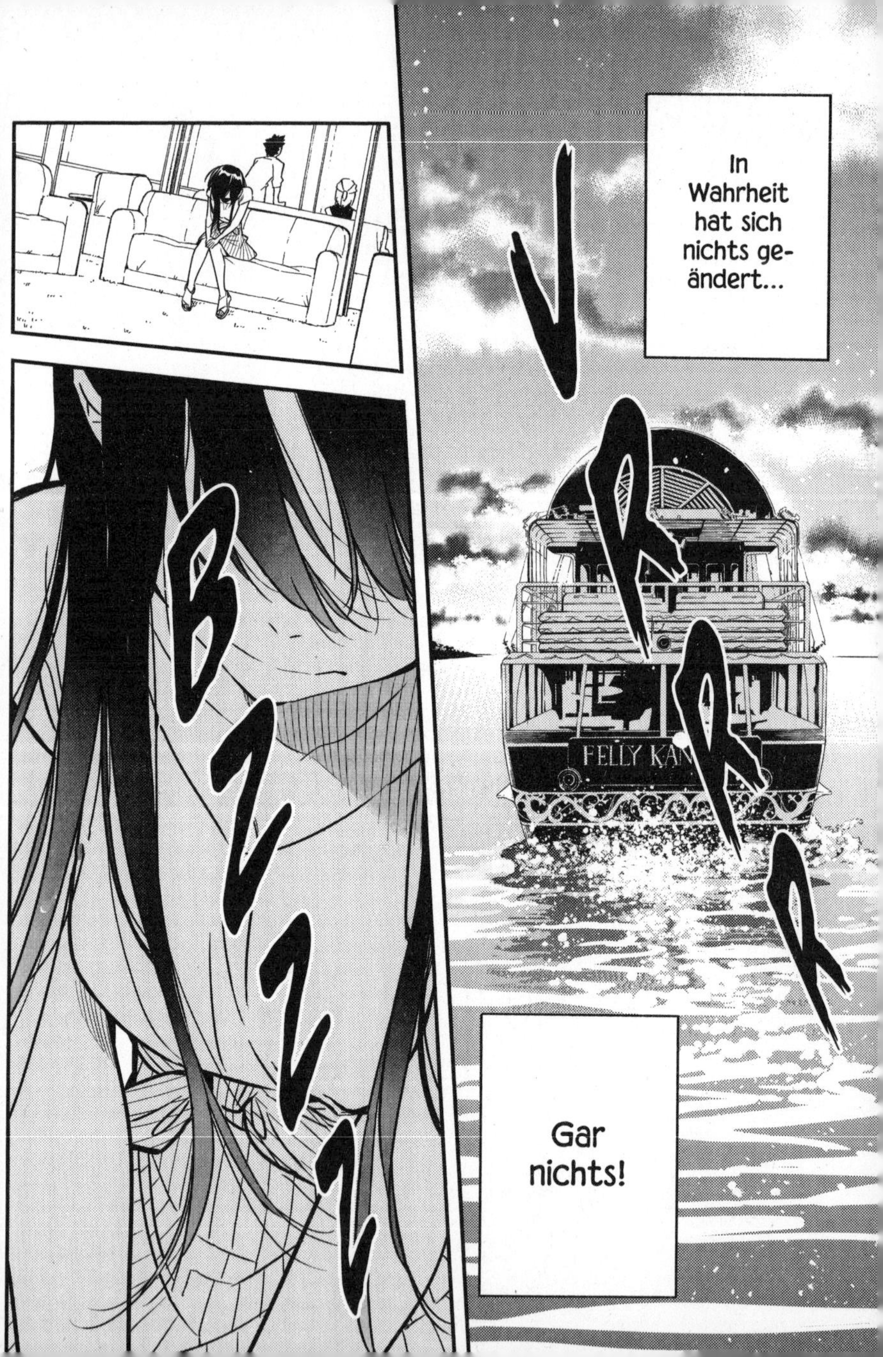
In Wahrheit hat sich nichts geändert...
VRRRR
Gar nichts!

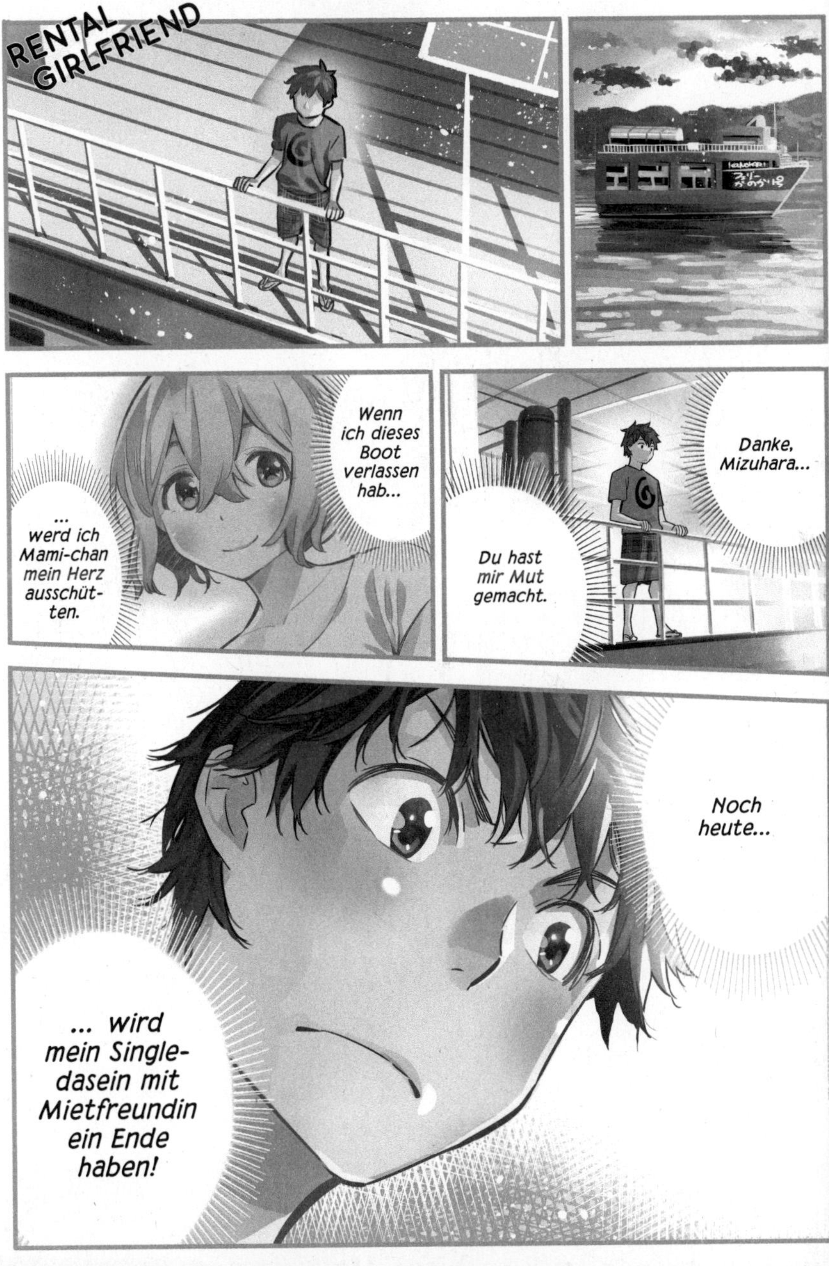
RENTAL GIRLFRIEND
Danke, Mizuhara...
Du hast mir Mut gemacht.
Wenn ich dieses Boot verlassen hab...
... werd ich Mami-chan mein Herz ausschütten.
Noch heute...
... wird mein Single-dasein mit Mietfreundin ein Ende haben!

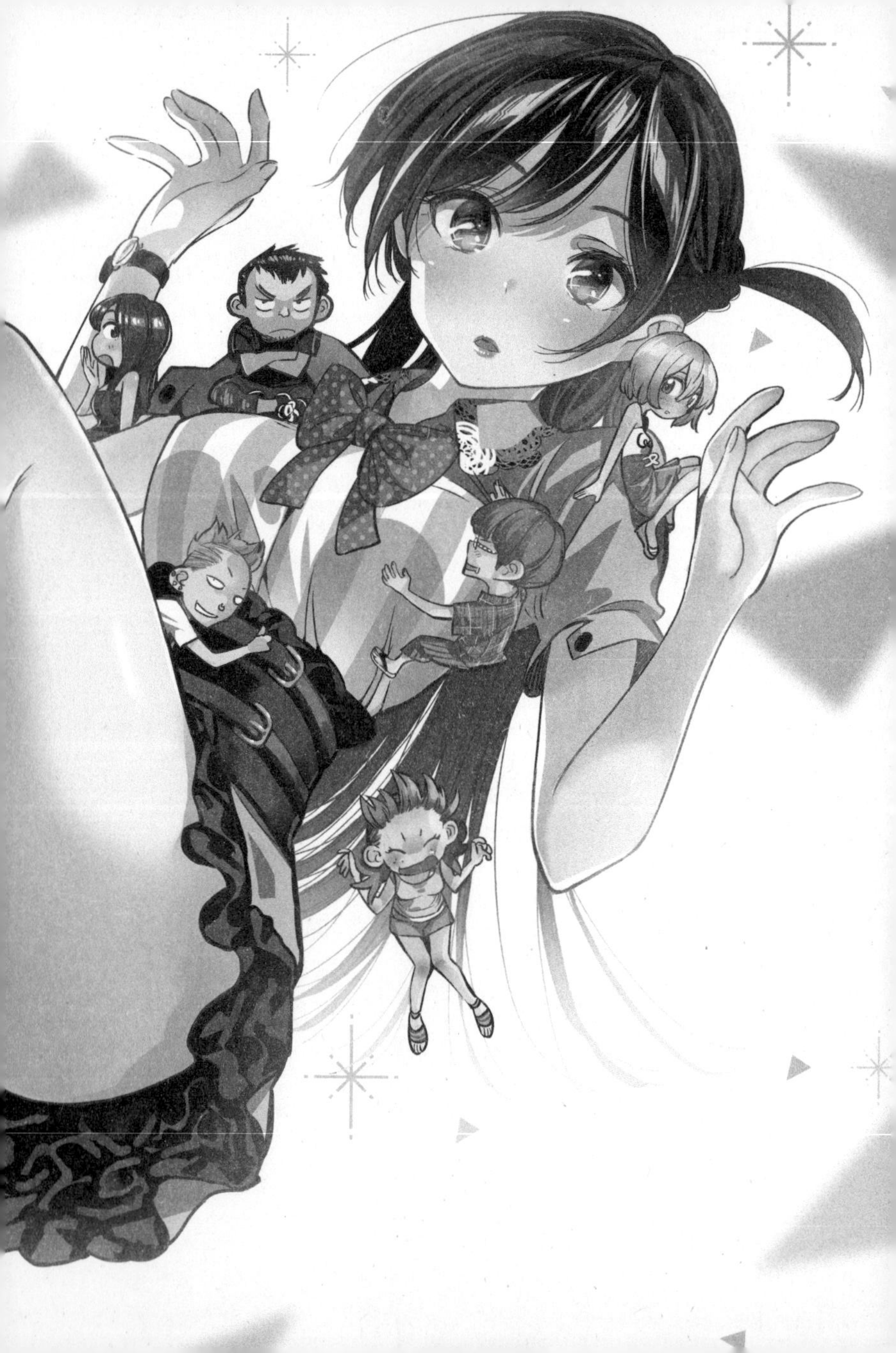

Sternchen Nr. 14 Die Freundin und das Meer ⑤

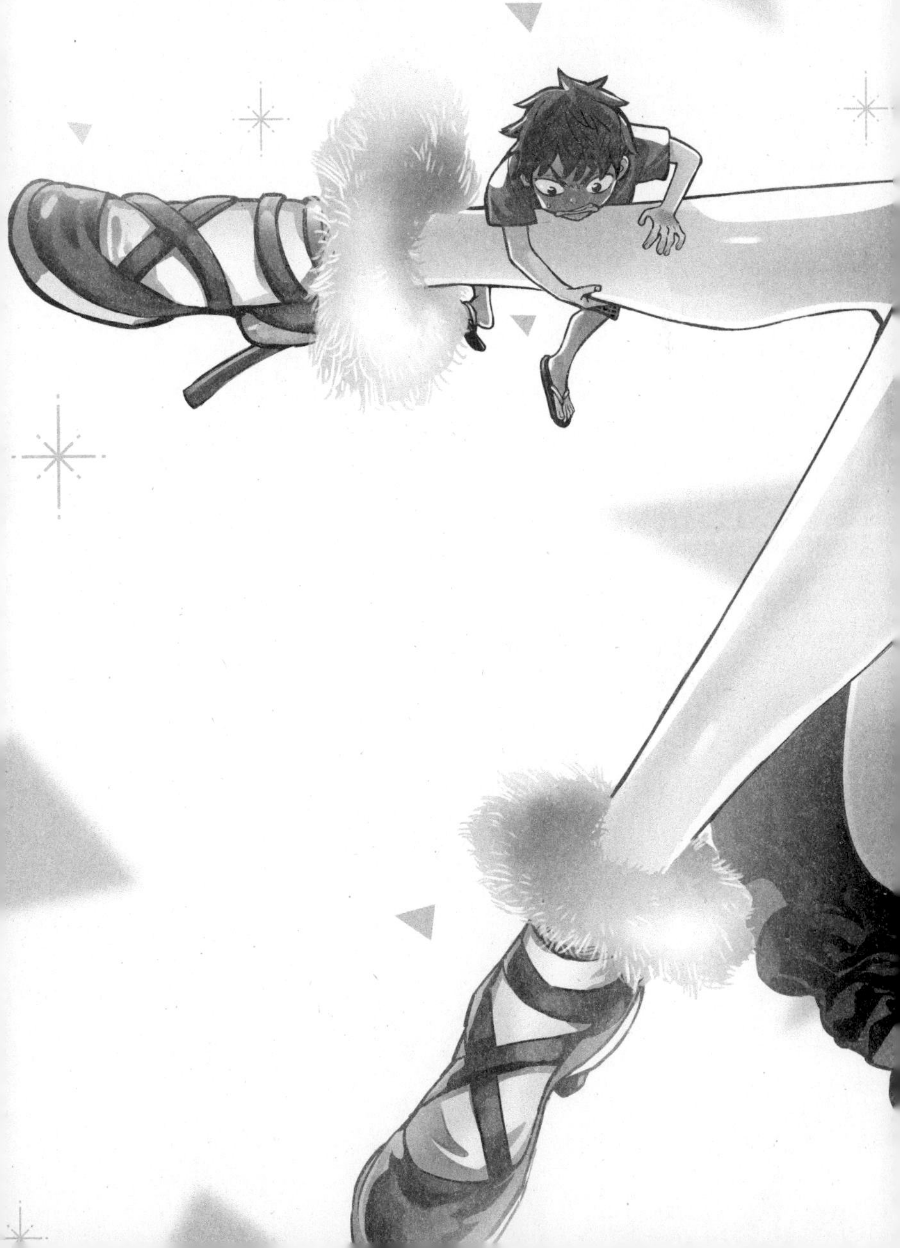

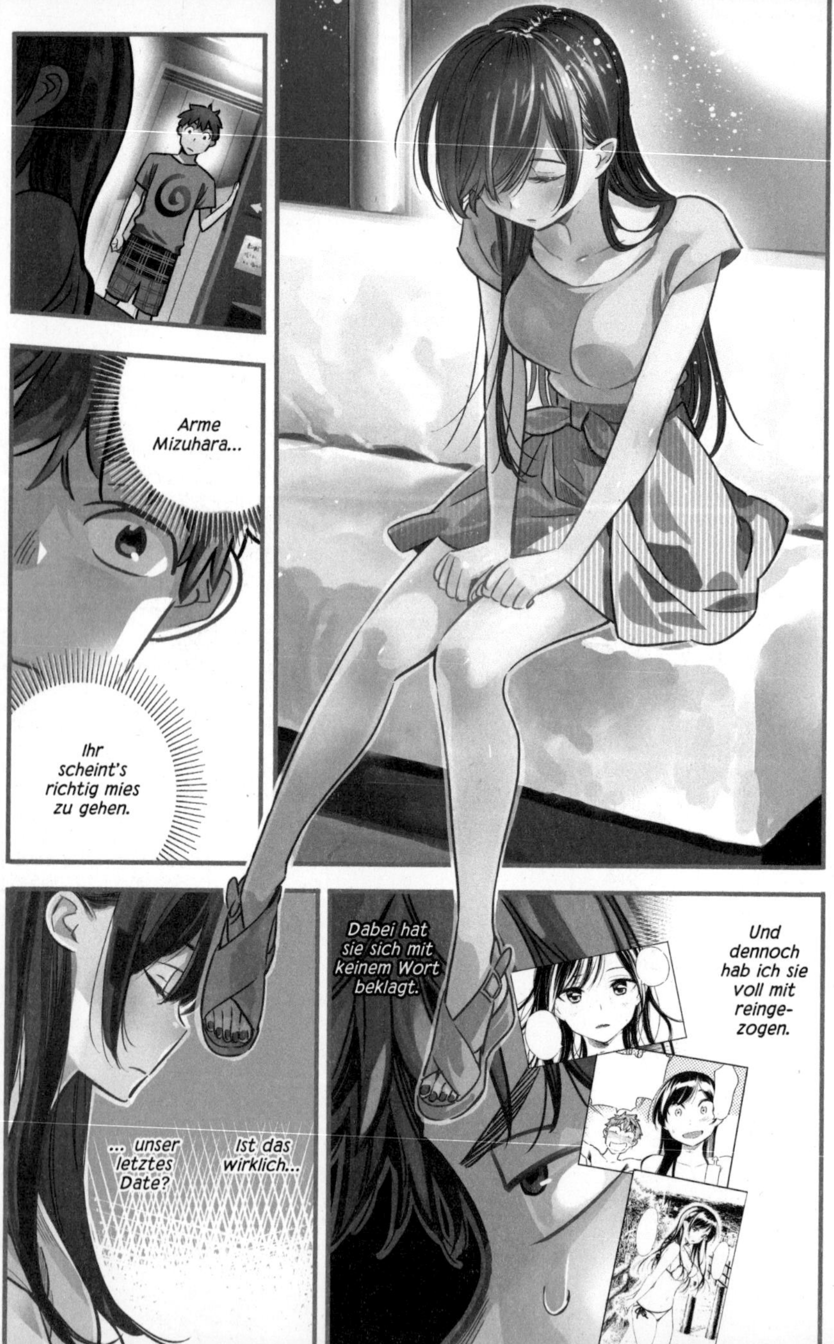
Arme Mizuhara...
Ihr scheint's richtig mies zu gehen.
Und dennoch hab ich sie voll mit reinge-zogen.
Dabei hat sie sich mit keinem Wort beklagt.
Ist das wirklich...
... unser letztes Date?

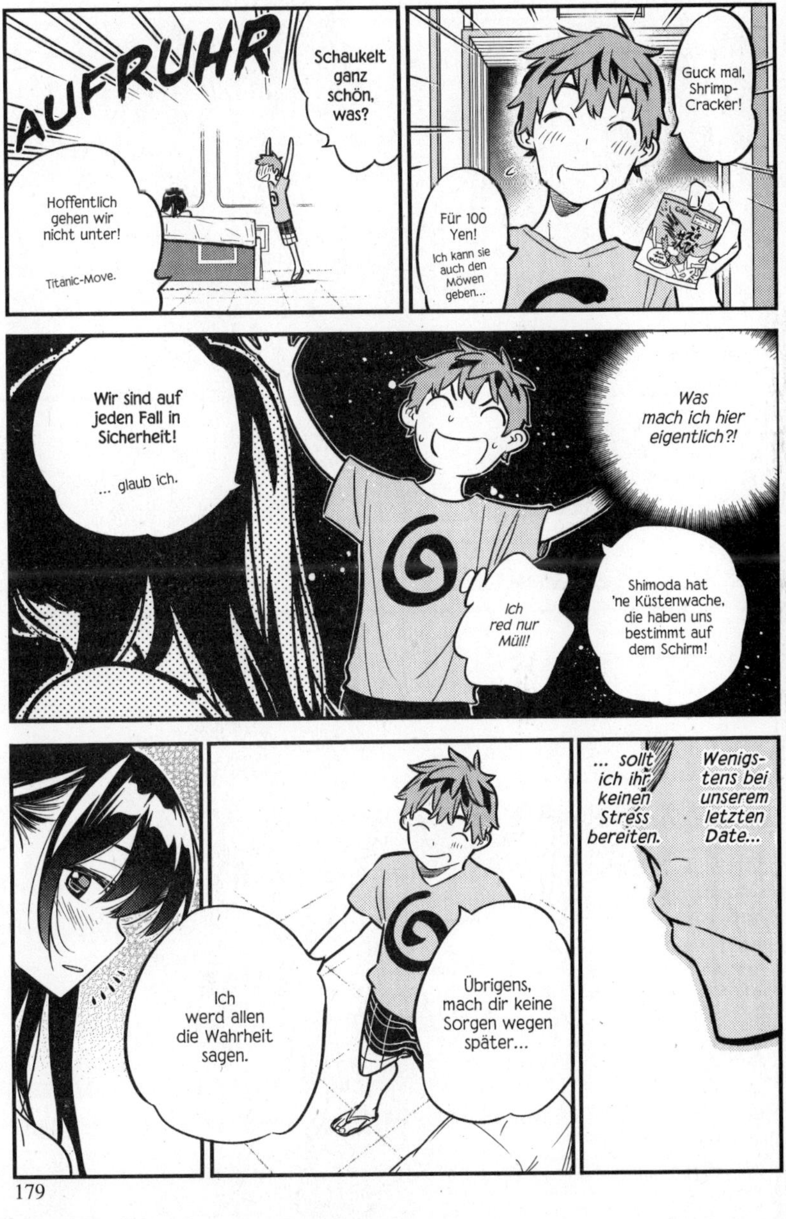
Guck mal, Shrimp-Cracker!
Für 100 Yen!
Ich kann sie auch den Möwen geben...
AUFRUHR
Schaukelt ganz schön, was?
Hoffentlich gehen wir nicht unter!
Titanic-Move.
Was mach ich hier eigentlich?!
Wir sind auf jeden Fall in Sicherheit!
... glaub ich.
Shimoda hat 'ne Küstenwache, die haben uns bestimmt auf dem Schirm!
Ich red nur Müll!
Wenigstens bei unserem letzten Date...
... sollt ich ihr keinen Stress bereiten.
Übrigens, mach dir keine Sorgen wegen später...
Ich werd allen die Wahrheit sagen.

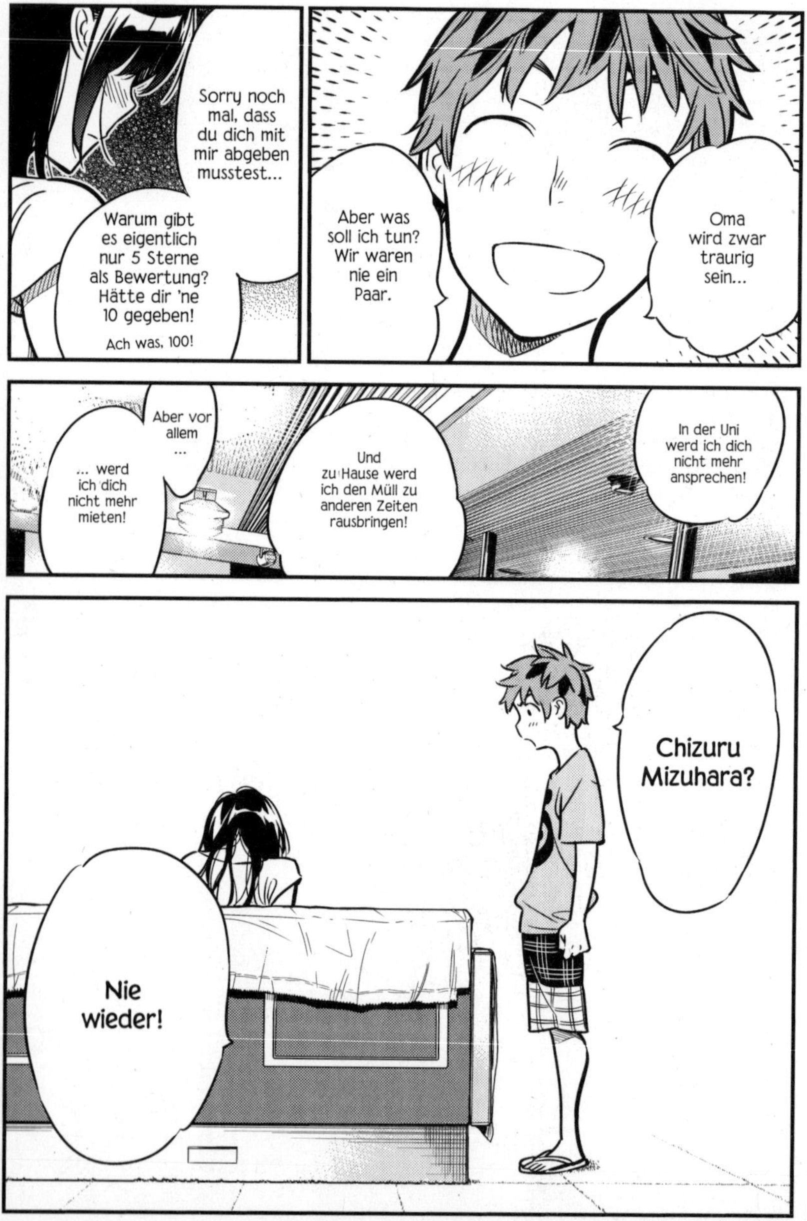
Oma wird zwar traurig sein...
Aber was soll ich tun? Wir waren nie ein Paar.
Sorry noch mal, dass du dich mit mir abgeben musstest...
Warum gibt es eigentlich nur 5 Sterne als Bewertung? Hätte dir 'ne 10 gegeben!
Ach was, 100!
In der Uni werd ich dich nicht mehr ansprechen!
Und zu Hause werd ich den Müll zu anderen Zeiten rausbringen!
Aber vor allem ...
... werd ich dich nicht mehr mieten!
Nie wieder!
Chizuru Mizuhara?

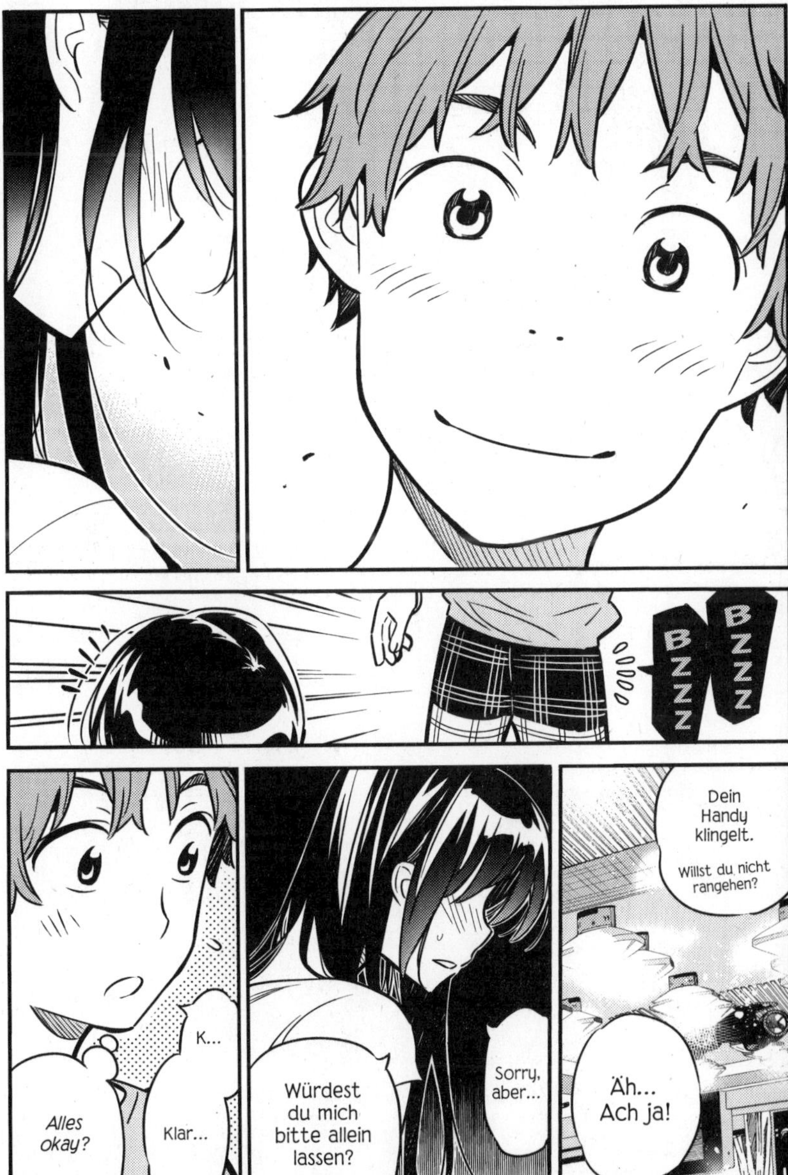
BZZZ
BZZZ
Dein Handy klingelt.
Willst du nicht rangehen?
Äh... Ach ja!
Sorry, aber...
Würdest du mich bitte allein lassen?
K...
Klar...
Alles okay?

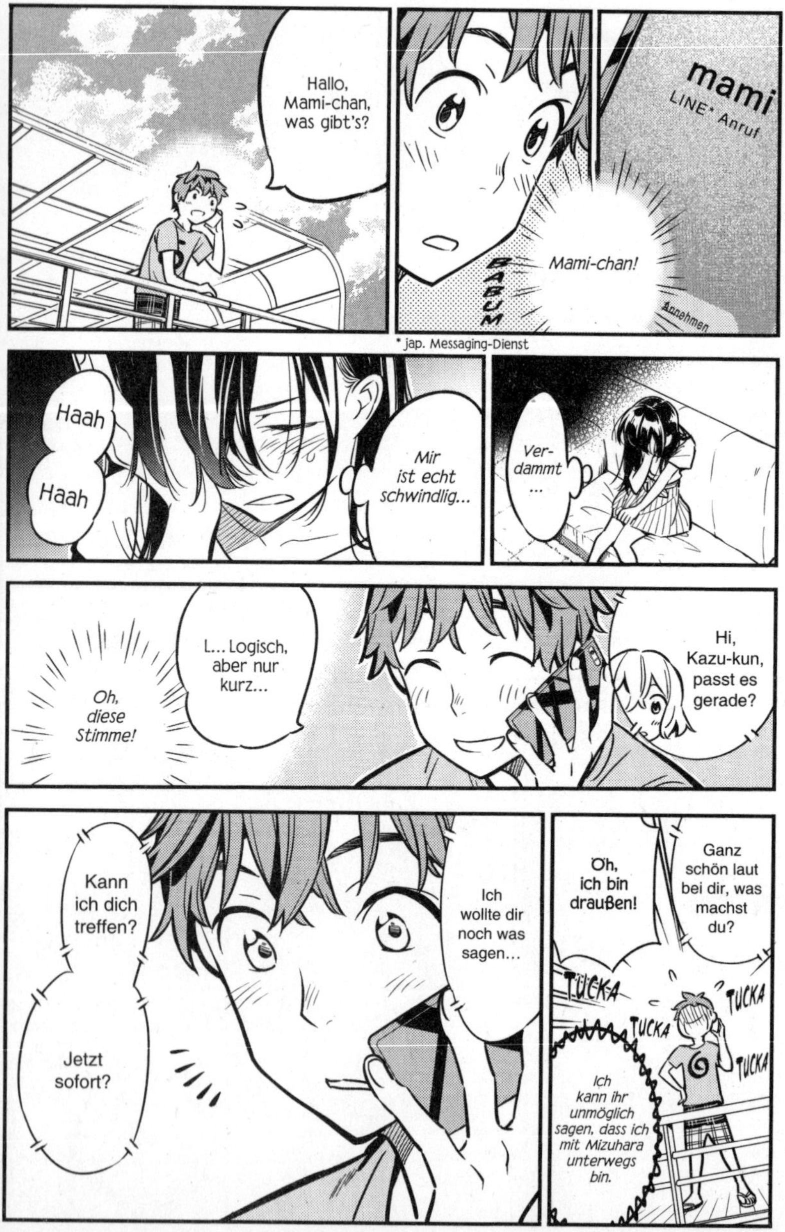

* jap. Messaging-Dienst

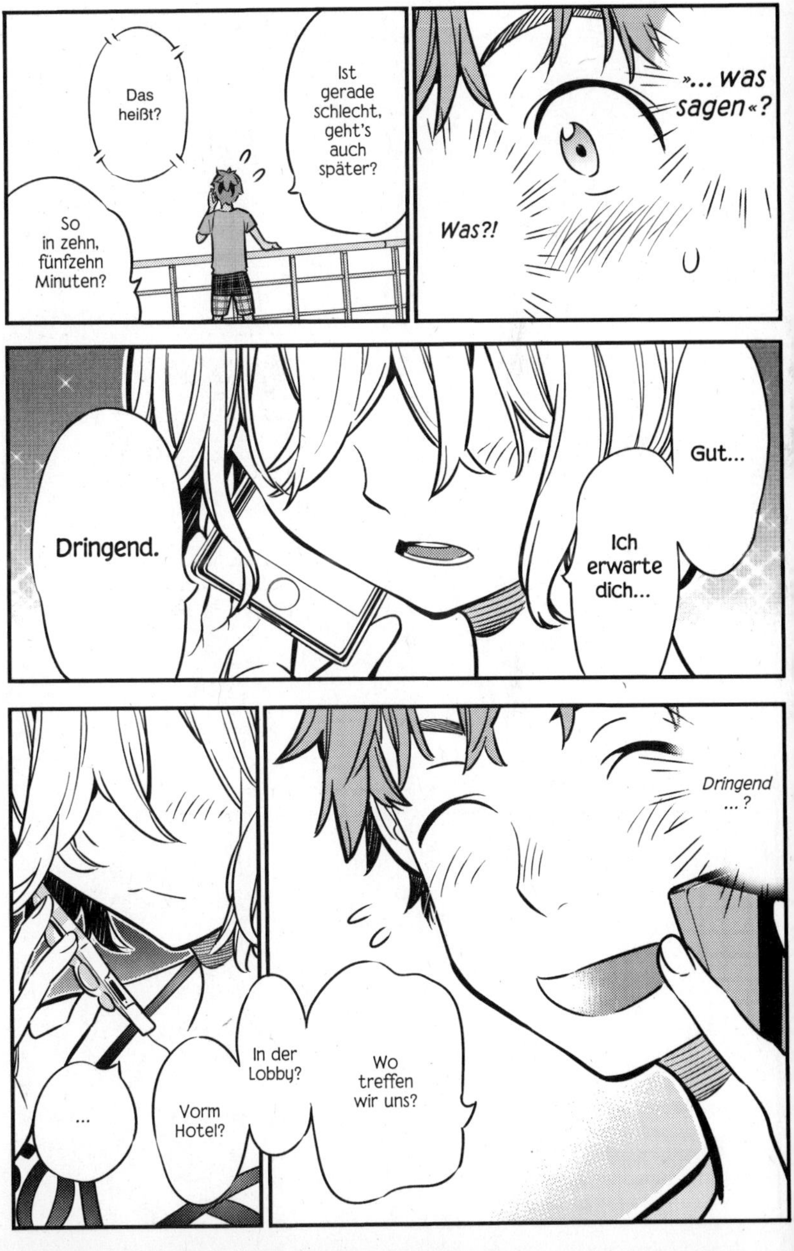
»... was sagen«?
Was?!
Ist gerade schlecht, geht's auch später?
Das heißt?
So in zehn, fünfzehn Minuten?
Gut...
Ich erwarte dich...
Dringend.
Dringend ...?
Wo treffen wir uns?
In der Lobby?
Vorm Hotel?
...

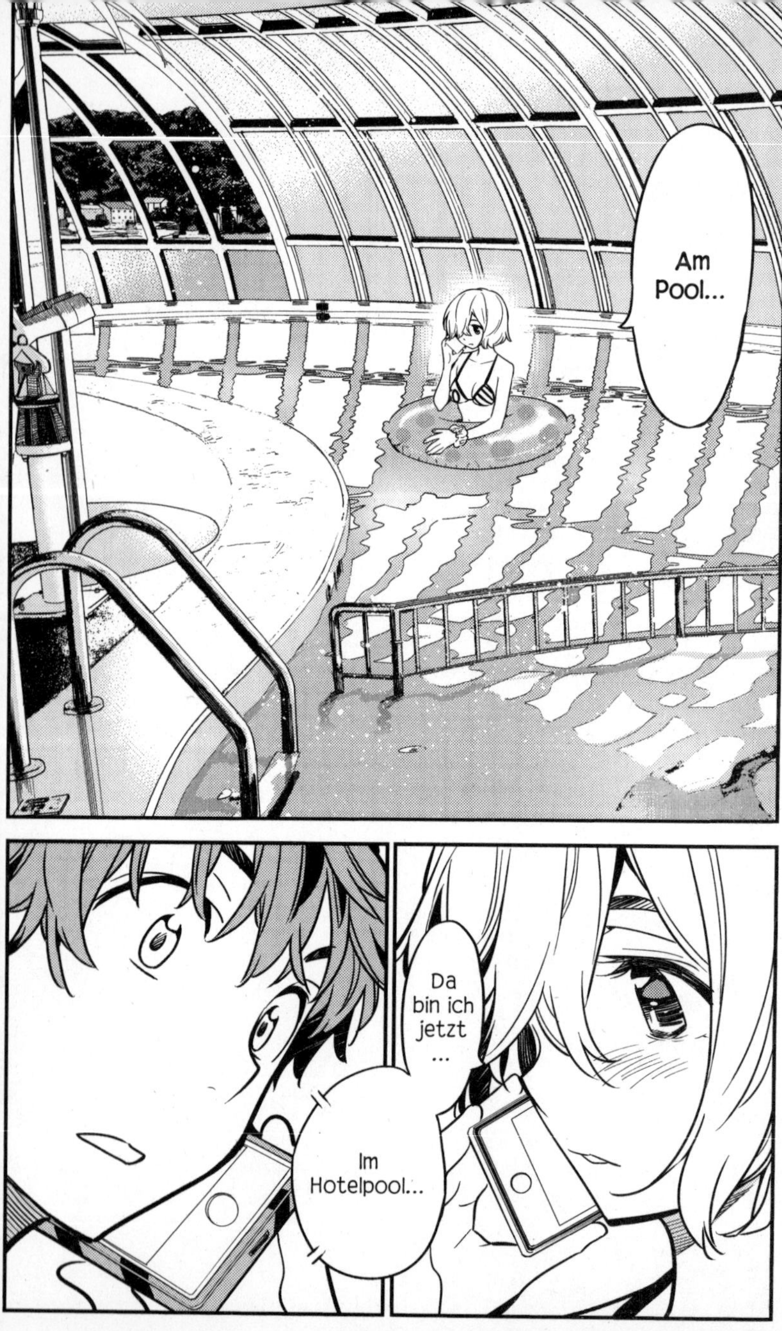
Am Pool...
Da bin ich jetzt ...
Im Hotelpool...

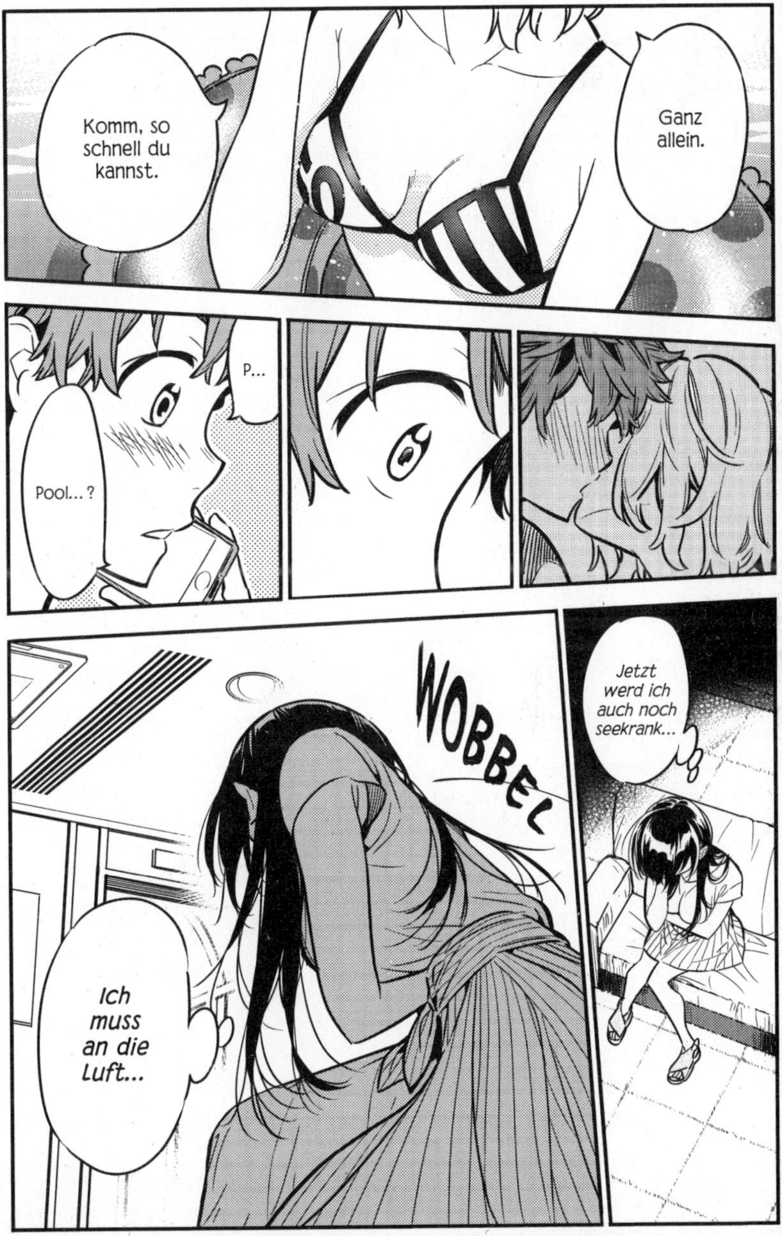
Ganz allein.
Komm, so schnell du kannst.
P...
Pool...?
Jetzt werd ich auch noch seekrank...
WOBBEL
Ich muss an die Luft...

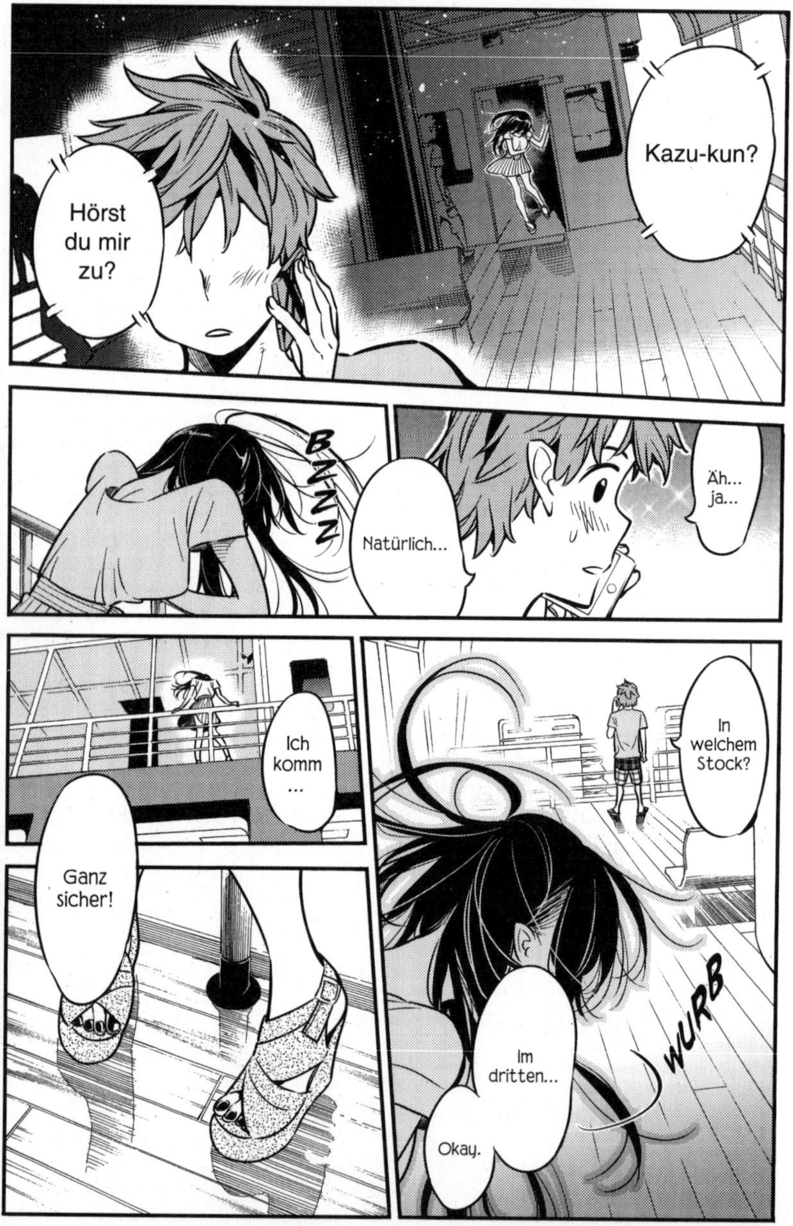
Kazu-kun?
Hörst du mir zu?
Äh... ja...
Natürlich...
BZZZ
In welchem Stock?
Ich komm ...
Ganz sicher!
Im dritten...
WURB
Okay.

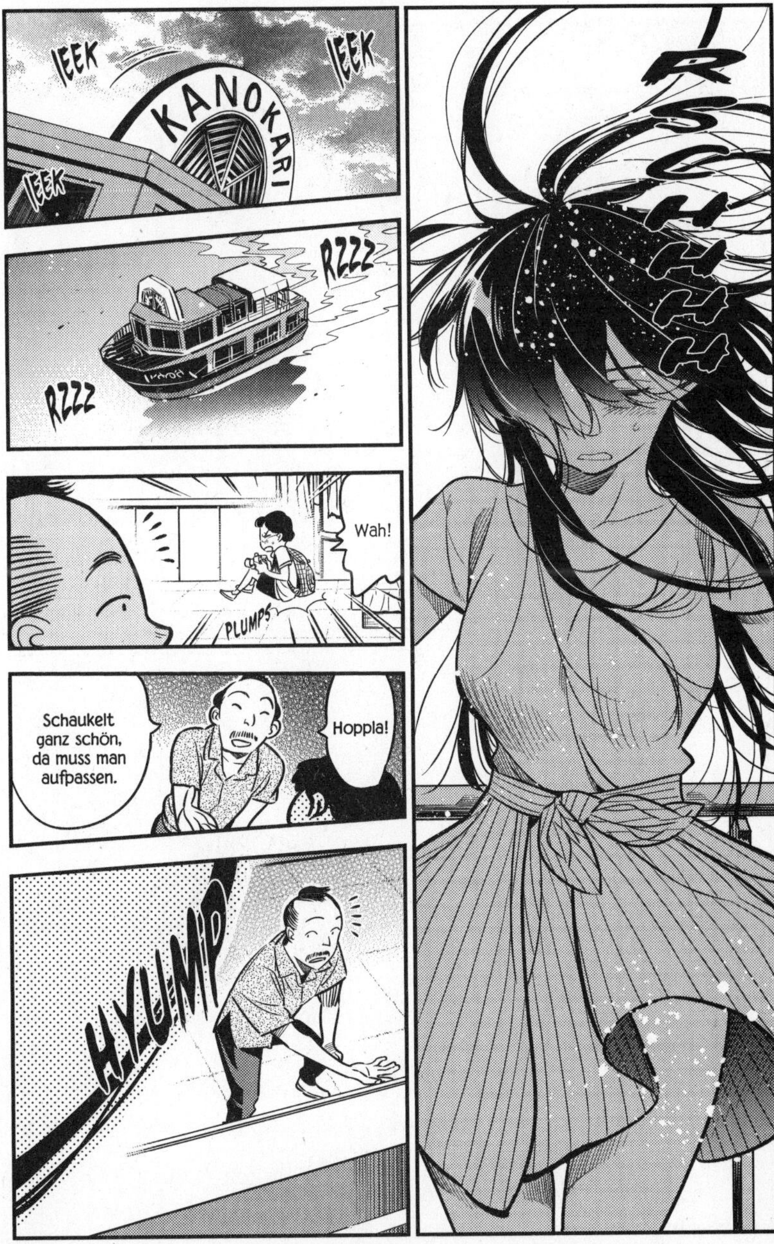
RSCHHHHH
IEEK
IEEK
KANOKARI
IEEK
RZZZ
RZZZ
Wah!
PLUMPS
Hoppla!
Schaukelt ganz schön, da muss man aufpassen.
HYUMP

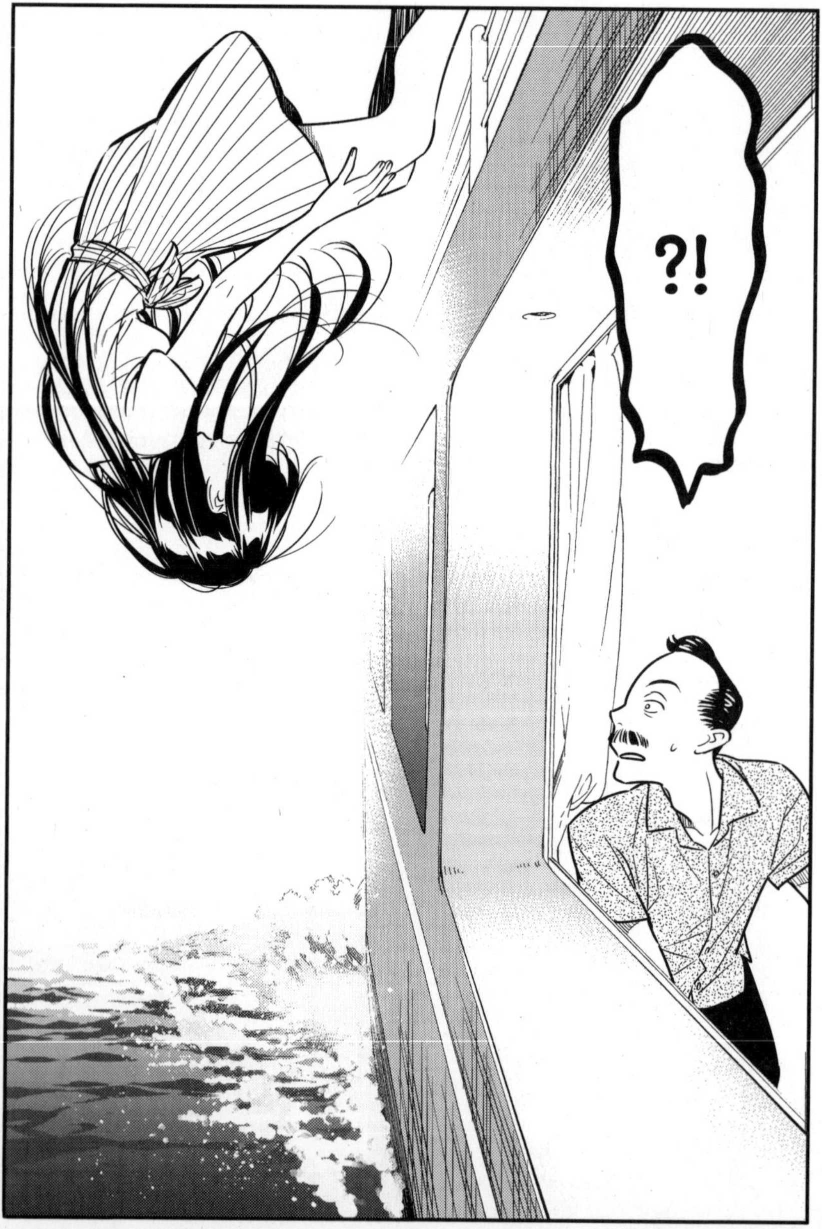

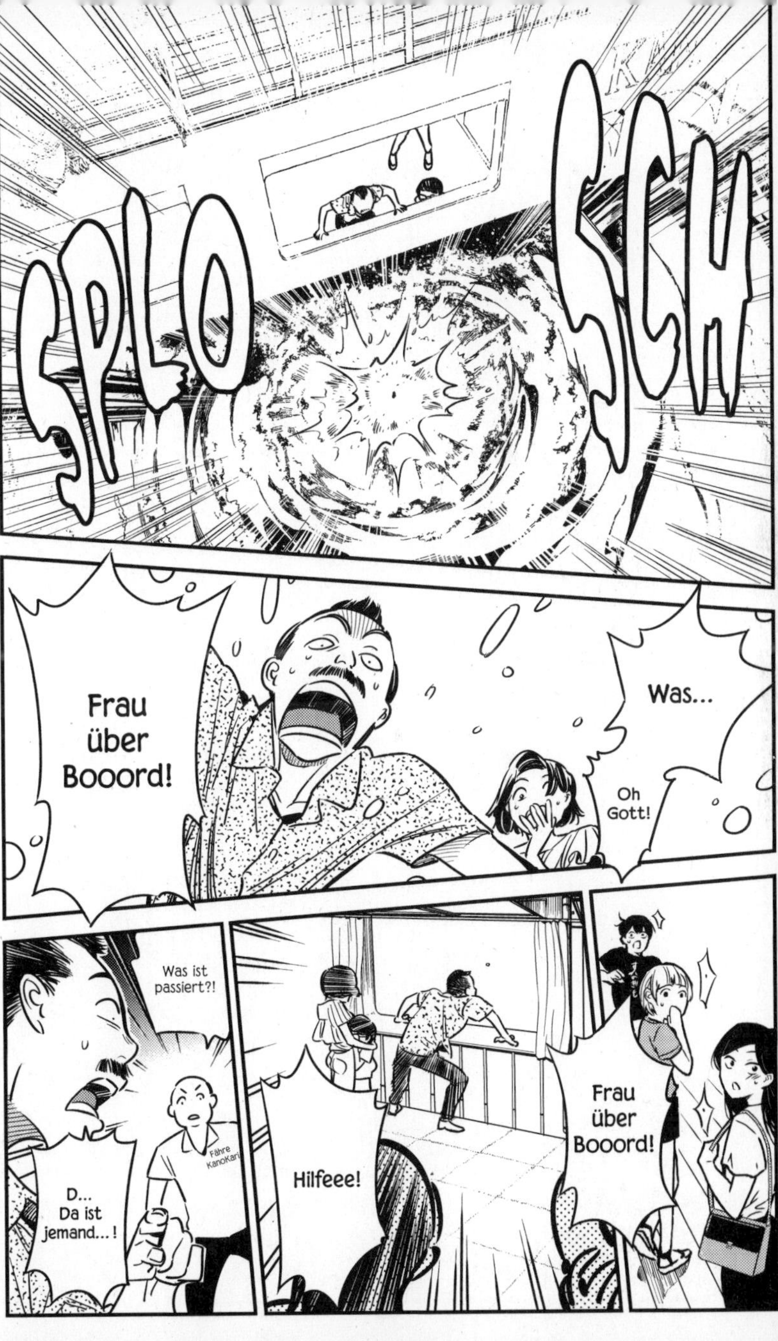
SPLOSCH
Was...
Oh Gott!
Frau über Booord!
Frau über Booord!
Hilfeee!
Was ist passiert?!
Fähre KanoKari
D... Da ist jemand...!

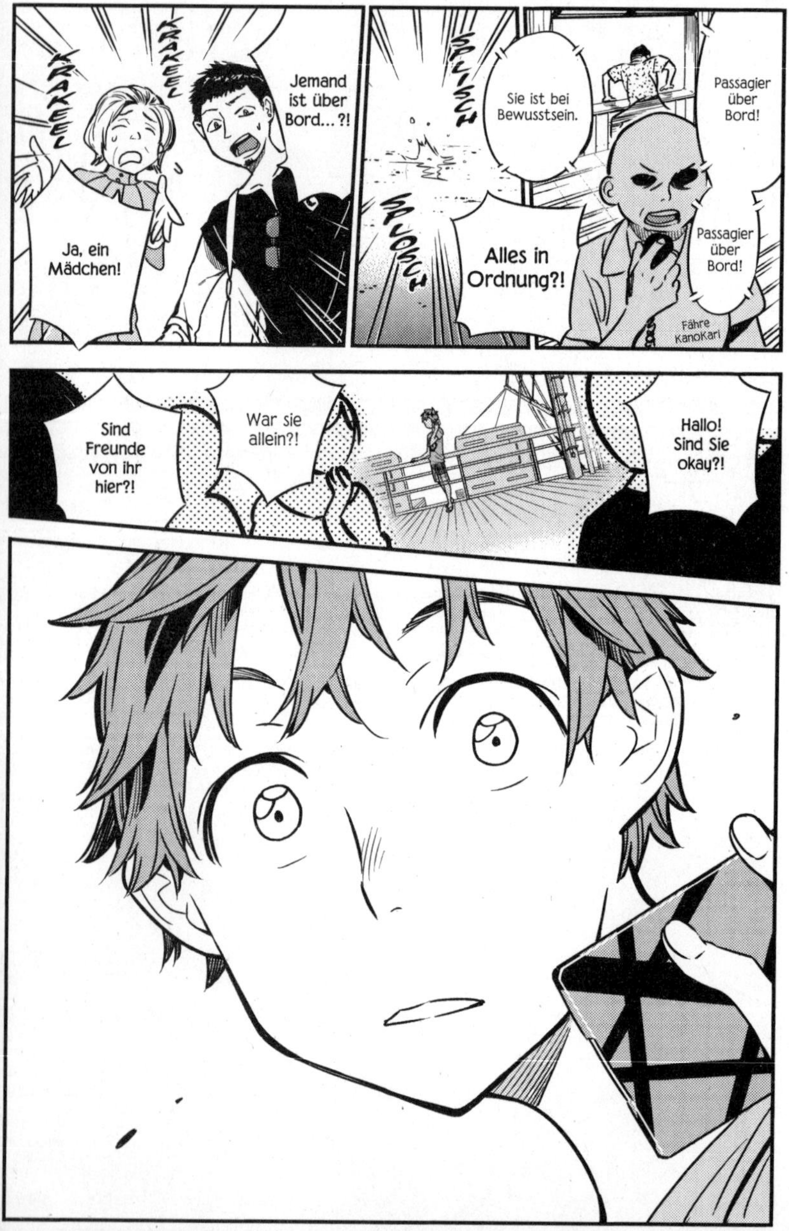
Passagier über Bord!
Passagier über Bord!
Fähre KanoKari
Sie ist bei Bewusstsein.
SPLISCH
SPLOSCH
Alles in Ordnung?!
Jemand ist über Bord...?!
KRAKEEL
KRAKEEL
Ja, ein Mädchen!
Hallo! Sind Sie okay?!
War sie allein?!
Sind Freunde von ihr hier?!

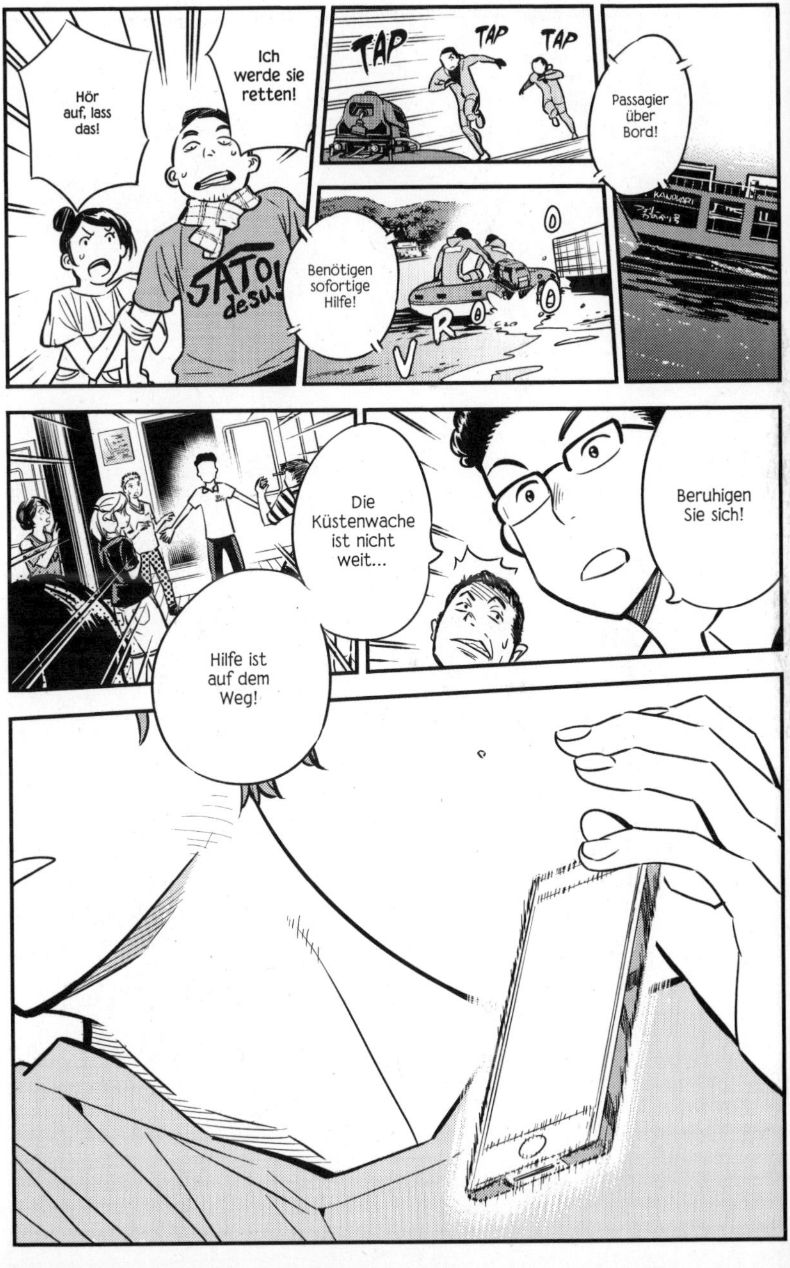
Passagier über Bord!
TAP TAP TAP
Benötigen sofortige Hilfe!
VROOO
Ich werde sie retten!
Hör auf, lass das!
Beruhigen Sie sich!
Die Küstenwache ist nicht weit...
Hilfe ist auf dem Weg!

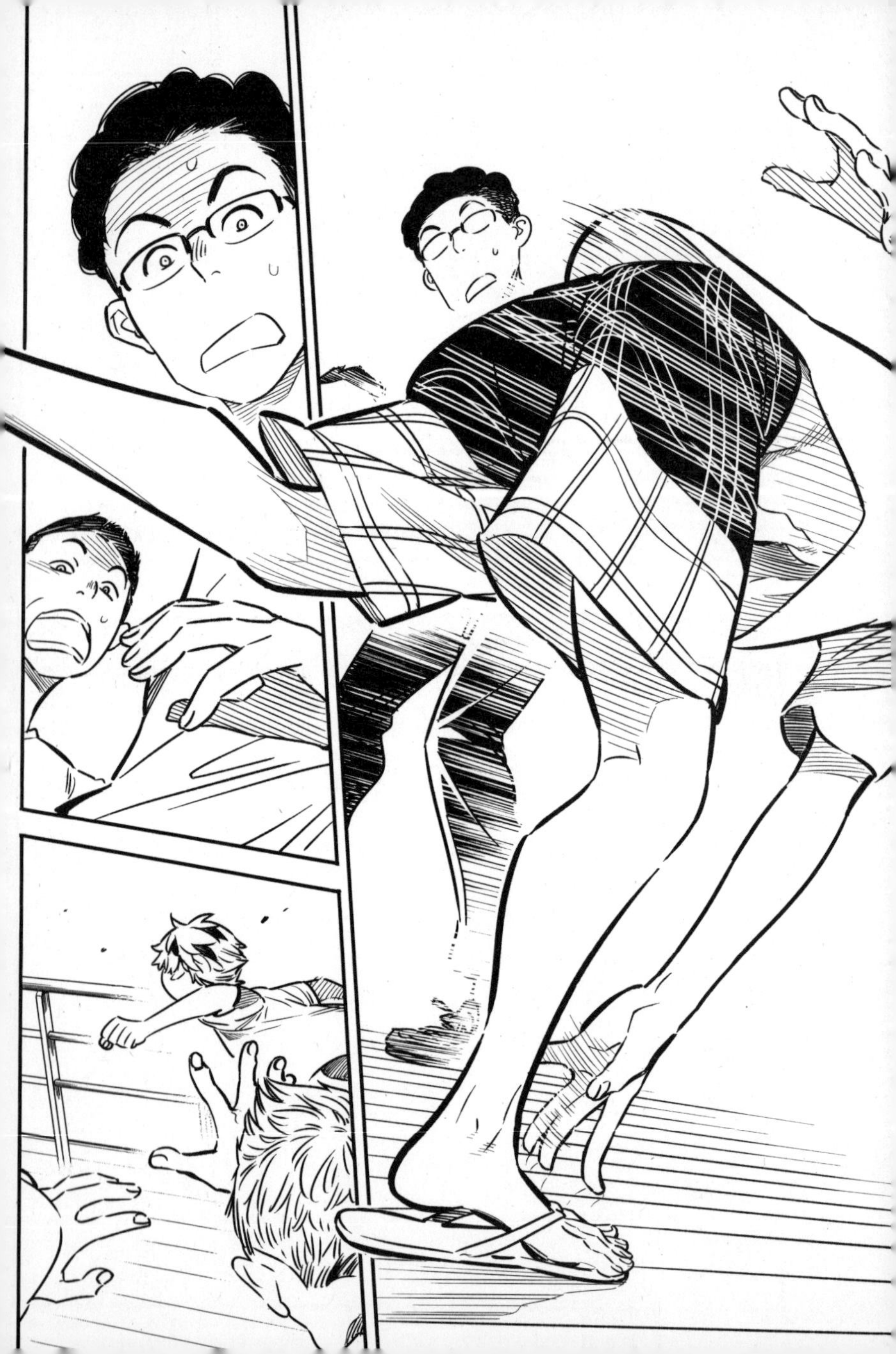

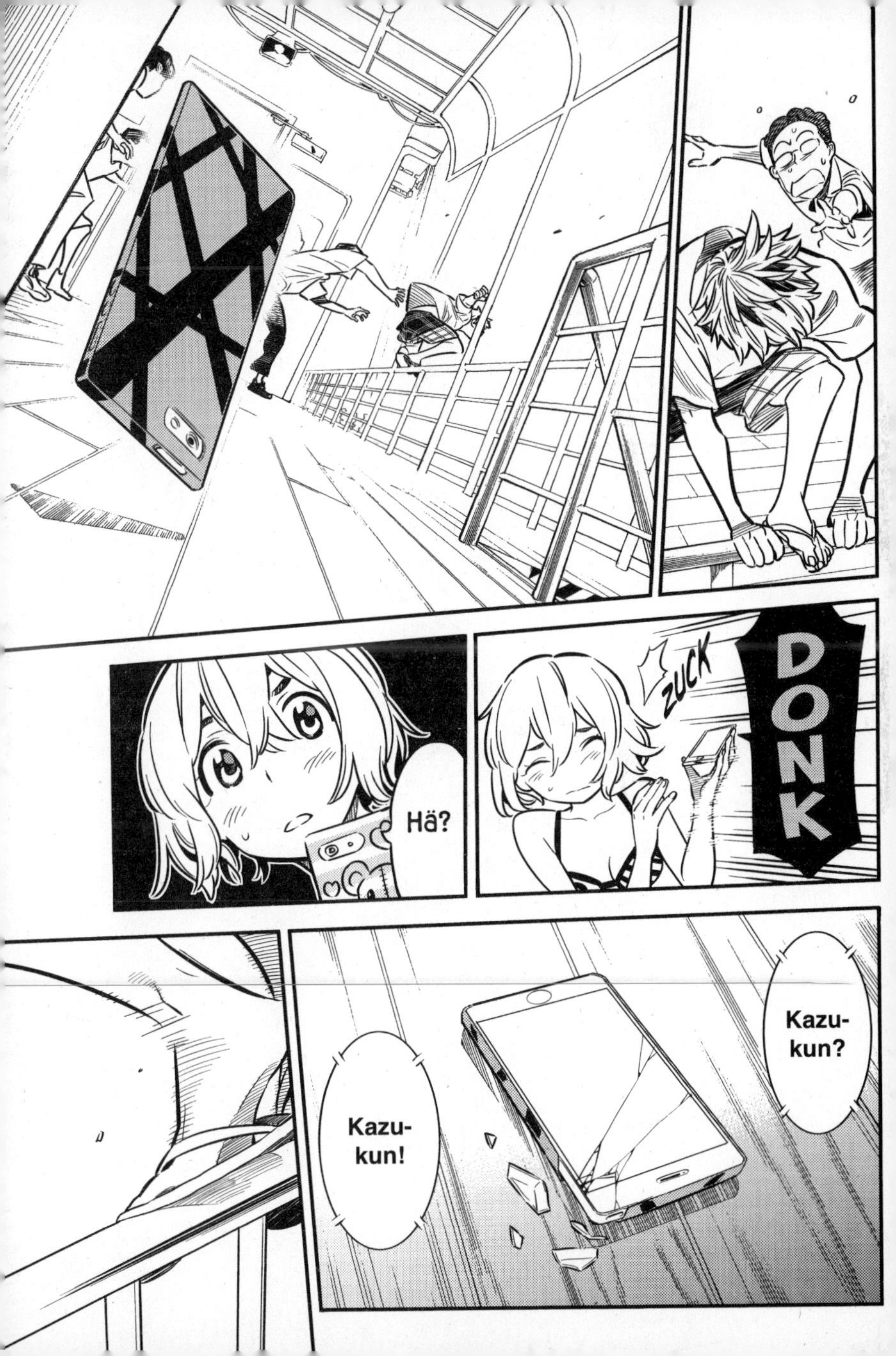
DONK
ZUCK
Hä?
Kazu-kun?
Kazu-kun!

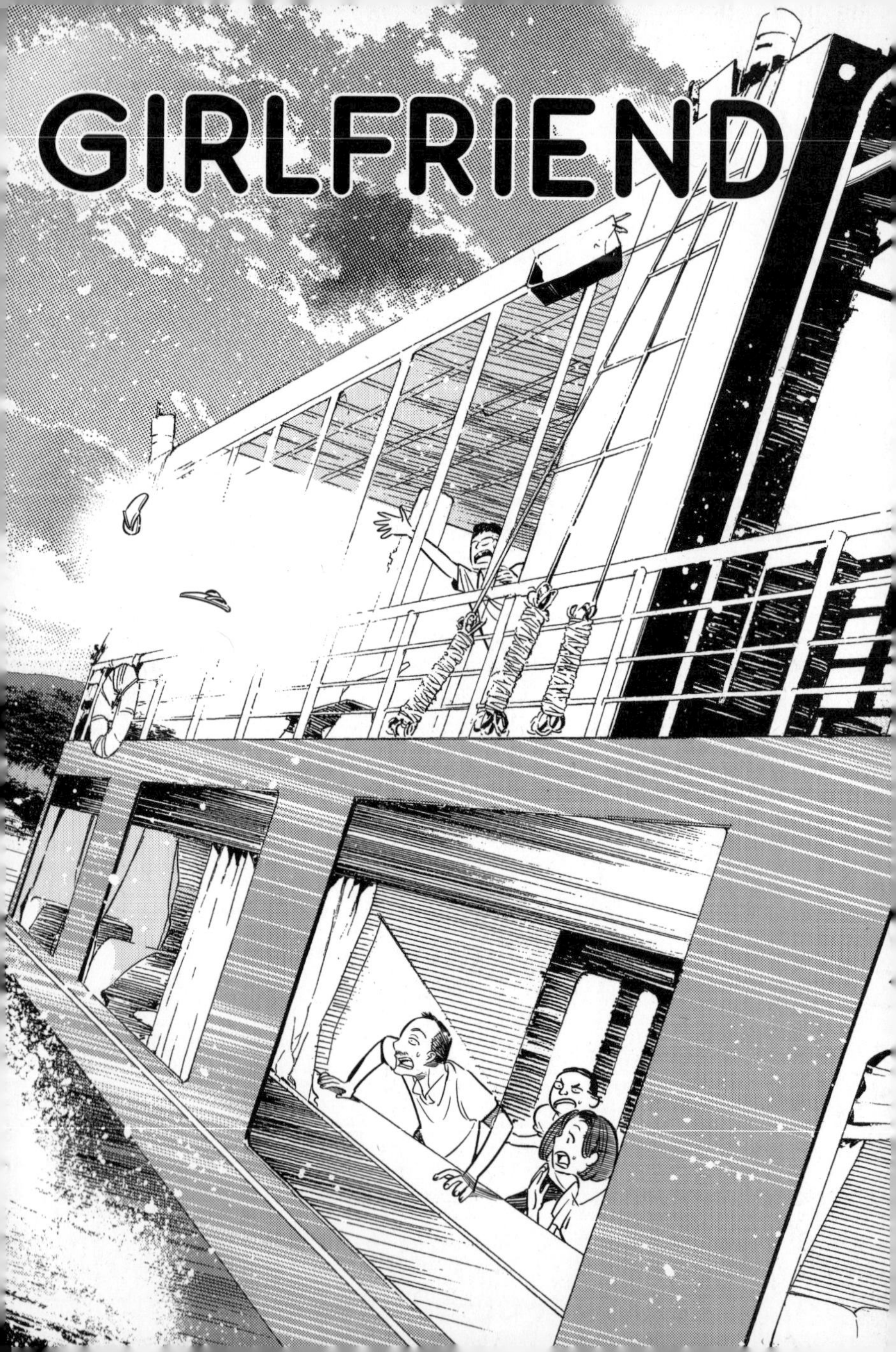
GIRLFRIEND

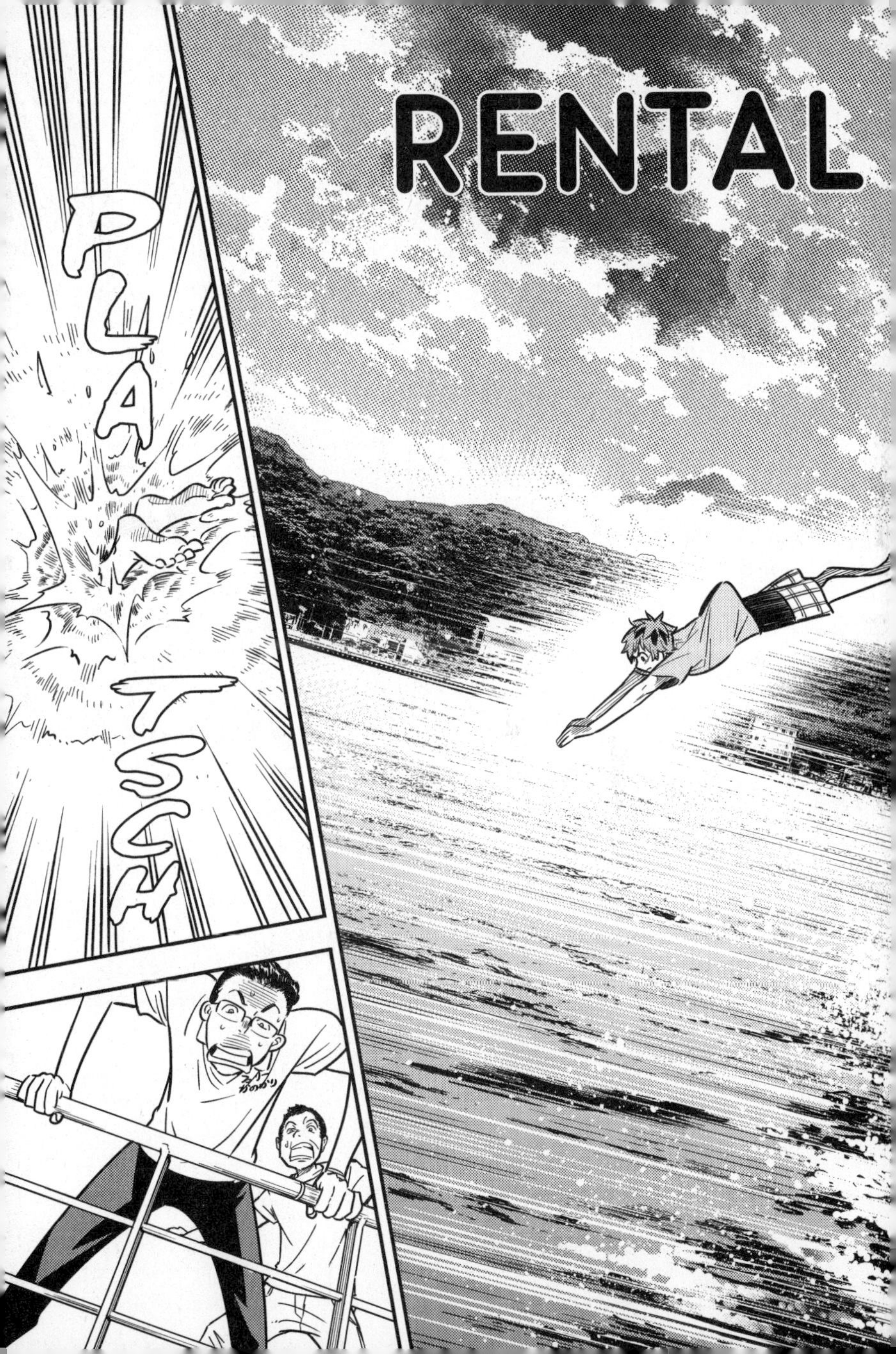
RENTAL
PLATSCH

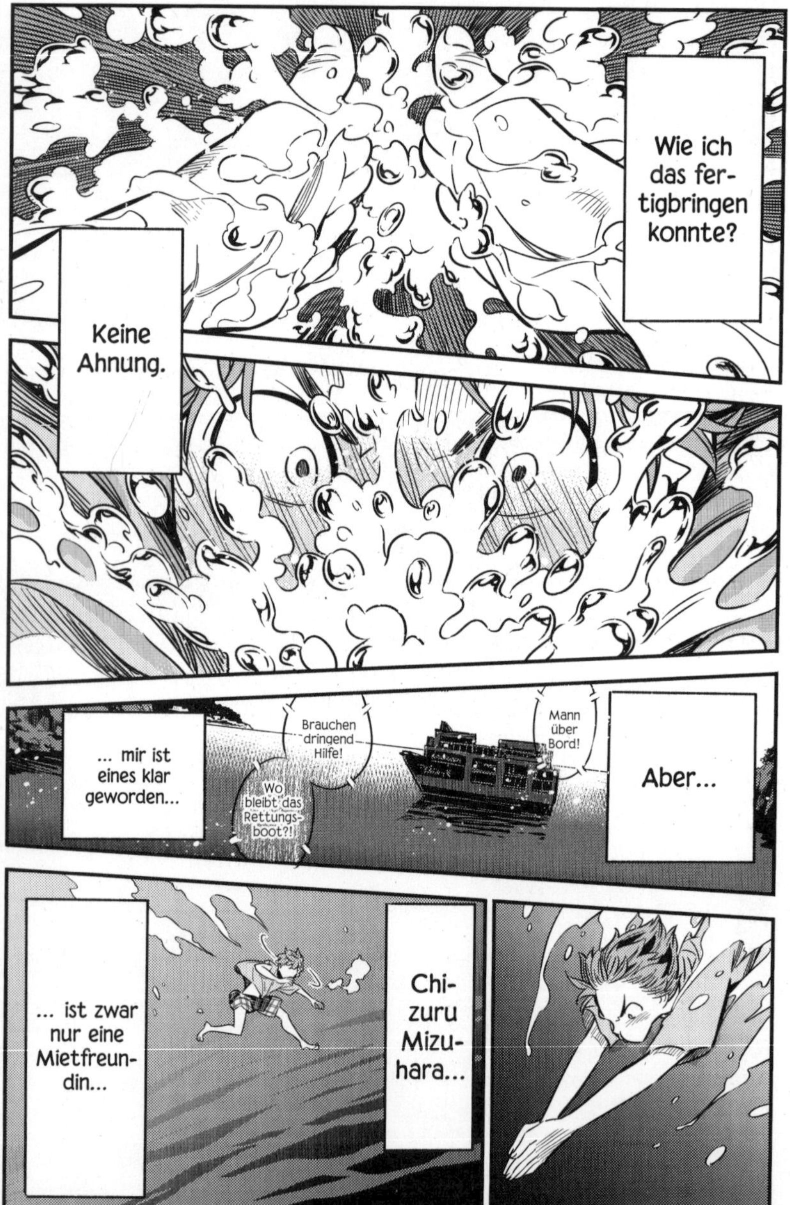

Wie ich das fertigbringen konnte?
Keine Ahnung.
Aber...
Mann über Bord!
Brauchen dringend Hilfe!
Wo bleibt das Rettungsboot?!
... mir ist eines klar geworden...
Chizuru Mizuhara...
... ist zwar nur eine Mietfreundin...

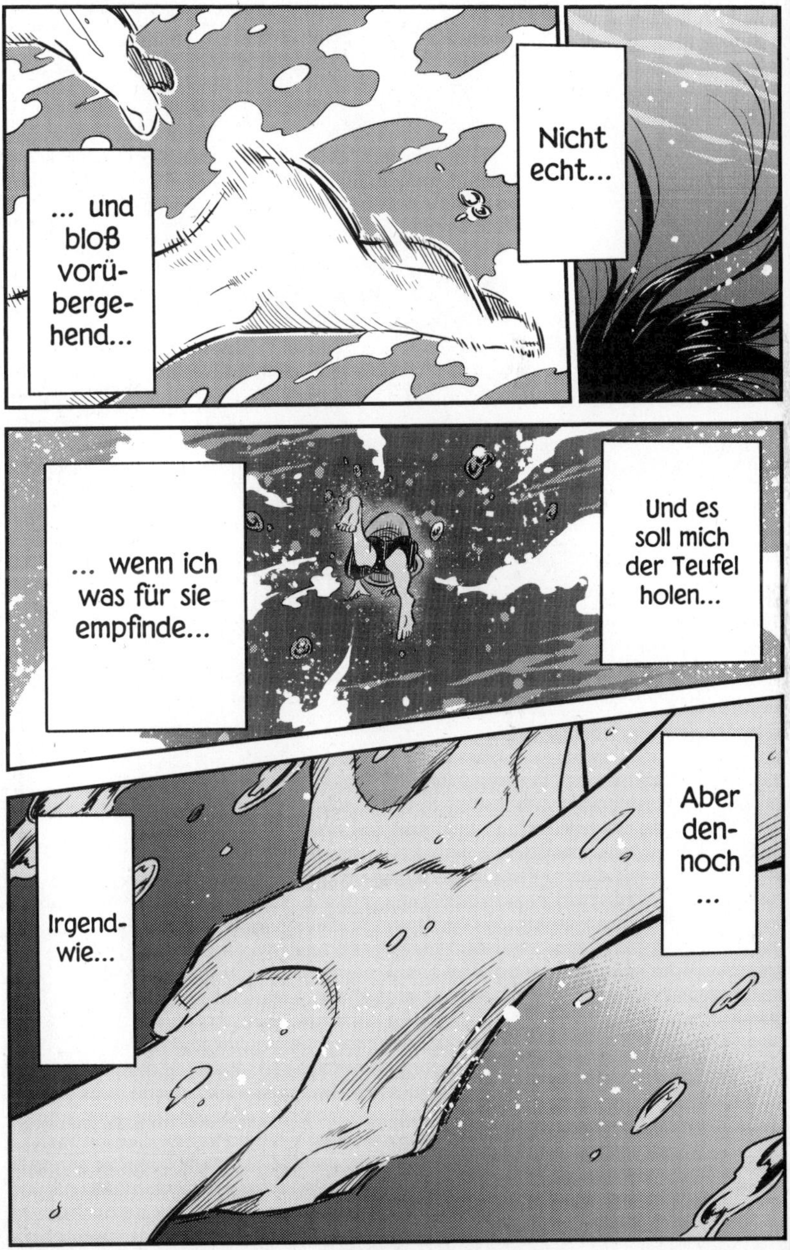
Nicht echt...
... und bloß vorübergehend...
Und es soll mich der Teufel holen...
... wenn ich was für sie empfinde...
Aber dennoch ...
Irgendwie...

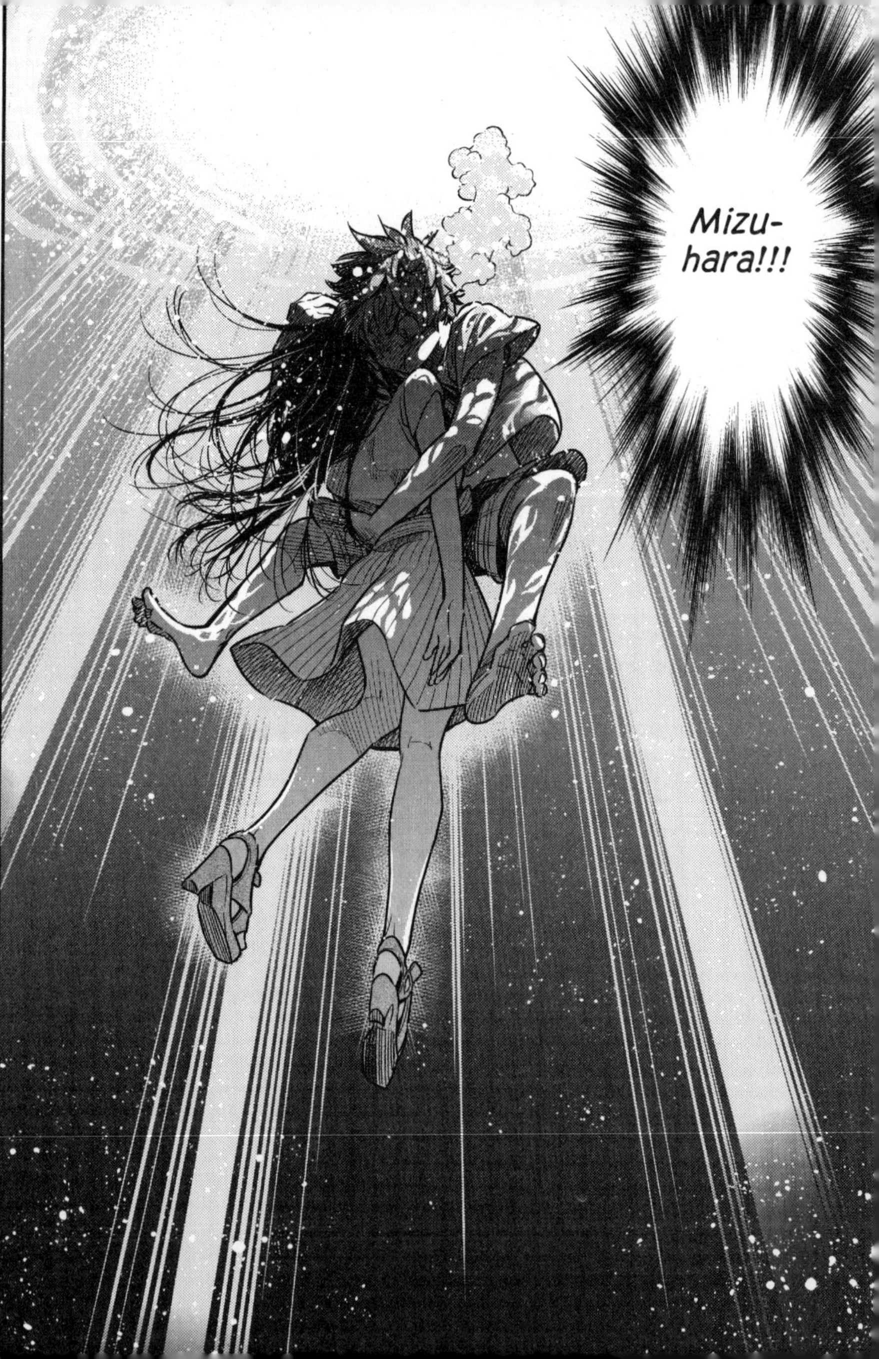
Mizu-
hara!!!

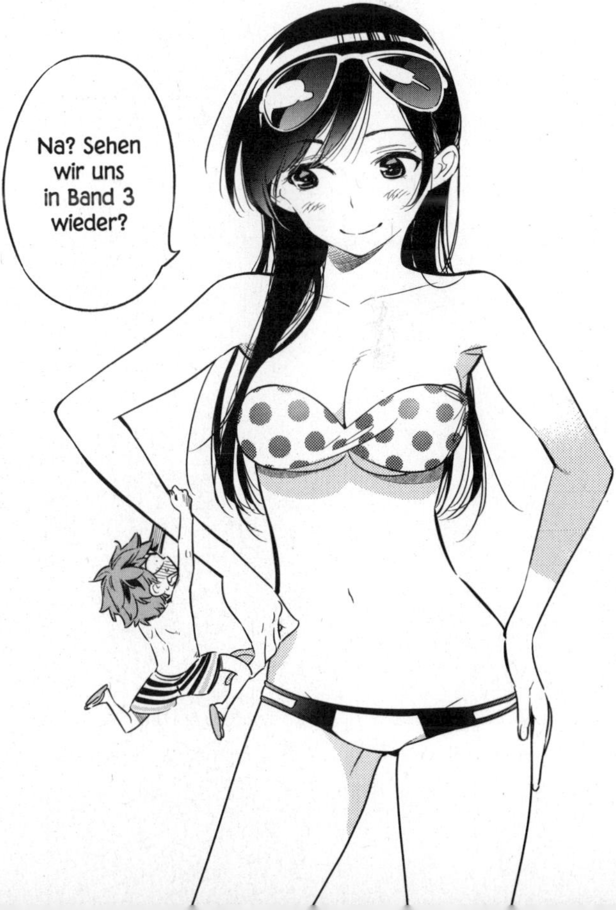
Na? Sehen wir uns in Band 3 wieder?

CARLSEN MANGA! CHECKLIST

BARFUSS DURCH HIROSHIMA

von Keiji Nakazawa
€ 12,00 (D) / € 12,40 (A)
O **Band 2**
€ 14,00 (D) / € 14,40 (A)
O **Band 1, 3 bis 4**

BARRAGE

von Kohei Horikoshi
€ 6,99 (D) / € 7,20 (A)
O **Band 1 bis 2**
In 2 Bänden abgeschlossen

BATTLE ANGEL ALITA – PERFECT EDITION

von Yukito Kishiro
€ 19,99 (D) / € 20,60 (A)
O **Band 1 bis 3**
€ 24,99 (D) / € 25,70 (A)
O **Band 4**
In 4 Bänden abgeschlossen
€ 29,99 (D) / € 30,90 (A)
O **Band 4 im Schuber**
€ 89,99 (D) / € 92,60 (A)
O **Band 1-4 im Schuber**

BATTLE ANGEL ALITA – LAST ORDER PERFECT EDITION

von Yukito Kishiro
€ 14,99 (D) / € 15,50 (A)
O **1 bis 3, 5 bis 9**
€ 19,99 (D) / € 20,60 (A)
O **Band 10**
O **Band 11** 06/21
O **Band 12** 09/21
€ 16,99 (D) / € 17,50 (A)
O **Band 4**
In 12 Bänden abgeschlossen
€ 25,00 (D) / € 25,70 (A)
O **Band 12 im Schuber mit Extra** 09/21
€ 90,00 (D) / € 92,60 (A)
O **Bände 1 bis 6 im Schuber mit Extra**
€ 99,00 (D) / € 103,20 (A)
O **Bände 7 bis 12 im Schuber mit Extra** 09/21

BATTLE ANGEL ALITA – MARS CHRONICLE

von Yukito Kishiro
€ 6,95 (D) / € 7,20 (A)
O **Band 1 bis 3, 5-6**
O **Band 7** 07/21
€ 10,00 (D) / € 10,30 (A)
O **Band 4**
Bislang 6 Bände in Japan

ATTACK ON TITAN – DELUXE

von Hajime Isayama
€ 25,00 (D) / € 25,70 (A)
O **Band 1 bis 8**

ATTACK ON TITAN – INSIDE

von Hajime Isayama
€ 12,90 (D) / € 13,30 (A)
O **Einzelband**

ATTACK ON TITAN – LOST GIRLS

von Isayama, Seko & Fuji
€ 6,99 (D) / € 7,20 (A)
O **Band 1 & 2**
In 2 Bänden abgeschlossen

ATTACK ON TITAN – LOST GIRLS (Nippon Novel)

von Hiroshi Seko
€ 9,95 (D) / € 10,30 (A)
O **Einzelband**

ATTACK ON TITAN – NO REGRETS

von Hajime Isayama
€ 6,95 (D) / € 7,20 (A)
O **Band 1 & 2**
In 2 Bänden abgeschlossen

ATTACK ON TITAN – NO REGRETS FULL COLOR EDITION

von Hajime Isayama
€ 14,99 (D) / € 15,50 (A)
O **Band 1 & 2**
In 2 Bänden abgeschlossen

ATTACK ON TITAN – OUTSIDE

von Hajime Isayama
€ 12,90 (D) / € 13,30 (A)
O **Einzelband**

ATTACK ON TITAN – SHORT PLAY

von Isayama & hounori
€ 8,99 (D) / € 9,30 (A)
O **Einzelband**

ANONYMOUS NOISE

von Ryoko Fukuyama
€ 5,00 (D) / € 6,20 (A)
O **Band 1**
€ 6,99 (D) / € 7,20 (A)
O **Band 2 bis 17**
O **Band 18** 06/21
In 18 Bänden abgeschlossen

ARTE

von Kei Ohkubo
€ 10,00 (D) / € 10,30 (A)
O **Band 1 bis 6**
O **Band 7** 07/21
O **Band 8** 09/21
Bislang 13 Bände in Japan

ASSASSINATION CLASSROOM

von Yusei Matsui
€ 6,50 (D) / € 6,70 (A)
O **Band 1 bis 21**
In 21 Bänden abgeschlossen

ATTACK ON TITAN

von Hajime Isayama
€ 6,95 (D) / € 7,20 (A)
O **Band 1 bis 32**
O **Band 33** 09/21
In 34 Bänden abgeschlossen
€ 36,00 (D) / € 37,10 (A)
O **Bände 1-5 im Schuber**
O **Bände 6-10 im Schuber**
O **Bände 11-15 im Schuber**
O **Bände 16-20 im Schuber**
O **Bände 21-25 im Schuber**
O **Bände 26-30 im Schuber**

ATTACK ON TITAN – ANSWERS

von Hajime Isayama
€ 12,90 (D) / € 13,30 (A)
O **Einzelband**

ATTACK ON TITAN – BEFORE THE FALL

von Hajime Isayama
€ 6,95 (D) / € 7,20 (A)
O **Band 1 bis 17**
In 17 Bänden abgeschlossen

ATTACK ON TITAN CHARACTER GUIDE

von Hajime Isayama
€ 12,90 (D) / € 13,30 (A)
O **Einzelband**

12 JAHRE

von Nao Maita
€ 5,99 (D) / € 6,20 (A)
O **Band 1 bis 14**
€ 6,99 (D) / € 7,20 (A)
O **Band 15** 08/21
In 20 Bänden abgeschlossen

ABE SADA

von Kazuo Kamimura
€ 14,99 (D) / € 15,50 (A)
O **Band 1 & 2**
In 2 Bänden abgeschlossen

ACID TOWN

von Kyugo
€ 7,95 (D) / € 8,20 (A))
O **Band 6**
Bislang 6 Bände in Japan

AKIRA – ORIGINAL EDITION

von Katsuhiro Otomo
€ 19,90 (D) / € 20,50 (A)
O **Band 1 bis 3**
€ 22,90 (D) / € 23,60 (A)
O **Band 4 bis 6**
In 6 Bänden abgeschlossen

ALICE IN MURDERLAND

von Kaori Yuki
€ 7,95 (D) / € 8,20 (A)
O **Band 1 bis 11**
In 11 Bänden abgeschlossen

ALISIK

von Helge Vogt & Hubertus Rufledt
€ 8,99 (D) / € 9,30 (A)
O **Band 1**
€ 7,99 (D) / € 8,30 (A)
O **Band 2 bis 4**
In 4 Bänden abgeschlossen

ALPHA² – NEUEDITION

von Kamineo & Kamoi
€ 14,00 (D) / € 14,40 (A)
O **Einzelband**

ALPI - THE SOUL SENDER

von Rona
€ 7,00 (D) / € 7,20 (A)
O **Band 1** 07/21
Bislang 4 Bände in Japan

CARLSEN MANGA! CHECKLIST

DOUBT GESAMTAUSGABE
von Yoshiki Tonogai
€ 30,00 (D) / € 30,90 (A)
○ **Sammelschuber** 07/21

DRAGON BALL
von Akira Toriyama
€ 6,50 (D) / € 6,70 (A)
○ **Band 1 bis 42**
In 42 Bänden abgeschlossen

DRAGON BALL MASSIV
von Akira Toriyama
€ 5,00 (D) / € 5,20 (A)
○ **Band 1**
€ 10,00 (D) / € 10,30 (A)
○ **Band 2 bis 11**
○ **Band 12** 07/21
○ **Band 13** 09/21

DRAGON BALL SD
von Akira Toriyama (Original Story) & Naho Ohishi
€ 7,95 (D) / € 8,20 (A)
○ **Band 1 bis 6**
Bislang 7 Bände in Japan

DRAGON BALL SIDE STORIES
von Akira Toriyama & dragongarow LEE
€ 5,00 (D) / € 5,20 (A)
○ **Yamchu**

DRAGON BALL SUPER
von Toriyama & Toyotarou
€ 6,50 (D) / € 6,70 (A)
○ **Band 1 bis 11**
○ **Band 12** 06/21
€ 9,99 (D) / € 10,30 (A)
○ **Band 5 im Schuber**
○ **Band 10 im Schuber**
€ 29,99 (D) / € 30,90 (A)
○ **Bände 1-5 im Schuber**
○ **Bände 6-10 im Schuber**
Bislang 14 Bände in Japan

DREAMIN' SUN
von Ichigo Takano
€ 6,99 (D) / € 7,20 (A)
○ **Band 1 bis 9**
€ 8,99 (D) / € 9,20 (A)
○ **Band 10**
In 10 Bänden abgeschlossen

COYOTE
von Ranmaru Zariya
€ 7,99 (D) / € 8,30 (A)
○ **Band 1 bis 3**
Bislang 3 Bände in Japan

CROSS ACCOUNT
von Tsunehiro Date
€ 6,99 (D) / € 7,20 (A)
○ **Band 1 bis 4**
In 4 Bänden abgeschlossen

DEAD COMPANY
von Yoshiki Tonogai
€ 7,00 (D) / € 7,20 (A)
○ **Band 1** 07/21
In 3 Bänden abgeschlossen

DEFENSE DEVIL
von Youn In-Wan & Yang Kyung-Il
€ 5,95 (D) / € 6,20 (A)
○ **Band 1 bis 10**
In 10 Bänden abgeschlossen

DEPTH OF FIELD
von Enjo
€ 8,00 (D) / € 8,30 (A)
○ **Band 1 & 2**
In 2 Bänden abgeschlossen

DEVILS & REALIST
von Utako Yukihiro & Madoka Takadono
€ 6,95 (D) / € 7,20 (A)
○ **Band 11 bis 13**
€ 7,95 (D) / € 8,20 (A)
○ **Band 14**
€ 8,95 (D) / € 9,20 (A)
○ **Band 15**
In 15 Bänden abgeschlossen

DIALOGE MIT MIR SELBST
von Kabi Nagata
€ 18,00 (D) / € 18,50 (A)
○ **Band 1 b& 2**
In 2 Bänden abgeschlossen

DIE STADT DER BESONDEREN KINDER
von Ransom Riggs & Cassandra Jean
€ 14,90 (D) / € 15,40 (A)
○ **Einzelband**

BLACK LAGOON
von Rei Hiroe
€ 6,95 (D) / € 7,20 (A)
○ **Band 4**
€ 7,95 (D) / € 8,20 (A)
○ **Band 1-3, 5-8, 10-11**
€ 8,95 (D) / € 9,20 (A)
○ **Band 9**
Bislang 11 Bände in Japan

BLOOM INTO YOU
von Nio Naketani
€ 6,99 (D) / € 7,20 (A)
○ **Band 1 bis 7**
€ 7,99 (D) / € 8,30 (A)
○ **Band 8**
In 8 Bänden abgeschlossen

BLUE FLAG
von Kaito
€ 7,99 (D) / € 8,30 (A)
○ **Band 1 bis 7**
In 7 Bänden abgeschlossen

BLUE GIANT
von Shinichi Ishizuka
€ 8,00 (D) / € 8,30 (A)
○ **Band 1** 09/21
In 10 Bänden abgeschlossen

BLUE GIANT SUPREME
von Shinichi Ishizuka
€ 8,00 (D) / € 8,30 (A)
○ **Band 1 bis 5**
○ **Band 6** 08/21
In 11 Bänden abgeschlossen

BORUTO – NARUTO THE NEXT GENERATION
von Kishimoto & Kodachi
€ 6,50 (D) / € 6,70 (A)
○ **Band 1 bis 10**
○ **Band 11** 07/21
Bislang 13 Bände in Japan

BUDDHA
von Osamu Tezuka
€ 22,90 (D) / € 23,60 (A)
○ **Band 1 bis 10**
In 10 Bänden abgeschlossen

CHIISAKOBEE
von Minetaro Mochizuki
€ 14,90 (D) / € 15,40 (A)
○ **Band 1 bis 4**
In 4 Bänden abgeschlossen

BECOMING A GIRL ONE DAY
von Akane Ogura
€ 5,99 (D) / € 6,20 (A)
○ **Band 1 bis 4**
In 4 Bänden abgeschlossen

BECOMING A GIRL ONE DAY – ANOTHER
von Akane Ogura
€ 5,99 (D) / € 6,20 (A)
○ **Band 1 bis 4**
In 4 Bänden abgeschlossen

BILLY BAT
von Naoki Urasawa & Takashi Nagasaki
€ 8,95 (D) / € 9,20 (A)
○ **Band 4-7, 12-16**
€ 12,00 (D) / € 12,40 (A)
○ **Band 1-3, 8-11, 17-20**
In 20 Bänden abgeschlossen

BL IS MAGIC!
von Oroken
€ 9,99 (D) / € 10,30 (A)
○ **Band 1 bis 3**
In 4 Bänden abgeschlossen
○ **BL is magic! Special: Extra Spells** 08/21

BL METAMORPHOSEN – GEHEIMNIS EINER FREUNDSCHAFT
von Kaori Tsurutani
€ 8,00 (D)/ € 8,30 (A)
○ **Band 1 bis 3**
○ **Band 4** 09/21
In 5 Bänden abgeschlossen

BLACK BUTLER
von Yana Toboso
€ 6,95 (D) / € 7,20 (A)
○ **Band 1 bis 29**
○ **Band 30** 07/21
€ 10,00 (D)/ € 10,30 (A)
○ **Band 30 Limitierte Ausgabe mit Extra** 07/21
€ 14,90 (D) / € 15,40 (A)
○ **Character Guide**
Bislang 29 Bände in Japan

CARLSEN MANGA! CHECKLIST

GELIEBTER AFFE
von Yoshihiro Tatsumi
€ 19,90 (D) / € 20,50 (A)
O **Einzelband**

GHOSTLY THINGS
von Ushio Shirotori
€ 7,00 (D) / € 7,20 (A)
O **Band 1**
O **Band 2** 07/21
In 4 Bänden abgeschlossen

HARU x KIYO
von Akira Ozaki
€ 5,00 (D) / € 5,20 (A)
O **Band 1**
€ 7,00 (D)/ €7,20 (A)
O **Band 2 bis 9**
In 9 Bänden abgeschlossen

HE'S MY VAMPIRE
von Aya Shouoto
€ 6,95 (D) / € 7,20 (A)
O **Band 1 bis 10**
In 10 Bänden abgeschlossen

HITOTSUBANA
von Minami
€ 8,00 (D) / € 8,30 (A)
O **Band 1 bis 7**
In 7 Bänden abgeschlossen

HOW TO DRAW MANGA
von Hikaru Hayashi u. a.
€ 9,95 (D) / € 10,30 (A)
O **Manga-Charaktere in Bewegung**
€ 16,90 (D) / € 17,40 (A)
O **Ninja und Samurai**
€ 17,90 (D) / € 18,40 (A)
O **Manga-Figuren entwickeln**
€ 19,90 (D) / € 20,50 (A)
O **Manga-Skizzen zeichnen**
O **Character Design – Tipps und Tricks**
O **Manga aus der richtigen Perspektive**
O **Oberflächen und Strukturen**
O **Manga-Figuren in ihrer Umwelt**
O **Perfekte Proportionen im Manga**
O **Grundlagen der Manga-Kunst**
€ 24,90 (D) / € 25,60 (A)
O **Kolorieren mit Copic-Stiften**
O **Kolorieren mit Aquarellbuntstiften**

FOLGE DEN WOLKEN NACH NORD-NORDWEST
von Aki Irie
€ 12,00 (D) / € 12,40 (A)
O **Band 1 bis 4**
Bislang 5 Bände in Japan

FOOD WARS – SHOKUGEKI NO SOMA
von Tsukuda & Saeki
€ 6,99 (D) / € 7,20 (A)
O **Band 1 bis 31**
O **Band 32** 06/21
O **Band 33** 08/21
In 36 Bänden abgeschlossen
€ 69,90 (D) / € 71,80 (A)
O **Bände 1-10 im Schuber**
O **Bände 11-20 im Schuber**
O **Bände 21-30 im Schuber**

FRUIT BASKET PEARLS
von Natuski Takaya
€ 11,00 (D) / € 11,40 (A)
O **Band 1**
O **Band 2** 06/21
O **Band 3** 08/21
In 12 Bänden abgeschlossen

GAMMA DRACONIS
von Eldo Yoshimizu & Benoist Simmat
€ 16,00 (D) / € 16,50 (A)
O **Einzelband** 07/21

GANGSTA.
von Kohske
€ 7,95 (D) / € 8,20 (A)
O **Band 1 bis 8**
Bislang 8 Bände in Japan

GANGSTA: CURSED.
von Kohske & Kamo
€ 7,99 (D) / € 8,30 (A)
O **Band 1 bis 5**
Bislang 5 Bände in Japan

GEGEN DEN STROM
von Yoshihiro Tatsumi
€ 44,00 (D) / € 44,60 (A)
O **Einzelband**

FAIRY TAIL+
von Hiro Mashima
€ 8,95 (D) / € 9,20 (A)
O **Einzelband**

FAIRY TAIL – HAPPY'S ADVENTURE
von Hiro Mashima & Kenshiro Sakamoto
€ 7,00 (D) / € 7,20 (A)
O **Band 1 bis 4**
O **Band 5** 08/21
In 8 Bänden abgeschlossen

FAIRY TAIL S
von Hiro Mashima
€ 6,99 (D) / € 7,20 (A)
O **Band 1 & 2**
In 2 Bänden abgeschlossen

FAIRY TAIL SIDE STORIES
von Hiro Mashima & Kyota Shibano
€ 6,99 (D) / € 7,20 (A)
O **Band 1 bis 3**
In 3 Bänden abgeschlossen

FAIRY TALE BATTLE ROYALE
von Soraho Ina
€ 7,00 (D) / € 7,20 (A)
O **Band 1 bis 4**
Bislang 4 Bände in Japan

FINAL FANTASY – LOST STRANGER
von Hazuki Minase & Itsuki Kameya
€ 12,99 (D) / € 13,40 (A)
O **Band 1 bis 5**
Bislang 6 Bände in Japan

FINAL FANTASY – OFFICIAL MEMORIAL ULTIMANIA BOOK
von Takatoshi Shiozawa
€ 39,99 (D) / € 41,20 (A)
O **VII - IX**
In 3 Bänden abgeschlossen

FOCUS 10
von Martina Peters
€ 6,99 (D) / € 7,20 (A)
O **Band 1 bis 9**
O **Band 10** 09/21
In 10 Bänden abgeschlossen

DR. STONE
von Inagaki & BOICHI
€ 7,00 (D) / € 7,20 (A)
O **Band 1 bis 11**
O **Band 12** 06/21
O **Band 13** 08/21
Bislang 19 Bände in Japan

DR. STONE REBOOT: BYAKUYA
von Inagaki & BOICHI
€ 7,00 (D) / € 7,20 (A)
O **Einzelband** 07/21

EDENS ZERO
von Hiro Mashima
€ 7,00 (D)/ €7,20 (A)
O **Band 1 bis 9**
O **Band 10** 07/21
€ 10,00 (D) / € 10,30 (A)
O **Band 7 - limitierte Ausgabe**
Bislang 13 Bände in Japan

EXISTENZEN UND ANDERE ABGRÜNDE
von Yoshihiro Tatsumi
€ 19,90 (D) / € 20,50 (A)
O **Einzelband**

FAIRY GIRLS
von Hiro Mashima
€ 6,99 (D) / € 7,20 (A)
O **Band 1 bis 4**
In 4 Bänden abgeschlossen

FAIRY TAIL
von Hiro Mashima
€ 6,50 (D) / € 6,70 (A)
O **Band 1 bis 63**
€ 9,99 (D) / € 10,30 (A)
O **Band 60 limitiert**
In 63 Bänden abgeschlossen

FAIRY TAIL ARTBOOKS
von Hiro Mashima
€ 19,95 (D) / € 20,60 (A)
O **Fantasia**
O **Harvest**

FAIRY TAIL – 100 YEARS QUEST
von Hiro Mashima & Atsuo Ueda
€ 7,00 (D) / € 7,20 (A)
O **Band 1 bis 5**
O **Band 6** 06/21
O **Band 7** 09/21
Bislang 10 Bände in Japan

CARLSEN MANGA! **CHECKLIST**

LIBERI-PROJEKT, DAS

von Tamasaburo
€ 6,95 (D) / € 7,20 (A)
O **Band 1 bis 3**
In 3 Bänden abgeschlossen

LIEBHABER, DER

von Kan Takahama
€ 22,00 (D) / € 22,70 (A)
O **Einzelband**

LITTLE WITCH ACADEMIA

von Sato & Yoshinari
€ 6,99 (D) / € 7,20 (A)
O **Band 1 bis 3**
In 3 Bänden abgeschlossen

LIQUOR & CIGARETTE

von Ranmaru Zariya
€ 8,00 (D) / € 8,30 (A)
O **Einzelband**

LUDWIG REVOLUTION GESAMTAUSGABE

von Kaori Yuki
€ 30,00 (D) / € 30,90 (A)
O **Sammelschuber** 09/21

LUPUS IN FABULA

von Kamineo
€ 7,95 (D) / € 8,20 (A)
O **Band 1 bis 3**
In 3 Bänden abgeschlossen

MACHIMAHO – MAGICAL GIRL BY ACCIDENT

von Souryu
€ 7,99 (D) / € 8,30 (A)
O **Band 1 bis 7**
O **Band 8** 07/21
Bislang 9 Bände in Japan

MAGUS OF THE LIBRARY

von Mitsu Izumi
€ 12,00 (D) / € 12,40 (A)
O **Band 1 & 4**
€ 14,00 (D) / € 14,40 (A)
O **Band 2**
€ 16,00 (D) / € 16,50 (A)
O **Band 3**
Bislang 5 Bände in Japan

KAMISAMA DARLING

von Kyoko Aiba
€ 6,99 (D) / € 7,20 (A)
O **Band 1 bis 8**
In 8 Bänden abgeschlossen

KATSURA & TORIYAMA SHORT STORIES

von Akira Toriyama
& Masakazu Katsura
€ 6,95 (D) / € 7,20 (A)
O **Einzelband**

KILLING BITES

von Shinya Murata
& Kazasa Sumita
€ 7,95 (D) / € 8,20 (A)
O **Band 1-3, 5-14**
€ 10,00 (D) / € 10,30 (A)
O **Band 4**
Bislang 17 Bände in Japan

KIMI NI NARE – FINDE DICH SELBST

von Ichigo Takano
€ 7,00 (D) / € 7,20 (A)
O **Einzelband** 07/21

KLEINE KATZE CHI

von Konami Kanata
€ 9,95 (D) / € 10,30 (A)
O **Band 1 bis 11**
€ 12,00 (D) / € 12,40 (A)
O **Band 12**
In 12 Bänden abgeschlossen

KOROSENSEI QUEST!

von Yusei Matsui &
Kizuku Watanabe
€ 6,50 (D) / € 6,70 (A)
O **Band 1 bis 5**
In 5 Bänden abgeschlossen

LADY SNOWBLOOD (NEUEDITION)

von Kazuo Koike
& Kazuo Kamimura
€ 19,99 (D) / € 20,60 (A)
O **Band 1 & 2**
€ 16,99 (D) / € 17,50 (A)
O **Band 3**
In 3 Bänden abgeschlossen

LETZTE REISE DER SCHMETTERLINGE, DIE

von Kan Takahama
€ 14,90 (D) / € 15,40 (A)
O **Einzelband**

IM – GREAT PRIEST IMHOTEP

von Makoto Morishita
€ 6,99 (D) / € 7,20 (A)
O **Band 1 bis 10**
€ 7,99 (D) / € 8,30 (A)
O **Band 11**
In 11 Bänden abgeschlossen

IN THIS CORNER OF THE WORLD

von Fumiyo Kouno
€ 12,99 (D) / € 13,40 (A)
O **Band 1 bis 3**
In 3 Bänden abgeschlossen

ITO, JUNJI

von Shinya Murata
& Kazasa Sumita
€ 24,00 (D) / € 24,70 (A)
O **Gyo Deluxe**
O **Shiver** 07/21
€ 28,00 (D) / € 28,80 (A)
O **Uzumaki Deluxe**

JAPANISCH FÜR MANGA-FANS

von Thora Kerner
& Jin Baron
€ 16,00 (D) / € 16,50 (A)
O **Sammelband**

JUDGE

von Yoshiki Tonogai
€ 7,95 (D) / € 8,20 (A)
O **Band 1 bis 5**
€ 8,95 (D) / € 9,20 (A)
O **Band 6**
In 6 Bänden abgeschlossen

JUMPING

von Asahi Tsutsui
€ 7,00 (D) / € 7,20 (A)
O **Band 1 bis 4**
In 4 Bänden abgeschlossen

JUNJO ROMANTICA

von Shungiku Nakamura
€ 6,95 (D) / € 7,20 (A)
O **Band 9, 11-12, 19-22**
O **Band 23** 06/21
€ 10,00 (D) / € 10,30 (A)
O **Band 1-8, 10,13-18**
Bislang 25 Bände in Japan

H.P. LOVECRAFT

von Gou Tanabe
€ 12,00 (D) / € 12,40 (A)
O **H.P. Lovecrafts Die Farbe aus dem All**
O **H.P. Lovecrafts Der Hund und andere Geschichten**
O **H.P. Lovecrafts Der leuchtende Trapezoeder**
€ 18,00 (D) / € 18,50 (A)
O **H.P. Lovecrafts Berge des Wahnsinns Band 1 bis 2**
O **H.P. Lovecrafts Cthulhus Ruf** 08/21
€ 22,00 (D) / € 22,70 (A)
O **H.P. Lovecrafts Der Schatten aus der Zeit**

HUNTER X HUNTER

von Yoshihiro Togashi
€ 6,95 (D) / € 7,20 (A)
O **Band 1 bis 36**
Bislang 36 Bände in Japan

I AM SHERLOCK

von TAKATA & Io
€ 7,00 (D)/ € 7,20 (A)
O **Band 1 bis 4**
In 4 Bänden abgeschlossen

I HAD THAT SAME DREAM AGAIN

von Yoru Sumino &
Izumi Kirihara
€ 7,00 (D) / € 7,20 (A)
O **Band 1 bis 3**
In 3 Bänden abgeschlossen

I HEAR THE SUNSPOT

von Yuki Fumino
€ 7,99 (D) / € 8,30 (A)
O **Band 1**
€ 9,99 (D) / € 10,30 (A)
O **Band 2**
Bisher 2 Bände in Japan

I HEAR THE SUNSPOT – LIMIT

von Yuki Fumino
€ 7,99 (D) / € 8,30 (A)
O **Band 1**
€ 8,99 (D) / € 9,30 (A)
O **Band 2**
€ 9,99 (D) / € 10,30 (A)
O **Band 3** 07/21
In 3 Bänden abgeschlossen

CARLSEN MANGA! CHECKLIST

NARUTO MASSIV

von Masashi Kishimoto
€ 5,00 (D) / € 5,20 (A)
O **Band 1**
€ 9,99 (D) / € 10,30 (A)
O **Band 2 bis 24**
In 24 Bänden abgeschlossen

NARUTO – THE MOVIE

von Masashi Kishimoto
€ 7,95 (D) / € 8,20 (A)
O **Geheimmission im Land des ewigen Schnees Band 1 & 2**
O **Die Legende des Steins Gelel Band 1 & 2**
O **Sondermission im Land des Mondes 1 & 2**

NARUTO – THE MOVIE: SHIPPUDEN

von Masashi Kishimoto
€ 12,95 (D) / € 13,40 (A)
O **Naruto - The Movie: Shippuden**
O **Naruto - The Movie: Shippuden-Fesseln**
O **Naruto - The Movie: Shippuden - Die Erben des Willens des Feuers**
O **Naruto - The Movie: Shippuden - Lost Tower**

NEON GENESIS EVANGELION

von Gainax & Yoshiyuki Sadamoto
€ 6,95 (D) / € 7,20 (A)
O **Band 1 bis 14**
In 14 Bänden abgeschlossen

NO EXIT

von Haruhi Seta
€ 6,99 (D) / € 7,20 (A)
O **Band 1 bis 13**
In 14 Bänden abgeschlossen

OKITENEMURU

von Hitori Renda
€ 7,99 (D) / € 8,20 (A)
O **Band 9**
In 9 Bänden abgeschlossen

OLD BOY

von Tsuchiya Garon & Minegishi Nobuaki
€ 12,00 (D) / € 12,40 (A)
O **Band 1 bis 4**
In 4 Bänden abgeschlossen

MURCIÉLAGO

von Yoshimura Kana
€ 7,99 (D) / € 8,30 (A)
O **Band 1 bis 14**
O **Band 15** 06/21
Bislang 17 Bände in Japan

MY HERO ACADEMIA

von Kohei Horikoshi
€ 6,99 (D) / € 7,20 (A)
O **Band 1 bis 27**
O **Band 28** 08/21
Bislang 30 Bände in Japan
€ 10,00 (D) / € 10,30 (A)
O **My Hero Academia - Ultra Archive**
€ 12,99 (D) / € 13,40 (A)
O **My Hero Academia - Ultra Analysis**

MY HERO ACADEMIA SMASH

von Kohei Horikoshi & Hirofumi Neda
€ 5,00 (D) / € 5,20 (A)
O **Band 1 bis 5**
Bislang 5 Bände in Japan

MY HERO ACADEMIA TEAM UP MISSION

von Kohei Horikoshi & Yoko Akiyama
€ 7,00 (D) / € 7,20 (A)
O **Band 1**
Bisher 2 Bände in Japan

MY ROOMMATE IS A CAT

von Tsunami Minatsuki & Asu Futatsuya
€ 7,00 (D) / € 7,20 (A)
O **Band 1 bis 4**
O **Band 5** 06/21
O **Band 6** 09/21
Bislang 7 Bände in Japan

MY SECRET WHICH I CANNOT TELL YOU

von Kyoko Aiba
€ 6,99 (D) / € 7,20 (A)
O **Einzelband**

NARUTO

von Masashi Kishimoto
€ 6,50 (D) / € 6,70 (A)
O **Band 1 bis 72**
In 72 Bänden abgeschlossen
O **Der siebte Hokage und der scharlachrote Frühling**

MERMAID PRINCE

von Kaori Ozaki
€ 8,00 (D) / € 8,30 (A)
O **Einzelband**

MOB PSYCHO 100

von ONE
€ 6,66 (D) / € 6,90 (A)
O **Band 1 bis 15**
€ 7,77 (D) / € 8,00 (A)
O **Band 16**
In 16 Bänden abgeschlossen

MONSTER – PERFECT EDITION

von Naoki Urasawa
€ 20,00 (D) / € 20,60 (A)
O **Band 1 bis 8**
€ 24,00 (D) / € 24,70 (A)
O **Band 9** 08/21
In 9 Bänden abgeschlossen

MORIARTY THE PATRIOT

von Takeuchi & Miyoshi
€ 9,99 (D) / € 10,30 (A)
O **Band 1 bis 9**
O **Band 10** 06/21
O **Band 11** 08/21
Bislang 13 Bände in Japan
€ 16,00 (D) / € 16,50 (A)
O **Band 10 mit Extra – limitierte Auflage** 06/21
€ 99,00 (D) / € 101,80 (A)
O **Band 1 bis 10 im Sammelschuber – limitierte Auflage** 06/21

MOTHER'S SPIRIT

von Enzo
€ 7,99 (D) / € 8,30 (A)
O **Band 1 & 2**
Bislang 2 Bände in Japan

MOTOKARE RETRY

von En Hanaya
€ 6,99 (D) / € 7,20 (A)
O **Band 1 bis 7**
In 7 Bänden abgeschlossen

MOVING FORWARD

von Nagamu Nanaji
€ 5,00 (D) / € 5,20 (A)
O **Band 1**
€ 7,00 (D) / € 7,20 (A)
O **Band 2 bis 7**
O **Band 8** 08/21
In 11 Bänden abgeschlossen

MAID-SAMA

von Hiro Fujiwara
€ 5,95 (D) / € 6,20 (A)
O **Band 1 bis 18**
In 18 Bänden abgeschlossen
O **Maid-sama Marriage**

MANGA LOVE STORY

von Katsu Aki
€ 6,95 (D) / € 7,20 (A)
O **Band 70 bis 76**
Bislang 81 Bände in Japan

MANGA-ZEICHENSTUDIO

von Kaneda Koubou u.a.
€ 19,90 (D) / € 20,50 (A)
O **Hände und Füße**
O **Gesichter und Emotionen**
O **Manga Master Book**
O **Mädchen in coolen Posen**
O **Emotionen und Mimik ausdrucksstark zeichnen**
O **Manga Basics**
O **Figuren & Hintergründe**
€ 20,00 (D) / € 20,60 (A)
O **Charmante Charaktere**
€ 24,90 (D) / € 25,60 (A)
O **Spannende Geschichten erzählen**

MANN MEINES BRUDERS, DER

von Gengoroh Tagame
€ 10,00 (D) / € 10,30 (A)
O **Band 1 bis 4**
In 4 Bänden abgeschlossen

MASHIMA HERO'S

von Hiro Mashima
€ 7,00 (D) / € 7,20 (A)
O **Einzelband**
€ 10,00 (D) / € 10,30 (A)
O **Einzelband Limitierte Edition**

MEINE LESBISCHE ERFAHRUNG MIT EINSAMKEIT

von Kabi Nagata
€ 15,00 (D) / € 15,50 (A)
O **Einzelband**

MELANCHOLISCHER MORGEN, EIN

von Shoko Hidaka
€ 9,95 (D) / € 10,30 (A)
O **Band 8**
In 8 Bänden abgeschlossen

CARLSEN MANGA! CHECKLIST

ROSEN BLOOD

von Kachiru Ichizue
€ 10,00 (D) / € 10,30 (A)
O **Band 1**
O **Band 2** 07/21
Bisher 3 Bände in Japan

RYUKO

von Eldo Yoshimizu
€ 14,99 (D) / € 15,50 (A)
O **Band 1 & 2**
In 2 Bänden abgeschlossen

SACRIFICE TO THE KING OF BEASTS

von Yu Tomofuji
€ 6,99 (D) / € 7,20 (A)
O **Band 1 bis 11**
O **Band 12** 06/21
O **Band 13** 09/21
In 15 Bänden abgeschlossen

SAKURA – I WANT TO EAT YOUR PANCREAS

von Yoru Sumino
€ 7,99 (D) / € 8,20 (A)
O **Band 1 & 2**
In 2 Bänden abgeschlossen

SAKURA DREAMS BUCH UND TERMIN-KALENDER 2022

von Melanie Schober
€ 10,00 (D) / € 10,10 (A)
O **Kalender** 06/21

SAMURAI8

von Masashi Kishimoto & Akira Okubo
€ 7,00 (D) / € 7,20 (A)
O **Band 1 bis 5**
In 5 Bänden abgeschlossen

SANTA MARIA HEARTLAND

von Rise Torio
€ 8,50 (D) / € 8,80 (A)
O **Einzelband**

SARABA, YOKI HI – SOLANGE WIR ZUSAMMEN SIND

von Yuki Akaneda
€ 7,00 (D) / € 7,20 (A)
O **Band 1**
O **Band 2** 08/21
Bisher 6 Bände in Japan

PLUTO: URASAWA X TEZUKA

von Tezuka, Urasawa & Nagasaki
€ 14,90 (D) / € 15,30 (A)
O **Band 1-3, 6-7**
€ 12,90 (D) / € 13,30 (A)
O **Band 4-5**
€ 16,90 (D) / € 17,40 (A)
O **Band 8**
In 8 Bänden abgeschlossen

POISON CITY

von Tetsuya Tsutsui
€ 7,99 (D) / € 8,30 (A)
O **Band 1 & 2**
In 2 Bänden abgeschlossen

PONE – POSUKA DEMIZU ARTBOOK

von Posuka Demizu
€ 20,00 (D) / € 20,60 (A)
O **Artbook**

Q (KU)

von Tatsuya Shihira
€ 7,99 (D) / € 8,30 (A)
O **Band 1 bis 3**
€ 8,99 (D) / € 9,30 (A)
O **Band 4**
In 4 Bänden abgeschlossen

REAKTOR 1F – EIN BERICHT AUS FUKUSHIMA

von Kazuto Tatsuta
€ 12,99 (D) / € 13,40 (A)
O **Band 1 bis 3**
In 3 Bänden abgeschlossen

RENTAL GIRLFRIEND

von Reiji Miyajima
€ 7,00 (D) / € 7,20 (A)
O **Band 1 bis 8**
O **Band 9** 07/21
O **Band 10** 09/21
Bislang 16 Bände in Japan

REQUIEM OF THE ROSE KING

von Aya Kanno
€ 9,99 (D) / € 10,30 (A)
O **Band 1 bis 12**
O **Band 13** 08/21
Bislang 14 Bände in Japan

OUR SUMMER HOLIDAY

von Kaori Ozaki
€ 7,99 (D) / € 8,30 (A)
O **Einzelband**

OVERLORD

von Maruyama & Miyama
€ 6,99 (D) / 7,20 (A)
O **Band 1 bis 12**
€ 7,99 (D) / € 8,30 (A)
O **Band 13**
O **Band 14** 09/21
Bislang 15 Bände in Japan

OVERLORD Official Comic À La Carte Anthology

von Kugane Maruyama, diverse
€ 7,00 (D) / € 7,20 (A)
O **Band 1 bis 3**
Bislang 3 Bände in Japan

PANDORAHEARTS

von Jun Mochizuki
€ 6,95 (D) / € 7,20 (A)
O **Band 1, 5-6, 10-15, 17, 19**
€ 7,95 (D) / € 8,20 (A)
O **Band 18**
€ 8,95 (D) / € 9,20 (A)
O **Band 22**
€ 10,00 (D) / € 10,30 (A)
O **Band 2-4, 7-9, 16, 20-21, 23**
€ 14,00 (D) / € 14,40 (A)
O **Band 24**
In 24 Bänden abgeschlossen

PERSONAL PARADISE NEUEDITION

von Melanie Schober
€ 6,99 (D) / € 7,20 (A)
O **Band 1 bis 7**
O **Brave Brother 1.0 lim. Ausgabe mit Schuber**

PLEASE LOVE ME

von Aya Nakahara
€ 5,00 (D) / € 5,20 (A)
O **Band 1**
€ 7,00 (D) / € 7,20 (A)
O **Band 2 bis 8**
O **Band 9** 06/21
O **Band 10** 09/21
In 10 Bänden abgeschlossen

ONE PIECE

von Eiichiro Oda
€ 6,50 (D) / € 6,70 (A)
O **Band 1 bis 97**
O **Band 98** 09/21
Bislang 99 Bände in Japan

ONE PIECE: FLUCH DES HEILIGEN SCHWERTS

von Eiichiro Oda
€ 7,95 (D) / € 8,20 (A)
O **Band 1 & 2**
In 2 Bänden abgeschlossen

ONE PIECE PARTY

von Andoh & Oda
€ 6,50 (D) / € 6,70 (A)
O **Band 1 bis 6**
Bislang 6 Bände in Japan

ONE PIECE – SANJIS LECKERE PIRATENREZEPTE

von Eiichiro Oda
€ 24,90 (D) / € 25,60 (A)
O **Kochbuch**

ONE PIECE QUIZ BOOK

von Eiichiro Oda
€ 14,00 (D) / € 14,40 (A)
O **Einzelband**

ONE PIECE Z

von Eiichiro Oda
€ 9,95 (D) / € 10,20 (A)
O **Band 1 & 2**
In 2 Bänden abgeschlossen

ONE WEEK FRIENDS

von Matcha Hazuki
€ 6,99 (D) / € 7,20 (A)
O **Band 1 bis 7**
In 7 Bänden abgeschlossen

OPUS

von Satoshi Kon
€ 14,90 (D) / € 15,40 (A)
O **Band 1 & 2**
In 2 Bänden abgeschlossen

ORANGE

von Ichigo Takano
€ 7,99 (D) / € 8,30 (A)
O **Band 1 bis 6**
Bislang 6 Bände in Japan

CARLSEN MANGA! CHECKLIST

SUPER DRAGON BALL HEROES UNIVERSE MISSION
von Yoshitaka Nagayama
€ 6,50 (D) / € 6,70 (A)
O **Band 1**
O **Band 2** 08/21
Bislang 2 Bände in Japan

TAKANE UND HANA
von Yuki Shiwasu
€ 5,00 (D) / € 5,20 (A)
O **Band 1**
€ 6,99 (D) / € 7,20 (A)
O **Band 2 bis 14**
O **Band 15** 07/21
In 18 Bänden abgeschlossen

TANIGUCHI, JIRO
von Jiro Taniguchi
€ 12,90 (D) / € 13,30 (A)
O **Der Gourmet 2**
€ 14,90 (D) / € 15,40 (A)
O **Der Gourmet**
€ 16,00 (D) / € 16,50 (A)
O **Der Kartograph**
O **Die Schrift des Windes**
€ 16,90 (D) / € 17,40 (A)
O **Ihr Name war Tomoji**
€ 20,00 (D) / € 20,60 (A)
O **Im Jahrtausendwald**
€ 22,00 (D) / € 22,70 (A)
O **Unruhige Geister und stille Gefährten**
€ 25,00 (D) / € 25,70 (A)
O **Der spazierende Mann (erw. Neuausgabe)**
€ 28,00 (D) / € 28,80 (A)
O **Der Himmel ist blau, die Erde ist weiß – Gesamtausgabe**

TEMPEST CURSE
von Martina Peters
€ 6,95 (D) / € 7,20 (A)
O **Band 1 bis 3**
In 3 Bänden abeschlossen

THE ART OF SPLATOON
von Nintendo
€ 40,00 (D) / € 41,20 (A)
O **Artbook**

THE BOOK OF LIST - GRIMM'S MAGICAL ITEMS
von Izuco Fujiya
€ 6,95 (D) / € 7,20 (A)
O **Band 1 bis 5**
€ 8,95 (D) / € 9,20 (A)
O **Band 6**
In 6 Bänden abeschlossen

SOUL EATER MASSIV
von Atsushi Ohkubo
€ 5,00 (D) / € 5,20 (A)
O **Band 1**
€ 8,00 (D) / € 8,30 (A)
O **Band 2 bis 4**
O **Band 5** 06/21
O **Band 6** 08/21
In 12 Bänden abgeschlossen

SOUL EATER GUIDE BOOK
von Atsushi Ohkubo
€ 8,95 (D) / € 9,20 (A)
O **Einzelband**

SOUL EATER SOUL ART
von Atsushi Ohkubo
€ 24,90 (D) / € 25,60 (A)
O **Band 2**

SPLATOON
von Sankichi Hinodeya
€ 6,99 (D) / € 7,20 (A)
O **Band 1 bis 10**
O **Band 11** 07/21
Bislang 13 Bände in Japan

STILLE WASSER
von Kan Takahama
€ 16,90 (D) / € 17,40 (A)
O **Einzelband**

SUNNY
von Taiyo Matsumoto
€ 16,00 (D) / € 16,50 (A)
O **Band 1 & 2**
O **Band 3** 07/21
In 6 Bänden abgeschlossen

SÜSSE KATZE CHI: CHI'S SWEET ADVENTURES
von Konami Kanata & Kinoko Natsume
€ 8,00 (D) / € 8,30 (A)
O **Band 1 bis 4**
In 4 Bänden abgeschlossen

SUPER DRAGON BALL HEROES
von Yoshitaka Nagayama
€ 6,50 (D) / € 6,70 (A)
O **Band 1 bis 3**
Bislang 3 Bände in Japan

SHERLOCK
von Jay, Gatiss & Moffat
€ 12,99 (D) / € 13,40 (A)
O **Band 1, 2 und 4**
€ 14,99 (D) / € 15,50 (A)
O **Band 3**
€ 39,99 (D) / € 41,20 (A)
O **Band 1 bis 3 im Schuber**
Bislang 4 Bände in Japan

SHIBA – EIN HUND ZUM VERLIEBEN
von Mayumi Muroyama
€ 7,00 (D) / € 7,20 (A)
O **Einzelband**

SHIKIGAMI
von Yasaiko Midorihana
€ 10,00 (D) / € 10,30 (A)
O **Einzelband**

SKETCH EVERY DAY
von Simone Grünewald
€ 20,00 (D) / € 20,60 (A)
O **Zeichenbuch**

SKIP BEAT!
von Yoshiki Nakamura
€ 6,95 (D) / € 7,20 (A)
O **Band 1-8, 10-17, 19-21, 24-33, 35-37, 41-45**
€ 8,00 (D) / € 8,30 (A)
O **Band 9, 18, 22-23, 34, 38-40**
Bislang 45 Bände in Japan

SKULL PARTY
von Melanie Schober
€ 6,95 (D) / € 7,20 (A)
O **Band 1 bis 4**
In 4 Bänden abgeschlossen

SNACK WORLD
von Level-5, & sho.t
€ 7,00 (D) / € 7,20 (A)
O **Band 1 & 2**
In 2 Bänden abgeschlossen

SOUL EATER
von Atsushi Ohkubo
€ 6,50 (D) / € 6,70 (A)
O **Band 2, 4, 6-11, 13-18 & 24**
€ 7,95 (D) / € 8,20 (A)
O **Band 25**
In 25 Bänden abgeschlossen

SCHATTENARIE
von Zofia Garden & Anne Delseit
€ 6,95 (D) / € 7,20 (A)
O **Band 1 & 2**
In 2 Bänden abgeschlossen

SCHNEEBALLEN
von Inga Steinmetz
€ 12,00 (D) / € 12,40 (A)
O **Schneeballens Fall**
€ 14,00 (D) / € 14,40 (A)
O **Schneeballen – Verliebt in Japan**

SCHOKOHEXE, DIE
von Rino Mizuho
€ 6,50 (D) / € 6,70 (A)
O **Band 1-3, 5-7, 10-17**
O **Band 18** 07/21
€ 10,00 (D) / € 10,30 (A)
O **Band 4, 8-9**
Bislang 20 Bände in Japan

SEARCH AND DESTROY
von Osamu Tezuka & Atsushi Kaneko
€ 15,00 (D) / € 15,50 (A)
O **Band 1 & 2**
€ 18,00 (D) / € 18,50 (A)
O **Band 3** 09/21
In 3 Bänden abgeschlossen

SEKAIICHI HATSUKOI
von Shungiku Nakamura
€ 6,95 (D) / € 7,20 (A)
O **Band 1, 3, 8-12**
€ 10,00 (D) / € 10,30 (A)
O **Band 2-7**
€ 6,95 (D / € 7,20 (A)
O **Band 13** 06/21
Bislang 15 Bände in Japan

SEVEN DEADLY SINS
von Suzuki Nakaba
€ 6,50 (D) / € 6,70 (A)
O **Band 1 bis 37**
O **Band 38** 07/21
O **Band 39** 09/21
In 41 Bänden abgeschlossen

CARLSEN MANGA! CHECKLIST

YAMADA-KUN AND THE SEVEN WITCHES

von Miki Yoshikawa
€ 5,95 (D) / € 6,20 (A)
O **Band 1-5, 7-8, 10-17, 19-28**
€ 10,00 (D) / € 10,30 (A)
O **Band 6, 9, 18**
In 28 Bänden abgeschlossen

YOKOHAMA STATION FABLE

von Gonbe Shinkawa & Yuba Isukari
€ 8,00 (D) / € 8,30 (A)
O **Band 1** 06/21
In 3 Bänden abgeschlossen

YUNAS REISE ZUM ICH ODER MY SEX CHANGE EXPERIENCEE

von Yuna Hirasawa
€ 10,00 (D) / € 10,30 (A)
O **Einzelband** 08/21

ZWEI ESPRESSO

von Kan Takahama
€ 12,90 (D) / € 13,30 (A)
O **Einzelband**

ZOMBIE 100 - BUCKET LIST OF DEAD

von Makoto Yukimura
€ 7,00 (D) / € 7,20 (A)
O **Band 1**
O **Band 2** 08/21
Bisher 7 Bände in Japan

VIGILANTE – MY HERO ACADEMIA ILLEGALS

von Horikoshi, Furuhashi & Court
€ 6,99 (D) / € 7,20 (A)
O **Band 1 bis 8**
O **Band 9** 06/21
Bislang 11 Bände in Japan

VINLAND SAGA

von Makoto Yukimura
€ 7,95 (D) / € 8,20 (A)
O **Band 1 bis 23**
O **Band 24** 09/21
Bislang 25 Bände in Japan

WALKINDER, DIE

von Abi Umeda
€ 6,99 (D) / € 7,20 (A)
O **Band 1 bis 14**
O **Band 15** 07/21
Bislang 18 Bände in Japan

WEEKLY SHONEN HITMAN

von Kouji Seo
€ 7,00 (D) / € 7,20 (A)
O **Band 1 bis 3**
O **Band 4** 06/21
O **Band 5** 08/21
Bislang 13 Bände in Japan

WER BIST DU ZUR BLAUEN STUNDE

von Yuhki Kamatani
€ 10,00 (D) / € 10,30 (A)
O **Band 1 bis 3**
€ 12,00 (D) / € 12,40 (A)
O **Band 4**
In 4 Bänden abgeschlossen

WET MOON

von Atsushi Kaneko
€ 19,90 (D) / € 20,50 (A)
O **Band 1 & 2**
€ 24,90 (D) / € 25,60 (A)
O **Band 3**
In 3 Bänden abgeschlossen

YAKUZA GOES HAUSMANN

von Kousuke Oono
€ 7,50 (D) / € 7,80 (A)
O **Band 1 bis 4**
O **Band 5** 06/21
Bislang 6 Bände in Japan

3/11 – TAGEBUCH NACH FUKUSHIMA

von Yuko Ichimura & Tim Rittmann
€ 12,90 (D) / € 13,30 (A)
O **Einzelband**

TO THE ABANDONED SACRED BEASTS

von Maybe
€ 6,99 (D) / € 7,20 (A)
O **Band 1 bis 9**
€ 7,99 (D) / € 8,30 (A)
O **Band 10**
O **Band 11** 09/21
Bislang 12 Bände in Japan

TORIYAMA SHORT STORIES

von Akira Toriyama
€ 5,95 (D) / € 6,20 (A)
O **Band 2 bis 4, 7**
€ 6,95 (D) / € 7,20 (A)
O **Band 6**
€ 7,95 (D) / € 8,20 (A)
O **Band 5**
Bislang 8 Bände in Japan

TRIAGE X

von Shouji Sato
€ 6,95 (D) / € 7,20 (A)
O **Band 1 bis 5**
€ 7,95 (D) / € 8,20 (A)
O **Band 6 bis 20**
O **Band 21** 09/21
Bislang 22 Bände in Japan

UNLUCKY YOUNG MEN

von Fujiwara & Otsuka
€ 19,90 (D) / € 20,50 (A)
O **Band 1 & 2**
In 2 Bänden abgeschlossen

UNSERE FARBEN

von Gengoroh Tagame
€ 10,00 (D) / € 10,30 (A)
O **Band 1 & 2**
O **Band 3** 06/21
In 3 Bänden abgeschlossen

VAMPIRE KNIGHT – MEMORIES

von Matsuri Hino
€ 6,99 (D) / € 7,20 (A)
O **Band 1 bis 5**
Bislang 6 Bände in Japan

THE CASE STUDY OF VANITAS

von Jun Mochizuki
€ 7,99 (D) / € 8,30 (A)
O **Band 1 bis 8**
Bislang 9 Bände in Japan

THE DEMON PRINCE

von Aya Shouoto
€ 6,95 (D) / € 7,20 (A)
O **Band 1 bis 16**
In 16 Bänden abgeschlossen

THE GOLDEN SHEEP

von Kaori Ozaki
€(D) 8,00 / €(A) 8,30
O **Band 1 bis 3**
In 3 Bänden abgeschlossen

THE HEROIC LEGEND OF ARSLAN

von Yoshiki Tanaka
€ 6,99 (D) / € 7,20 (A)
O **Band 1 bis 12**
O **Band 13** 09/21
Bislang 13 Bände in Japan
€ 7,50 (D) / € 7,80 (A)
O **Doppelpack 1+2**

THE KILLER INSIDE

von Hajime Inoryu & Shota Ito
€ 7,50 (D) / € 7,80 (A)
O **Band 1** 08/21
Bislang 9 Bände in Japan

THE PROMISED NEVERLAND

von Shirai & Demizu
€ 6,99 (D) / € 7,20 (A)
O **Band 1 bis 17**
O **Band 18** 06/21
O **Band 19** 09/21
In 20 Bänden abgeschlossen

THE ROYAL TUTOR

von Higasa Akai
€ 6,99 (D) / € 7,20 (A)
O **Band 1 bis 13**
O **Band 14** 09/21
Bislang 16 Bände in Japan
€ 7,50 (D) / € 7,80 (A)
O **Doppelpack 1+2**

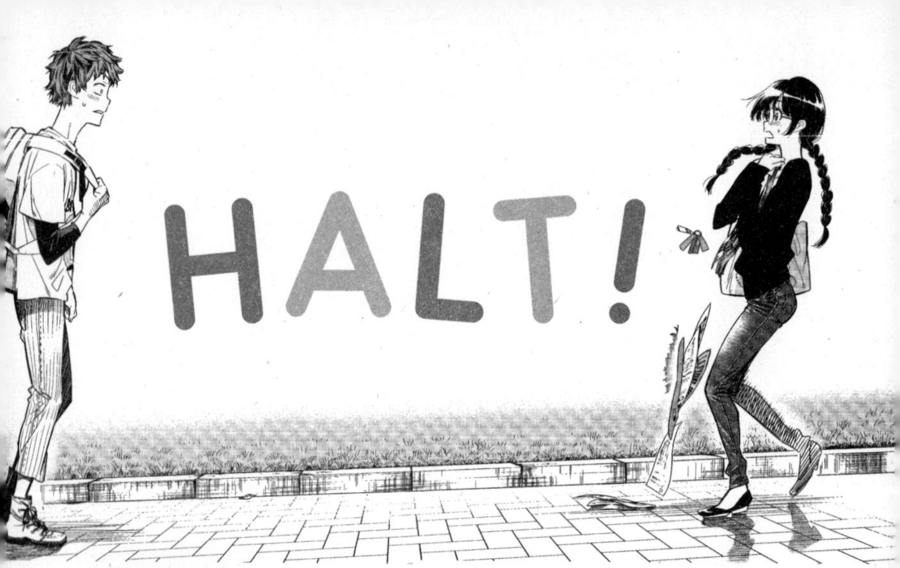

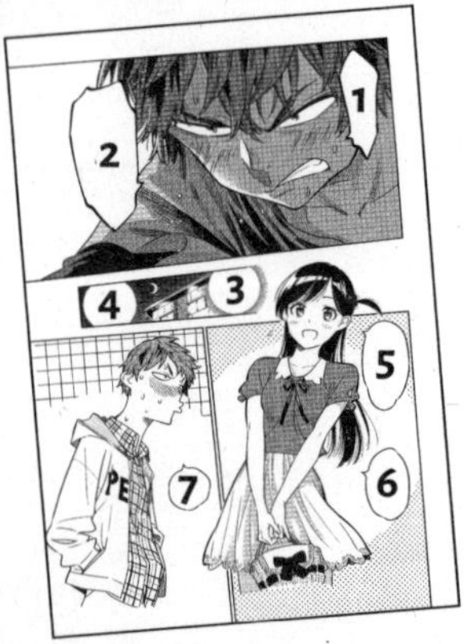

RENTAL GIRLFRIEND ist ein japanischer Comic, und in Japan wird von »hinten« nach »vorn« und von rechts nach links gelesen. Man muss diesen Manga also »hinten« aufschlagen und Seite für Seite nach »vorn« weiterblättern. Auch die Bilder auf jeder Seite und die Sprechblasen innerhalb der Bilder werden von rechts oben nach links unten gelesen, so wie in der Grafik gezeigt.

Viel Spaß mit **RENTAL GIRLFRIEND!**

MIX
Papier | Fördert gute Waldnutzung
FSC
www.fsc.org
FSC® C083411

Wir behalten uns die Nutzung unserer Inhalte für Text- und Data-Mining im Sinne von § 44b UrhG ausdrücklich vor.

CARLSEN MANGA
Deutsche Ausgabe/German Edition
Carlsen Verlag · Hamburg 2020
Aus dem Japanischen von Jens Ossa
KANOJO, OKARISHIMASU © 2017 Reiji Miyajima. All rights reserved.
First published in Japan in 2017 by Kodansha Ltd., Tokyo
Publication rights for this German edition arranged through Kodansha Ltd.
Redaktion: Philipp Nakata · Textbearbeitung: Germann Bergmann
Herstellung: Karen Kollmetz
Alle deutschen Rechte vorbehalten.
ISBN: 978-3-551-77158-2

Wir produzieren nachhaltig

- Klimaneutrales Produkt
- Papiere aus nachhaltigen und kontrollierten Quellen
- Hergestellt in Europa

Carlsen Manga! News – jeden Monat neu per E-Mail!
www.carlsenmanga.de | www.carlsen.de